BCG
THE BOSTON CONSULTING GROUP

银行转型2025

何大勇　谭彦　陈本强　刘月◎著

中信出版集团 · 北京

图书在版编目（CIP）数据

银行转型 2025 / 何大勇等著 .— —北京：中信出版社，2017.4（2025.4重印）
ISBN 978-7-5086-7308-0

Ⅰ .①银… Ⅱ .①何… Ⅲ .①银行改革－研究－中国 Ⅳ .① F832.1

中国版本图书馆 CIP 数据核字（2017）第 031967 号

银行转型 2025

著　　者：何大勇　谭彦　陈本强　刘月
出版发行：中信出版集团股份有限公司
（北京市朝阳区东三环北路 27 号嘉铭中心　　邮编　100020）
承 印 者：北京盛通印刷股份有限公司

开　　本：787mm×1092mm　1/16　　印　　张：25.75　　字　　数：440 千字
版　　次：2017 年 4 月第 1 版　　印　　次：2025 年 4 月第 20 次印刷
广告经营许可证：京朝工商广字第 8087 号
书　　号：ISBN 978-7-5086-7308-0
定　　价：79.00 元

前 言

商业银行是金融产业链中最古老、最基本的形态，也是整个金融行业最不可或缺的核心。自诞生之日起，银行业就与实体经济唇齿相依，共生共赢。

然而，自2008年金融危机以来，尽管全球范围内经济形势正在逐步好转，但其上升的势头却日益疲弱，且分化趋势和不确定性日趋明显——发达经济体复苏势头乏力、新兴经济体增长出现结构性放缓、欧元区金融体系持续波动、大宗商品价格暴跌、全球贸易收紧、货币政策分化以及地缘政治风险等不断加剧全球宏观经济的脆弱性。在过去五年中，全球银行业都在充满竞争和变数的市场环境中奋力应变，许多银行已经在优化资产负债表、缩减成本、重塑主业乃至组织与文化变革等多方面取得了长足进步，以期实现新常态下全球银行业的再平衡。

在中国，银行业面临的内外部环境更加复杂。一方面，宏观经济处于新旧动能转换阶段——从粗放式增长到集约化增长、从要素和投资驱动到供给侧改革与创新驱动，这要求中国的金融体系更加高效地配置金融资源，以支持实体经济的结构化升级。另一方面，与宏观经济唇齿相依的金融业改革也在持续深化。过去两年里我们看到了存款利率上限放开、民营银行设立加速、注册制初现端倪、深港通落地、自贸区扩容、互联网金融监管正规化等一系列市场与监管改革举措。此外，中国金融市场还涌现出极具本土特色的商业竞争环境——来自互联网、实业、房地产行业的跨界竞争者持续涌现，数字变革日趋成熟、客户行为悄然转变，作为中国金融体系核心的商业银行面临前所未有的挑战。身处改革洪流的中国银行业，应当如何应对？

作为半个多世纪以来在全球布局的管理咨询公司，波士顿咨询（BCG）有幸成为这个时代的观察者、思考者、探索者和塑造者。数十年来，我们日复一日与银行同业们并肩作战、共同求索，希望能够通过精准的分析框架触达行业本质，基于专业的思维推演价值关键，促使这个古老的行业焕发崭新的光彩。我们将这些智慧与经验凝练成《银行转型 2025》一书，希望在十三五规划起航之年，成为帮助银行业叩启成功之门的钥匙。

“存量提升、增量创新、能力重塑”将成为未来十年中国银行业的关键词。在本书中，我们全面分析了中国供给侧结构性改革背景下银行业转型的机遇与挑战；针对公司银行、零售银行、资产管理等传统银行服务，系统、务实地介绍了这些“标准化”业务的“新玩法”，并通过对金融科技发展动力与格局的描绘，精准定位移动支付、大数据及区块链等创新技术，使银行与金融科技公司共享科技创新带来的新机遇；最后，我们分享了自 1970 年首次将 BCG 矩阵引入企业战略以来，最具自我颠覆性的全新战略分析框架——战略调色板，以探讨银行业在复杂商业环境中的思维与组织之变。

在本书的编撰过程中，我们访谈了 100 多位来自监管机构、银行业、泛金融行业、互联网行业、高校、研究机构、媒体和 BCG 全球 48 个国家 85 个办公室的专家，广集智慧，碰撞思想。在此，谨向所有支持我们、陪伴我们一路成长的伙伴表示诚挚的感谢！

我们相信，本书的出版只是一个开始。在这个激荡的时代，我们将谨记使命，与从业者一同不断用智慧和专业共同塑造这个古老但始终充满旺盛生命力的行业，携手中国银行业共同砥砺前行。

目录

contents

全景 改革洪流中的银行业

增量创新 分享金融科技与创新的成长

全景

改革洪流中的银行业

第一章

全球：新常态下全球银行业再平衡

一、塑造全球银行业格局的五大关键趋势

2008 ~ 2009 年金融危机爆发后，全球经济持续衰退。时至今日，银行仍在充满竞争和变数的市场环境中奋力应变。那些能够改变后危机时代市场格局的因素虽尚未充分发挥作用，但其对银行的切实影响已开始显现，全球银行业再平衡的规律已浮出水面。

显然，后危机时代的市场环境变化更快，对错误的容忍度更低，做出精准预测的难度更大。无法适应新常态的机构将难以摆脱困境。不少银行已经在资产负债表优化、成本缩减乃至文化变革等多个方面取得了长足进步，但仍有诸多根本性举措尚待践行——其中一大主要原因就是许多银行在金融危机前布局了大量的非核心业务，如今这些业务却令银行不堪重负。在未来 10 年里，银行必须比以往任何时候都更勇于并善于突破现状。

五大关键趋势正在改变新常态下的全球银行业格局。银行必须牢牢把握这些趋势，才能在未来的道路上势如破竹。这五大趋势分别是：持续变化的监管框架、日趋成熟的数字变革、悄然转变的客

户行为、不断涌现的新竞争者，以及多速发展的全球市场。

持续变化的监管框架

金融危机的爆发使银行业遭受重创。巨大的损失迫使银行抛售资产，引发了大规模的市场紧缩与整合，并带来了前所未有的资产减值（参阅图 1.1）。由于宏观经济和政策环境差异，各区域市场所受到的影响也有所不同：欧洲大陆初现稳定迹象，美英两国的复苏步伐相对更快，而亚洲地区则鲜受影响。然而不得不承认的是，世界各地的银行均已对结构性转变带来的影响有所体会。

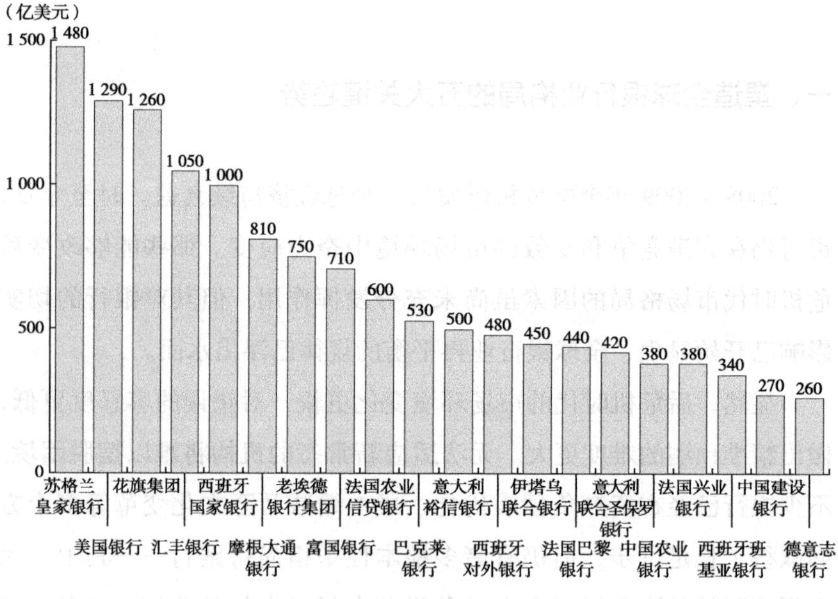

图 1.1　自 2008 年起，各大银行的资产减值累计达 1.3 万亿美元

注：2013 年年底数据。

资料来源：SNL Financial 发布的银行资产减值报告

目前，银行仍在消化金融危机带来的损失。在此过程中，银行管理层、投资者、市场以及监管机构可谓是在“显微镜”下监控着银行的稳定性和风险管理。即使大多数银行都在积极应对，监管机构仍在不断提高对资本、流动性和融资的要求。并且，为了改进合规实践与商业行为，各地监管机构都对银行施加了极大的监管压力。每家银行都面临着愈发严格的审查，违规者也将会受到更为严厉的惩罚。

尽管终极的监管格局正在逐渐成形，但仍有部分规定尚待进一步细化和完善。在欧洲，关于银行业改革的“利卡宁报告”（Liikanen report）提出将银行自营交易与其他业务相分离；在英国，提出以“围栏”形式隔离零售银行业务的“围栏改革”仍面临一系列悬而未决的问题，比如在“围栏”内的银行应具备怎样的资本金规模等。未来，对杠杆率的要求预计将进一步提升。跨国银行将面临各国提出的更严格的独立流动性要求，这样的变化必将加剧银行的内部分裂。新的缓冲机制（如：总损失吸收能力）也已开始发挥作用。在这些持续不断的变化影响下，银行面临着高度复杂的监管态势。再加之客户保护力度不断增强、税收体制日趋透明，银行势必将承受更为高昂的成本，而高效和灵活对银行的重要性将达到前所未有的高度。

日趋成熟的数字变革

许多曾备受期待的技术创新现已日趋成熟，并在不断为整条银行业价值链创造新的机会。越来越多的银行核心业务流程受益于这些数字化技术，得以更快、更经济、更精准地运行。与此同时，在日新月异的客户期望和需求的推动下，数字化分销平台的使用在不断增长。波士顿咨询公司（BCG，以下简称波士顿咨询）研究显示，未来全球零售银行业中，通过互联网和移动渠道完成的销售与咨询所占份额将从 2012 年的 15% 增至 2020 年的 40% 以上。

在零售银行业中，客户与实体网点互动的次数不断下降，但单次互动时间却有所上升。这是因为客户往往是通过数字化平台完成简单操作，而更多通过实体网点选购复杂产品和获取定制化建议。因此，在精简网点建设的同时又保持布局的广度成为所有银行都在面对的一大挑战。在资本市场与投资银行领域，产品的电子化成熟度不断攀升。在此过程中，市场力量和监管机构均起到了重要的推手作用（参阅图 1.2）。电子化不仅能提升透明度、加速商品化，还在很大程度上收紧利润，迫使银行在从前端到后台的各个环节上重新权衡对人员和技术的投资。另外，波士顿咨询还在世界各地，特别是新兴市场中看到了诸多创新之举。新兴市场受传统非数字化基础设施的束缚较少，往往更易于实现跨越式发展，领先于发达市场，成为银行业数字化应用的佼佼者。

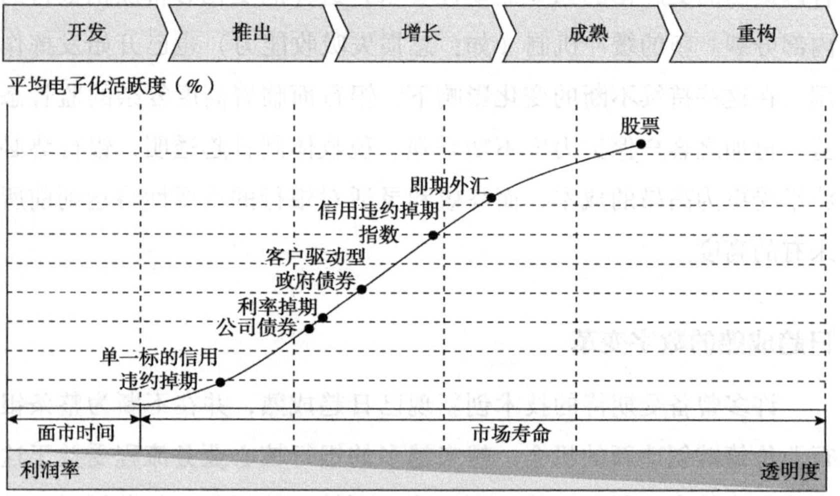

图 1.2 在市场和监管力量驱动下，金融产品电子化成熟度持续攀升

注：利率掉期相关数据于 2014 年 2 月统计，掉期执行平台尚未启动。

资料来源：BCG 分析；Expand Research；公众媒体

银行能够通过大量的支付和交易数据获得丰富且宝贵的客户信息，但这笔“财富”并未得到充分利用。波士顿咨询在与客户的合作中发现，在全球范围内，有将近 70% 的客户数据未得到使用（参阅图 1.3）。尽管许多银行已经在培养对客户数据的采集、存储和分析能力，但仍欠缺足够专业的数据管理团队和高效的运作流程，导致大部分数据难以被有效利用或真正创造价值。

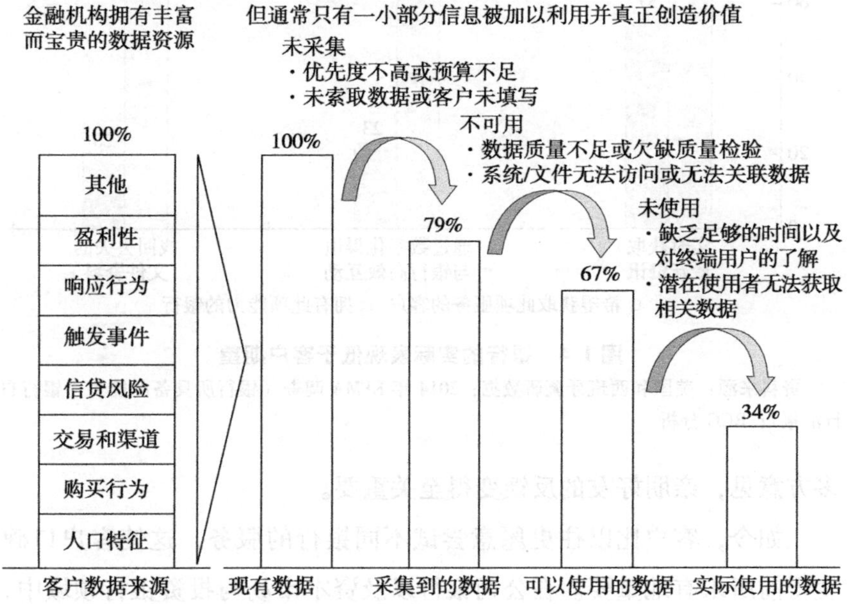

图 1.3　金融机构仅利用了 34% 的内部客户信息

资料来源：BCG 客户经验

悄然转变的客户行为

当前，银行业以外的诸多行业都在通过更具创意、更以客户为中心的互动模式提供卓越的数字体验。相应地，客户对银行服务的期望也在不断转变和提升。来自其他行业的“典范”包括：以创新的方式进行快速分销的亚马逊（Amazon. com）、利用移动技术与客户保持沟通的捷蓝航空（JetBlue）、全力支持一线员工为顾客创造卓越体验的零售业巨头诺德斯特龙（Nordstrom）等。概括而言，银行客户希望获得更快的业务办理速度和更灵活的互动方式。然而，能满足此类期望的银行却为数甚少（参阅图 1.4）。银行客户对定制化服务和透明度的期望值不断提高。在选择银行时，也倾向于采纳更

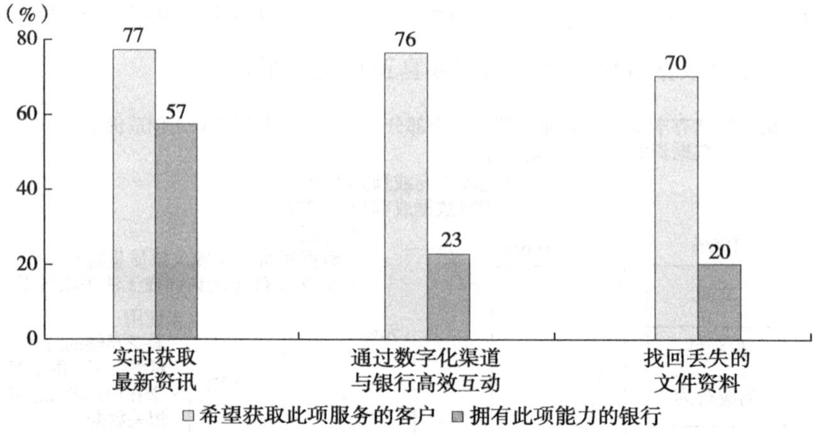

图 1.4　银行的实际表现低于客户期望

资料来源：美国和西班牙调研数据；2014 年 EFMA 调查（银行所具备的能力由银行自行汇报）；BCG 分析

多方意见，亲朋好友的反馈变得至关重要。

如今，客户比以往更愿意尝试不同银行的服务，这使客户口碑变得前所未有地重要。在公司银行以及资本市场与投资银行领域中，加强稀缺资金的管理以及巩固与高潜力客户的关系变得日益关键。然而，许多银行连客户口碑这一利器都尚未有效撬动。

不断涌现的新竞争者

尽管自金融危机爆发以来，市场紧缩和整合使传统银行间的竞争在部分地区有所缓解，但来自银行业以外行业的创新模式却开始对银行核心业务发起猛攻。

例如，由于缺少强大的本土支付平台，加之电子和移动支付的应用程度不断深化，贝宝（PayPal）、支付宝和 M-Pesa 等数字和移动支付运营商在新兴市场中飞速崛起。苹果公司（Apple）近期推出的支付服务将进一步对移动和非接触式支付市场构成冲击。此外，网络银行、网络借贷、网络理财等新兴业态也已在市场中占据了宝贵的一席之地，虽然份额尚小，但却呈现出蓬勃增长的态势。由于不存在任何历史遗留的转型包袱和技术难题，网络银行得以持续且高速地推出创新产品与服务。发达市场的银行（传统银行）不应轻视这些新晋力量，因为这些力量最终有望与传统银行体系相抗衡。

在资本市场与投资银行领域中，银行为简化资产负债表而放弃了特定的业务，而监管较少触及的非银行竞争对手得以在上述领域中填补空缺。银行必须对此类竞争风险和系统性风险有所警觉，但同时也应对潜在机遇保持谨慎。通过适时的退出或合伙模式，在确保盈利的前提下，避免过度在新晋对手活跃的区域直面竞争。与此同时，新型交易平台的涌现将有望进一步助推银行业的脱媒趋势。为避免被赶超，银行应谨慎评估究竟哪些潜在挑战会带来长远的重大危机，并针对这些挑战做出预先调整。

多速发展的全球市场

如今，全球银行业所处的经济环境呈现出多元化的发展态势：众多新兴市场高速增长（但增速有所放缓），英美市场正在复苏，大部分欧洲市场则依旧停滞不前。特别是在新兴市场中，一些大型银行的竞争力显著增强，并在创新的道路上一马当先。此外，在客户行为、人才资源以及监管格局等方面，不同地区之间的差异依然显著。

跨国银行尤其需要审慎地制定策略和行动计划，在不影响全球性企业的高效性和控制力的前提下，在所在地市场适度“入乡随俗”。在适应本地化特色与管理全球性企业之间找到合理的平衡点，实乃跨国银行所面临的重大挑战。

二、银行重返竞争舞台的七大关键举措

与传统观念有所不同的是，在后危机时代的银行业，并不存在任何能确保成功的业务模式模板。银行仍需坚定地把储蓄、财富管

理和交易等传统基础业务做好。无论采取哪类模式，银行都需要采取一系列切实可行的措施，脚踏实地地打造自己的成功之路。这些措施汇总成了一份能够帮助银行叩启成功之门的实用指南。银行高管应结合机构的具体环境、挑战及愿景，合理而巧妙地运用这些措施。

波士顿咨询凭借与客户的合作经验以及对时局趋势的把握，最终总结出 7 条能够帮助银行走向成功的举措建议，包括：让首席执行官成为投资人、全面简化银行业务、重塑客户体验、建立强大的合规与风险管理能力、推行以数据为中心的策略、驱动数字化转型，以及学会先发制人并灵活应变。这些建议适用于发达市场和新兴市场中的各类银行及业务。

让首席执行官成为投资人

随着市场变化的速度不断加快，首席执行官的职责也有所转变。传统职责更专注于业务规划和执行，而未来的职责将更加偏重于针对业务条线、产品和市场进行组合管理。这样的管理将以盈利、回报、战略匹配度，以及日益重要的监管合规和风险管理等明确指标作为基础。

为了实现这一转变，银行的首席执行官必须采用全新的战略规划方式。他们必须形成清晰明确的投资理念，专注于为银行创造长期价值，并以此来对竞争中的权衡取舍进行评估和决策。资本配置和杠杆在此规划中的核心地位不容忽视。首席执行官务必要将投资眼光放得更长远（至少 3 ~5 年），并对潜在投资方案进行更为广泛和全面的评测。

积极主动的组合管理还要求首席执行官对出售资产有充分准备，对大刀阔斧地改革业务和产品线有足够的魄力。只有这样才能为银行积累坚实的资本实力，开创更为精彩、长远的发展之路。

全面简化银行业务

为应对监管规定、客户需求和技术变革的日益复杂化，银行应严格简化其业务的方方面面。银行若未能积极推行简化措施，则将被迫面对控制力日渐减弱、成本不断飙升以及变革方案难以成功落地等问题。银行必须在产品、渠道、组织和流程这四大维度上全面部署简化方案。

产品和支付方式的合理化能帮助银行降低运营成本和风险，避免客户混淆，同时提高生产力。银行必须对现有的产品系列展开全面分析和布阵，根据产品的经济性以及在更为广泛的产品组合及市场环境中的匹配度筛选出最优组合。面对机构客户不断提升的定制化需求，银行可能需要在特定领域内提供更为多样的产品选择，但持续、主动的合理化改革仍势在必行。

在对渠道和覆盖模式进行简化的过程中，银行首先应精准定位各个渠道所扮演的角色，确保渠道能力与业务及产品的盈利能力及复杂度相匹配，并构建起能引导客户选择最佳渠道的有效流程。随后，银行应对现有渠道进行整合，以简化渠道间的转换复杂度。并不是每条渠道都须随时支持每一次客户互动，而是要在功能和成本间找到理想的平衡点，从而使每个渠道对不同产品和业务的价值发挥到极限。

最后，银行还应对组织架构进行简化。这包括：精简管理层级，优化管理幅度，并沿着一条“主轴”重新梳理组织架构。相应地，流程制定及各类活动都应遵循统一的标准。

重塑客户体验

银行若想提高自身市场份额与客户钱包份额，就必须围绕客户体验和需求对运营模式（包括组织结构、价值主张及分销渠道）进行重塑。与此同时，银行仍应紧密关注利润率，确保服务成本与收入潜力保持一致。银行各细分领域在重塑客户体验的道路上进展不一，比如资本市场与投资银行相较于零售银行就有所落后。但各个细分领域中的佼佼者已经践行了比同业更强的以客户为中心的策略。对银行而言，至关重要的第一步就是制定明确的价值主张，对产品、执行与服务风格进行概述，尤其是要清晰定义与竞争对手之间的差异点和相同点。

零售和公司银行需要具备强大的多渠道一体化能力，以更自然的方式引导客户，并提供更为灵活便捷的产品与服务方案。此外，零售和公司银行还应进一步推动前台转型并优化覆盖模式，因为银行的前台人员比以往更需专注与客户的互动咨询而非行政工作。在各地银行纷纷关闭和减少网点的过程中，一大趋势日渐凸显，即人与人之间的交互正在逐渐转向数字化平台（比如短信和视频聊天）。尽管面对这一趋势，网络银行与客户的互动日益增多，但必须承认的是，实体网点在提供优质服务和业务咨询等方面依然至关重要。

此外，销售团队和客户经理应围绕客户关系（而不仅仅是渠道及产品）开展紧密协作，以确保能够更好地满足客户需求，提供更为专业的建议。在资本市场与投资银行领域，银行应注重打破不同产品各自为营的状态，让客户得以通过整合的视角了解到银行的全系列产品，方便客户从中做出选择。银行还应为客户经理提供符合新趋势的工具和培训，使其能够为客户提供更优质、高效的服务。

值得一提的是，银行致力于提供一体化客户体验的举措一直面临重重阻碍，例如：涉及核心流程的内部挑战（前后台间的相互抗衡）、技术局限（导致多次索取相同信息）以及日益凸显的监管约束等。为保证方向正确，银行在重塑客户体验的进程中必须注意两个根本点：第一，客户体验必须和银行的组织规划融为一体。员工招募、培训和激励都应与客户体验的优化相挂钩。银行需紧密追踪客户体验，将客户反馈融入流程设计之中。银行还需明确授权员工，让他们为客户提供合理的产品咨询与建议，即使此类建议可能会在短期内影响银行的收入。这些举措所带来的良好客户口碑能够在未来轻松弥补眼下的短期损失。第二，银行还需深入洞察客户需求，以便在充分了解客户的基础上对其进行有效细分。银行应精准定位客户体验的每一个环节，识别对客户而言的“关键时刻”，并确保服务成本与客户价值的紧密契合。

建立强大的合规与风险管理能力

对银行而言，应对日益复杂的监管环境是一项极为严峻的挑战。银行应在各业务领域内构建一个清晰而统一的合规与风险管理框架。在此过程中，银行必须明确制定三道防线的具体职责。业务部门应对自身的风险敞口负主要责任，这包括执行、合规以及有效的风险控制。合规部门应将各项监管规定转化为清晰、可行，且在全行内能够统一执行的具体标准，并进行相应的风险指导与监督。

尽管这些标准对于目标行为的界定起到了至关重要的作用，但银行还应采取自下而上的方式来真正实现员工行为的改变。银行应致力于激发员工的积极性，促使员工根据相应的标准和风险偏好来调整自身行为。银行在招募和提拔人才、定义工作职责、设计关键绩效指标以及制定激励机制时，应将良好的职业操守与出色的风险管理能力纳入考量。

监管环境的复杂性无法完全消除，银行只能积极采取应对措施。在新的市场环境下，银行还需拿出魄力，对其风险职能进行改革。银行必须用中长期的眼光来制定风险战略，并反复进行修正。在公司银行以及资本市场与投资银行领域，银行应以更大胆、更具前瞻性的方式评估客户风险，将商业规划和现金流预测纳入考虑范围，而非仅仅依靠历史数据。严格的客户评估将更有助于银行以高净值客户为目标积极开展工作。

推行以数据为中心的策略

若要充分挖掘蕴藏于海量客户数据中的真正价值，银行必须更高效地进行数据采集和分析，并切实将从数据中提炼的深入见解作为决策的关键依据。

然而，以数据为中心的策略有一个至关重要的先决条件：银行必须优化最基础的数据采集和验证流程，确保客户数据的完整性、连贯性、统一性和全面性。只有做到这一点，银行才能对数据进行合理有效的分析和利用。接下来，银行需要制定清晰、严谨，且能在全行内统一执行的数据战略与运营模式，同时明确指定分管高管。此外，银行还应对自有客户信息、公共数据以及从外部购买的其他数据进行系统化归类。

随后，银行必须对数据管理（包括组织与流程）及系统架构进行优化，对各业务条线的数据和分析团队进行整合，并建立起清晰的分工与职责。之后，银行还必须确保不同应用程序和渠道间的数据得到汇总和整合，并存储于可明确识别的统一“数据仓库”中。这样，银行就能够在与客户的常规互动中轻松更新数据。除此之外，银行还需要采取一种有力的方法，将结构化的内部数据与非结构化的外部数据有效整合在一起，从中提炼出更为深刻的观点。

驱动数字化转型

数字化转型的核心绝非仅限于提升效率，而是在于全面优化客户体验。数字化转型要求银行实现“端到端”流程的数字化发展。这一举措是银行改善多渠道客户体验、丰富客户分析以及全面简化客户流程的关键所在。在资本市场与投资银行领域，数字化流程还能帮助银行实现全面的直通式交易处理。

驱动数字化转型的第一步就是重塑目标 IT（信息科技）架构，根据新服务模式的要求（如更大流量、多渠道互动和端到端追踪等）对原有架构进行简化。在简化过程中，银行还能在原有架构和全新的数字化平台之间进行数据整合。在采用这种方法时，银行必须在维持原有架构系统逻辑的同时，对数字平台的端到端逻辑进行管理，重点在于把客户数据和文件整合到新系统的数字化流程之中。而且，银行不应采取渐进式方法对各个环节进行优化，而应在推行数字化改革前对即将实施的流程进行全面重塑（包括合规与风险管理程序），确保其能同时满足一般客户和更加先进的数字化用户的使用需求。

学会先发制人并灵活应变

面对日新月异的市场环境，企业的最佳回应方式就是在变革的威力尚未全面凸显之时，对自身的战略和组织迅速进行调整。对银行而言，这是一个全新的挑战，因为在过去，它们只需要在事后略做调整，就足以应对市场变化。成功的转型需要分两步走。在短期内，银行应针对当前的主要威胁，迅速进行适度的组织架构和业务重组。此举不仅有助于降低成本、提高效率，还有助于促进未来更为灵活的管理。在这一阶段银行可以采取的主要措施是，果断摆脱业务模式中已不再具有竞争力的部分，将释放出的资源重新分配到其他高潜力业务领域之中。

然而，短期运营调整所带来的效用终会随着时间的推移而逐步减弱，因此银行必须在此基础上启动专注于增长和创新的第二阶段。在这一阶段，银行应制定全新战略，重构运营模式，以更为新颖的方式为新客户创造价值。这绝非一项简单的任务，它要求银行必须持之以恒，践行全面变革，而不是仅仅聚焦于产品。

三、银行能否重拾价值

面对新常态下的五大趋势，银行必须立即采取行动，才有可能获得成功。如果从现在开始努力，重拾价值的那一天并不遥远。以零售银行为例，净资产收益率（ROE）将有望突破20%（参阅图1.5）。尽管净资产收益率的潜在增长在不同领域中有所差异，但各领域都能从这份成功指南中收获裨益。

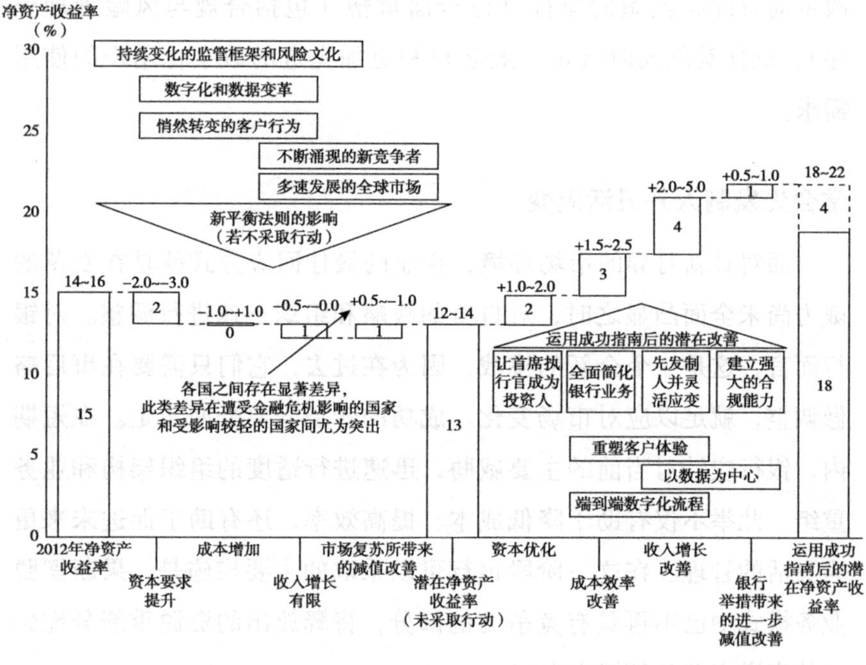

图1.5 成功指南能有效帮助零售银行在新常态中提升净资产收益率

注：此分析旨在展现市场整体情况，需注意不同国家和银行间可能存在显著差异。主要假设基于英德两国的市场模型。

资料来源：BCG零售银行数据库；BCG于2013年11月出版的报告《2013～2014年全球风险报告：突破银行业发展的新瓶颈》；BCG分析

若不采取任何行动，银行将在本章所述的多种趋势中再受重创，难以复苏。银行若能积极做出响应，则将实现比昔日更加辉煌的成就。然而，在发达市场中，即使是表现最优的零售银行恐怕也难以重拾近30%的净资产收益率（即与新兴市场零售银行的现状相当）。即便如此，它们仍有望实现20%上下的净资产收益率。在资本市场和投资银行领域，情况则有所不同。

投资银行若不采取任何行动，波士顿咨询预计其净资产收益率将继续下滑至4%～8%。而那些积极采取响应措施的投资银行则有望将净资产收益率稳定在高达15%的水平上。

为了应对严峻的挑战并把握宝贵的机遇，银行必须主动调整，而非被动应对——在日新月异的市场环境中这是一项艰巨的任务，银行需要在众多领域中夜以继日地进行调整。同时，银行还需加大投资，在管理、人才和技术方面培养一系列新的能力。银行若能做到这些，则将有望占领先机，并成功维持在新常态中的领先地位。行动缓慢的银行势必会更加落后，并在重返竞争舞台的道路上面临更加难以逾越的阻碍。

第二章

中国：供给侧改革背景下的银行业转型

一、为什么需要供给侧改革

过去30年，中国经济高速发展主要依靠需求侧和供给侧的双向突破。需求侧体现为对外开放，通过出口、投资、消费“三驾马车”突破需求约束。供给侧体现为对内改革，通过人口红利、技术溢出、市场化等突破供给约束。

需求端：“三驾马车”日渐乏力

出口紧缩

我国净出口对GDP（国内生产总值）的贡献2005~2007年均保持在10%以上，2008年经济危机前也达到3.5%，2009年开始由于受全球经济危机影响，净出口贡献大幅下跌至-44.8%，并连续3年保持负数，直至2014年缓慢回升至1.7%。[①] 另一组数据显示，中国的贸易开放度（进出口贸易总额/GDP）从2006年后开始持续下

① 资料来源：国家统计局数据

降，目前已从 2006 年的 70% 下降至 2014 年的 41%，而同一时间，其他主要经济体（如德国、美国、日本、巴西）均保持小幅上升趋势（参阅图 2.1）。①

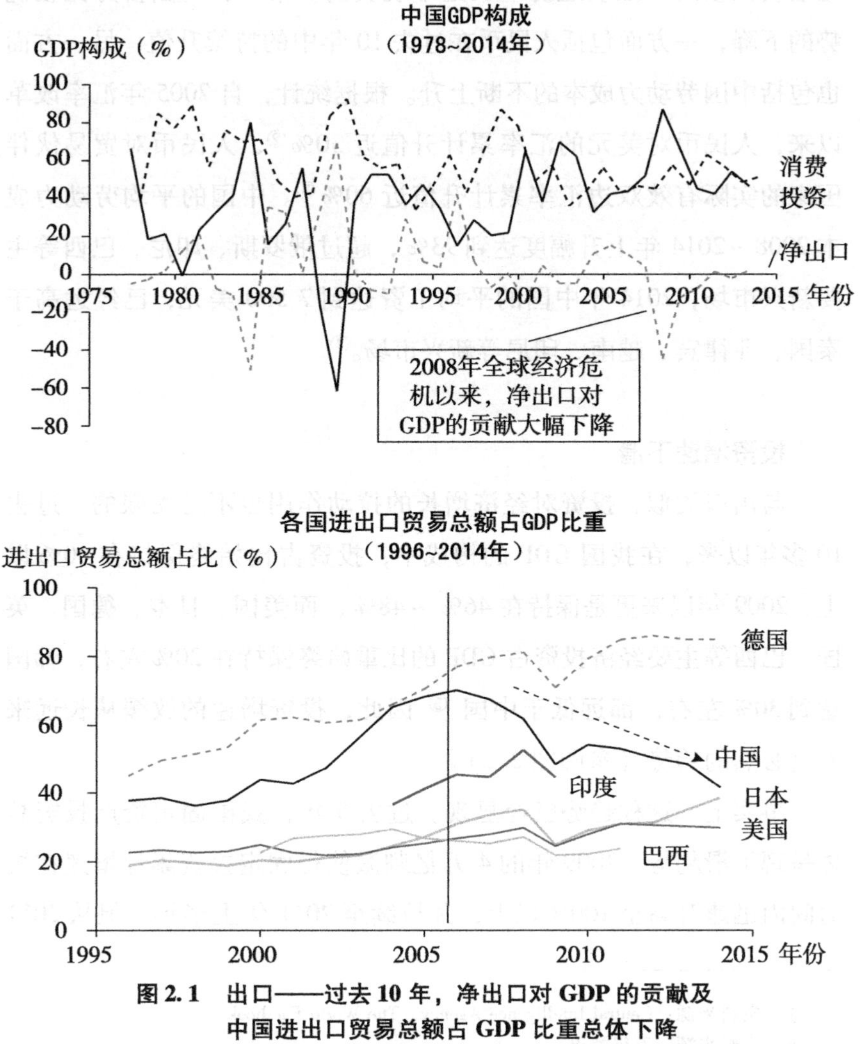

图 2.1　出口——过去 10 年，净出口对 GDP 的贡献及中国进出口贸易总额占 GDP 比重总体下降

资料来源：万得资讯（WIND）；经济合作与发展组织（OECD）

① 资料来源：经济合作与发展组织统计数据

这背后的原因有几点：第一，出口对经济增长的拉动作用不是无限的。中国已经是全球第一大出口国，2014 年中国出口总额占全球的比重已达到 11%①，超过欧盟、美国、德国等主要经济体，期望继续依赖出口拉动经济增长是不现实的。第二，中国自身比较优势的下降，一方面包括人民币在过去 10 年中的持续升值，另一方面也包括中国劳动力成本的不断上升。根据统计，自 2005 年汇率改革以来，人民币对美元的汇率累计升值近 30%②，人民币对贸易伙伴国家的实际有效双边汇率累计升值近 60%③。中国的平均劳动力成本 2008 ~2014 年上升幅度达到 93%，超过俄罗斯、印尼、巴西等主要新兴市场，2014 年中国的平均工资达到 7 500 美元，已经远高于泰国、菲律宾、越南、印尼等新兴市场。④

投资增速下滑

与出口类似，投资对经济增长的拉动作用也不是无限的。过去 10 多年以来，在我国 GDP 的构成中，投资占比始终保持在 40% 以上，2009 年以来更是保持在 46% ~48%，而美国、日本、德国、英国、巴西等主要经济投资占 GDP 的比重始终保持在 20% 左右，韩国达到 30% 左右，都远低于中国。⑤ 因此，投资增速的放缓从长远来看是必然的趋势（参阅图 2. 2）。

事实上，这种趋势已经显现。过去 5 年，我国固定资产投资总体呈现下滑趋势，2009 年的 4 万亿刺激使得固定投资累计增速在短时间内迅速升高至 100% 以上，并持续至 2011 年上半年。但从 2011

---

① 资料来源：Central Intelligence Agency，The World Factbook

② 资料来源：万得资讯

③ 资料来源：国际清算银行

④ 各国平均劳动力成本数据来自 Trading Economics 统计，中国 2014 年平均工资由人力资源和社会保障部公布的城镇非私营单位与私营单位平均年工资均值得到。

⑤ 资料来源：世界银行

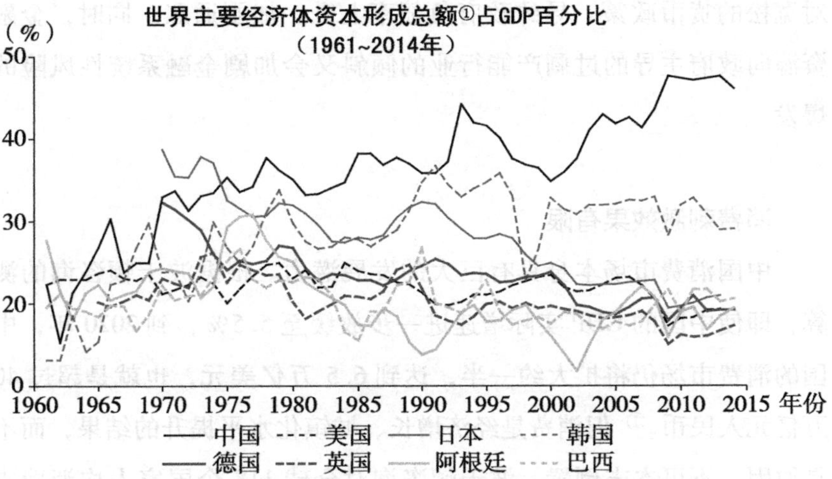

图 2.2　投资——中国国内投资占 GDP 比重已经远高于世界主要经济体，继续依赖投资拉动经济增长的空间有限

①资本形成总额以前被称为国内投资总额。

资料来源：世界银行

年 6 月开始，房地产、制造业、基础设施建设行业的固定投资累计增速便持续下滑，至 2015 年年底仅为 30% 出头。由于企业对投资回报的预期较差，因此投资意愿较低，在这种情况下，即使货币政策宽松，释放的流动性也很难进入实体经济。

与此同时，政府主导的投资虽在短期内刺激了需求，但长期来看容易带来结构性问题。首先，加剧产能过剩。例如，2009 年政府将多晶硅、风电、光伏等产业纳入了十大产业振兴规划，引来地方政府一拥而上的积极投资。至 2013 年这些行业均出现严重产能过剩，其中光伏电池开工率不到 60%，多晶硅开工率仅为 35%，甚至一度低至 10%。其次，产生资源挤出效应。地方政府为实现 GDP 目标，常常以廉价土地、财政补贴、税收优惠、融资背书、降低环保标准等方式进行招商引资，导致各类资源向政府主导的行业和企业倾斜，而市场在资源配置领域的作用难以发挥。最后，加剧经济波动。政府为进行直接投资或鼓励投资，不得不大规模举债或实行相对宽松的货币政策，导致政府负债率上升、加剧通胀。同时，金融资源向政府主导的过剩产能行业的倾斜又会加剧金融系统性风险的爆发。

消费刺激效果有限

中国消费市场本身具有巨大的发展潜力。根据波士顿咨询的测算，即使中国的 GDP 实际增速进一步放缓至 5.5%，到 2020 年，中国的消费市场仍将扩大约一半，达到 6.5 万亿美元，也就是超过 40 万亿元人民币。[①] 但消费是经济增长、城镇化水平提升的结果，而不是原因，不可本末倒置。波士顿咨询对全球 118 个国家人均消费支出和城镇化率的相关性进行了分析，发现消费水平与城镇化程度具有很高的相关性（参阅图 2.3）。因此，消费的增长只能通过城镇化水平的提升、收入的增加来拉动。而与此相反，通过政府补贴刺激的消费增长不具有可持续性，并且会误导企业扩大产能，进一步加剧产能过剩。

供给端：“四大要素”亟待突破

劳动力红利逐步消失

当前劳动力存量充足，但人口红利未来数十年将逐步消失。目前中国的适龄劳动力存量仍十分充足，2010 年中国适龄劳动力占总人口比重达到 74.5%，为全球最高，大幅高于全球平均值 66.4%，同期美国的比重为 66.8%，印度为 64.5%，日本为 63.8%。[②] 但中

① 资料来源：阿里巴巴研究院与波士顿咨询联合研究报告《中国消费趋势报告：三大新兴力量引领消费新经济》

② 根据联合国、世界银行等机构的统计口径，适龄劳动力为年龄在 15～64 岁的人口。此处所指的全球最高为数据可得的 75 个国家中最高，数据源自世界银行《World Development Report 2013》。

全球各国城镇化率与人均消费相关性分析①

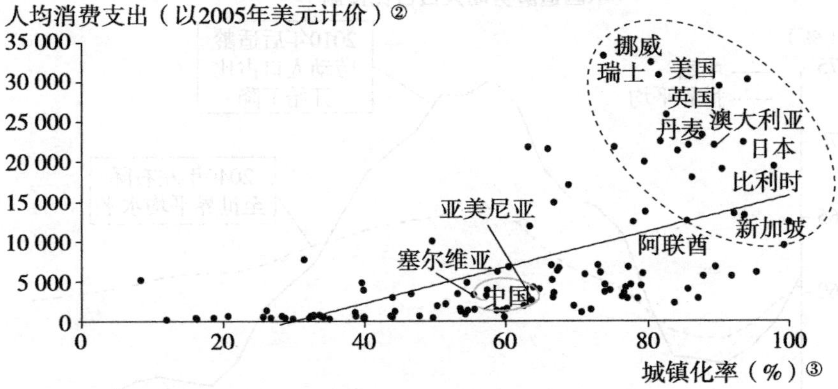

图 2.3　消费——消费是经济增长、城镇化水平提升的结果，而不是原因，不应本末倒置

①包含数据可得的 118 个国家。

②世界银行 World Development Indicator，Household final consumption expenditure per capita（constant 2005 US $），2013 或 2014 年（根据最新可得年份）。

③联合国统计，2015 年。

资料来源：世界银行；联合国

国的人口红利将在未来数十年中逐步消失，根据联合国的预测，中国的适龄劳动力占比自 2010 年达到最高点后将迅速下降，2040 年跌至 65%，之后将长期低于世界平均水平；中国社会的抚养比，即每 100 个适龄劳动力需要抚养的小孩和老人的数量，在 2015 年左右达到最低，即社会抚养负担最轻，但此后便将迅速攀升，预计将在 2045 年后超过 80，之后将长期高于世界平均水平（参阅图 2.4）。[①] 根据国际经验，适龄劳动人口占比的下降将带来地价、房价下跌，经济增长放缓，储蓄率下降等一系列问题。

此外，从劳动力素质来看，2010 年中国劳动力平均受教育年限为 8.2 年，高于大部分新兴市场，如印度为 5.1 年，巴西为 7.5 年，东盟

① 适龄劳动人口比重为 15 ~ 64 岁人口占总人口比重；抚养比为每 100 个 20 ~ 64 岁的人需要抚养的 0 ~ 19 岁及 65 岁以上的人口数量，数据源自联合国《World Population Prospects：The 2015 Revision》。

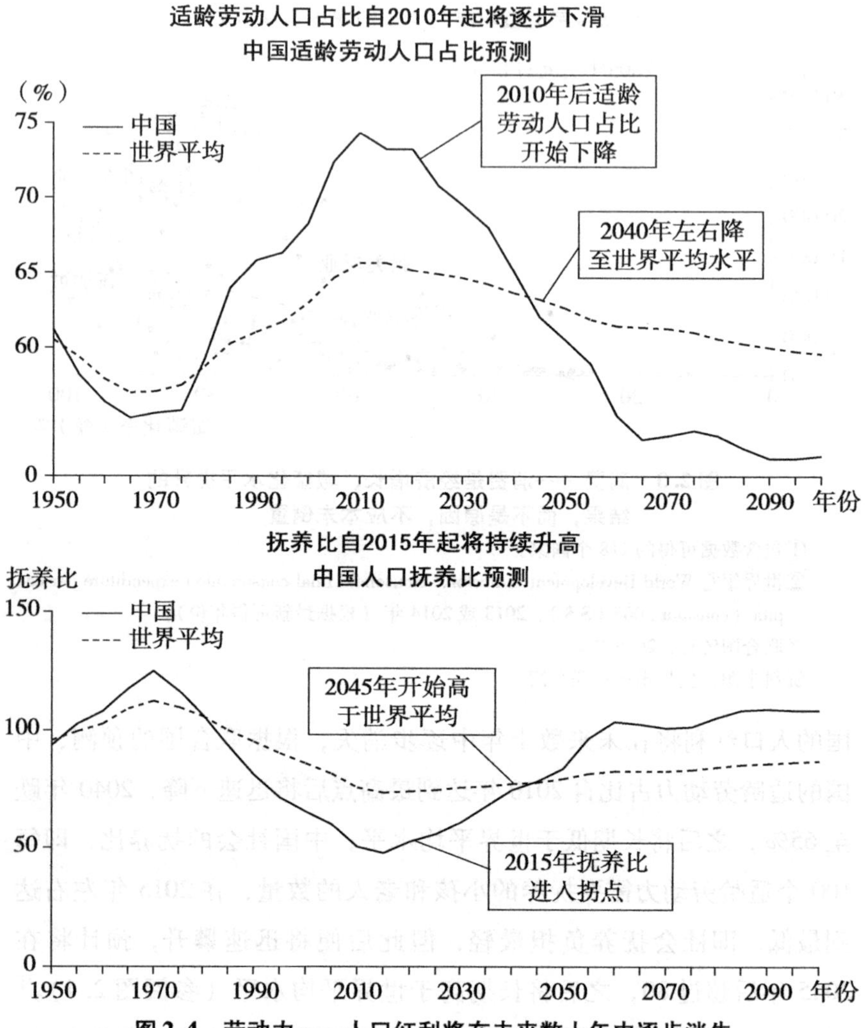

图 2.4 劳动力——人口红利将在未来数十年中逐步消失

资料来源：World Population Prospects：The 2015 Revision

十国为 6.6 年，但低于俄罗斯的 11.5 年，也低于主要成熟市场，如欧洲为 10.4 年，日本为 11.6 年，美国为 13.1 年。[①] 中国劳动力的素质仍有较大提升空间，可通过高等教育、职业教育的普及进行改善。

① 东盟十国不包含文莱，数据不可得；欧洲包括英国、法国、德国、意大利 4 个国家，数据源自联合国《World Population Prospects：The 2015 Revision》。

资本利用有效性待提高

资本利用有效性不足，没能很好地传导至最需要资本扶持的行业和企业。2015年人民银行5次降息，共计100bp；5次降准，共计250bp，旨在降低社会融资成本、扶持实体经济。但中小企业和新兴企业融资难、融资贵的问题始终困扰着中国经济。金融资源的双重错配制约着宏观经济的转型，许多大型僵尸企业以低廉的成本占用大量金融资源，但深受产能过剩等问题所困；而机制灵活、效率高、敢于创新的中小企业、新兴企业却得不到充足的资本供给。与此同时，直接融资渠道机制不健全、商业银行低风险的天性和对信用风险集中爆发的担忧加剧了实体经济的融资困境，而2015年上半年股市与房地产回暖进一步分流了本该投向实体经济的资本（参阅图2.5）。

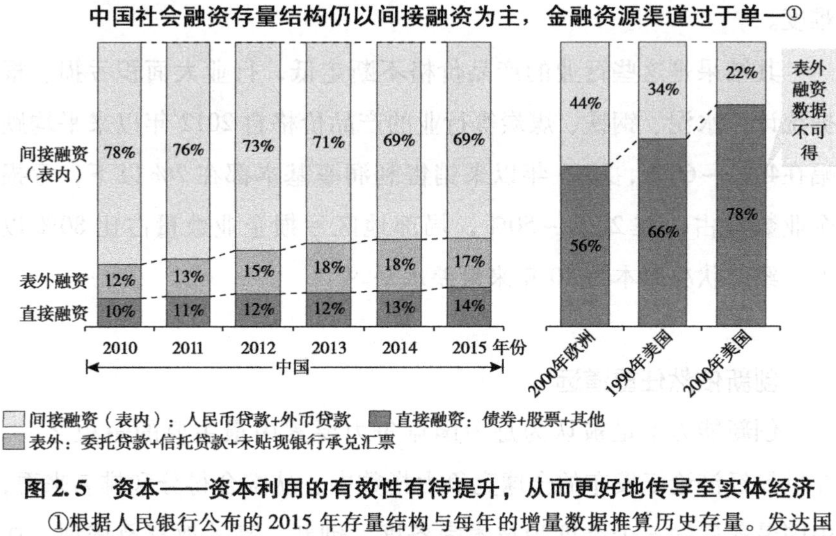

图2.5 资本——资本利用的有效性有待提升，从而更好地传导至实体经济

①根据人民银行公布的2015年存量结构与每年的增量数据推算历史存量。发达国家直接融资比例以存量法计算，直接融资比重 =（股市市值 + 政府债券余额 + 非政府债券余额）/（银行贷款余额 + 股市市值 + 政府债券余额 + 非政府债券余额）×100%。

注：由于四舍五入，部分数据之和可能不等于100%。

资料来源：人民银行；银监会访谈；BCG分析

生产效率不断降低

产能过剩问题近年来不断加剧，拉低了整体生产效率。过去 10 年，中央政府多次试图治理产能过剩问题，但产能过剩行业的名单却不断加长，从 2003 年的钢铁、电解铝、水泥、汽车 4 个行业，逐步增加至 2013 年的 19 个行业，甚至有些新兴行业也出现了严重的产能过剩问题，如光伏、多晶硅等。主要行业，如钢铁、水泥、电解铝、煤炭的产能利用率仅为 70% 左右，近年来还在不断降低。

这背后包含许多原因：一是地方政府面临 GDP 考核压力，在淘汰过剩产能和建立新产能以拉动 GDP 增长之间摇摆不定，结果往往还是倾向于保证短期的增长；二是在治理过程中时常将“规模”作为淘汰落后产能的标准，导致企业为了不被淘汰反而扩张规模；三是在治理过程中缺乏好的退出机制和托底配套政策，加大了治理的难度。

其结果是这些行业的产品价格不断走低，行业大面积亏损。根据统计，水泥、钢铁、煤炭等行业的产品价格自 2012 年以来平均跌幅在40% ~60%，2015 年以来销售利润率基本都在 2% 以下，亏损企业数量占比在 20% ~50%，局部地区亏损企业数量占比 80% 以上，经营状况基本为 10 年来最差水平。①

创新依然任重道远

创新能力不足被认为是中国竞争力要素中最主要的短板之一。在世界经济论坛发布的全球竞争力指数中，从综合得分和排名来看，中国最落后的 3 个维度为技术完备度、创新、高等教育及培训。在最令从业者担忧的问题中，排名第一的是创新能力不足。

---

① 资料来源：万得资讯

这背后包含许多原因，从创新意愿来看，政府虽然一直引导创新，但企业创新意愿不高，相比周期长、不确定性高的研发投入，更愿意进行周期短、回报高的资本运作。从创新的资源来看，我国2014年研究与试验发展经费投入总量为1.3万亿元人民币，占GDP比重2.02%，与发达市场差距并不明显，例如2010年英国研发投入占GDP比重为1.7%，法国为1.9%，德国为2.4%，美国为2.7%，日本为3.3%。[①] 但我国科研资源投入的产出效率并不高，高质量的研发成果较少。这一方面由于科研资源的分配并没有真正市场化，另一方面也由于学术界基础研究和企业的产品研发脱节，产学研联合没有真正打通。其他的原因还包括高水平人才向海外的流失，VC（风险投资）、PE（私募股权投资）等支持创新的投融资体系有待成熟等。

此外，需求侧和供给侧还存在一定程度的错配，即很多领域并非真正的供大于求，而是当前的供给无法满足部分需求，有效供给不足。以钢材行业为例，虽然我国的粗钢产能利用率仅70%左右，产能过剩非常严重，但我国的钢材进口量一直保持稳定，且进口钢材的平均价格常年维持在出口钢材平均价格的1.5~2倍，过去3年价差还有不断拉大的趋势，这说明许多高端钢材仍需依赖进口。[②] 又如零售消费行业，2011~2014年我国国内社会零售消费总额年均复合增速为14.5%，而同期出境游带来的海外消费年均复合增速达到31.6%，大量中高端商品高度依赖境外购买或者跨境代购。而这些需求只能通过增加有效供给来予以满足。

通过以上分析可以看出，依靠需求侧刺激拉动中国经济增长已经到达瓶颈，供给侧的四大要素目前也存在诸多挑战，亟须通过供

---

① 中国数据来自《中国科技统计年鉴》，其他国家数据来自Battelle。

② 资料来源：万得资讯

给侧改革缓解现有经济结构失衡的问题，进而更好地满足甚至拉动需求，促进经济的整体健康发展。

二、供给侧改革如何开展

从国际经验看供给侧改革的不同路径

中国所面临的问题在全球范围内并不是个案。20 世纪 80～90 年代，许多国家及经济体尝试以供给侧改革摆脱危机或经济滞胀问题，各经济体采取不同的方式与政策，由此带来了不同的改革结果，回顾并分析这些成败经验为中国的供给侧改革提供了宝贵的借鉴。

纵观历史，供给侧改革通常在经济滞胀、需求侧刺激无效的情况下被实行。不仅需求侧的出口、投资、消费三要素增长乏力或衰退，供给侧的劳动力、资本、生产效率及创新也面临增长停滞。

在此背景下，供给学派提出撬动供给侧要素的四大手段：减少政府干预以更加市场化的方式调整错配的经济结构；减税减负鼓励企业创新转型；在人力资本投资方面建立人才储备长效机制；控制货币供给，避免过度通胀（参阅图 2.6）。此外，从各国改革的历史经验中不难看出，改革的成功还需要一项手段，即打破金融约束。因此，波士顿咨询基于这五大手段分析了美国、德国、阿根廷的系统化供给侧改革案例，并通过分析日本 20 世纪 90 年代泡沫破灭，阐述了不当的供给侧管理可能带来的问题。

从国际改革经验和效果来看，判断供给侧改革是否成功的标准主要包括：是否在短期内实现经济的回暖，是否在长期实现可持续增长。其中，长期的视角更为重要。而判断供给侧改革是否健康、可持续，则要看增长是否以市场为主导，是否由创新驱动。

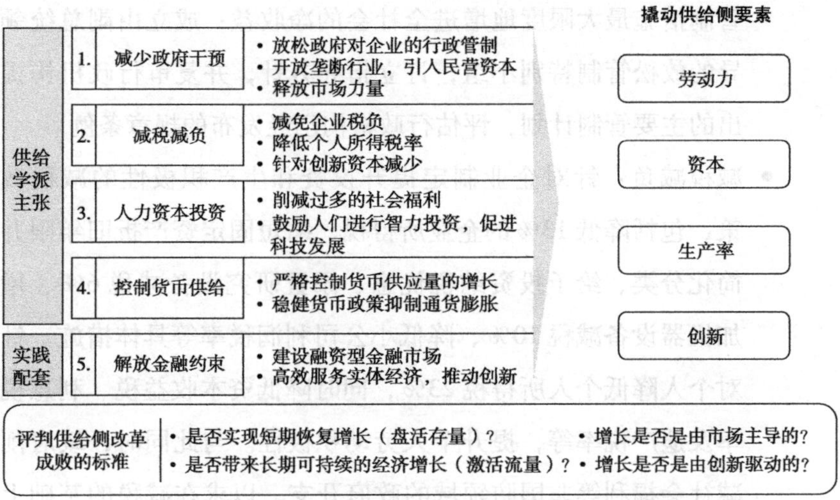

图 2.6　供给侧改革的理论框架：学派主张 + 实践配套，从存量及流量上撬动供给侧四要素

美国里根供给侧改革：盘活存量，激活流量，奠定 25 年长期繁荣的基础

第二次世界大战后的 1933 年罗斯福新政和 1967 年约翰逊伟大计划，都不断从需求侧刺激美国经济。在这些改革中，政府主导的投资对拉动经济增长和就业起到了一定效果，虽在短期内缓解了经济危机和社会矛盾，但长期来看积累下了巨额财政赤字，引发了持续通胀，并且导致资源严重向政府主导的投资倾斜，对民营资本产生挤出效应，拉低了整体生产效率，最终引发 20 世纪 70 年代美国的长期经济萧条。里根上台时面临 31% 的财政赤字、13.5% 的高通胀率、7.2% 的失业率及 GDP 负增长。

在需求侧刺激失效的背景下，里根于 1981 年颁布新政，通过减少政府干预、减税减负、控制货币供给三大手段。具体措施包括：

- 减少政府干预：订立针对管制机构决策行为的 5 条政策原则，明确要求所有新的管制都要进行成本 - 效益分析，保证各项管制措施最大限度地增进全社会的净收益；成立由副总统领导的放松管制特别小组，订立指导方针，并复审行政机构提出的主要管制计划，评估行政机构已经发布的规章条例。

- 减税减负：针对企业制定提升投资和生产积极性的减税政策，包括降低13%的企业所得税、缩短固定资产折旧年限并简化分类、给予投资纳税优惠、添置研究设备减税6%、增加机器设备减税10%、降低小公司利润税率等具体措施。针对个人降低个人所得税23%，同时降低资本收益税、利息税率及遗产税率等，提升个人劳动积极性。与此同时，政府削减社会福利等非国防领域的政府开支，以求在减税的基础上实现财政平衡。
- 控制货币供给：严格控制货币供应量的增长，以稳健货币政策抑制通货膨胀；同时提高进口量，稳定物价，倒逼国内竞争。

在此值得一提的是，里根新政看似未在人力资本投资和解放金融约束上采取改革手段，实则因为此两项政策已在罗斯福新政与约翰逊伟大计划时期开始实施，同时里根新政中放松管制、鼓励创新的政策也间接推动了金融行业的产品创新和模式创新。

里根供给侧改革从成果上看，短期促使经济回暖，抑制了通胀，增加了就业，所有经济阶层的实际收入都有所提高；长期带来了由市场主导、创新驱动的持续增长，奠定了美国自1983年开始长达25年的经济繁荣（参阅图2.7）。

从微观层面来看，其放松管制、加强自由竞争、提高进口、减负减税等一系列措施为美国的产业格局带来极大改变，农业与传统制造业受到冲击，高端制造业、服务业及金融行业获得高速发展。

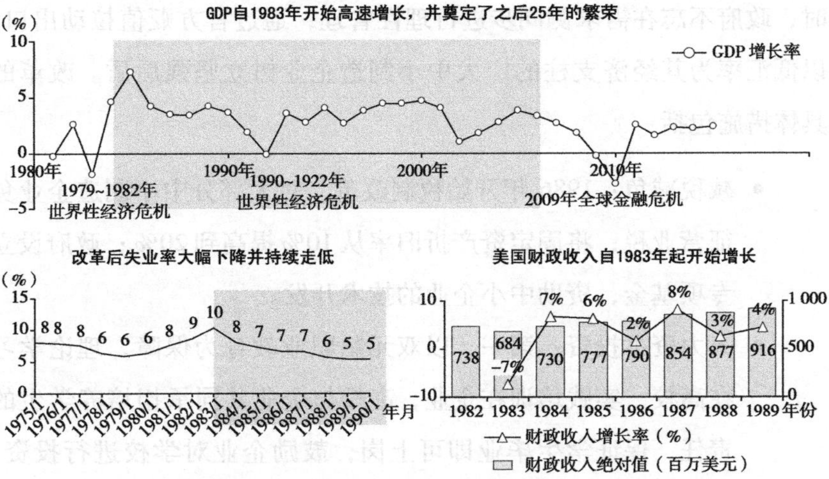

图 2.7　里根供给侧改革在第 3 年开始显现成效，短期经济止血，恢复就业，提振财政收入，长期创造了 25 年的经济繁荣

资料来源：世界银行

德国理性供给侧管理：适当干预、夯实实体、稳定物价，成就欧洲第一经济体

德国政府自第二次世界大战后一直奉行“坚持制造业立国，财政平衡，适当干预”的社会市场经济模式。20 世纪 90 年代世界经济环境变化催生全球化与欧洲一体化，导致劳动密集型产业向发展中国家转移。同时，德国国内的劳动力成本不断上升又进一步导致资本与技术外流，失业率高企至 12%。东西德合并导致整体收入下降，内需不足，加之汇率过高带来出口乏力，最终导致产能过剩。1988～1990 年，作为制造业大国兼出口大国的德国，贸易顺差达到 2 732 亿马克，通胀超过联邦银行 2% 的警戒线，到 1993 年，世界性经济危机雪上加霜，德国 GDP 增长率跌至 –1%。

面对德国经济空壳化、产能过剩、结构失衡、增长衰退的局面，德国政府采取理性供给侧管理，以减税减负、人力资本投资、控制货币供给三大手段调整经济基本面，撬动供给侧四大要素。与此同时，政府不忘在需求侧同步进行理性管理，通过官方贬值拉动出口，以低汇率为其经济支柱的广大中小制造企业树立坚强后盾。改革的具体措施包括：

- 减税减负：1986 年开始税制改革，对大部分中小制造企业免征营业税；将固定资产折旧率从 10% 提高到 20%；政府设立专项基金，资助中小企业的技术开发。
- 人力资本投资：第一，以双元制职业教育为保障，理论学习在高校，实践培训在企业，高校与企业共同承担培养学生的责任，保证学生毕业即可上岗，鼓励企业对学校进行投资、捐赠，并予以减免和抵扣税收的奖励。第二，增强劳动力市场的灵活性，放开雇主的解雇限制，允许灵活工作制；发展职业教育领域，引导教育理念和社会文化的转变，确立多元化的培养目标。第三，削减过多的社会福利，促动失业者加强自身人力资本投资，积极投身劳动市场，其中包括施罗德政府推出的“哈茨计划”福利改革，约 27% 的失业者不再享有失业救济，48% 的失业者福利被削减。
- 控制货币供给：联邦银行以 2% 作为通胀警戒线，德国政府以持续稳健的货币政策抑制通货膨胀，并根据《德意志联邦银行法》制定货币政策。

由上述政策可以看出，作为制造业和出口大国，德国在改革政策上始终以提升其制造业的国际竞争力为最终目标。改革政策皆为制造业的品质提升、规模扩展铺路。政府不断降低企业生产成本、为产业结构调整及品质升级投资人力资本、改革汇率促进出口，甚至金融、房地产行业的管理也以护航实体为先。

德国政府的理性不仅体现在对实体经济的极度重视上，同时也体现在对虚假繁荣和金融泡沫的坚决抵制上。首先，德国政府尽力以低汇率促进出口，面对来自美国的升值压力，以积极建立欧元区应对；其次，以低工资、稳定的地价保障企业的低生产成本；最后，始终保持物价稳定，抑制投机行为和热钱流入，保障经济体的健康发展。

在打破金融约束方面，德国以高效的间接融资体系解放了中小企业的金融约束，一是建立高准入和严监管的全能银行市场机制，确保市场参与者不以承担高风险逐利为目的，而坚持以服务实体经济为核心；二是允许国有、私有金融机构同台竞技，以市场化发展促进金融服务效率的提升；三是凭借银行体系对中小企业，特别是地方支柱性行业企业的深入了解，以低于直接融资市场的成本服务实体。德国银行长期以来平均回报率相对较低，使得资源更多投向了实体经济，而不会过分涌向金融业，避免了泡沫的滋生。

从改革结果来看，1994 年起德国经济回暖，通过出口增加、产品品质提升解决了产能过剩问题。而技术创新不仅成为德国制造业长盛不衰的根源，也从本质上增强了德国中小企业的国际竞争力。此外，金融的高效稳定也使德国成为西方经济强国中危机恢复能力最强的国家（参阅图 2. 8）。

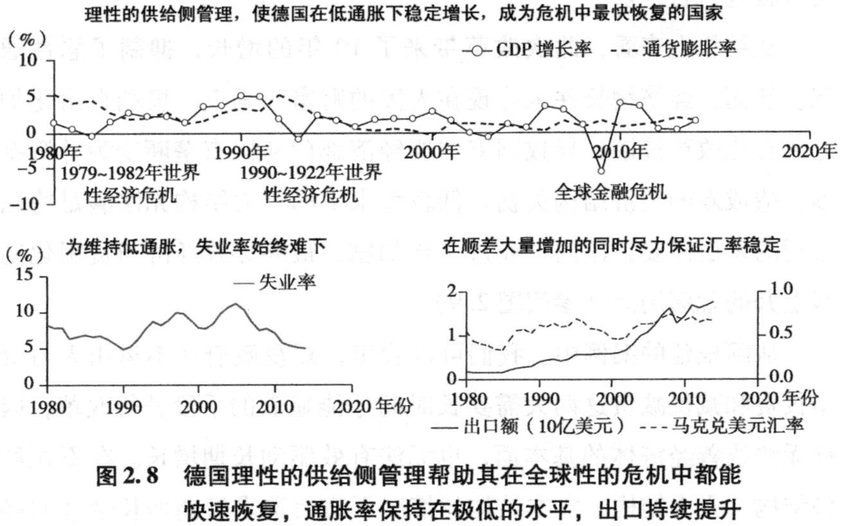

图 2. 8　德国理性的供给侧管理帮助其在全球性的危机中都能快速恢复，通胀率保持在极低的水平，出口持续提升

阿根廷供给侧改革：罔顾国情，极端改革，矛盾政策，引发经济和金融双重危机

第二次世界大战后，阿根廷政权更替频繁，民粹主义加之一系列错误的经济政策，导致 20 世纪 70 年代阿根廷经济大衰退。在此背景下，重新掌权的军政府制订了“国家重组进程”计划，推行经济体制改革，通过在供给侧减少政府干预、控制货币供给，和在需求侧刺激投资及出口同时进行改革。然而，高利率与金融自由化政策的并行形成了投机敞口，大量热钱涌入阿根廷的金融体系。与此同时，在金融泡沫滋长与进口开放的双重影响下，国内实体遭受极大打击，大批工业生产企业倒闭，民族工业陷入严重衰退，1976 年的改革仅带来 3 年虚假繁荣。随后，1980 年爆发金融危机，1981 年经济陷入崩溃，阿根廷正式掉入中等收入陷阱。

1989 年，阿根廷迎来了民主政府的供给侧改革，梅内姆（Menem）的新自由主义改革过分注重自由主义理论而未考虑阿根廷的实际情况，包括失衡的经济结构、不具竞争力的第二产业、无法匹配产业升级的人力资本结构等。改革再一次带来短暂繁荣，以 2001 年的金融危机告终。

从结果上来看，此次改革带来了 10 年的增长，抑制了恶性通胀。然而，经济增长并未体现在人民的财富积累上。极端自由化加之私有化改革浪潮，导致国家主要经济部门从国有垄断变为外资垄断，造成新的经济结构失衡。低教育水平的人力结构无法满足跨国公司的发展需要，国内失业进一步加剧，最终导致经济与贫困化同步上升的荒唐局面（参阅图 2.9）。

从阿根廷的案例中，我们可以看出，短视政府从不运用人力资本投资和减税减负这两大需要长时间才能显效的手段进行改革，因此无法改善经济体的基本面，也无法有效驱动长期增长。在不顾经济结构、人力结构、资本结构的情况下盲目追求短期增长带来的必

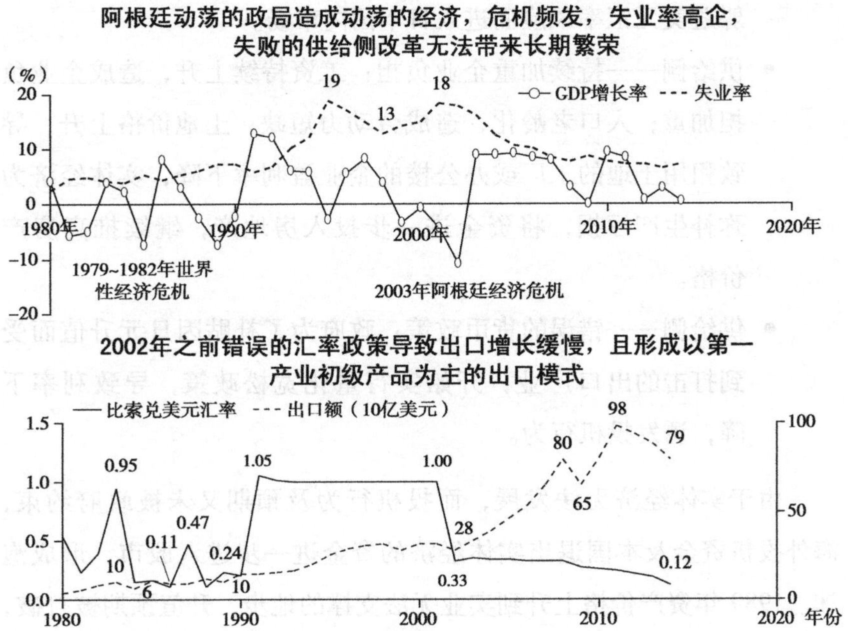

图 2.9　阿根廷两次失败的供给侧改革都只带来了短期的虚假繁荣，同时造成经济结构的进一步失衡

资料来源：U. S. Department of Labor：Bureau of Labor Statistics；Organization for Economic Co-operation and Development

然是虚假繁荣。

日本供给侧改革：人为提高生产成本，量化宽松催生泡沫，产业空心化，经济衰退

20 世纪 70 年代，制造业大国日本崛起，经济增长迅速，全球性企业诞生，社会财富增加。经济体信心膨胀，导致 20 世纪 80 年代当政者实行了一系列错误政策，核心企业的竞争力降低，催生出资产泡沫，最终导致金融危机，经济崩盘，带来了长远的影响。改革的具体政策包括：

- 需求侧——错误的汇率政策：介入汇率市场，造成汇率持续大幅升值，出口型制造业遭受打击，同时大量国际热钱为了躲避美元汇率风险而进入日本国内市场。

- 供给侧——持续加重企业负担：工资持续上升，造成企业负担加重；人口老龄化，造成劳动力短缺；土地价格上升，导致租用土地的工厂或办公楼的企业盈利率下降，实体经济为弥补生产亏损，将资金进一步投入房地产，继续推高房产价格。
- 供给侧——错误的货币政策：政府为了补贴因日元升值而受到打击的出口产业，开始实行量化宽松政策，导致利率下降，诱发投机行为。

由于实体经济无法发展，而投机行为及预期又未被政府约束，海外投机资金及本国退出实体经济的资金进一步进入股市，形成泡沫。1989 年资产价格上升到实业无法支撑的地步，升值预期被打破，投机者丧失投机欲望逃离，从而造成市场的恐慌心理，股市随之崩盘。政府宣布对土地金融进行总量控制，银行采取金融紧缩措施，导致土地金融的资金链断裂，土地价格急速下降，引发崩盘加乘效应。企业一夜间大量破产，资不抵债；个人财产沦为负资产，背负长期负债。恶性循环由此开始，核心跨国企业外逃，本国就业减少，国民收入下降，人口持续负增长。

国际经验对中国的启示

国际经验对中国改革原则的启示

结合中国经济所面临的现实挑战，以及众多国际案例所提供的经验教训，波士顿咨询认为，在进行供给侧改革的过程中有几点原则至关重要。

第一，必须明确供给侧改革的目标是发展，并且是由市场主导、创新驱动的高效、持续的发展，是通过供给侧的结构性调整和提升更好地满足和拉动需求，实现高水平的供需平衡，而不是通过简单的去产能实现低水平的供需平衡。同时，供给侧改革也并不意味着放弃需求侧管理，而是要和需求侧改革协同进行。例如，德国为解决产能过剩问题，并不是简单的去产能，而是通过主动货币贬值促进出口来实现过剩产能的消化。但与德国不同的是，以中国今天的出口体量来看，继续保持快速持续增长已经非常困难，并且，全球贸易分工的精细化和贸易环境的改变，使得简单的货币贬值对出口的拉动作用显著减弱。尽管如此，中国仍然可以通过积极的国际合作创造海外需求，例如当前的“一带一路”计划。

第二，政策必须有延续性和稳定性，要区分长期改革与短期调控，让市场有合理的预期。同时，要容忍改革阵痛，因为政策红利的释放需要时间，市场的应对也需要时间，不能因为短期的挫败而朝令夕改。尤其因为供给侧改革的主要手段包括减税减负、通过市场化减少政府干预等，常常难以避免地伴随着短期的财政赤字和行业重组，因此要有充分的准备和决心。例如，里根新政直到第四年才开始产生正面的改革结果，短期一度加剧了财政赤字，但改革的坚持最终带来了长期的繁荣。

第三，要充分相信市场的力量，政府的主要任务是建立市场规则、维持市场秩序、维护市场公平、释放市场活力，而不是参与市场竞争。从过去的实践可以看出，过度的政府干预、补贴有可能带来结构性问题，加剧产能过剩、资源挤出和经济波动。因此，更好的做法是利用税收、人力资本投资等“间接”手段弥补市场的不足，而不是直接参与到市场中。

第四，改革是系统工程，需要全局性规划和不同政策的配合，不能简单地“头痛医头，脚痛医脚”。例如，在阿根廷的改革中，仅注重能够短期见效的贸易政策和货币政策，而对需要长期投入的税制改革和人力资本投资等并未涉及，因此，其改革的结果也只可能是短期的虚假繁荣，最终走向失败。与此相反，德国政府注重长期人力资本投资，如双元制职业教育，同时通过税收优惠扶持中小企业创新，以及企业和学校的合作，由此为其制造业创新带来了源源不断的动力。

国际经验对中国改革手段的启示

国际案例研究在改革的具体手段和政策上也带给我们很多启示，以下将从供给侧改革的五大手段：减少政府干预、减税减负、人力资本投资、控制货币供给、打破金融约束具体展开论证。

减少政府干预。其目标是建立市场主导、公平竞争的外部环境，释放企业的活力。具体的手段主要有三大类：一是通过市场化发展促进行业竞争、提振行业效率；二是减少政府直接的价格干预、补贴等行政手段；三是下放审批权限，还经营权、决定权给企业。

从中国的改革实践来看，“简政放权”是近年来中央政府努力推进的重点工作之一，并在推行两年多以来取得了一些进展，多个行业出台了具体的改革方案，旨在降低制度性交易成本。未来，政府还应进一步减少直接干预，以监督和指导为主要工作责任。

- 适时适度减少和退出补贴和价格干预，特别是对消费端、产能过剩行业、低端供给及传统垄断性行业的补贴和价格干预，避免释放错误的信号，而加大过剩产能，造成市场的进一步扭曲。
- 持续推进国有企业混合所有制改革。一是以负面清单机制为基础，切实推进行业的开放性试点，鼓励民营资本投资，采用更加市场化的经营模式，以提升企业效率为根本，激活国企参与市场竞争的能力，转变央企大而不强、地方国企多而不精的发展困境。二是采用市场化的治理结构与激励机制，建立企业家精神，吸引专业人士负责公司的运作和管理，并打破“能上不能下、能进不能出”的僵化的人才管理体系。

- 完善准入规则和托底政策。政府的核心职能之一是明确建立并严格执行行业准入规则，并进行动态监控。例如，环保标准的严格执行将有效淘汰地方落后企业过剩产能和低端新增供给。此外，在改革阶段，要做好托底工作，通过政策和资金支持，帮助企业有序进行员工安置、资产处置和转型升级。

减税减负。其目标是降低企业综合成本，为再投资和创新创造条件。具体的手段有三大类，一是降低企业的税赋，二是降低个人的税收，三是相应地削减不必要的财政开支以实现减税后的财政预算平衡。

从我国目前的税制改革来看，营改增是改革的焦点，目前正有序推进，已覆盖大多行业。2016 年会将建筑、房地产、金融和生活服务业等纳入试点范围，允许企业加速折旧，同时实施资源品价格改革，降低原材料成本。需要注意的是，在企业税收领域，降低赋税压力的同时要积极引导企业为转型、再投资和研发创新提供支持，例如将税收工具与企业去产能成果、科研结果挂钩。在个人税收领域，资本利得税的降低可能引导个人加大投资力度，有助于通过投融资渠道将社会闲散资金输送到实体经济中。此外，减税政策可能造成政府财政收入在短期内的下降，需要通过削减不必要的开支或其他必要手段予以应对。

人力资本投资。其目标是为经济的转型升级和持续创新储备人才。具体的手段包括加大科研经费的投入；加强职业培训，更好地转化和提升存量劳动力；通过税收优惠鼓励学校和企业共同培养人才等。

在我国，从长期来看，人力资本投资面临数量和素质的双重挑战。从数量来看，政府近年来推行了一系列政策试图扭转劳动人口数量下降的趋势，如放开二孩生育限制以补充人口基数，未来还需要更加灵活的户籍制度、土地流转制度、社保制度以支持劳动力要素的跨区流动。从素质来看，需要加大扶贫力度，加强基础教育、高等教育和职业教育投入等，建立人才培养长效机制。此外，可以采用税收工具鼓励企业和高校联合培养技术人才，促进产学研机制在中国的落地实施。

控制货币供给。其目标是稳定物价，控制通货膨胀。具体的手段包括保持适度的货币供应量和稳定的利率，同时防止投机资本的进一步流入和外资的集中撤出而引发汇率恐慌等。

从过去一年的货币政策来看，人民银行共计降息 5 次，降准 5 次，并多次运用逆回购、MLF（Medium-term Lending Facility，简称中期借贷便利）等中短期流动性调节工具，释放流动性。同时，将过去的时点准备金考核法改为平均考核法，有利于平滑货币市场波动，强化机构流动性管理。可以说，人民银行为市场提供了总体中性偏宽松的货币政策，并预计会在中短期维持该政策。由于短期内资本无法有效从过剩行业直接退出，甚至会有额外资金投入这类行业以确保僵尸企业的平稳退出、不良资产的处置和下岗员工安置与再就业；同时为了保障新兴、战略性行业能以合理的成本获得融资，灵活偏宽松的货币政策是目前比较合理的处理方式。但就实施效果而言，由此释放的大量流动性若没有很好地传递至实体经济，而仅助长了股市和房地产行业泡沫的进一步增长，则会为市场埋下流动性风险和通货膨胀的隐患。因此，如何维持适度的流动性哺育实体经济的同时避免过度通胀将是中国供给侧改革面临的中长期挑战。

打破金融约束。其目标在于提升融资的可得性，同时提升金融服务实体经济的效率。具体的手段包括金融机构主体的市场化、价格和竞争机制的市场化等。

目前我国的金融市场化改革正在积极推进，改革的方向总体来看有利于金融市场的开放、包容、创新，也有利于企业打破金融约束，改善中小企业融资难、融资成本高的问题。但同时也需要看到，政府和监管机构对市场的直接干预仍然存在，例如民营银行虽发放了5张试点牌照，但对其覆盖区域和业务范围仍进行了严格限制，使其很难参与完全的公平竞争；资本市场发展深度仍有待提升；刚性兑付仍然广泛存在，扭曲了市场价格和风险。此外，随着金融市场发生的新变化，未来几年有可能出现历史累积的信贷风险的集中爆发，这些都对监管机构和金融机构带来了更大的挑战。

从中短期来看，要坚持金融市场化改革大方向，在严格准入和规范市场的同时鼓励多种资本、各类型金融机构主体的发展，适时继续推进多层次资本市场的建立，破除扭曲的市场价格，有步骤地加快退出过多行政干预，以市场化的发展方式打破金融资源和需求之间的双重错配。

总体来看，波士顿咨询认为，供给侧改革确实是解决当前中国经济问题的一剂良方，“去产能、去库存、去杠杆、降成本、补短板”的五大任务更是短期内扭转中国经济结构性失衡的重要举措，同时，国际上也有很多值得借鉴的经验教训。相信只要能够坚定改革决心，不断完善改革政策，一定能有效推动中国经济稳定、健康发展。

三、供给侧改革背景下的银行业转型

金融资源是现代经济的核心资源，自诞生之日起，它就与实体经济密切联系、互促共生。过去30年中国经济的高速发展既得益于金融体系的不断完善，也助推了中国金融体系的快速成长。随着中国经济进入中高速增长的新常态，供给侧改革不断深化，减速换挡、结构调整、风险防范、培育创新将是未来宏观经济的主旋律。对银行等金融机构而言，牌照红利逐渐弱化、业务边界不断模糊、客户需求升级、产业结构转型、创新技术发展，使得传统金融机构目前的产品和服务能力与外部需求之间的矛盾日渐突出。因此，通过金融体系自身的供给侧改革，打破金融约束，反哺宏观经济的结构性调整，将成为未来几年金融体系的主要任务。

供给侧改革背景下银行业的未来

在此背景下，中国银行业将呈现四大主要趋势。

第一，从价格决定机制看，价格市场化改革将逐步深化。经过近 20 年的稳步推进，我国利率市场化改革已基本完成。让市场在价格形成和变动过程中发挥决定作用，从而更好地指导金融资源配置，已成为金融市场化的重要环节。从国际经验来看，利率市场化的实现对银行等金融机构将意味着价格、结构、风险三方面的挑战，从价格来看，利率市场化导致短期利差震荡、中期利差下降概率较大，金融机构需要不断提升风险定价能力；从结构来看，通过综合化经营拓展非息收入，增加高风险高收益资产占比将是应对利差收窄的重要对策；从风险来看，利率震荡导致波动性增加，这将对金融机构风险管理能力提出更高要求。

第二，从资源配置方式看，直接融资的发展将会提速。中国目前的融资结构仍以间接融资为主。截至 2015 年年底，我国全社会融资存量中表内间接融资占 69%，表外融资占 17%，直接融资占比仅为 14%。但过去 5 年间，直接融资占比已从 2010 年年底的 10% 上升至 2015 年年底的 14%。在银行主导的间接融资体系中，金融风险通过银行的客户关系管理、持续信用风险监测、组合管理得以控制，但银行与客户的“债权”关系导致风险始终集中在银行体系内部。

而在以金融市场为主导的直接融资体系中，金融风险通过专业化的资产配置与财富管理，以分散化的转移为主要手段进行控制，金融机构与客户的“信托”关系使得风险得以分散到投资者中。因此，直接融资占比的增加将有助于提升金融资源的配置效率和加强对系统性风险的防范。而间接融资向直接融资的转换将依托于多层次资本市场的建立和完善，以及资产管理和财富管理的成熟。对监管机构来说，需要推进注册制的落地实施、加强事中事后监管、完善退市制度、提高信息披露要求以充分保护投资者的合法权益。对金融机构来说，借助中小板、创业板、新三板等多层次的股权融资市场，加大场内、场外各类金融产品的创新，将是重要的业务机会。

第三，从参与主体看，竞争主体将加速市场化。总体来说，我国金融主体市场化程度尚浅，牌照红利仍然存在，但未来将逐步改善。自2014年以来，监管部门已经采取了一系列措施以促进金融行业的市场化竞争，包括批准成立5家民营银行、发放3张互联网保险牌照、引导新兴金融业态规范发展、包容混业经营发展趋势等。这些举措将有助于推进金融行业的市场化竞争，提升金融服务的整体效率。

第四，从监管机制看，金融监管将简政放权，与市场统筹发展。金融体系的监管改革关键是处理好政府和市场的关系，着眼于转变职能、简政放权，建立公开公平、开放透明的市场规则。具体包括：优化市场准入，还权于市场，让权于社会，放权于基层；推进分类管理，促进金融机构差异化定位；完善监管方式，加强风险预警，实现审慎与灵活的动态平衡；加强投资者教育和保护，维护健康的市场秩序。

在这四大趋势的影响下，银行业的规模和结构将发生显著变化。首先，贷款和存款增速均会放缓。预计未来5年，M2增速将下降至10%~12%，与此相对应，贷款增速将下降至约11%，存款增速将下降至约9.4%。其次，直接融资高速发展，未来5年，直接融资增速为25%～28%，将对银行贷款构成一定替代。同时，非标准化投融资将向标准化投融资转化。最后，融资主体结构变化显著，从产能过剩行业转向中小企业、三农和新兴产业。

由此，预计到2020年，银行业收入在金融行业整体收入中的占比将从2014年的88%下降至2020年的81%，银行业利润占比将从2014年的87%下降至2020年的76%（参阅图2.10）。

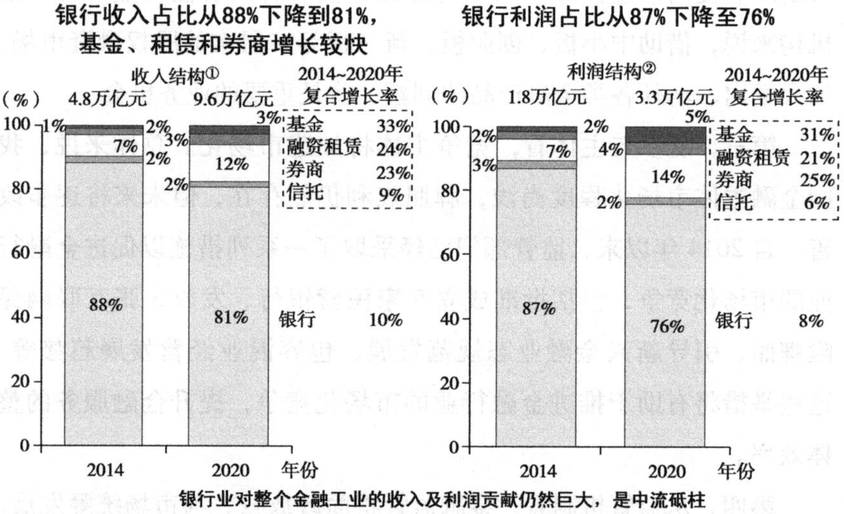

图2.10　2020年，银行仍然贡献81%的收入和76%的利润，非银机构贡献18%的收入和24%的利润

①消费金融收入和利润规模非常小，保险保费收入的定义导致其收入利润比例和其他金融行业差距太大，因此不纳入图中；预计保险2020年保费收入将达到6.3万亿元。

②预计到2020年，银行、信托、融资租赁、基金利润率略微下降；券商利润率保持不变；保险利润率略有上升，其总利润达到3 200亿元。

资料来源：BCG 2020金融业收入模型；BCG 2020商业银行业收入模型；BCG分析

聚焦银行业收入池，从2014年至2020年预计将保持10.5%的年均复合增长率，至2020年将达到7.7万亿元人民币。从银行客户构成角度看，各类业务收入将呈现以下趋势：

- 公司银行业务收入占比将从 2014 年的 48% 下降至 2020 年的 46%，但仍为基石业务，增长主要来自中型、小型企业客户，以及交易银行、投资银行等业务。
- 零售银行业务收入占比将从 2014 年的 33% 上升至 2020 年的 35%，重要性稳步提升，其中通过直销银行等业务模式创新而覆盖的大众客户，以及通过私人银行等业务模式专业化而覆盖的高端客户均将成为重要的增长机遇。
- 金融机构业务收入占比将从 2014 年的 13% 上升至 2020 年的 15%，虽然占比仍小，但将是收入多元化的重要来源（参阅图 2. 11）。

从银行业务构成角度看，传统存贷业务收入贡献预计将从 2014 年的 58% 显著下降至 2020 年的 52%，如何善用存贷款资源，稳固核心关系成为商业银行面临的一个重要考验；交易银行、资产管理、投资银行等业务发展提速，收入贡献将分别从 2014 年的 13%、7% 和 3% 提升至 2020 年的 14%、9% 和 6%，成为银行专业化能力提升、收入来源多元化的重要体现（参阅图 2. 12）。

银行业转型势在必行

对于银行来说，改革的深化和结构的调整也意味着粗放型规模扩张的结束，因此需要从存量提升、增量创新、能力重塑三大方面着力自身的转型升级。本书的后面三个部分将围绕这三大主题展开。

存量提升。第三章和第四章将重点讲述银行业的基石业务——零售银行和公司银行业务，论证如何实现业务模式的差异化和基础能力的打造。第五章至第八章将针对银行业存量提升的四大新机遇——资产管理、不良资产处置、私人银行和直销银行进行详述。

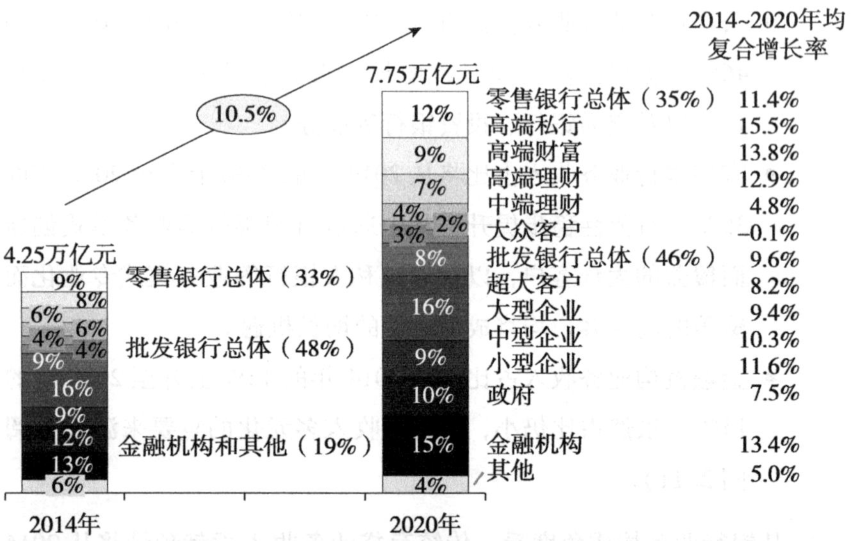

· 批发银行占比从48%下降到46%，但占比仍旧最高，是基石客群，其中中型及小型企业增长尤其快速。

· 零售客群的收入贡献从33%上升到35%，重要性稳步提升，其中高端客户的增速较快。

· 金融市场占比虽低，但业务增速最快，占比从13%上升到15%，金融机构客群是未来银行收入增加的重要来源。

图 2.11　从客户构成角度看银行业收入池

注：零售银行主要业务包括储蓄存款、个人贷款、信用卡、个人理财产品管理及销售、个人其他投资产品（如基金、信托等）代销，不包括小微企业。其中高端私行（客户资产额600万元以上），高端财富（客户资产额100万~600万元），高端理财（客户资产额30万~100万元），中端理财（客户资产额10万~30万元），大众客户（客户资产额10万元以下）。

批发银行主要业务包括传统存贷、国际贸易融资、国内贸易融资、现金管理及交易结算、投资银行、理财产品的管理及销售、包括小微企业。

金融机构主要业务包括托管，资产负债业务（即存放同业、买入返售、拆出资金），债权自营投资业务及代客交易。

其他主要为存放人民银行利息收入。

资料来源：BCG 2020 商业银行业收入模型

增量创新。第九章至第十三章将重点讲述当前金融科技的发展情况，以及银行如何积极参与和分享金融创新的成果，并针对支付、大数据、区块链等热点领域分享波士顿咨询的看法。

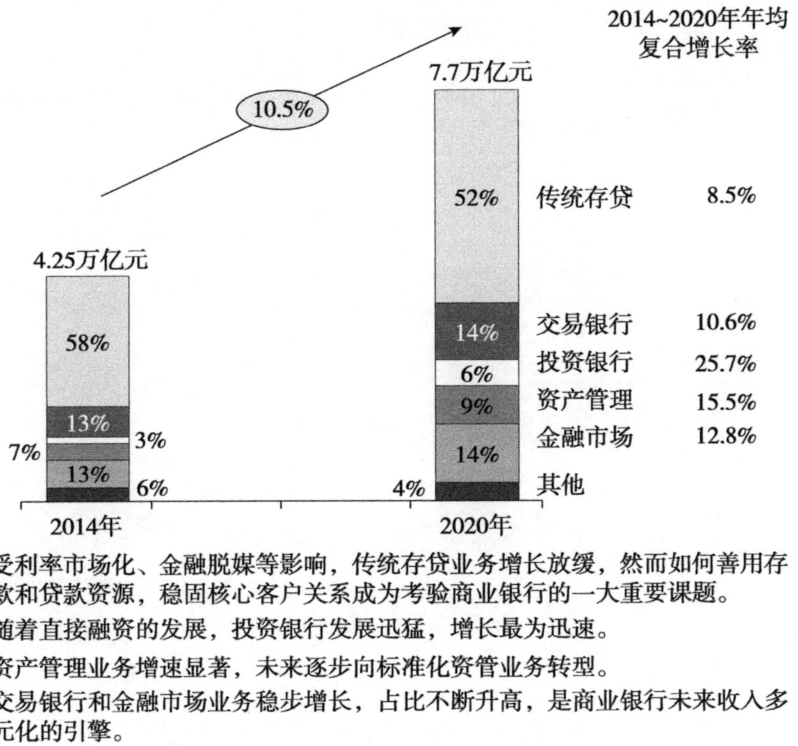

图 2.12　从业务构成角度看银行业收入池

注：传统存贷包括零售银行存款、贷款和信用卡业务，批发银行非贸易融资、现金管理及支付结算所带来的存款及贷款利息收入。

交易银行包括批发银行的国际贸易融资、国内贸易融资、现金管理和支付结算所带来的存款、贷款及中间业务收入。

投资银行包括批发银行的债券承销、并购咨询、银团贷款及结构化融资所带来的中间业务收入。

资产管理包括理财产品的销售和管理费用，基金、信托等综合性理财产品的代销收入。

其他业务主要为存放人民银行收入。

资料来源：BCG 2020 商业银行业收入模型

能力重塑。第十四和第十五章将重点针对转型过程中最大的难点——思维转变和组织转变提出波士顿咨询的系统性方法，因为只有真正实现了思维和组织的转变，才有可能将业务模式的转型和创新贯彻到底。

存量提升

传统银行业务的“新玩法”

第三章 零售银行转型

一、展望零售银行发展前景

在挑战与机遇并存的改革背景下，零售银行由于具备新的业务增长点，能够提供稳定、低成本的资金来源，能够平衡对公业务和同业业务的波动性和风险，其重要性达到前所未有的高度。

零售银行业务具备独特的战略意义

零售银行具备新的业务增长点，收入将占中国银行业收入的35%以上

第二章已经提到，零售银行业务收入占比将从2014年的33%上升至2020年的35%。其中，小微贷款、消费贷款、理财等业务将成为主要的增长点。一方面，由于大企业金融脱媒日益加剧，对公业务客群逐步向信贷需求激增的中小企业下沉；另一方面，在国家收入倍增计划和城镇化等因素的共同作用下，居民消费需求持续提升，衍生出大量信贷需求。此外，人口结构的老龄化和社会保障体制的

不健全，也使得理财、保险等需求高涨。

这一趋势高度符合成熟市场的发展规律。波士顿咨询全球银行业数据库显示，在美国、欧洲和日韩等已实现利率自由化的成熟市场中，零售银行收入占比普遍在 40% 以上，个别市场如德国和法国的零售银行收入占比甚至接近 60%。发达的零售银行被视为银行业充分竞争、成熟发展的自然结果（参阅图 3.1）。

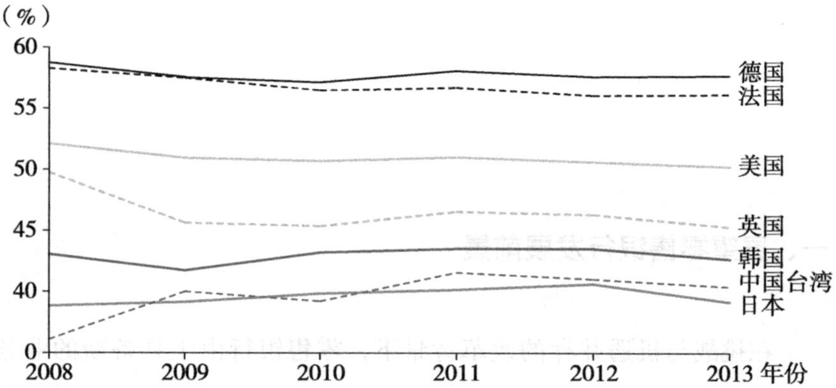

图 3.1　成熟市场零售银行收入占比普遍在 40% 以上，部分市场占比近 60%

资料来源：BCG 全球银行业数据库

虽然目前中国零售银行收入占银行业整体收入的比重仍较低，但过去几年各大银行已经纷纷开始发力零售业务，并已取得初步成效。波士顿咨询选取了国内前 12 家披露零售业务相关数据的上市银行，发现其零售业务（包括小微业务）收入平均占比在 2008 年时仅为 27%，但到 2014 年年底已大幅增长至 35%。国有四大行凭借广泛的渠道和海量用户基础，2014 年零售收入占比均已超过 35%，个别银行甚至接近 45%；领先的股份制银行也正通过渠道、产品等方面的创新迅速追赶，零售业务收入占比基本在 25% ~45%；广大城市商业银行则在公私联动、本地社保账户、本地特色业务等领域持续探索零售机遇。

零售银行能够提供稳定、低成本的资金来源

一直以来，吸储难是各家银行普遍面临的难题。与此同时，随着中国经济结构调整并进入7%左右的中高速增长时代，企业的收入增长速度和资金周转速度放缓，对公存款的规模增长将进入拐点。另一方面，各家银行在趋同化的理财市场中收益竞争激烈，理财产品的资金成本难以控制，且“去存款化”影响明显。因此，如何利用零售银行业务获取稳定、低成本的资金成为各家银行的关注焦点。

总体来看，国有四大行凭借广泛的渠道和海量用户基础，吸储能力较强，零售存款在全部存款中的占比基本都高于45%，但同期主要股份制银行零售存款平均占比仅为20%左右，城市商业银行则更低。未来5年，股份制银行和城市商业银行存款结构优化的紧迫性毋庸置疑。

零售银行能够平衡对公业务和同业业务的波动性和风险

相比对公和金融同业业务，零售业务具有单体体量小、风险分散的特点，具备天然的稳定性。这种稳定性在以往的经济周期波动中已得到很好的证明。例如，20世纪90年代初期，花旗银行曾一度遭受房地产业务和发展中国家债券危机的重创，但零售业务的稳定发展最终帮助其化解了这场危机。在经历了3年左右的低潮期后，花旗银行的股东回报在1994年就恢复到危机前水平，并在20世纪90年代后期实现了高速增长（参阅图3.2）。

花旗银行并非个例。事实上，在2008年的金融危机中，以零售为重的银行（零售业务收入占比高于50%的银行）的平均利润率是多元化经营银行（零售业务收入占比低于50%的银行）的5倍左右，并且波动较小（参阅图3.2）。根据国际经验，由于零售银行的这些独特优势，投资者往往也更倾向于给零售银行业务更高的估值。

在中国经济进入新常态、经济周期缩短、波动加剧的情况下，零售业务的战略重要性日益凸显。

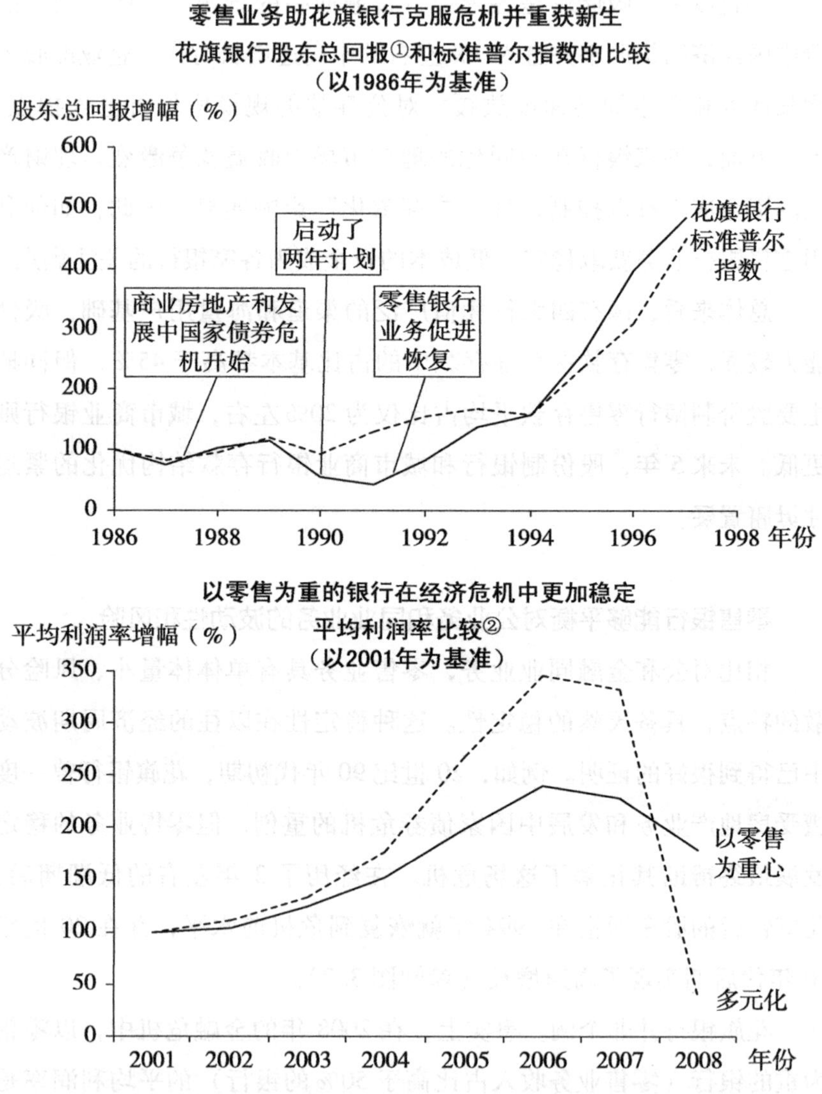

图3.2　零售银行能够平衡对公和同业业务的波动性和风险

①加权平均值。

②未加权平均值、集团利润。

资料来源：BCG零售银行数据库

由此可见，零售银行的重要性不容忽视。在经历了20年的快速发展后，零售银行的产品从简单到丰富，客户分层与管理从无到有，服务渠道从单一到多元，但仍面临产品同质化、客户经营简单粗放、内部管理割裂、反应速度慢等一系列挑战。与此同时，在经历了近十年的持续投资后，银行内部的决策者们对零售银行的预期也逐步从处在投资期的高成本业务，向进入回报期的盈利型业务转变。而互联网的快速普及和发展，以及互联网金融的冲击，一方面对零售银行的转型带来巨大的挑战，另一方面也为零售银行的创新创造了无限的可能性。

展望“十三五”规划时期，零售银行究竟应该如何应对？其关键就在于洞察行业发展趋势，打造零售银行的差异化模式，夯实零售银行的七大基础能力。

洞察零售银行三大趋势

身处“互联网+”时代，银行在个人金融领域所面临的竞争对手已经远远不止其他银行。事实上，银行在支付转账、储蓄、贷款、投资、咨询等各项个人金融业务中都面临着来自其他金融机构和非金融机构的竞争（参阅图3.3）。这种竞争将会逐步成为常态，并且将逐渐改变个人金融领域的竞争方式和竞争格局。

从竞争方式来看，过去金融机构赖以生存的竞争哲学将被全面动摇：

- 过去，金融机构可以从机构自身和内部管理出发来决定如何服务客户，但未来则必须从客户需求出发，因为客户有了更多的选择，其在不同金融机构之间转换的成本也几乎被降为零。
- 过去，金融机构通过网点、客户经理的经验理解客户，与客户保持低频次的互动关系，获得片面的、局部的、滞后的客

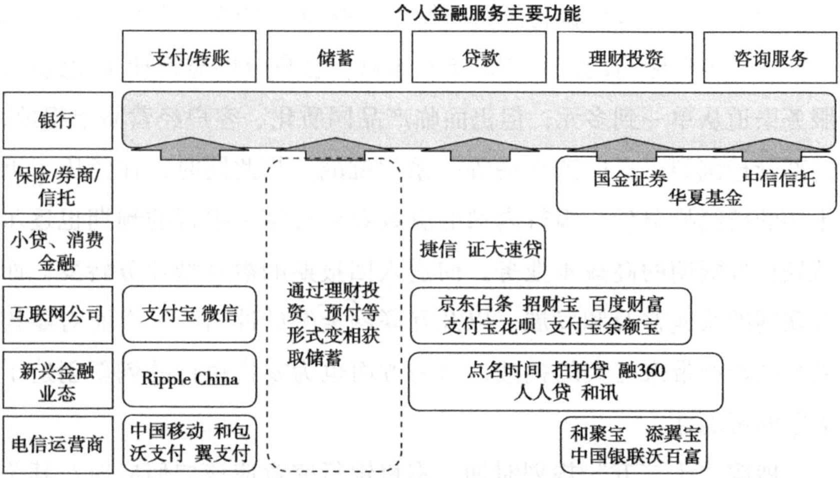

图 3.3 银行在个人金融的各个领域都面临新的竞争

户数据，但未来金融机构能够通过内外部的各种渠道网络和数据理解客户，与客户保持高频次的互动，获得全面的、立体的、实时的客户数据。

- 过去，金融机构仅满足客户的金融诉求，扮演专家、权威的角色，但未来金融机构需要通过金融功能去满足客户的生活需求、情感诉求、社会诉求，扮演服务者的角色。
- 过去，金融机构可以一家机构覆盖全价值链，通过内部闭环实现对客户的服务，但未来金融机构更多需要专业分工，通过开放的生态系统实现对客户的服务。

由此，个人金融服务领域的竞争格局也将显著改变，垂直化的专业分工有望初步形成。我们很有可能看到中国个人金融服务呈现以下图景（参阅图 3.4）：

- 客户获取碎片化。由于金融机构不仅需要满足客户的金融诉求，还需要通过满足客户的生活诉求，到生活场景中去获取客户，因此生活场景的碎片化决定了客户获取的碎片化。每

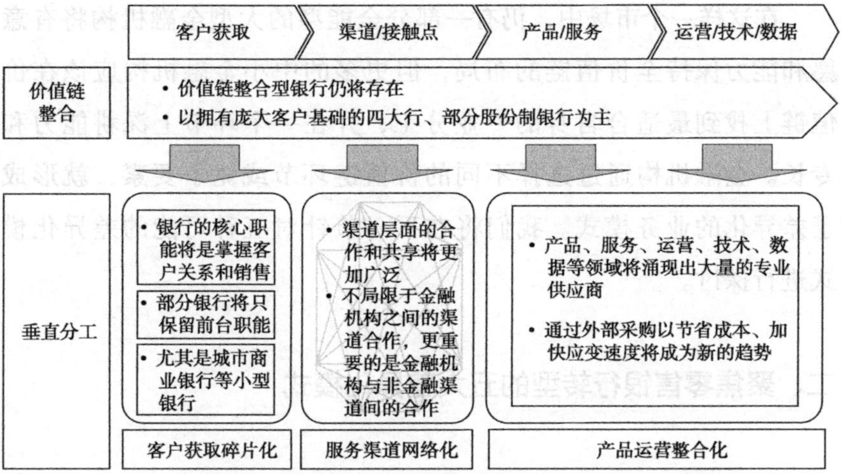

图 3.4　价值链整合型银行仍将存在，但银行业垂直分工也将初步显现

资料来源：BCG 分析；专家访谈

一个生活场景都是一个不同的垂直行业，例如打车、外卖、网购，不同机构掌握着不同的场景，也就掌握着不同的客户入口。

- 服务渠道网络化。每个金融机构都可能拥有一种或多种交付服务的渠道（例如网上银行、手机银行、社区银行），但很难有哪家机构能做到所有渠道面面俱到，因此不同机构之间的渠道合作和共享是提升渠道覆盖更为快速和经济的选择。此外，由于金融的“生活化”，金融机构和非金融机构在渠道上的合作也将空前盛行（例如通过超市进行简单金融服务的交付），从而构成一张复杂交错的渠道网络。
- 产品运营整合化。为了实现更快的应变创新和更低成本的交付，金融机构通过外部采购获得产品开发、服务设计、流程、技术、数据等能力将成为常态。随着这些领域的整合，一些规模较大的专业供应商也将逐步涌现。

在这样一个市场中，仍有一部分全能型的大型金融机构将有意愿和能力保持全价值链的布局，但更多的中小金融机构应该在价值链上找到最适合自身的专业分工，并在一个环节上深耕能力和专长。金融机构通过选择不同的价值链环节或竞争要素，就形成了差异化的业务模式。我们将在下一节针对五种可能的差异化模式进行探讨。

二、聚焦零售银行转型的五大差异化模式

在“互联网+”时代，面临客户、产品、渠道、技术、竞争等方面的快速变化，零售银行应当如何应对？为更好地讨论这个问题，我们首先应该来看一下零售银行的业务模式主要包含哪些要素。由此，波士顿咨询提出了零售银行的三层框架：

- 体验层：直接面向客户，构成客户体验的主要要素，包含渠道、产品、服务等。
- 交付层：不一定直接面向客户，但支撑客户体验的实现，包含流程、数据、IT 等要素。
- 管控层：横跨不同业务的，具有基石作用的内部能力，主要包含定价、风险控制，以及组织、人才、文化等要素。

在这三层之外，客户是纵贯零售银行业务模式的灵魂，要秉承“以客户为中心”的理念。此外，“互联网+”时代一个新的要素是更加广泛的、贯通内外的生态系统（参阅图 3.5）。

过去 20 年，零售银行的竞争基本是靠铺网点、铺人员的跑马圈地模式。但未来，随着客户成熟度的上升、新技术的赋能、竞争的复杂化，银行只靠同质化的渠道、产品、服务已经很难再获得持续的、优质的客源，因此零售银行必须差异化。不同的银行通过在上

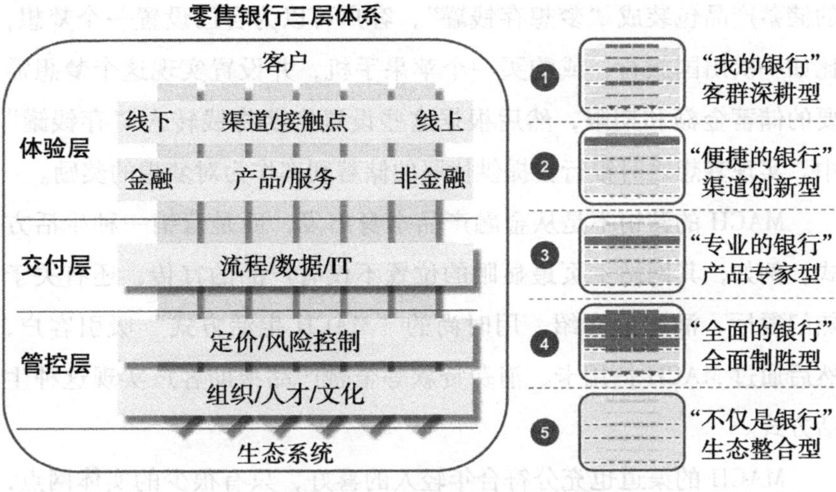

图 3.5　零售银行三层体系及五大差异化模式

述三层框架不同要素上的差异化定位，就有可能形成不同的业务模式。主要的五大模式包括：客群深耕型、渠道创新型、产品专家型、全面制胜型、生态整合型。

客群深耕型——"我的银行"

客群深耕型的核心特征是银行有一个或数个明确的客群定位，而不是服务全民。明确目标客户后，银行的渠道、产品、服务、流程均围绕该客群的特点进行设计和组织。此类银行的一个经典案例是马来西亚的 MACH 银行。

MACH 银行是马来西亚丰隆银行（Hong Leong Bank）的一个子品牌，通过全新的银行模式和形象来服务对传统银行缺少兴趣的年轻客户。其客户定位为数字化的年轻一代，追求时尚、新鲜事物、个性化。

MACH 的产品非常简单，仅有储蓄、信用卡、保险、车贷、消费贷等几款基本的金融产品，但已能满足大部分年轻人的主要金融需求。产品设计充满趣味性，以吸引年轻人的眼球，例如将最简单的储蓄产品包装成“梦想存钱罐”，客户可以为自己设置一个梦想，比如一次出国旅行，或购买一个苹果手机，并设置实现这个梦想需要的储蓄金额和期限，然后根据这些设置定期将钱转入“存钱罐”中。实现梦想之时银行会提供优厚的储蓄利率作为对梦想的奖励。

MACH 的营销不是从金融产品本身出发，而是营销一种生活方式。例如，其网站主页最显眼的位置不仅有产品的宣传，还有关于热门餐厅、酒吧的介绍，用时尚的“MACH 生活方式”吸引客户，然后通过 MACH 信用卡、消费贷款等金融产品帮助客户实现这种生活方式。

MACH 的渠道也充分符合年轻人的喜好，只有很少的实体网点，均开设在最受年轻人欢迎的购物中心，并且完全摈弃了传统银行网点的形式，没有柜台也没有柜员，全部为自助服务和体验区。网点的设计更像是数码产品体验店或新潮的服装店，到处是画面极具设计感的触屏体验设备、精美的产品手册和舒适的沙发，甚至还有供客户休息怡情的吉他。除实体网点外，更通过便捷的网络和移动网络渠道服务客户。

德国的迈世勒银行（Metzler Bank）则是全球最长寿的私人财富管理机构之一，至今已有超过 340 年历史，始终专注于服务高端客户，为其提供完善的资产管理服务，而不是盲目跟风去从事自己不擅长的业务。截至 2013 年年底，该银行管理的资产已达到 570 亿欧元。

除此之外，还有一些银行以服务女性客户、老年客户为特色，均是通过对客群的细分和深耕实现业务模式的差异化。

渠道创新型——“便捷的银行”

渠道创新型的核心特征在于通过渠道便利和良好的渠道体验实现差异化。其最终的实现方式是不同渠道之间的有机结合，但在实现过程中有些银行更加偏重线下渠道的转型，有些银行则偏重线上渠道的创新。

马来西亚 RHB 银行下属的 Easy Bank 是实体渠道创新的典范，并且通过渠道创新带动了一种全新的服务大众客户的“简单、便捷”的零售银行模式。Easy Bank 一改传统银行网点的形式，将大量像快餐店一样小巧、醒目的店面和商亭开在了超市、购物中心、邮局、地铁站等客流集中的地方。这些店面小的不足10 平方米，大的也不过50~80 平方米，店面设计舒适轻松，布局紧凑，产品展示更醒目，营业时间更长，并且通过标准化、模块化的设计确保了一致的品牌形象、客户体验和低成本快速推广的可行性。为适应这种新型的网点，Easy Bank 还通过标准化的五大产品、全电子化的购买体验、直通式的信贷审批流程等为客户提供真正简单、便捷的银行服务。

珠海华润银行采用类似的模式，通过把银行开在超市、购物中心、社区等离客户最近的地方，带动新型的社区银行模式。例如，华润银行为适应超市、购物中心渠道，将银行的外观、布局设计成零售店铺的形式；网点面积只有数十平方米，通过小型化、标准模块化实现快速复制；通过分配班次，将银行的营业时间延长至晚上 9 点，为客户提供最大的便利；主打理财、信用贷等社区居民最感兴趣的产品，并且实现了主要产品的流程精简，例如其“乐贷”产品目前已基本实现凭身份证即可办理，最快 3 小时完成审批。

线上创新的经典案例是波兰的 mBank。mBank 从 2000 年开始就将自己定位为一家纯粹的线上银行，通过十多年的发展和探索，于 2014 年实现线上系统、功能、产品、服务等各方面的全面提升，并同时推出了新的品牌标识和形象。新的 mBank 具有现代、移动、社交三大特色。“现代”体现在简单、易懂、互动性强的用户界面，快速响应的搜索和计算，能够实时与客户经理音频、视频对话的“虚拟网点”等。“移动”体现在全功能的手机应用，与网上银行保持一致的视觉和使用体验，同时结合移动支付、地理定位等为客户提供更全面的金融功能。“社交”则主要是将脸书（Facebook）账户整合在银行账户中，可通过银行账户直接向脸书账户转账汇款，并有大量用户间互动、游戏的设计。

国内银行自 2014 年年初以来也掀起了一股通过直销银行进行线上业务模式创新的热潮，截至 2015 年 5 月末，直销银行数量已达 26 家，正在进行建设和测试的还有几十家，其中成效最显著的是中国民生银行。民生直销银行于 2014 年 2 月上线，客户定位为收入较高、电子渠道接受度也较高的“数字精英”，采用独立于民生银行母行的纯线上平台为客户提供全电子渠道服务。初期主打汇款转账、储蓄、“如意宝”理财等几款简单产品，随着客户的积累和平台的成熟，又逐步推出了“定活宝”、“民生金”等投资理财产品和“称心贷”信用贷款产品。截至 2015 年 6 月 1 日，民生直销银行客户数量已经突破 200 万，管理资产规模超过 310 亿元人民币，如意宝申购额超过 4 600 亿元人民币，累计为客户赚取了超过 10 亿元人民币的收益。

需要注意的是，即使是像 mBank 或直销银行这样线上渠道高度发达的银行也并不是崇尚单一的线上化、数字化，而是通过少量线下网点、咖啡厅或者虚拟线上网点的形式保留了一定的“人”的元素。因为对如今和未来的客户来说，最完美的零售银行既不是纯数字的银行，也不是纯依赖人的银行，而应该是实现了虚拟与实体、数字与人的最佳平衡，使得客户能够以最自然、最直接的方式与之互动的银行。

产品专家型——“专业的银行”

产品专家型的核心特征即在产品和服务领域实现差异化，这种差异化可能有两种方式：一是通过高性价比使原本同质化的成熟产品实现差异化；二是在产品设计中通过创新实现差异化。

桑坦德银行（Santander Bank，又称西班牙国际银行）的特色即是通过高性价比实现产品的差异化。其提供的产品本身并没有独特的创新，但价格往往低于竞争者，或通过各种形式向客户提供返利。以桑坦德银行在英国推出的产品为例，若客户开设经常账户，不但可以收获账户余额的利息，获得免费的短信和邮件提醒服务，其每一笔账单支付还可获得现金返利，如电话和宽带账单支付现金返利可达3%，信用卡支付同样可获得最高3%的现金返利。这种高性价比之所以能够实现，主要得益于桑坦德银行的成本控制模式，即在全球不同地区销售相似的产品，并以全球统一的交付平台（IT和运营）支撑这些产品，通过规模化极大地降低了单个产品的成本。

澳大利亚联邦银行（Commonwealth Bank of Australia）则是通过产品设计的创新实现差异化。以房贷产品为例，其推出的房贷手机应用能够为客户提供端到端的购房服务，同时内嵌自身房贷产品，拉动相关产品销售。该银行通过对客户的观察和追踪，发现客户在购房过程中存在许多痛点，例如不知去哪里找理想中的房产，看到心仪的房子却难以获得具体信息，也不知和谁接洽，房产情况、交易历史、周边环境、价格等信息透明度低等。于是，澳大利亚联邦银行通过开发手机应用精准地解决了这些难题。目前，其应用覆盖了澳大利亚95%的住宅房产，整合了所有客户关心的信息，并能实现房产比较、贷款还款在线计算、实时连接房产和贷款专员等服务。该应用自推出后，一年多时间里下载量超过20万次。

需要注意的是，不管通过哪种方式成为“产品专家”，都离不开专业的交付平台。高性价比模式往往需要规模化、高效的运营和IT平台，而产品创新模式则往往需要强大的数据分析和处理能力。

全面制胜型——“全面的银行”

全面制胜型的核心特征即全面，一般为覆盖全客群、提供全服务的综合性大型银行，是一定意义上的“全民银行”。

美国的富国银行（Wells Fargo）即属于这一类，其覆盖的客群包括从普通社区居民、小企业主、农场主到富裕客户、高净值客户等各类，并通过差异化的产品和覆盖模式服务不同的客群。例如，针对家庭金融资产2.5万美元以下的大众客户，主要由一般客服人员提供基本储蓄、个贷和信用卡产品；针对家庭金融资产2.5万~10万美元的大众客户，在基本产品之上，由初级客户经理提供证券、债券、基金和期权等基于佣金的自助代理服务产品；针对家庭金融资产10万~100万美元的富裕客户和准私人财富管理客户，由二级个人银行家或区域私人财富管理专家协助选购股票、债券、基金和期权等基于佣金的委托投资业务及多种资产规模与类型的共同基金和理财产品；针对家庭金融资产100万美元以上的私人财富管理客户，则由私人财富管理专家提供各种高端服务，包括定制贷款、流动账户、另类投资与特殊资产管理等。

富国银行多样、广泛的渠道同样是“全面性”的体现。其在全美共有8 700多家“门店”位于位置便利的人口密集区，实体网点形态包括银行、超市、房贷中心、消费金融中心、汽车金融门店及财富管理中心等，并在此基础上配以移动销售代理专员，加上12 500多台ATM机网络和专业的呼叫中心，以及拥有2 000多万用户的全年无休、获评“全美最佳”的网银，形成了全面的服务渠道体系。

虽然富国银行取得了骄人的业绩，但并不是每一家银行都能成为富国银行。选择全面型模式的银行往往通过长时间的积累或大量并购已经具备雄厚的规模基础，体现在客户数量、产品销量、渠道网络等各个方面。对这类银行来说，它们有意愿也有能力兼顾各个方面，但只有极少的银行能真正拥有这样的实力。对于大多数银行来说，选择和取舍仍不可避免。

生态整合型——“不仅是银行”

生态整合型银行的核心特征是构建以银行为中心的生态系统，充分整合自身与外部的产品、服务、渠道、后台等，实现金融与非金融的融合。客户是生态系统的核心，因此谁把握了客户资源，谁就主导了整个系统。这类银行通过核心平台的建立连接了客户和生态系统中的不同参与者，如基础设施提供商、产品提供商、服务提供商、数据分析商等。

日本乐天集团（Rakuten）就是生态整合型金融提供商的典范，其主要业务包括互联网服务、互联网金融和其他业务三大版块。其中，互联网服务的核心是电子商务购物平台，以及电子书、旅游等；互联网金融包括网络银行、网络券商、信用卡、电子货币、人寿保险等；其他业务则包括乐天通信、乐天棒球队等。

在乐天生态系统中，核心的基础平台，即客户导流的入口是电子商务；而打通整个生态系统“任督二脉”的则是乐天的信用卡支付和其独有的 Super Points 会员积分体系。

乐天集团于 2004 年和 2005 年通过收购信用卡贷款公司“AOZORA 卡”和信用卡发卡公司“国内信贩”建立起信用卡支付业务。在第三方支付并不发达的日本，信用卡占据电子商务 7 成的交易量，拥有信用卡业务就等于掌握了主要的资金流向和大量的交易数据。

乐天的 Super Points 会员积分体系则被认为是日本最成功的会员积分体系之一，每 10 个人中就有 8 个乐天会员。每一个乐天会员的 ID 都能够实现跨业务版块的积分获取和积分兑换，例如网络购物的积分可以用于乐天旅行的订票或乐天银行的手续费支付。统一的会员体系也能够帮助乐天积累大量活跃、真实的客户数据，实现更精准的客户分析和服务。

支付体系与会员积分体系的结合使乐天完美地掌握了生态系统内的资金流和信息流，也成为整个生态系统繁荣的关键。

虽然乐天集团的起始点并不是银行或金融业务，但依托于集团生态系统，乐天金融在过去 10 年间也实现了高速发展。2013 年，乐天集团营业收入达到 5 185 亿日元，其中金融业务营收达到 2 014 亿日元，占比将近 40%。乐天证券、乐天信用卡和乐天银行等业务均在日本国内占据互联网金融市场的领军地位。

对传统银行来说，建立或参与生态系统，从封闭到开放，这绝不是一个容易的过程，因为开放对银行来说可能意味着失去控制，意味着分享客户数据，意味着各种潜在的风险。因此，生态整合型银行更有可能率先出现在从互联网行业、实业进入银行业的民营银行身上，因为它们通过电商、社交等核心平台天然地汇聚了大量客户资源，占据了众多生活场景，并已经建立起较完善的生态系统。但与此同时，传统银行中也不乏生态系统理念的践行者。

例如，浦发银行自 2010 年以来，逐步将“移动金融领先银行”确立为其在“互联网 +”时代的奋斗目标，并逐步形成了以“人性化、场景化、社交化”的创新理念和“生态系统”思维为基础的移动金融战略。通过与中国移动和上海地铁的跨界合作，浦发银行首次将手机卡、银行卡、地铁支付卡三合一，用户使用手机就可以轻松购物、坐地铁。通过与微信的合作，浦发银行率先推出“微支付”“微融资”“微汇款”“微通知”等服务，建成了集开户、理财、融资、支付、互动、生活服务为一体的全能微信银行。对浦发银行来说，通信运营商、移动终端制造商、卡组织、电子商务企业都是金融生态中重要的参与者，只有与其开放共享、合作共赢，才能建立一个生机勃勃的生态系统。

对不同银行的启示

面对这些差异化的业务模式，不同的银行将面临不同的挑战和抉择。

少数大型全能型银行仍有意愿也有能力保持全价值链的布局，其最紧迫的需求可能不是取舍，而是应变，是如何维持好现有的庞大而深厚的底盘，同时在此基础上实现变革和创新。对于这类大型全能型银行来说，其挑战不在于资源或技术，而在于体制机制缺乏灵活性。因此，如何突破体制机制的障碍，建立一个灵活、快速反应的组织将是其制胜的关键。

相比之下，大中型股份制银行资源更加有限，但机制也更为灵活，因此有必要也有能力进行取舍，通过在客群、渠道、产品、技术等领域的选择真正打造差异化的业务模式和交付模式，例如客群深耕型、渠道创新型、产品专家型。此外，这类银行还应该更加积极地参与和建立各种生态系统，通过内外合作、价值链专业分工、跨界联合等，迅速实现业务规模和专业性的提升，甚至孵化出全新的业务。

对于小型城市商业银行而言，“取舍”已经迫在眉睫。其未来5年战略的重心应该更多放在如何借助本地优势更好地获取客户，并建立高黏度的客户关系上，而在产品、IT系统、数据分析等领域则可通过购买外部专业服务的形式快速获得。客户获取、交叉销售是其能力培养的重点。这类银行甚至可以把自己看作纯粹的分销机构，以一种更加轻巧、更加实用主义的方式参与新的竞争。

三、零售银行转型的七大能力

如上一节所述，不同的银行应该根据自身的优劣势和战略方向选择适合的零售银行模式，但不管选择哪一种模式，都离不开一系列基础能力的建设。具体来看，波士顿咨询认为，零售银行未来 5 年需要在“以客户为中心”理念的指导下，发展以下七大关键能力（参阅图 3.6）：

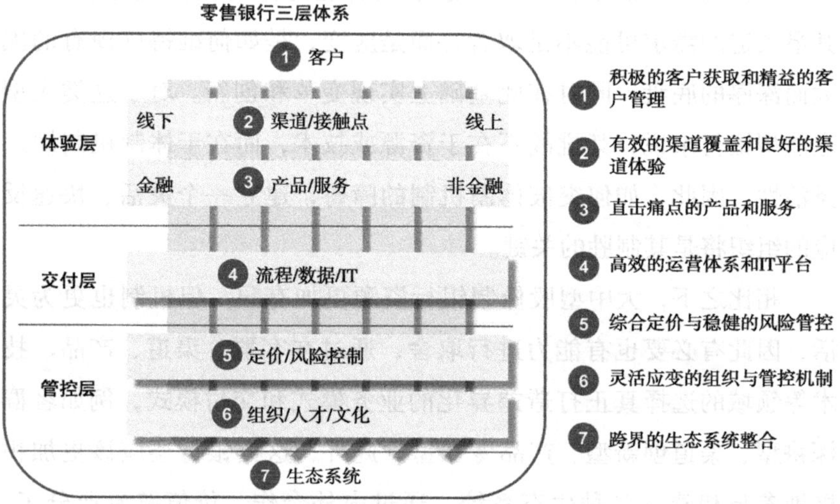

图 3.6　建立零售银行七大关键能力

积极的客户获取和精益的客户管理

客户习惯和预期的改变使得传统的获客方式和客户管理模式难以维系，但与此同时，新的技术工具又为银行进行积极的客户获取和精益的客户管理提供了新的解决方案，使得银行能够在客户获取和管理方面获得提升，具体包括获客过程前移、通过智能数据提升客户关系管理、建立立体的客户分类。

首先，获客过程前移。银行不是坐在网点中被动等待客户到来，而是通过切入客户的生活应用场景，在生活中获取客户，将获客这一步骤前移。例如，从未来消费增速最快的有机生活、买车、购买奢侈品、海外旅游等消费场景切入，提供消费信贷、出国金融产品；

或从物业管理、社交等基本生活需求入手，提供便捷支付、缴费管理、储蓄理财等产品。

例如，美国的 Smarty Pig 线上储蓄平台通过与脸书、推特（Twitter）等社交网络相连，让客户能够在线上与家人和朋友建立共同的储蓄计划，还能通过购物卡等形式分享储蓄目标达成后的奖励。

美国运通（American Express）则利用“小企业的星期六”（Small Business Saturday）这一活动促进其小企业客户的业务。这一活动开始于 2009 年，紧跟在感恩节“黑色星期五”之后，鼓励所有美国运通的持卡者在当地的小企业、小商铺进行消费，每单由美国运通提供 10～25 美元的补贴。活动通过脸书、推特等社交平台大量传播，短时间内获得了上百万的点赞。随后几年，美国运通还提供了一系列工具帮助小企业在这一购物节中更好地包装自己，包括为最先注册的 1 万家小企业提供在脸书上打广告的经费，帮助它们建立自己的脸书页面，引导它们使用“我的商业故事”（My Business Story）工具制作自身业务的宣传视频，并通过社交网络和谷歌传播。通过这些举措，美国运通在个人客户端和小企业客户端均获得了大量客户，增强了客户黏性，同时也提升了品牌知名度和美誉度。

其次，通过智能数据提升客户关系管理。这需要银行了解客户，懂得他们需要什么。能够清楚认识到客户所处的生命阶段、财富阶段，能够清晰、具体地掌握客户的业务行为，并由此提供相对应的产品和服务。做到这些的基础则是通过加大数字化手段的使用力度，建立更为严谨的数据采集和更新机制，掌握全面完整的客户数据，确保数据的时效性和一致性，同时还要建立方便浏览的数字化“单一客户视角”。

最后，建立立体的客户分类。过去 10 年，零售银行客户分类实现了从无到有，大部分银行采用主流划分方法，即根据客户家庭金融资产的多少将客户划分为大众客户、财富管理客户（或称贵宾客户）、私人财富管理客户等几类。随着客户需求复杂度的提升，同一资产类别的客户在行为和偏好上变得更加多样化，仅依靠资产的多少去理解客户已经远远不够，而新的数据工具则使得银行通过数据去理解和区分这些客户成为可能。因此，未来零售银行的客户分类不能仅依据资产规模进行简单划分，还应加入人口学、行为等更加立体的维度，比如性别、年龄、职业、爱好、风险偏好、渠道偏好等。

例如，西班牙某领先银行通过客户的爱好和行为给客户打上足球爱好者、高尔夫爱好者、常旅客、奢侈生活者、实用主义者等标签，然后通过数据分析发现，越年长的足球爱好者在该银行的储蓄水平越高，对银行的平均利润贡献也更高，70 岁的足球爱好者的人均利润率甚至比银行平均水平高出 3 倍。由此，该银行将此类客户锁定为重点客群之一。

有效的渠道覆盖和良好的渠道体验

每每谈到渠道，大部分银行所想到的仍主要是实体网点的转型。大型国有银行和股份制银行网点转型已近 10 年，转型方向是实现网点的销售化，主要措施包括：通过厅堂布局加强营销氛围；通过柜员话术增加销售机会；通过客户经理每日营销“规定动作”（如打多少个电话、接触到多少客户）开拓和维护客户等。这种传统的转型手段在过去几年中取得了一定的成效，但在新的环境下已日渐乏力。波士顿咨询认为，新的网点转型不能仅着眼于网点本身，而应从多渠道整合的角度出发，线下线上相互配合。

那么，多渠道整合到底意味着什么？答案是按照客户的偏好和客户完成银行业务的自然路径，明确每个渠道的“角色”，定义每个渠道的职能并进行相应的整合归并，同时保证客户在不同渠道间能够做到无缝切换、获得一致体验。为实现多渠道整合，银行需要：

梳理客户端到端的渠道蓝图，根据渠道蓝图对各渠道相应的功能、职责进行调整，建立配套的信息管理及运营体系，建立适应多渠道的组织架构和考核机制。

首先，梳理客户端到端的渠道蓝图，也就是识别客户在开展不同业务时对渠道的使用路径。这一步骤的关键是了解各渠道在客户办理业务的各个阶段所发挥的作用，并预判客户可能在哪些渠道之间进行怎样的迁移。尤其需要注意的是，针对不同的客户和不同的业务，或针对现实的状态和客户预期的状态，这一蓝图可能会有多种版本，或体现为多种路径，需要银行通过客户调研等手段仔细梳理，作为多渠道整合战略的基础。图 3.7 就是房屋抵押贷款产品渠道蓝图的示例。

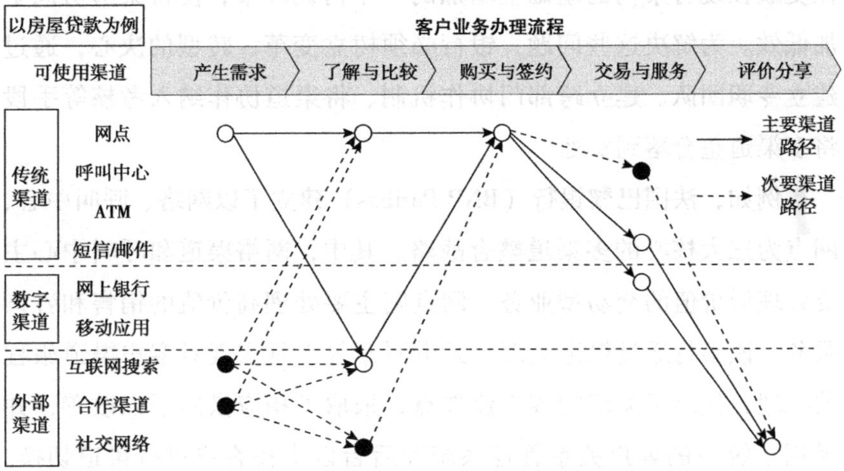

图 3.7　梳理客户端到端的渠道蓝图

资料来源：2014 年 BCG 全球零售银行电子化客户调研；BCG 项目经验

其次，根据渠道蓝图对各渠道相应的功能、职责进行调整。尤其是在对比现实状态和客户预期状态后，可能会发现现有渠道在功能上的欠缺，可以由此进行调整。例如，常见的调整可能包括通过建立更多的合作渠道激发客户需求、注重网络营销增强产品的吸引力和客户对产品的了解、提升网点的销售和咨询体验、实现远程签约、通过社交网络加强售后互动并获取客户反馈等。

接着，建立配套的信息管理及运营体系。多渠道整合之所以被称为“整合”，是因为能够实现客户在不同渠道间的无缝切换和一致体验，这就要求银行具备跨渠道的统一的客户信息管理系统和交付平台，使得不同渠道之间能够实现信息共享和服务协作。

最后，建立适应多渠道的组织架构和考核机制。现实的情况是，不同的渠道往往由不同的部门进行管理。例如，网点由分行管理，网络银行和手机银行由电子银行部管理，呼叫中心由运营部管理，部门分治导致了渠道割裂。近期，部分银行开始尝试建立专职的渠道管理部，试图统管所有的渠道，但由于渠道管理部缺乏实权，往往变成在现有架构的基础上增加的一个协调环节，使得渠道协同更加低效。为解决这些问题，银行必须树立变革、转型的决心，通过建立专职团队、建立跨部门协作机制、将渠道协作纳入考核等手段将多渠道整合落到实处。

例如，法国巴黎银行（BNP Paribas）建立了以网络、呼叫中心、网点为三大核心的多渠道整合战略。其中，网络渠道和呼叫中心主要处理低价值的交易型业务，网点则主要处理高价值的销售和咨询服务。该银行通过渠道蓝图、渠道漏斗等工具实现对客户渠道旅程的梳理，找出了关键的客户流失点，采取了相应措施予以改善，并采用了统一的客户关系管理系统和后台以支持客户进行渠道切换。最终，网点获得了更多的销售机会，银行收入增速比市场平均增速高出 1%，客户人均收入也大幅领跑市场。

不可否认的是，在推动多渠道整合的过程中，网点转型仍是拥有大量实体网点资源的银行所面临的难题。波士顿咨询在欧洲和美国市场的研究发现，网点分销成本几乎占据银行运营成本的一半，在中国也是类似的情况。此外，从前面渠道蓝图的梳理中可以看到，由于监管的规定，签约是对网点依赖度最高的环节，但随着人民银行《关于银行业金融机构远程开立人民币银行账户的指导意见（征求意见稿）》的出台，网点面签的突破指日可待，网点转型已迫在眉睫。面对日益收窄的利润空间和未来全新的竞争方式，如何让大量实体网点成为有价值的资产而非负担，是银行在渠道转型中的重中之重。为此，银行需要从以下几个方面入手。

首先，对全行网点进行整体诊断和规划。不管在欧美还是在中国市场，一个共同的现象是银行80%～90%的存款和收入往往仅由50%～60%的网点贡献，也就是说银行将近一半的网点由于位置、人员、业态等各种原因仍非常低效。因此，对于银行来说，首先需要判断自身的网点总数是否足够，网点在不同省份、城市的布局是否合理，哪些城市应当持续加密，哪些城市已经密度过高。其次，在重点城市中，则需要找出哪些是低效的网点，并对低效的网点进行具体的诊断，然后通过相应的措施，如关闭、迁址、改变业态、调整人员配置等，促进网点效率的提升。

其次，管理业态组合。合理的业态组合对于许多银行来说仍是较陌生却极为重要的关键点。出于成本控制和针对不同客群、不同场景的精细化管理的需求，未来的银行不会只是单一的大型、综合型网点业态，而将是不同网点业态的有机组合。几种常见的业态包括旗舰网点、综合型网点、专业型网点、社区网点、便捷网点等。

- 旗舰网点：服务所有客户群，是大型或超大型的全功能网点。数量通常不多，一个城市1～2个，一般建在人流量大、广告效应强的城市中心地段。对外主要发挥品牌宣传的作用，对内则是网点模块、流程、服务、人员的标准化模板。
- 综合型网点：服务所有客户群，是大型的全功能网点。基本实现城市中主要行政区内一个区1～2个点，一般建在客户流量大、业务量大、需求综合的区域中心地段，是城市内的区域中心枢纽。品牌效应不及旗舰网点，但处理业务的综合能力强。

- 专业型网点：例如专业财富管理中心或小微企业专业网点，服务于金融需求专业性要求较高的特殊客群，通常布局在客户集中的地段，例如富裕社区、小商户集中的商圈等，提供的产品和服务针对性强。
- 社区网点：服务周边社区居民，是小型网点，仅提供部分基础的产品和服务，通常布局在社区、超市等与居民生活紧密相连的地方。
- 便捷网点：服务于关注效率的客户，是小型网点，仅提供部分基础的产品和服务，通常布局在交通枢纽、大型购物中心等客户流量大但需求非常简单的地段。

不同的业态在网点组合中发挥着不同的作用。总体来看，旗舰网点和综合型网点在网点体系中扮演着“中心”或“主动脉”的角色，处理全面、复杂的业务，占一家银行全部网点数量的 20% 左右；社区网点和便捷网点在网点体系中扮演着“卫星”或“毛细血管”的角色，处理基础、简单的业务，是区域内网点加密的主要手段，占一家银行全部网点数量的 70% 左右；而专业型网点则是服务某些特定客户的必要渠道补充，占一家银行全部网点数量的 10% 左右。随着线上渠道的日益发达，旗舰网点、综合型网点、专业型网点被替代的可能性较低，但网点的作用将日渐从简单的低价值交易向高价值的咨询、销售转变；而社区网点和便捷网点逐步被线上渠道替代的可能性则较高。

不同的银行根据其客群和业务的侧重不同，应该在这 5 种基本业态的基础上明确自身的业态组合，打造特色化的网点体系。

美国富国银行的业态体系包括四大类：通过传统的普通网点服务年纪较长、对网点和人员依赖度较高的客户；通过购物中心里的便捷网点服务注重效率的客户；通过理财中心服务中高端客户；通过专业的抵押贷款网点、汽车金融网点服务专业型客户。

西班牙对外银行（BBVA）则以“未来银行”为目标，全面改造了业态体系：旗舰网点针对富裕客户提供咨询服务，重在客户获取和品牌营销，强调互动性、透明度、简单化、人性化，将客户的需求置于网点设计和运行的中心，通过互动的营销设备、先进的数字技术、全新的管理模式实现“未来银行”的客户体验；便捷网点和自助网点则面向所有客户提供交易和简单咨询，类似旗舰网点的“精简版”，虽然面积小、功能少，但保留了核心的设计理念和技术设备，实现了“未来银行”理念在不同业态中的内在统一。

国内部分银行目前也已开始具备业态规划的理念，并着手不同业态的建设。例如，中信银行于2014年3月在广州推出了首家旗舰网点。该网点通过大气、典雅的设计使客户耳目一新，传达出“幸福财富”的品牌理念；通过17个标准模块实现了网点的功能分区和标准化推广；通过智能排队叫号系统、电子预填单系统、触屏营销设备等优化了等待和业务办理流程；同时还在传统业务区域之外增加了图书阅览、咖啡休闲等区域，提升了整体客户体验。在旗舰网点的基础上，其他业态的清晰化和标准化也是指日可待。

最后，对网点实行标准化、模块化管理。在所有业态中，旗舰网点和综合型网点是功能模块最齐全的网点，也是对内具有示范作用的标准化样板。银行应该以这类网点为基础，清晰定义所有功能模块，包括每个模块应实现的功能，为实现此功能需要配备的工具、设施、人员，以及不同模块的相对位置、希望实现的客户动线等。在此基础上，再根据不同的网点业态挑选出与该业态最为相关的模块重新组合，由此实现业态多样化和标准化的完美结合。

直击痛点的产品和服务

未来的银行产品要实现差异化，就不能仅停留在产品本身，而是要围绕客户在金融和生活中的需求和痛点，做好基础服务，打造具有针对性的解决方案，并在“真情时刻”为客户“雪中送炭”。

首先，做好基础。波士顿咨询在2014年全球零售银行电子化客户调研中发现，超过2/3的零售银行客户最看重的仍是银行最基本的功能，比如转账汇款是否便利并免费、网点营业时间能否延长、排队时间能否缩短、填写的表格能否减少、网银使用是否简单（一键操作）、呼叫中心能否快速接通并有效处理问题、银行卡挂失和补办是否及时并保障资金安全等。这些看似简单的日常功能同时也是客户使用频率最高的功能，它们构成了客户对一家银行的“基本印象”，也往往成为客户是否选择一家银行作为其主要交易银行的重要依据。因此，对于银行来说，做好基础是首要前提。

其次，在此基础上，银行还应针对重点客户的特点，提供更有针对性的产品和服务。例如，对于金融需求相对简单的中低端客户，应以标准化产品为主，提供简单、易于理解的产品或产品组合，同时做到定价合理、透明度高。而对于金融需求相对复杂的高端客户及小微企业客户，则需要更加全面、专业的一站式服务。

荷兰银行（ABN AMRO Bank）致力于通过简单的产品和沟通方式更好地服务大众客户。首先，大幅简化产品线，例如将房贷产品从9种减少至1种，同时将首付方式从7种减少为5种，将贷款期限从14种减少为6种。其次，重新撰写所有产品说明和销售人员使用的推荐语，力争实现让90%的客户都能轻松看懂并理解。通过这些简化措施，一方面使销售人员更好地解释和推荐产品，另一方面也让客户更好地理解和选择，同时增加客户对金融决策的参与感。

嘉信集团（Charles Schwab）则致力于为大众富裕客户提供最适合的投资服务。嘉信集团发现其目标客户普遍存在三个特点：一是希望获得相对全面但又不过分复杂的资产配置方案；二是希望获得合理的费率价格（即应该大幅低于真正的高端客户）；三是希望能够及时发现资产配置存在的问题并做出相应的调整。因此，嘉信集团提供的产品和服务也紧紧围绕以上需求：首先，为客户提供将近2万只共同基金的选择清单，帮助客户从中选择8~12个基金产品进行资产配置；二是给予客户优惠的费率，每年仅为客户管理资产的0.5%，大幅低于竞争对手1.5%~2%的价格；三是通过向客户提供季度报告帮助客户及时诊断自身资产配置情况，并向客户提供有针对性的调整建议。

最后，牢牢把握“真情时刻”，其关键是产品和服务要以问题和痛点为导向。产品的设计和包装要从生活应用和痛点切入，围绕如何帮助客户解决问题进行开发，比如在客户最需要的时候为其提供一笔房产贷款或助学贷款，为客户“雪中送炭”，帮助其应对生活中的重大事件。未来零售银行所出售的将不再是单纯的产品，而是解决方案。

高效的运营体系和IT平台

银行在建设运营体系、大数据能力和IT平台时最大的障碍往往不是在技术层面，而是在理念层面、管理层面。许多银行仍未意识到高效、低成本的运营体系，卓越的数据管理、应用能力，高效的IT平台是未来零售银行发展的基础保障。前面所讲的客户洞察、产品创新、流程精简、体验提升、多渠道整合等均离不开这些交付能力的支撑。

运营体系

通过历史上的合作与观察，波士顿咨询发现，许多银行仍将运营视为后台处理工作，仅仅追求“别出事就好”。然而，真正的风险是这些银行尚未意识到，卓越的运营体系是未来零售银行业务的核心竞争力来源，是构筑难以逾越的差异化优势的重要手段。前面所讲的客户洞察、产品创新、体验提升、多渠道整合等若没有强大的运营体系做支撑，就是无源之水、无本之木。

为将运营体系打造成零售银行的优势，首先，银行需要准确把握运营发展的大趋势，以实现前瞻性的布局和规划，并根据规划坚持长期的、持续的投入。波士顿咨询全球市场多年运营转型的实战经验与专题研究表明，运营的发展将呈现五大趋势：

- 线上化：运用指纹、电子签名、电子印章等技术突破纸质基础的客户交互；通过影像、工作流系统、远程授权与监控等系统突破处理流程的纸质环节。在无纸化的基础上，将线下的手工流程转移至线上，并固化到系统中，同时增加直通式处理，提升系统自动化程度。
- 移动化：利用移动网络、手机、平板电脑等实现运营的移动化，借助客户手机拍照、地理定位系统、二维码扫描等替代传统网点中的相应流程。
- 定制化：根据客户需求和习惯为客户提供定制化的产品、服务、渠道、交互界面等。在加强客户数据管理的基础上，打造统一的客户数据平台，提供单一客户的360°视角，加强客户数据分析能力。
- 云端化：通过云服务基础设施实现运营的“虚拟集中”；在线上化的基础之上突破地域的限制。
- 市场化：通过不同机构之间的专业市场分工与合作，提升运营效率。

其次，金融机构在运营体系的路径设计中要找准“速赢领域”，以尽快见到早期效果，提升全行对运营转型的信任与重视，并通过速赢带来的成本节省或销售提升为转型投资释放资源。

在互联网时代，低成本、快速实现的优化手段变得越来越多。

例如，在销售端应用互联网技术，特别是移动互联技术，可以实现销售流程的无纸化。目前，越来越多的海内外金融机构已为客户经理或销售人员配置移动销售端，帮助他们对客户数据进行直接采集或现场录入，例如通过证件拍照、扫描、电子签字等手段认证身份并录入身份信息。这样的举措不仅可以提高销售效率、优化客户体验，同时也可以为后续的处理工作省去资料流转、录入、复核等多个环节，并且提高数据质量。

国内已有多家银行正在进行这方面的尝试。例如，招商银行自2014年8月推出零售柜面“无纸化”，即在零售柜面摆放液晶屏，客户可通过电子填单或者口述的方式办理业务，业务信息通过液晶屏进行展示，客户使用手写笔直接在液晶屏上进行签字确认，整个交易过程除客户要求外不产生纸质单据。这种无纸化的尝试目前已推广至招商银行全国的网点。

最后，金融机构要尽快提升“端到端”的流程管理与优化能力。“部门银行”的现状带来的问题之一是流程管理的割裂，反映在市场上就是“以客户为中心”的缺位。在客户眼中，一个交付流程始于他的购买决策，止于他的需求得到满足。波士顿咨询研究发现，在很多银行，部门所负责的流程片段往往不是主要问题所在地，而恰恰是流程环节的交接造成了大量的重复劳动和资源浪费，例如表格重复、客户需要反复填写相同信息、授权环节烦琐都是这一问题的体现。

因此，银行需要通过科学的方法实现“端到端”的流程管理与优化，例如波士顿咨询在全球多年项目实践中摸索出来的“精益优化”方法。此外，银行需要科学的管理工具，例如搭建流程模型，在流程的管理上区别“销售产品”和“流程产品”，即哪些新产品需要完全不同的交付流程，哪些只是需要部分销售变量的调整，而非交付过程的变化等。最后，银行需要给予“端到端”的流程管理以组织保障。波士顿咨询曾帮助海外某大型跨国银行建设“端到端”的流程管理能力，项目建议之一就是在零售条线中成立“中央流程管理部”。该部门由多年从事流程优化项目的团队固化而成，其中包括了业务专家、运营专家、IT 专家、前咨询顾问、流程优化专家等，并且注重人员的流动性，保持与业务、IT 人员之间的轮换，避免人员出现“专业空心化”的问题。

此外，金融机构不仅应针对业务流程进行优化，同时也要关注核心管理流程，例如产品研发、重大采购等，因为内部决策与办事效率的低下往往是影响运营体系建设的重要因素。以产品研发为例，波士顿咨询曾帮助德国某领先跨国银行优化内部产品研发流程，在新的流程中，运营部门以流程专家的身份在产品研发的早期即参与设计，从流程与运营的角度提供意见和想法，解决了产品设计和实现脱节的问题，确保了该产品问世后的高效交付。

IT 平台

新的客户体验、运营流程、数据技术对零售银行的 IT 平台提出了全新的要求。为此，银行需要从 IT 战略、IT 应用架构、IT 基础架构、IT 治理 4 个方面做出积极的调整。

第一，制定面向未来的 IT 战略，实现从支持保障向价值创造的定位转变。数字化时代的 IT 需要与业务更加紧密地结合，IT 的定位将发生根本性转变——IT 不仅是支撑业务的有效保障，也是推动业务创新和价值创造的重要力量。

在 IT 战略制定方面，首席信息官需要加强 IT 与业务的联动。例如：成立 IT 战略委员会，定期组织由首席执行官、首席运营官、业务单元及 IT 部门负责人参加的创新联席会议，由此明确技术方向与目标，确保 IT 战略的前瞻性，以及 IT 与业务战略的一致性。同时，公司业务战略的制定，也离不开首席信息官对科技的深入洞察以及

IT 部门的试错验证。

第二，构建新一代 IT 应用架构，支持前端数字化转型、中台核心银行再造以及后台大数据创新目标的实现。

前端数字化转型。建设更加开放、兼容与协作的前端全渠道体系，结合点就在于如何为客户提供更好的流程体验，确保信息、产品与服务在渠道之间的一致性。同时利用数字技术推动网点转型，主要措施包括：

- 为客户经理提供移动应用：支持与社交网络、后台大数据分析平台的集成。
- 配置新一代网点设备：超级柜员机或远程视频柜员机（VTM）可以帮助客户自助处理各类交易，并与云端的客服经理实时沟通，实现更多的柜面交易迁移。
- 在网点加强大数据应用：发挥大数据在客户分析、精准营销和决策支持方面的作用，如网点选址工具、客户分析引擎等。

与此同时，还需构建下一代网络银行平台、互联网金融平台以及数字化生态系统：

- 下一代网络银行：加大在手机银行、微信银行方面的功能创新力度。建设直销银行，加速金融脱媒。
- 互联网金融平台：学习互联网金融经验，构建包括互联网理财、P2P（点对点借贷）与众筹平台在内的新金融业务平台。
- 数字化生态系统：领先的零售银行，可以利用自身在资源整合方面的优势，搭建电子商务平台，或与互联网企业合作获取生活应用场景。

中台核心银行再造。前端客户体验的数字化转型，以及建设高效的运营体系，均对中台核心银行系统提出了构建“以客户为导向、开放、灵活”的再造要求，其主要功能与架构特征包括：

- 操作型客户关系管理（OCRM）：建立客户视图，对营销、销售及服务流程实行更加精细化的管理，支持从账户到客户的经营模式转变。
- 高度可配置的“产品工厂”：主要目的在于提高产品配置的灵活性，更好地支持金融产品创新和差异化定价，提高对外部市场的反应速度。
- 组件化服务架构（SOA）：构建组件化的核心银行架构，支持核心系统与外部互联网渠道、合作伙伴系统之间的有效对接，建设开放的平台体系。

后台大数据与分析平台。银行后台建设的重点是基于大数据的平台与分析能力，利用银行业在数据资源方面的优势，开展大数据平台与分析能力建设，有效支撑在获客、营销、产品与定价、风控及运营优化等方面的创新。典型应用场景包括：

- 分析型客户关系管理（ACRM）平台：开展客户数据整合与客户分析洞察，为实现精细化的客户忠诚度管理、精准营销、交叉销售、智能化服务奠定基础。
- 产品、定价与风控领域的数据应用：利用大数据与认知计算能力，实现基于场景的精准定价，并将数据广泛运用于风险识别与建模中。

例如，澳大利亚联邦银行自 2003 年以来开展以客户为中心的“新银行”计划，目的在于实现渠道和运营的数字化转型，主要经历了三个阶段：

- 第一阶段（2003～2006 年）：在辅助渠道和自助渠道实现能力升级，优化客户服务。关键举措包括：在所有渠道创建一体化的 CRM 系统；实现统一化的“客户视角”；建立“历史联络记录”和在办业务清单；生成销售线索及客户推介。

- 第二阶段（2006~2010年）：实现运营平台的数字化，降低成本，提高效率。关键举措包括：在网银、实体网点以及经纪渠道建立一体化的销售和服务体系；通过数字化和自动任务分派，减少来自网点的书面材料；开创从申请到资金准备“60分钟”办理住房贷款的服务；提供全方位的网银产品和服务。
- 第三阶段（2010年至今）：配合核心平台的升级，提供实时银行业务和创新网银业务，4成以上客户使用网银。关键举措包括：提供24小时实时银行业务，如立等开户、即时交易结算；建设手机端银行业务；提供“扩增实境”找房系统和地产指南；设立脸书网点等。

2010年，澳大利亚联邦银行在实现前台和后台效益后，遂将工作重点转移到最根本的核心银行系统改造，推动该银行业务模式和品牌承诺的转型。主要工作包括：优化核心系统、提高流程自动化、洞察客户辅助决策等。核心银行系统的建设有效地帮助澳大利亚联邦银行打造了差异化的服务平台，推动了客户体验的大幅度提升，例如：

- 即时处理交易、服务请求和产品申请。
- 产品在一周内完成制造，以小规模形式现场测试，然后根据反馈进行调整。
- 变更成本和风险大大降低。

第三，采用私有云与公有云相结合的方式，开展IT基础架构创新。云计算是IT产业的一次重大革命，可以有效降低IT开发周期、简化IT架构复杂性、优化IT支出，极大地改变了传统企业的信息化交付模式。首席信息官们通过公有云与私有云的结合，可以有效制订更为前瞻、合理的架构部署方案。

考虑到核心系统对数据安全性和交易复杂性的极高要求，首席信息官们更希望在自己的数据中心进行开发和运维。为此，需要加大私有云改造力度，提升数据中心、服务器、存储等 IT 资源的虚拟化程度，使基础设施资源的性能更加卓越。

与此同时，为“多、快、好、省”地支持新业务试错与扩张，首席信息官们需要在私有云改造的基础上更进一步——运用外部的公共 IT 资源即公有云部署前端数字化应用。在公有云市场中，IaaS 基础设施云和 SaaS 软件云最具发展前景，特别适合数据安全性、敏感性相对较低，且解决方案成熟的应用模块，如：官方网站、门户、移动应用、CRM 系统等。

第四，向互联网公司学习，建立“以产品经理为中心、小步快跑、迭代开发”的 IT 治理模式。在数字化时代，业务部门不能单向把控需求，而是应该更多发挥 IT 部门对业务创新的反向推动作用。IT 部门将肩负着更重要的创新使命，与业务部门建立更紧密的协作机制，共同推动创新的有效落地。

在 IT 平台建设方面，转变传统的“瀑布式”开发，引入互联网精髓——“以产品经理为中心、小步快跑、迭代开发”的模式。同时思考如何更好地激发团队积极性和战斗力，吸引、培育和挽留人才。此外，还需引入具有竞争力的绩效考核和激励制度，建立“允许试错”的企业文化。

综合定价与稳健的风险管控

随着利率市场化的推进和竞争的加剧，定价能力将成为未来零售银行提升收入、保证盈利的重要杠杆。此外，随着经济增速换挡，部分行业金融风险的充分暴露，主要依靠资产规模增长的粗放型模式将难以维系，银行的风险管控、合规管理能力也变得至关重要。

综合定价

建立综合定价能力需要从3方面入手，分别是：制定正确的定价策略和定价模型、保证价格实现、促进差异化定价。

制定正确的定价策略和定价模型。定价策略的关键是比对市场平均而不是成为市场最高。波士顿咨询过往案例经验显示，尽管储蓄净流入规模与高定价具有较强的相关性，但是未必一定能够呈现价高者得市场的结果。在图3.8中，左图显示的是储蓄规模和银行定价与市场平均定价差异的相关性，右图显示的是储蓄规模和银行定价与市场最高定价差异的相关性。可以看到，在左图中，一定区间内高于市场平均的利率与储蓄增加的正相关性非常明显，但超过此区间后，即使利率升高，储蓄净流入规模也只会保持在一定水平。而在右图中，横轴所显示的市场最高存款利率与纵轴所显示的储蓄规模并没有明显的相关性。因此，定价策略不在于一味地制定高价，而是需要银行根据市场动态、客户偏好来寻找出最敏感、最有效的定价区间。

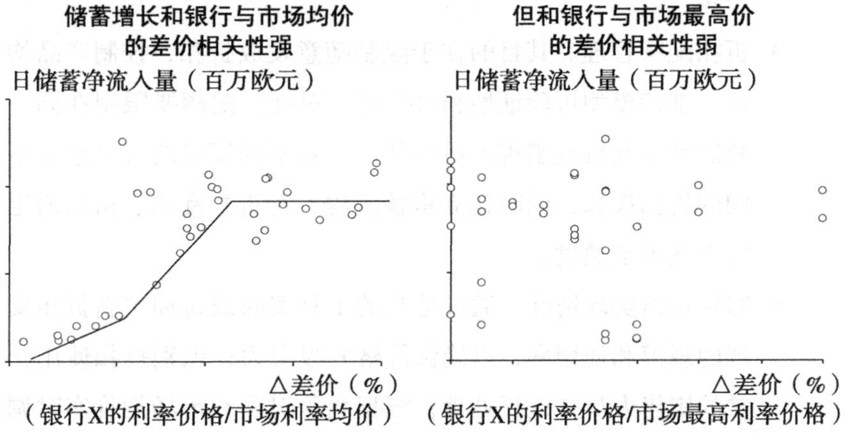

图3.8　储蓄定价策略的关键是比对市场平均而不是成为市场最高

资料来源：BCG项目经验

明确定价策略后，银行需要建立适当的定价模型。制定定价模型时不宜过于复杂，可以考虑从基础的成本加成定价模型入手。成本加成模型的首要基础是产品价格需覆盖银行的各项成本，包括资金成本、流动性管理成本、运营成本和风险成本。建立正确模型的先决条件是对产品成本的组成和分布有清晰认知，了解每一项成本背后的驱动因素如何发挥作用，不同成本项之间是否存在交叉影响等，避免在模型中简单叠加各项成本。

保证价格实现。即使有了科学的定价策略和模型，银行也不一定能够保证价格的实现。在实际的销售过程中，客户经理为了更好地吸引和留住客户，往往倾向于给予客户最大程度的价格优惠，使得定价模型在实际运用中失效。因此，价格实现管理是定价能力的重要组成部分，其具体举措包括：

- 制定折扣指导原则。需要向销售人员和客户明确什么样的客户可以享受何种折扣、为什么享受这种折扣，以及此折扣有效的时间，并通过辅助计算工具提高折扣区间的精准度。这是对销售人员实现价格规范和对客户实现价格透明的第一步。
- 折扣配额管理。其目的在于限制随意发放折扣，控制产品均价，维持模型可验证性和价格可比对度。配额要限制在同一片区域的支行或销售人员中使用，对不同层级的人员给予不同的折扣授权，同时建立审核流程，对折扣乱用、错用的定价方案不予通过。
- 监控价格实现情况。通过适当的工具实时或每周更新折扣实现的规模和使用率，以确保价格的吸引力；识别折扣使用异常的销售人员并进行处理；根据竞争对手和市场均价实时调整自身价格。
- 强化销售人员的激励和培训。其核心是增加对销售利润率的考核，一味强调收入和规模容易导致销售队伍滥用折扣，忽略销售利润的重要性。同时还应当增强销售人员对产品价格的正确认知，培养他们多样的营销能力，在营销过程中减少对价格的依赖。

促进差异化定价。差异化定价也可以称为个性化定价，即根据客户的特征、所处生命周期和价格敏感度给予最适合的价格。这种精确的、个性化的定价需要大量的数据和分析来辅助实现。例如，从银行账户的总转出金额和总转出笔数可以判断客户与银行关系的紧密程度，紧密度低说明客户不得不使用银行的相关服务（例如工资卡），则此类客户对于银行定价的影响力和控制力相对较低，使得银行具备了更多的定价权。又如，刚开始进行储蓄且储蓄较少的客户常常是刚开始工作或者倾向于消费的年轻一代，处在此生命周期的客户往往对价格的敏感度较低。

当然，差异化定价模型不能一蹴而就，零售银行还是应该从简单实用的定价机制出发，摸清成本结构和成本分布，理解客户的使用偏好和价格敏感度，使用数据交叉测算和检验，并保证价格实现，逐步提升综合定价能力。

稳健的风险管控

新常态下，银行的风险管控和合规应从以下 4 方面入手：明确风控战略、匹配风控资源、优化风控执行、加强合规管理。

明确风控战略。风控战略的制定和执行首先需要一个清晰的风险管控架构，在这个架构中，明确董事会、管理层、风控部门、业务部门等各个层级的风控职能，并建立统一的风控文化和准则。在此基础上，以银行的中长期发展为本，平行制定风险战略与业务战略，并在风险承受力与战略之间建立定期循环的反馈机制。

匹配风控资源。未来在利率市场化环境下，银行必须变被动的资金管理和资产处置为主动的资产负债管理。为此，银行应该持续关注并管理流动性，将流动性视为稀缺资源，积极获取低成本资金来源，通过内部定价促进资金成本与资产收益的匹配，还应采用主动的情景建模帮助银行为市场压力或不确定性做好准备。

优化风控执行。采用先进的分析建模工具和一流的风险数据架构，加强数据采集、数据存储以及数据验证力度，对资产质量进行严谨的评估。同时，建立先进的信贷审核工具，采用前瞻性视角，结合行业专长，以汇总的视角掌握客户的完整风险敞口情况等。

加强合规管理。依法合规经营是商业银行在新常态下平衡好业务发展和风险管理的重要保障。为此，零售银行不仅需要强化整体合规职能，更需要将合规行为落实到全行员工的日常业务活动中，实现宏观合规与微观合规的统一。

此外，我们还发现，在风控与合规中，最重要的是务实，一些好的实践包括：

- 与监管机构和主要利益相关方保持紧密的沟通与合作。
- 把“风险和审计”职能纳入核心高管层直接管辖并关注的范畴。
- 业务部门（损益负责方）需要具备自身的风险识别和风险消减能力以及业务管控力，同时与风控职能部门紧密合作。
- 着眼于一线而不是管理层：真正了解问题的是网点经理和呼叫中心的主管。
- 制定高效且实用的举措：不只是停留在概念层面，按部就班地“打打钩”或是照本宣科地念几句经营监管条例，而是要落实到操作层面，要能够对症下药，切实解决发现的风险。
- 通过改变员工们所处的大环境（KPI、激励、培训）来切实改变他们的行为。
- 营造高效率的风控文化，每个员工都能够有意识、有能力积极开展适合的风险回报评估，如采取具有前瞻性的风险消减举措、进行一线问责并确保明确的决策权。

- 如果组织内部的某些系统性激励机制可能诱发员工出现不当行为（如在资本市场和投资银行领域，个人交易回报率非常高），银行就必须相应提高现有管控监督机制的复杂度和严谨度。
- 标准设置必须做到全面、端到端，从产品设计、销售和分销，再到持续的客户管理（参阅图 3.9）。

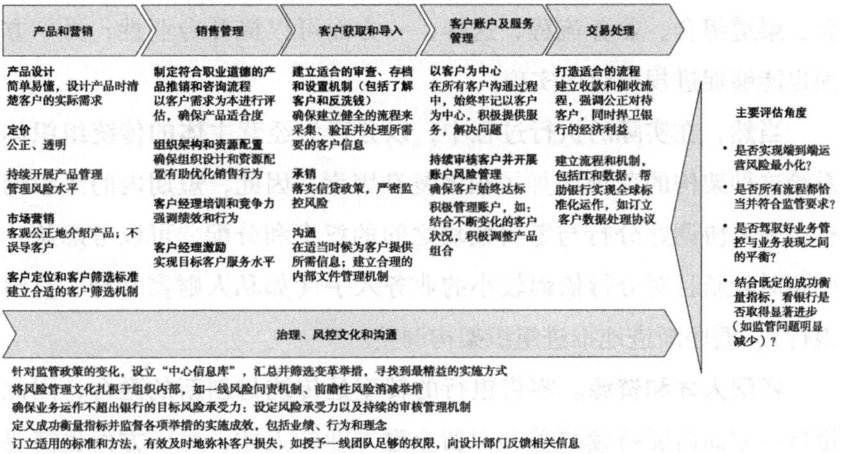

图 3.9　端到端的风控与合规标准

灵活应变的组织与管控机制

在本书研究和撰写期间，波士顿咨询共访谈了近百位传统金融机构的从业者，其中大部分人都表示，零售银行的转型升级，难点往往并不在于战略或方向，也不在于技术或能力，而是在于体制机制和管控层面。零售业务在银行的组织内部具有分散性的特点，零售业务主要由零售部分管，但与此同时高端客户由私人财富管理部分管，电子银行由电子银行部或者 IT 部分管，网点由分行分管，信用卡有单独的中心，产品需要金融同业部门的支持，流程需要运营部门的支持等，这种割裂的状态使得零售银行的管理和协同尤其困难。因此，理顺组织架构，匹配相应的人才和资源，提升组织的灵活性和适应性是零售银行转型升级、实现盈利的关键。

循序渐进建立零售垂直管理。理想的零售银行组织架构需要一个大零售板块，并由一位行长或副行长统管板块下的所有部门，以保证内部的协调与协作。在这个板块中，核心是围绕不同的客户群体所建立的垂直管理条线，而产品、渠道、运营都是横贯这些条线的支撑部门，在统一的平台上为不同客群定制、输出不同的产品组合、渠道组合、业务流程，这样，一方面可以提升专业性，另一方面也能够促进规模化的实现。

当然，在实际的执行过程中，以分行为经营主体的传统组织体系给这种架构的落地增加了很多复杂因素。因此，短期内的组织调整必须要协调好分行与零售板块之间的权责利分配，可以考虑从一些相对较新且对分行依赖较小的业务入手（如私人财富管理、直销银行），循序渐进地推进组织架构调整。

匹配人才和资源。零售银行的转型是传统与创新的融合，因此银行一方面需要持续培养和保留金融专业的人才，另一方面也需要吸引来自互联网、数据、技术等行业的跨界人才，并通过提升组织的灵活性和适应性为不同人才的协作和融合提供基础。

此外，为了保障转型目标的实现，对人才、渠道、系统、运营体系的投资是必不可少的。例如，新建一个直销银行可能需要上亿元的前期投入，全面的运营优化和大运营体系的建立也需要不菲的投资。这就要求银行的决策者把自己的定位从一个管理者转型成为投资者，专注于银行如何创造长远价值，并运用一系列规范的原则和标准（如战略重要性、投资回报率、风险损失等）筛选出最恰当的业务重点，并集中资源择优发展。

零售银行组织架构还需要增强灵活性和适应性，以应对新常态、新环境。例如，学习互联网公司的组织形式，强调模块化的“即插即用”架构，即把一个大的组织分成许多小的组织单元（例如创新产品团队），并对其采用扁平化的甚至可能是网络化的架构；推崇非集中的分散化决策，并且使信息和知识在组织中得到快速共享，从而有利于组织内部的平等化；从文化和价值观来看，强调通过共同的价值观实现组织团结，通过可达成的清晰目标来激励个体的热情，所鼓励的文化要素和心态包括“开放、好奇、自信、趣味、社会”等；从流程和工具来看，不注重过程管理，不设置大量规章，而是通过愿景和目标进行激励，并且强调自治；在财务规划和预算方面，看重趋势并不断做出调整，而不是只关注个别绩效指标。

跨界的生态系统整合

在“互联网+”时代，邻近产业或者毫无关联的产业会突然进入某一个市场，抢夺用户，这种“跨界商战”或“覆盖战争”使得行业内个体的生存愈加艰难。这种覆盖战争爆发的根源在于机构个体都受限于自身基因传统，无法成为全能型机构，因此必须通过参与或建立生态系统，拓展能力和优势的边界。

生态系统有三个关键元素区别于传统业务模式：第一个是以客户需求为中心而非以产品、服务为中心，平台生态系统引入的不同参与者能够围绕客户需求提供不同的产品和服务，使得客户的核心需求和衍生需求在同一个生态系统中得以满足；第二个不同是平台生态系统以数据平台为支柱，客户及交易信息会在平台中存储和共享，使得生态系统的参与者能够精准捕获客户需求，并充分利用已有数据简化客户交易操作、提升客户体验；第三个不同是平台生态系统由多个不同类型的公司/服务商组成网络，通过这些机构间的竞合来共同完成满足客户需求的目标。

对于生态系统的构建者来讲，构建生态系统的根本目的在于吸引新客户、挖掘原有客户的新需求，扩大企业业务规模或业务范围，进而实现企业盈利、品牌双提升。为实现这些目的，有几种方式：

- 通过平台引入或发展全新的业务线、产品、服务来吸引客户，保持高频率的客户沟通互动，以提升客户忠诚度并获取更多客户数据。
- 利用平台获取的客户数据，进行数据挖掘，对客户进行筛选并迁移到其他业务线、产品、服务，实现精准的市场营销和客户迁移，提升单个客户贡献度。
- 通过客户在平台的行为数据记录，为其他业务贡献大量的非金融数据，如客户家庭/健康信息、社交信息等，这些记录具有非常高的数据及业务价值，可为客户分析、产品设计、业务拓展提供极高价值的输入。

生态系统对于传统金融机构来说，是一个全新的概念，也是一种全新的经营方式。为成为生态系统的整合者，银行需要完成以下工作：搭建核心平台，并在此基础上促进多元化；完善生态系统的机制与规则；建立“先人后己”的商业模式。

首先，银行需要搭建核心平台。银行需综合考量内部核心竞争力和外部市场需求，明确核心平台应构建于什么样的业务之上，以及银行在生态系统中担任什么样的角色，即做什么，不做什么。基于核心平台，还需促进生态系统的“物种”多元化，明确与谁合作，以及它们在生态系统中将发挥什么样的作用。成为生态系统中的领导者或参与某个商业生态系统，将使银行所拥有的资源超出其所在的机构和组织的边界。因此，通过核心平台连接客户和生态系统中不同的参与者，如基础设施提供商、产品提供商、服务提供商、数据分析商等，协同应对“跨界竞争”或“覆盖战争”，构建多元化发展，是解决资源有限、能力受限的竞争困境的有效方法。

余额宝成功的关键在于实现了电商的客户体验和金融产品专业性的完美结合；万达与腾讯、百度的合作是为了利用三方资源和数据，打通线上线下的联动体验；平安万里通与外部300多家主流电商和15万家实体商户合作，是为了激活以积分为核心的生态。这些无一不在印证一个核心的商业逻辑，即生态系统的成功需要核心企业和外界多元的“互补性产品”的彼此支撑与配合。

其次，银行需要完善生态系统的机制与规则。生态系统中的机制与规则是其有效运转的关键。生态系统与传统商业环境的区别在于，这个系统拥有一套精密规范和机制系统，有效鼓励多方参与者之间的互动，解决各方参与者在复杂交错的竞争、协作和交易行为中所产生的利益分配与纠纷问题。

- 技术规则，即在技术层面提供统一的技术规格规定、开放接口，按照规则解决技术摩擦。例如，在银行与数据公司的合作中，势必需要完善信息系统对接的技术规范，并建立严谨的数据分享和使用准则，确保有效应用数据的同时，保护客户的隐私和信息安全。
- 利益分配和纠纷解决机制。例如，苹果与其大量的零部件供应商、影音书籍内容提供商、应用开发者、合作运营商之间均有完善的分润机制，确保生态系统中的所有参与者均能实现共赢。而在系统自治和纠纷解决方面，淘宝网则通过完善的买家和卖家评级制度、评价体系、投诉机制等促进平台的稳定自治。

最后，生态系统整合者需要建立“先人后己”的商业模式。尤其在一个生态系统建立之初，整合者往往需要出让部分利益，吸引加盟者和强大的合作伙伴。例如，索尼曾经早于亚马逊推出电子阅读器 Reader，但最后却无疾而终。最大原因在于它没有像亚马逊一样牺牲部分利润，出售低于成本价的电子书籍，增加消费者对电子书的使用依赖度，同时建立数字版权管理系统，保护加入电子书阵营的出版商，让他们获得比以往更好的保障。

生态系统的生命力和繁荣不能仅依赖于核心平台自身的成熟，还要依赖于系统中不同参与者的成长和发展，而作为整合者的核心平台则肩负着帮助其他参与者共同发展的责任。例如，阿里巴巴通过创建淘宝大学，向平台上的卖家提供开店指南、营销推广、物流管理、交易信用、客户管理、供应链和企业创新等各方面的课程，帮助卖家提升商业管理能力；同时通过小额贷款向卖家提供业务发展所需的资金。这些措施通过对卖家的帮助和培养，引导商家端的良性竞争，创造了良好的市场秩序，由此也促进了买家端的信心和整个电商生态的繁荣。

第四章

公司银行转型

一、展望公司银行发展前景

公司银行业务是传统银行业务中的基石，资产、收入、利润贡献都超过行业的一半。未来几年，与全球市场类似，公司银行业务正在受到宏观经济、监管、客户、技术等一系列外部因素的影响。在中国，转型中的宏观经济新常态、严峻的金融市场环境、分化的公司客户需求、强劲的科技创新机遇将是推动公司银行业务转型的关键要素。

转型中的宏观经济新常态

宏观经济增速整体放缓。根据国家统计局公布的数据，2015年我国GDP同比增长6.9%，25年来首次降至7%以下。2016年第一季度GDP增速6.7%，全年预计在6.5%~7%。其中，受全球需求疲软、人民币升值、劳动力成本上升等因素的影响，净出口对GDP的贡献持续下降；房地产、制造业、基础设施建设领域的固定投资累计增速从2011年6月开始持续下滑，至2015年年底仅为30%左右，且企业投资意愿持续低迷。“三驾马车”对经济增长的拉动日渐乏力。

供给侧改革有助于结构性调整。2015 年年底国家提出了“供给侧结构性改革”。短期来看，改革确立了 2016 年供给侧改革的五大任务，包括“去产能、去库存、去杠杆、降成本、补短板”，攻坚钢铁、煤炭、水泥等传统行业低效供给过剩的难题。从中长期来看，供给侧改革将借鉴国际经验和国内实践，进一步从劳动力成本和素质、结构性减税、简政放权、鼓励创新创业、加大科研教育投入、深化金融体制改革等方面，为中国经济的换挡提速铸就全新的发展基础。

宏观经济的 L 型走势和结构性调整将改变银行业的普涨格局，加剧银行业内部的分化。此外，新型城镇化、一带一路、地方债置换、房地产理性调控，以及跨境商务和海外投资带来的全球化需求，都将从根本上重塑公司银行的发展机遇和重点。

严峻的金融市场环境

首先，商业银行存量信贷不良率持续攀升。2014 年以来，伴随经济结构调整，不良率增高也愈发成为侵蚀商业银行传统信贷业务利润空间的负面因素。据统计，截至 2016 年 6 月末，商业银行整体不良率达到 1.81%，从 2011 年第 4 季度至 2016 年第 2 季度，不良贷款余额连续 19 个季度上升，达到 1.27 万亿元人民币，并仍处于不良贷款暴露的上升通道之中。预计存量信贷资产的信用风险暴露将对公司银行信贷业务持续产生负面影响，压缩传统信贷业务利润空间，促使商业银行加强主动的信贷组合管理，同时开拓新的业务增长点。

其次，增量业务面临企业“去杠杆”压力。根据中国社科院统计，截至 2015 年年底，中国的整体债务杠杆水平已经达到了 GDP 的

249%，其中企业部门是债务杠杆的主要承担者。为了应对结构性高杠杆带来的高风险，国家在供给侧结构性改革中明确将“去杠杆”作为五大目标之一。因此，许多产能过剩行业的增量信贷融资业务都会受到影响，这要求公司银行更加审慎地管理风险、开展业务。

接着，金融脱媒不断加速。我国目前仍属于强银行导向型经济体。根据人民银行公布的数据，截至2015年年底，我国全社会融资存量中表内间接融资占比69%，表外融资占比17%，直接融资占比仅14%。但是，过去5年，直接融资占比已从2010年年底的10%上升至2015年年底的14%。股票、债券等直接融资工具的不断成熟，以及互联网融资平台的规范发展，将进一步挤占银行信贷在各类公司客户融资需求中的份额，加速金融脱媒。

最后，价格市场化持续深化。经过近20年的稳步推进，我国利率市场化改革已基本完成。让市场在价格形成和变动过程中发挥决定作用，从而更好地指导金融资源配置，已成为金融市场化的重要环节。从国际经验来看，利率市场化的实现对公司银行业务将意味着价格、结构、风险三方面的挑战：从价格来看，利率市场化导致短期利差震荡、中期利差下降概率较大，银行需要不断提升风险定价能力；从结构来看，通过综合化经营拓展非息收入，增加高风险高收益资产占比将是应对利差收窄的重要对策；从风险来看，利率震荡导致波动性增加，对银行风险管理能力提出了更高的要求。

分化的公司客户需求

波士顿咨询结合在全球的经验，建议银行以企业的营业收入作为划分对公业务客群的第一道标准，同时参考所在行业、资产规模、授信规模、对银行的资源消耗等维度，综合进行客户划分。不同类型的公司客户，其特点和需求存在较大的差异。

第一，超大企业：营业收入超过 200 亿元人民币。超大企业往往具有全国化甚至全球化布局、多元化业务和集团化经营的特征。它们是各个行业中的市场领导者，并购是超大企业快速实现业务布局的主要手段。超大企业的金融需求成熟，对传统的授信、交易银行业务具有深刻理解，并于近几年全方位涉足债权、股权和专业金融等直接融资领域。另外，超大企业普遍在集团内下设财务公司或持有金融机构股份，具有类似金融机构的能力，因此对银行及其他机构的金融服务能力要求极高。

第二，大型企业：营业收入 30 亿元至 200 亿元人民币。从全球来看，30 亿元人民币（约 5 亿美元）通常是区分大型企业和中型企业的分界线。营业收入超过 30 亿的大型企业，往往具备跨省集团化经营的特征，并购是其常见的扩张手段。大型企业对融资的需求较为迫切，希望银行或券商机构在行业领域具有专业知识，能提供有针对性的解决方案。另外，大型企业的合作银行数量较多，因此希望得到优质的专属服务。

第三，中型企业：营业收入 1 亿元至 30 亿元人民币。随着业务规模和地域覆盖的不断扩大，中型企业的金融需求呈现出复杂化的趋势。除对现金管理、支付结算具有强烈需求外，中型企业对融资的要求也日益多样化。例如，部分信用优质的中型企业会尝试通过直接融资获取所需资金。相比大型、超大企业，中型企业的金融需求往往由 1 ~2 家股份制银行或城商行即可满足。

第四，小微企业：营业收入小于 1 亿元人民币。其业务处于起步阶段，金融需求简单，大部分为传统的信贷产品。另外小微企业主本人也有财富管理需求。小微企业与银行的合作通常由私人关系或地理位置等因素决定。

传统公司银行业务主要关注成长、成熟期的大型、超大型客户。未来，公司银行客户将会向全周期转变。除成长、成熟期企业外，大量初创期小微企业、转型期“问题”企业也会成为重要的潜在客户，这就要求公司银行具备灵活响应客户需求、综合运用各种金融工具的能力。

此外，波士顿咨询通过对全球公司银行客户的调研发现，伴随客户自身的成熟和数字化工具的普遍应用，公司银行客户的需求也在过去几年发生了改变，主要体现在：

- 希望获得更加定制化的建议。
- 希望获得与业务紧密相连的端到端的综合解决方案。
- 希望获得符合行业特性的解决方案。
- 希望获得更快更灵活的服务。

如何更好地捕捉这些分化的客户需求，有针对性地提供专业的产品和服务，将是考验公司银行业务能力的关键。

强劲的科技创新机遇

科技浪潮正在席卷银行业，许多从业者已经充分认识到金融科技进步给零售银行带来的革命性变化，却低估了公司银行业务数字化转型的市场需求和发展潜力。

科技创新正在变革公司客户自身的业务模式，从而促使其金融需求的改变。以传统的重型机械制造商为例，他们正在从简单的生产起重机转型成为自动化的集装箱码头，通过引入物联网等创新技术实现实时的吊装监控、远程自动装载等，并从单纯的销售设备，转为提供更加灵活的租用服务。而原本简单的信贷业务已经无法满足这些机械制造商的业务需求，更加灵活的供应链金融服务、运营资本融资、兼并收购咨询服务（收购数字服务及软件提供商）成为客户转型之后更急迫的金融需求。

公司客户对银行“数字化”“互联网化”的期望在不断提升。

根据波士顿咨询 2015 年公司银行客户调研，超过 70% 的企业客户表示数字能力是评估银行对公服务水平的关键要素之一，交易（如支付、结算等）、预警和授权审批是接受度最高的三大数字化应用。从客群来看，与“互联网金融主要服务小微企业”的印象相悖，大中型企业更多应用数字金融服务，并几乎渗透到公司银行业价值链的各个环节。从地域来看，新兴市场客户对数字金融服务的接受程度更高，而 56% 的新兴市场受访者表示曾经使用过非银类金融科技公司的服务，特别是在线支付、交易服务和信贷等产品与服务。

银行同业对公司银行数字化发展呈分化趋势。传统银行业在对待公司银行数字化转型上表现出了不同的态度。一些领先机构正在不断加大线上和移动端企业金融服务，并逐渐建立起领先优势，如整合企业支付、贸易融资、托管、信贷等全价值链服务的数字交易银行服务；与电商平台合作，将上下游贸易、物流和最终购买支付的信息打通，设计线上供应链融资产品；借助区块链技术，为外汇交易、跨境支付提供创新的解决方案等。而与此同时，囿于“数字化是服务零售客户”的观念和对底层系统和数字技术的持续投入的顾虑，有许多银行已被领先同业甩在身后。

金融科技公司的颠覆性冲击与全新的竞合关系。新兴金融业态为公司银行业务同时带来机遇和挑战。伴随金融科技的发展，第三方支付、P2P、股权众筹、网络金融资产交易所等线上金融平台型企业层见叠出，公司银行业务面临来自创新金融科技公司的直接竞争，如小微企业贷款、供应链融资、企业支付结算；在进行自身业务数字转型的同时，银行也可以主动探索与金融科技公司的合作，将其视作合作伙伴，优势互补，加强在资金托管、联合放贷、征信与风控等领域的合作，甚至将其变为自身的客户，探索投贷联动的可能性，形成积极的竞合新模式。

二、聚焦公司银行转型的五大差异化业务模式

面对转型中的宏观经济新常态、严峻的金融市场环境、分化的公司客户需求、强劲的科技创新机遇，公司银行业务究竟应该如何转型？纵观全球银行业，针对公司金融客户的常见服务手段包含传统信贷型、交易冠军型、投行服务型、互联网金融型和全能服务型5种主要类型。

具体来看，传统信贷型以提供贷款为主要业务，以存贷息差为主要收入来源，中国主要的商业银行均属于此类。交易冠军型是指在提供信贷支持的基础上，提供支付、结算、现金管理、贸易融资等服务，例如美国PNC银行。投行服务型的主要业务内容为投资银行、资本市场、资产管理业务，其目的是满足大型企业的直接融资需求，例如高盛银行。互联网金融型的主要业务有借贷、交易银行，主要通过线上渠道、自助流程实现服务的交付，例如橙E网、蚂蚁金服。全能服务型则包含了信贷、交易银行以及投行服务，利用综合服务的组合拳，加强主办行地位，例如摩根大通。

从发展路径看，上述五大类型以产品的差异化为核心竞争力，同时在客群覆盖上各有侧重。首先，绝大多数银行是从服务大中型企业的传统信贷需求起步，匹配自身的存款业务。其次，银行根据自身企业客户由交易衍生的多元服务需求，开发交易银行业务的产品组合，拓展服务范畴，建立交易冠军型模式。接着，公司银行往往需要面对拓宽客户类型的选择：部分银行选择投行服务模式，构建面向公开市场融资、并购顾问等复杂需求的服务能力，覆盖超大企业客户；部分银行选择以互联网金融为代表模式，以低成本覆盖小微企业客户。最后，部分领先银行在上述信贷业务、交易业务、

投行业务和互联网金融业务中的多个领域形成专业专长，覆盖多个类型的客群，打造全能服务模式（参阅图4.1）。

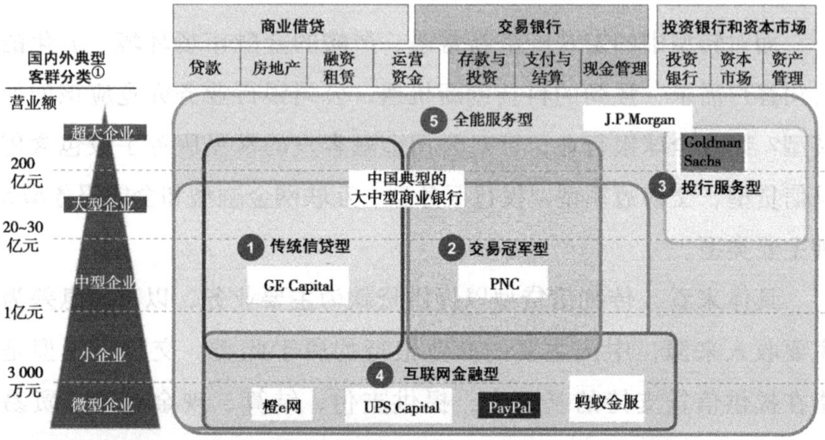

图4.1　针对公司细分客群，存在多种不同的业务类型

①根据企业营业额一个维度简化后的分析，实际运作中需要考虑客户所在的行业、地域分布等。

资料来源：BCG项目经验

结合当前的市场和监管环境，交易冠军型、投行服务型和互联网金融型是各大银行发力转型的三大重点方向。

传统信贷型

传统信贷型是绝大部分银行在发展初期的天然定位，也是在中国发展最为成熟的商业模式，各家银行已逐渐形成了相对成熟的信贷产品组合和客户覆盖模式。但发展中的问题也相对突出，例如，在客户定位上对大型国有企业和财政及机关团体的依赖度高，在房地产、制造业等行业集中度高；在盈利模式上，息差模式导致银行对于资金成本波动的敏感度强等。

展望未来，伴随着经济结构调整，不良贷款暴露一方面影响银行信贷业务的盈利能力，侵蚀银行整体的资本充足率，降低了传统信贷业务的风险调整回报；另一方面，处置不良贷款牵制了一线业务人员的大量时间和精力，为新业务开拓带来了挑战。此外，在供给侧改革“去杠杆”的改革目标之下，商业银行面临着减少高风险客户的信贷风险敞口、优化信贷结构、寻找新增长点的压力。这都倒逼着传统信贷型定位的公司银行业务必须转型，寻找新的增长空间。

目前，国内多家领先银行已经开始进行主动的信贷组合管理，压缩高风险行业的信贷投放。例如，某股份制银行近年来主动减少占其不良贷款70%～80%的制造业和批发零售行业的信贷投放，这两大行业占其对公贷款余额的比例从2014年年底的45%锐减至2015年年底的38.7%，2016年上半年进一步降低至37.4%。受此影响，该银行整体对公信贷余额2016年上半年相比2015年年底微降1.1%。另一家股份制银行制造业和批发零售行业的信贷余额占比也从2014年年底的45.2%降至2015年年底的41.8%，2016年上半年进一步降低至40.5%。通过主动的信贷调整管理存量，控制总体风险，将是公司银行传统信贷业务未来几年的重中之重。

交易冠军型

广义的交易银行业务主要包含支付结算、现金管理和贸易融资三类，各类产品都颇具吸引力（参阅图4.2）。其中，支付结算和现金管理两类业务由于本身的特点，往往紧密相连，形成一个服务组合。此外，根据各家银行自身的情况，还会涉及企业的卡业务、与贸易相关的资本市场产品（利率、汇率合约）等业务。

具体来说，支付结算主要包括支票业务、代收代付、远端存款、跨境结算等，产品较为基础和稳定，风险非常小。现金管理业务主要包括账户转移服务、现金流报告、资金归集和其他增值服务报告等，公司客户对于上述增值服务的需求高涨，经济效益比较有吸引力，风险也非常小。贸易融资业务主要包括信用证、保理、保函、结构化贸易融资等业务。贸易融资尽管会受到全球贸易波动的影响，但供应链贸易背景的真实性更容易被银行掌握，因此相比传统信贷来讲，风险仍相对较小。

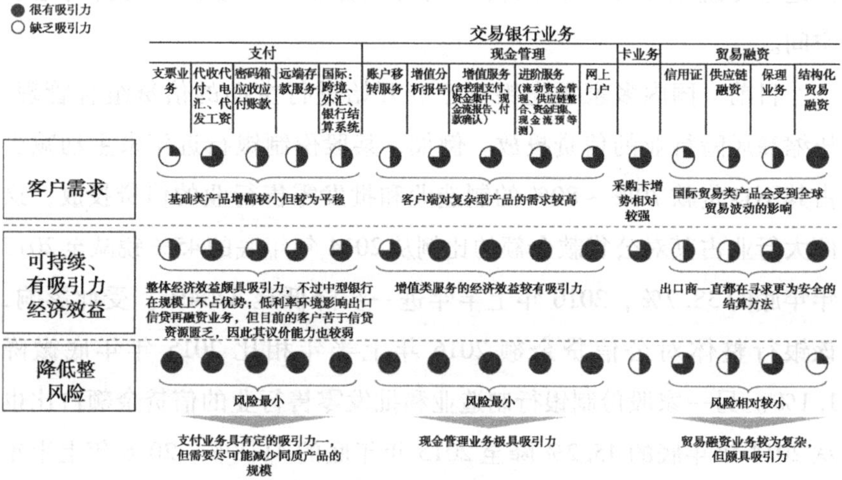

图 4.2　交易银行业务包括支付结算、现金管理和贸易融资，所有产品都颇具吸引力

历史上，交易银行的产生和变革一直是由企业生产经营相关需求的变迁所驱动的。交易银行起步于 11 世纪，随着欧洲贸易的兴起以及资本主义在全球市场的扩张，产生了最基本的资金支付和货币兑换需求，货币兑换商即是交易银行的最初形态。到了 20 世纪下半叶，随着现代司库制度的建立，交易银行的内涵也扩展到现金管理和贸易融资领域，以服务贸易核心企业为重点，提供包括支付与兑换、流动资本管理、短期融资与投资管理等司库服务。进入 21 世纪以来，随着信息技术的进一步发展，企业出现了管理整个业务生态链的交易、建立主动的风险管理能力的需求。交易银行的内涵也随之延伸到通过嵌入行业生态圈提供场景化的交易服务，以及“产业 + 金融”的增值服务领域，如跨界建设商务平台撮合交易、交易风险防控与提示、金融机构托管服务等。

从交易银行的发展历史中我们可以发现，交易银行的演变是一个围绕着“以客户为中心”的核心理念，不断整合产品和服务的过程。交易银行“以客户为中心”的内涵体现在三个方面：第一，交易银行实现了从围绕单一账户提供结算和现金收付产品，到覆盖整个交易流程上下游的客户需求的泛供应链产品与服务管理；第二，从注重销售单一产品的服务模式，到提供一站式的个性化解决方案；第三，从以境内服务为主，到提供一体化的跨境服务，把跨境金融服务整合到企业的现金管理服务中。

全球各领先银行对交易银行业务的发展日趋重视，成为一大战略转型重点。从客户关系来看，交易银行有助于银行与公司客户建立强黏性的客户关系，为交叉销售打下基础。从风险收益来看，交易银行拥有结构性优势，经济周期性适中，资本金需求较低，还可以为银行贡献低成本的资金和流动性。

打造交易冠军型模式有赖于四大方面的能力建设：

第一，建立跨区域的网络覆盖模式。随着全球化趋势的加强，更多的企业客户参与到国际竞争中，继而对银行的全球网络覆盖能力提出了更高的要求。领先银行通过建立广泛的合作网络，为更多企业客户提供全球性的平台支持，提升全球业务覆盖范围，例如与国内银行合作，以吸引更多的中小企业和本地企业客群；与亚洲银行合作，进入新兴亚洲市场，以把握亚洲内部贸易流的机会。

第二，打造卓越的产品体系。提供充足的附加服务让客户优化其运营资本，将风险管理和基于资产负债表的贷款产品总体价值关联，或侧重小众市场提供差异化产品。为客户提供远程和现场相结合的客户支持；易用、稳健的在线现金管理和融资服务；自动化、高效的执行；精准、及时的数据汇报。

领先的交易银行注重产品的定制化，为客户提供一站式的综合解决方案。以 UPS 资本为例，UPS 围绕物流设计金融产品。在贸易金融领域，提供包括：以货品为抵押物，向下游进口企业发放一站式贷款解决方案的进口贸易融资；以应收账款或货品为抵押物，向上游企业所在国的进出口银行转借的出口贸易融资；以库存为抵押物，向企业发放贷款的仓储质押融资。在现金管理领域，提供以仓储存货、生产线等资产抵押贷款，与银行合作为企业提供贷款方案的资产支持贷款。在支付领域，为客户提供应收账款管理服务，如：保理、还款提醒、付款方信用检测等；与第三方机构合作，为小型商户提供信用卡收单服务；提供软件自动化管理、延迟入账等 COD（代理收取到付货款）服务。

第三，在前端，以数字化产品和服务提升客户体验。波士顿咨询的一项调研发现，在所有通过数字渠道办理的业务中，交易银行相关的支付、提醒和审批处理的客户接受度最高，均超过 70%。另外，企业规模越大，对使用数字化渠道办理交易银行业务的偏好程度则越高，如大中型企业在与客户经理沟通、查询余额、付款、申请贷款等环节的数字化偏好程度均超过 90%（参阅图 4.3）。

以美国富国银行的“商业电子办公室”（CEO）为例，这一 CEO 门户系统为中小企业提供简单定制的数字化服务，取得了极大成功。CEO 门户系统专注于交叉销售，为支付、信贷、资金管理、工资代发、报表等多种服务提供定制化、体验良好的界面，用户只需登录一次即可享用多种功能。到 2014 年，CEO 门户系统的用户数量超过 36 万，使用率高达 85%。

第四，在中后台构建规模化的 IT 系统和基础设施。领先的交易银行已经在很大程度上完成了各主要交易银行产品在客户端的整合，并在持续加大对系统和平台建设的投入，提供可靠、安全和可拓展的核心系统、在线融资管理平台和易于整合的 IT 架构，以改善客户体验和提升运营效率。面向企业客户，全球交易银行的数字化已经

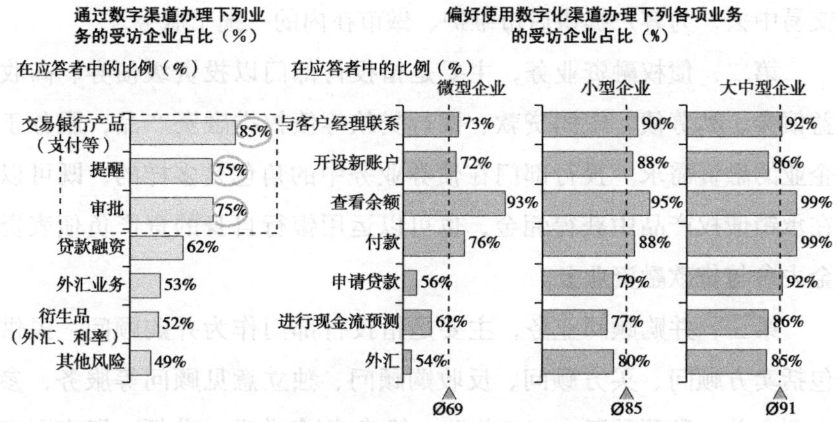

图 4.3　对数字化渠道的应用主要集中在交易银行业务上

注：按收入水平定义公司规模（微型企业 <300 万美元/年，小企业 300 万 ~ 5 000 万美元/年，大中型企业 >5 000 万美元/年）。

资料来源：受访公司回复；BCG 分析

经历了三代电子平台系统。目前，领先银行正在建设第三代电子平台系统，使用以服务为导向的 IT 架构，应用 Web 2.0 技术，侧重丰富且可定制化的用户体验。平台不再是一个访问的门户，还可以与企业自身的 ERP（企业资源计划）系统连接，以更有效地管理服务，并且不断提高交易银行电子平台在企业自身报表分析方面的增值价值。

投行服务型

从全球来看，投行服务型主要面向超大和大型企业客户，以股权融资、债权融资、并购顾问和其他资本市场产品为核心，服务于客户的复杂金融需求。以高盛为例，其投行服务的主要类型如下：

第一，股权融资业务，主要是指投行部门以 IPO（首次公开募股）、股票增发、可转债等股票类融资产品，服务于企业的融资需求。投行部门在股权业务中的角色是资本中介，以获取承销佣金为目标，也会视情况与高盛的自营投资部门合作，直接参与到后市的交易中去，为客户提供后市维护、做市在内的一揽子服务。

第二，债权融资业务，主要是指投行部门以投资级债券、高收益债券、私募债、银团贷款、银行贷款等债权类融资产品，服务于企业的融资需求。投行部门在债券业务中的角色是多样的，既可以在承销债权产品中获得佣金，也可以运用银行自身的资产负债表资金去参与贷款融资业务。

第三，并购顾问业务，主要是指投行部门作为并购顾问，提供包括卖方顾问、买方顾问、反收购顾问、独立意见顾问等服务，参与到合并、私募融资、杠杆收购、战略/财务收购、分拆、资产剥离等不同类型的交易中，并收取成功撮合费、固定咨询费等灵活的费用。值得一提的是，并购顾问往往与其他三类业务有紧密的联系，例如作为买方顾问，同时为买家提供股权或债权融资产品。

第四，其他资本市场产品，包括风险管理产品销售、汇率及利率等衍生品销售、债务重组顾问、量化交易解决方案、结构化融资产品（比如航空租赁或电影融资）、资产证券化等。投行部门在此类业务中的角色多样，通过设计结构、打包产品、承销产品获得收益。

从中国市场来看，受到监管和业务发展阶段的影响，中国商业银行的投行业务与国际市场存在一定差异，国内的投行业务可以分为下列四个大类：标准债券业务、非标债权业务、股权业务，以及财务顾问和证券化等其他业务。

第一，标准债券业务主要是指商业银行为企业在公开市场发行承销债券，提供融资服务。核心产品主要包括短期融资券、中期票据、企业债、公司债、私募债等。

第二，非标债权业务主要是指商业银行通过资管通道对接银行企业客户的融资需求，形成非标准化的信用类资产。本质上等同于一笔表外的企业贷款，无须特别复杂的结构化设计。核心产品是信托贷款、委托贷款、专项资管计划等。

第三，股权业务主要是指通过结构化设计实现股权性的融资，包括明股实债、真股权等形式。银行有两种收益模式，一是通过优先劣后的结构化设计，获得固定收益；二是利用直投业务实现同股同权，以真正股权投资的方式获得浮动收益。核心产品主要包括产业基金、并购基金、私募直投业务等。

第四，财务顾问和证券化等其他业务主要是指商业银行不直接利用自身的资产负债表资金去服务企业客户的融资需求，而是提供其他增值服务。核心产品是并购顾问、融资顾问等“融智类”业务，以及信贷资产证券化、不良资产证券化等盘活资产的证券化业务。

结合国内外经验来看，国内投行业务正呈现市场空间大、轻资本占用、高利润回报的特点，有巨大的战略价值。第一，伴随着金融体制改革，中国社会融资结构正处于由间接融资向直接融资转型的阶段，多层次资本市场也在快速建设之中，因此债券承销业务、股权业务、证券化业务等投行业务有巨大的发展空间。第二，通过发展投行业务可以对接银行表外的资金来源，比如机构投资者、高净值投资者和大众理财资金，特别是标准化的投行产品（如债券、资产证券化）更可以利用具有高流动性的证券市场来扩大资金来源，从而大大降低自身的资本占用。第三，传统信贷业务的平均收益受到利率市场化、基准利率下行等宏观环境的影响处于下行阶段，投行业务，特别是股权类业务可以帮助银行拓展另类资产，提升自身的利润回报。

而要建立专业的投资银行业务能力，关键在于承揽、承做和承销能力的建设。

第一，专注的客户覆盖能力。投行服务型的客户定位高于其他类型，主要是超大型和大型客户。此类客户面临的市场竞争往往十分激烈，对于银行的要求也很高，希望能有专注稳定的客户经理覆盖自身的需求，甚至能有融资专家提出客户自身尚未想到的资本市场解决方案，去主动创造价值。为了实现客户的需求，全球领先的投行往往采用按行业划分客群的模式，以行业专业化加深对客户的了解和价值创造。

以高盛为例，其投行部门下设有金融、消费、能源、医疗、TMT（科技、媒体和通信）、工业、市政机构、房地产、金融投资者等行业组，行业组熟悉所在行业的发展动向和潮流、行业内各公司的重大事件，以及相应的融资规范，能够实现与超大企业中高管的专业沟通，去满足甚至发现客户的需求；同时在部分国家设立以地域划分的地域组，如中国组、日本组等，与行业组配合，针对所在国家特殊的国情，共同覆盖客户的需求，形成地域专业化。

第二，专业的产品设计能力。投行服务型与前两种类型最大的区别在于，投行产品在满足不同企业的需求时往往差别很大，难以简单地复制，或者提供标准化的解决方案。因此，投行部门下设产品组，与客户组形成差异化的分工。产品组培育精通产品特点分析、交易结构设计、产品打包技术、风险定价等多个产品设计环节的人才，去快速响应客户高度复杂的金融需求，同时保证银行自身的风险敞口维持在合理的水平。

第三，强大的承销能力。投资银行业务的实质在于资产分销，能否在客户组发掘出企业融资需求，产品组完成金融产品设计后，快速合理地分销给不同的投资者，是最终判断投行业务成功与否的关键。因此，领先的投资银行往往也有强大的销售交易和资产管理部门，与公募基金、保险、养老金、主权基金、私募基金、家族办公室、高净值人群等投资者建立了广泛的合作关系。承销团队长期服务于投资者的投资需求，因此了解投行部门所发起的产品更有可能被哪一类投资者所接受，更加适合哪一类投资者的风险收益偏好。投行部门从而一方面满足了企业客户的融资需求，另一方面协助投资者客户完成了投资交易服务，形成了良好互益的协同关系。

互联网金融型

互联网金融型这一公司银行模式，主要面向小微企业客群，以互联网金融手段去改造传统的公司银行产品和服务，提供基于互联网的增值企业服务，从而快速覆盖小微企业客群，特别是互联网生态圈内的小微客户。

过去，由于小微企业的小、散、乱，信息和抵押品匮乏，传统金融机构服务微型企业存在巨大的挑战，但是小微企业的金融市场有着巨大的发展空间：

一方面，小微企业核心金融需求远未被满足。中国约5 600万小微企业中，仅有11.9%的小微型企业能够获得银行贷款，且主要集中于少数规模相对较大、资产相对较多的小型企业。据估计，真正的微型企业贷款融资余额仅为1万亿元人民币左右，仅占小微企业贷款余额的5%。因此，与保守估计的小微企业融资需求相比，小微金融仍存在巨大的发展空间。

另一方面，从质量来看，小微企业在获取融资服务过程中，在全面性、稳定性、速度、利率等方面存在着诸多痛点，例如小微企业体量相对较小，服务成本高，定制化产品成本较高，因而银行倾向于提供简单的标准化产品，利率也相对较高；银行提供的产品仍以抵押融资类产品为主，对于抵押品或担保物不足、财务数据相对不规范的企业，发放贷款能力较弱；由于体制原因，公私联动困难，小微企业主个人和企业需求未能有效衔接等。

展望未来，小微企业的需求正在发生快速变化，发展潜力巨大。金融企业应借助金融科技手段，围绕消费（批发零售类企业的电商化和线上化）、升级（传统制造业供应链的线上化升级）、创新（成长高科技企业的知识经济圈）三大主题服务小微企业。

第一，消费。聚焦线上的批发零售小微企业，从不同角度切入，与合作方开展深入合作，开发POS贷、电商贷、云商贷、口碑贷等特色产品，服务线上小微企业，接入线上生态圈，成为核心金融服务提供商。

第二，升级。抓住未来供应链线上发展的大趋势，实现从供应链2.0到供应链3.0的跨越式发展。以民生相关的饮食、服装等产业供应链为重点，形成与传统银行供应链的错位竞争。对接核心企业系统和信息，帮助上下游线上化，提供针对不同供应链的定制化线上金融解决方案。构建线上供应链运营服务平台，整合资源，形成多供应链网络，提供全方位金融和非金融服务。

第三，创新。搭建生态圈服务高科技企业，提供全生命周期的金融服务。以生态圈的思维服务高科技企业，短期寻求批量获客合作伙伴和风险分担，并创新产品。

针对小微企业的需求，目前国内外互联网金融模式的主要金融产品包括支付结算、线上融资、现金管理、跨境汇兑等产品。其中，线上融资比较有特色的信贷产品包括ERP数据贷、税务数据贷、网上采购订单贷、商超发票贷、物流数据贷等。通过获取企业线上ERP数据、税务缴纳数据、电商物流数据和收单流水数据等线上较难篡改和伪造的数据，线上信贷产品可以在极短的时间内完成贷款服务。

此外，互联网金融型的金融机构往往还为企业提供了有特色的互联网增值服务，例如基于SAAS的订单管理系统、仓库管理系统、收付管理系统等。增值服务往往与金融产品形成协同效应，一方面黏住小微企业客户，另一方面为线上金融业务提供大数据支持。

此类型制胜的关键因素包含产品创新、数字化运营、生态圈三个方面。

第一，产品创新。对小微企业客户服务模式创新的突破口在于产品创新，包含了面向客户的界面、数据类型和采集方式、风险定价方法等方面。互联网金融模式不是将传统线下公司银行的产品简单地搬到网上，也很难用一个标准产品覆盖各个类型的客户。原因在于小微企业客户自身的经营状况特点各异，征信基础较差，数据可得性参差不齐。因此，金融机构必须通过积极的产品创新，去开发利用不同类型数据和采集方式进行的风险定价，或是适用于不同支付贸易场景的产品，才能适应小微客群的需求。银行还需要持续地根据产品的表现和场景的变化进行迭代优化，持续推出创新优化的产品组合。

第二，数字化运营。前端产品创新的同时，银行中后台运营也要相应地开展数字化、智慧化转型，主要包括审批流程、结算清算、客户服务、风险合规等方面。互联网金融模式在前端产品和体验上的优势，是基于后端在成本节约、流程精简、错误减少等精益运营的能力之上的。因此通过运营的数字化转型，互联网公司银行业务可降低人工成本、减少纸上作业、降低人为差错率，并且通过大数据分析提升主动风险管理能力，从而实现卓越的数字化运营。

第三，参与乃至塑造生态圈。为了将公司金融服务与客户的需求更紧密地连接，更高效地触达、获取和保留客户，获得可靠性、结构性和连续性更好的客户数据，金融机构需要积极参与到企业客户的生态圈中去。例如，蚂蚁金服与阿里系的电商就是在同一生态圈内的合作关系。蚂蚁金服基于阿里系电商的账户体系、交易数据、物流信息和流量数据，可以开发相应的产品，并且直接触达客户，呈现在一个整合的界面上。同时，生态闭环一旦形成，金融机构就具备了对外部竞争对手较强的排他性，其他金融机构将难以复制这一模式，由此形成难以跨越的护城河。

全能服务型

结合上述四大类型的分析，全能服务型是领先银行在将上述多个模式同时做大做强后的模式定位。全能服务型可以通过借贷、交易银行、投资银行、互联网金融业务的多种产品，去全面覆盖超大型、大型、中型和小微客群，实现在公司银行领域全面的领先优势。

全能服务型模式可以在各个主要公司银行业务间共享品牌体系、客户资源、资产负债规模和中后台运营体系，从而形成可观的协同价值。美国摩根大通银行是一个典型的例子。第一，摩根大通作为美国最知名的金融服务品牌之一，在与各类型企业开展合作时，都可以凭借自身悠久的历史、知名的品牌和在行业内的美誉度快速切入。第二，伴随着企业规模的扩大，摩根大通可以在内部开展企业客户的转介，比如当大中型企业发展到一定规模有 IPO 需求后，可以转介给投行业务线提供上市服务。第三，摩根大通有着巨大的资产负债规模，可以帮助其在内部实现资金运用和定价的优化，开展大型的重资本业务，并且更好地抵御市场波动风险。第四，基于全能服务型在业务规模上的优势，可以最大化中后台运营体系投入的价值，有效节约成本，提升效率。

三、公司银行转型的七大能力

不管选择以上哪一种模式作为转型方向，制胜的公司银行业务都离不开一系列基础能力，具体包括：高效的资源配置与组合管理、行业专业化和新金融解决方案、差异化的客户覆盖模式、富有弹性的信贷管理能力、基于价值的定价、多层次的数字化创新能力、卓越的运营和 IT 能力（参阅图 4.4）。

高效的资源配置与组合管理

过去，由于缺乏足够的前瞻性资源配置策略，传统公司银行业务普遍存在资源错配。一方面，由于缺乏科学的配置机制和组合管

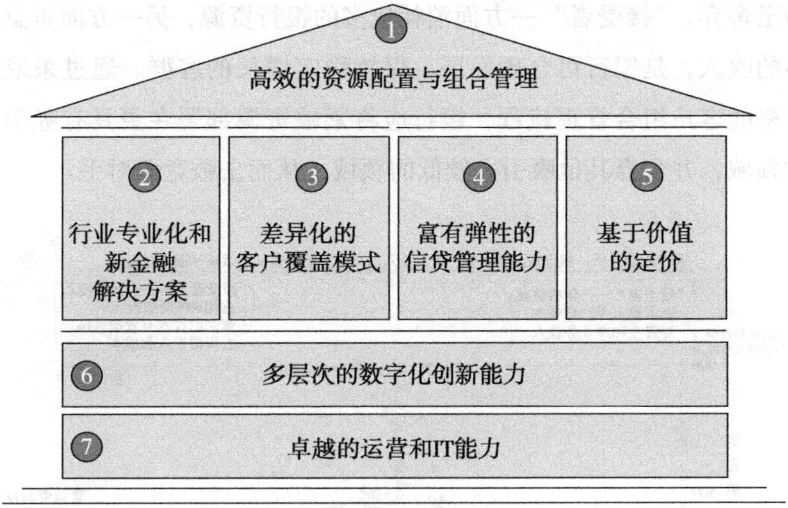

图4.4　公司银行转型七大基础能力

资料来源：BCG分析

理体系，银行往往难以意识到自己是否将资源投入到了最适宜的行业/客户、产品和地域当中，并可能忽视了快速增长的新兴客户。另一方面，近年来，监管机构对商业银行的资本充足率、流动性等要求不断提高。为了满足日趋严格的监管要求，银行需要进行更加精细化的资源配置，将有限的资源（包含风险资本、信贷额度、人力和信息科技投入等）进行高效管理，从而提高公司银行业务的整体表现。

以客户组合管理为例，银行需要改变过去以存款规模、贷款规模和中收贡献为标准简单地管理客户组合的做法，改为更精细化的从风险资本消耗、营收潜力等角度，去判断哪些客户真正具备长期价值。

例如，以每单位资金投入所产生的净风险收入和每单位存款所消耗的银行资源为考量维度，将客户分为给予者、接受者和消耗者三大类（参阅图4.5）。“给予者”是银行资金的创造者，以较低的成本为银行获得了较多的资金，且消耗资本少，同时贡献了较好的收入，对于公司银行有战略价值。“消耗者”与之相反，消耗资源较多，但是收入贡献较低，银行应审视其吸引力，适当降低其优先级乃至舍弃。“接受者”一方面消耗较多的银行资源，另一方面贡献较多的收入，是银行可合理发展，保持稳定增长的客群。通过采取更严格的客户组合管理流程，银行应将紧缺资源部署在更具有吸引力的领域，并舍弃其他吸引力较低的领域，从而击败竞争对手。

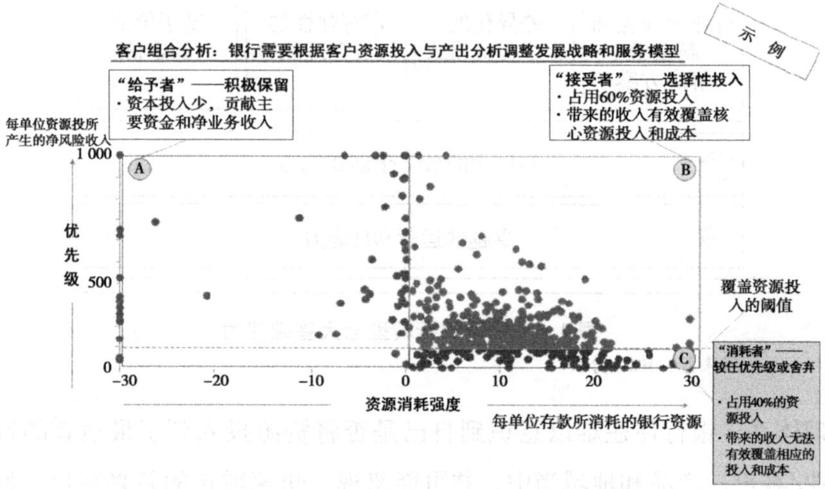

图 4.5　高效科学的资源配置与客户组合管理将有助于提高公司银行整体业务表现

资料来源：BCG 分析

行业专业化和新金融解决方案

第二个抓手是行业专业化和新金融解决方案。要在当今的公司银行市场中胜出，不仅需要将企业按照规模分类，还需要视自身的发展阶段和市场竞争情况做进一步的行业细分。

第一，从客户的角度来说，不同的行业存在差异化的金融需求。以美国市场为例，领先的公司银行往往在能源和公用事业、交通运输、金融服务、医疗、政府、教育和社会服务、房地产和建筑等行业建立专业化的组织，因为这些行业的需求会呈现较为明显的行业专属性（参阅图 4.6）。例如，能源行业从订单到付款的支付周期和贷款需求都较为复杂，需要银行具备了解行业的专家；大宗商品市场价格波动剧烈，需要使用对冲及其他金融交易工具；护理和医疗产业的痛点是医疗保险支付周期较长，在潜在医疗纠纷、医疗设备投资较大等；科技与健康行业往往缺乏可简单估值的抵押物，收入增长迅速但盈利压力较大，传统的金融技术难以较好地去评价其风险，存在融资难和融资贵的痛点。

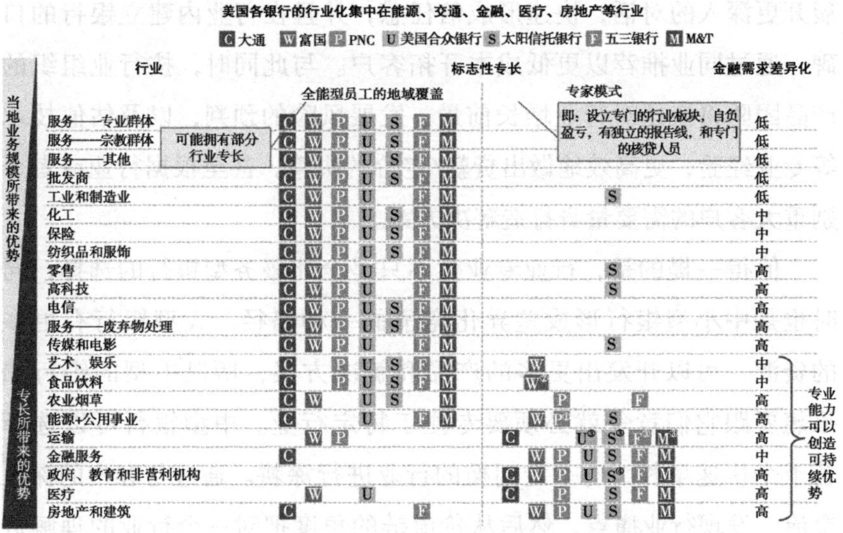

图 4.6 国际领先银行正在建立以行业为中心的覆盖模式

①指金属、采矿、石油、天然气。

②指餐饮。

③指经销商金融服务。

④包括协会和慈善机构、教育机构、基金会和捐赠基金会、国家政府以及市政府。

资料来源：BCG 分析；公司网站；专家访谈

基于行业专业化的特点，公司银行可以为客户开发专业、创新的解决方案。例如，根据能源行业痛点，围绕支付提供现金管理产品，并提供相应的信贷组合产品和大宗商品衍生品合同，帮助客户管理风险。针对护理和医疗产品的痛点，可以提供定制化的融资和保险产品，如配合保险赔付期间，提供小型诊所短期融资或长周期应收账款质押融资等。对于科技与健康行业，美国硅谷银行与硅谷知名的 PE 和 VC 培养了长期的战略合作关系，借助风险投资合伙人的资源为银行推荐企业客户，自己建立起专业化的授信能力，引入行业专家，主动管理相关的信贷决策。

第二，从银行的角度来说，成功的行业专业化将为公司银行带来营销和产品设计能力的提升。从营销来看，按行业组织的客户经理团队将更迅速、准确地理解客户的金融需求，能够与客户的高管展开更深入的对话，快速形成信任感，并且在行业内建立银行的口碑，通过同业推荐以更低成本开拓客户。与此同时，按行业组织的产品团队将依托对行业增长前景、发展风险的预判，以及估值技术等专业经验，更高效地做出贷款/定价的决策，甚至根据行业或者个别重大客户的需要量身打造解决方案。

值得一提的是，行业专业化不只是全能服务型银行的选择，同时也是中小型银行形成差异化竞争的一种路径。大型银行有更多的资源，可以开发出更多的产品和解决方案，所以中型的银行如果想要跟它们竞争就必须要专注于特定行业。中型银行可以选择若干个快速增长、有一定门槛的行业进行深耕。通过与客户的深入交流，发现行业痛点，然后从价值链的角度把对一个行业的理解进行整合，最后找到制胜模式。例如，美国波士顿银行（现已被美国银行收购）在 20 世纪末美国中型银行中表现非常突出，原因就是他们改变了跟客户打交道的方式，建立了行业的垂直整合。波士顿这个城市素来以其教育行业出名，波士顿银行就针对大学、技术学院、学生，以致整个教育行业提供有针对性的产品，从而获得了庞大的市场份额。

国内的公司银行业务需要通过五项举措落实行业专业化能力建设：

一是招募行业专家，例如美国俄克拉荷马银行针对当地以能源行业为支柱的现况，招募了 30 名能源业务板块的分析师和两名石油工程师，以充分理解和满足客户的需求。

二是了解行业特性和金融需求。例如美国绿色金融的特性为现金流回报周期长、涉及的专业行业多、参与方情况复杂，因此需要开发符合政府、开发性金融机构、企业、公众不同需求的产品。

三是设计产品包。改变一刀切式的贷款和现金管理，为独特的行业/资产设计贷款结构、抵押品、风险指标，沿着产业链上下游深挖市场份额。例如，针对电信行业，为电信运营商提供采购金融、网络建设融资、数据代理商融资等特色产品。同时，针对上游的设备供应商和终端制造商，提供贸易融资、经销商融资、应收账款融资等解决方案。围绕以运营商为核心的供应链，积极提供特色的产品包。

四是设计营销策略。行业专业化不能止于案头研究和产品创新，而是需要形成在营销上切实的优势。与主管政府部门、行业协会、龙头企业等建立长期合作关系，形成营销覆盖体系，扩大在行业内的影响力，长期投入资源，逐渐形成强大的口碑和客户网络。

五是明确准入标准/筛选客户名单。基于行业研究，了解行业准入门槛，然后通过上市企业目录、民营企业名录、行业龙头企业名录等，筛选得到100名重点目标客户，形成行业重点客户的长/短名单，为长期业务合作和筛选资源投入重点打下基础。

差异化的客户覆盖模式

第三个抓手是差异化的客户覆盖模式。面对日益激烈的市场环境，形成差异化的客户覆盖模式是对外满足客户需求，对内充分调动内部资源和积极性的一大关键。

根据客户需求复杂度、客户重要性等要素，需要对超大、大型、中型企业客户形成差异化的销售覆盖模式：

第一，超大企业：针对央企集团、政府机关、行业龙头、上市企业等关键客户，开展“总对总”营销和名单制管理，由总行大客户部组建营销小组，酌情配备资深的客户覆盖资源，负责大客户的业务拓展、方案设计，牵头整合全行资源提供综合服务。为了充分发挥大客户部的作用，需要赋予大客户部跨部门业务协调权和与分支行的合作机制。一方面，大客户部可以去整合、协调、调动全行各个业务板块及部门的资源；另一方面，在落地服务中，与分行配合，建立双边记账的分润机制，充分调动分行积极性。

第二，大型企业：以分行营销团队负责人为领导，充分协调和整合分行各部门资源，共同服务于大型企业客户。分行牵头团队负责人制定总体方案，并且作为中心协调人，客户经理是实际业务操作人员，产品经理提供专业支持，并在必要时引入券商、基金等其他牌照金融机构。总行的定位在于必要时的沟通支持，以及跨分行的资源协调。

第三，中型企业：建议采用客户经理＋产品经理的覆盖模式，客户经理负责营销、方案制定、协调和整合支行及分行资源，产品经理提供专业支持。团队负责人在必要时对业务进行管理指导，并及时与客户沟通、提供支持。

第四，小型企业：传统上由基层网点中的客户经理完成覆盖。可以尝试采用创新的互联网金融模式，在网点不足地区建立移动客户经理团队，为移动客户经理配备笔记本电脑和远程办公室软件，配合手机、网银和电话银行，为客户提供远程服务，从而提高营销与运营效率，降低成本。

除客户覆盖模式之外，如何针对一线客户经理进行更加有效的销售管理和考核也是许多银行面临的难题。国内银行的客户经理过去普遍依靠个人关系进行销售，同时由于专业的局限性，往往仅专注于简单的信贷产品。未来随着公司银行业总体对信贷业务依赖度的降低，以及从单一产品向交易银行、投资银行等综合解决方案的转型，对一线客户经理的销售技巧、效率、专业性等提出了更高的要求。

根据波士顿咨询对全球销售效率最高的银行的分析，卓越的销售业绩背后往往需要一套完整的机制，包括：

- **深入的客户洞察**。指导客户经理针对客户进行钱包份额分析，制定销售计划，从而更好地确定优先客户，设计针对不同客户的销售方案和交叉销售产品。当然，这些方法的广泛应用还需要完善的数据基础和分析工具的支持。
- **有效的定价管理**。包括价格的制定、调整和追踪；定价流程的规范；基于价值定价的绩效考核。其核心是规范客户经理的定价行为，实现价格和利润的优化。
- **完善的人才策略**。包括客户经理的招聘、培训、晋升、挽留、淘汰等。其中，国内银行最需要关注的是如何通过合理的晋升通道来提升客户经理的积极性，同时增强其综合服务能力，包括客户经理在专业序列的纵向晋升，以及在管理序列、行政序列的水平移动等。
- **高效的中后台支持**。通过电子化工具简化大量烦琐的销售支持和行政工作，从而解放客户经理的时间，以更好地面对和服务客户。

根据波士顿咨询全球公司银行绩效对标数据库的分析，充分运用以上工具的领先银行，其单个客户经理的价值创造能够达到行业平均水平的2.4~3.2倍。可以说，差异化的客户覆盖和高效的销售管理是公司银行管理专业化、精细化的集中体现。

富有弹性的信贷管理能力

金融危机已经过去了8年，全球金融行业的风险管理正在向更加审慎和精细化的方向前进。对中国银行业而言，特别是公司银行业务，受实体经济去产能、房地产去库存等因素影响，各类隐性风险仍在加速暴露期，不良贷款规模和不良率持续攀升，防范和化解不良贷款风险的任务依然艰巨，这将在未来几年成为公司银行风险管理的重中之重。随着《巴塞尔协议Ⅲ》在中国的全面实施和落地，对公业务要改变过去被动、事后的风险管理方式，从业务模式、产品创新、管理工具和绩效考核上全面对接最新风险和资本管理要求，转向更加重视资产质量、低资本占用的发展方向。

首先，公司银行需要控制风险的集中爆发。要配合国家供给侧改革大方向，严控高风险行业信贷增量，如产能过剩行业、三四线房地产、城投平台及监管重点关注行业的信贷规模，并监督客户、行业和地区集中度风险指标。及时调整资产结构，优化资产组合配置。进入2016年，市场已经有部分银行牺牲规模的高增长而加大对存量资产的集中处理，风险暴露呈现趋缓态势，不良高发的态势得到有效遏制。而与此同时，仍有部分同业在高歌猛进扩大规模，无疑给后续的风控工作带来了更大挑战。

其次，要盘活存量，创造有弹性的信贷管理能力。通过加强与金融同业的合作，特别是保险公司、社保基金管理人等，实现发行—分销的直通式服务，在盘活存量资产、减轻风险压力的同时，创造额外的收入。而要实现这样的直通式服务，银行特别需要加强对金融同业投资需求的了解。以欧洲市场为例，许多保险公司希望增加对企业资产的配置以分散投资风险，但他们通常缺乏对一般企业信贷资产的了解和信贷风险管理专业性，而这恰恰是银行的核心竞争力。对于银行而言，为了实现信贷资产的“再创造”与“流转”，银行需要具备较强的投行和金融市场能力、结构化产品创设能力、承销能力以及信贷组合综合管理能力，并打通信贷与金融市场部门间的壁垒，从分润机制、精细化的管理会计和内部资金转移定价等方面支持“信贷资产转移”的顺利进行。

需要特别强调的是，对于中国的银行业而言，尽管资产证券化类业务在过去的两年实现了快速发展，但鉴于其整体交易结构复杂、利益相关方繁复、可能涉及跨监管部门管理，在实际进行证券化工作时，银行特别需要在产品创立、交易结构设计、发行和交易等不同阶段明确各参与主体的责任认定，确保做到真正意义上的风险隔离和信贷资产出表。

最后，要加强轻资本产品的创设，拉动低资本轻资产业务的增长，特别是交易银行、投行等业务。随着更多元客户（如上市公司、科技企业和地方政府）的金融需求日趋复杂，银行在提供综合金融解决方案时，要充分发挥自身在资金来源和交易设计中的重要地位和优势，强化投行和资产管理能力，在债券承销外，与证券公司、直投公司、国有资管公司、私募基金公司等多牌照子公司合作，针对不同行业采用投贷联动、基金类（如并购基金、夹层基金）融资以及 PPP（政府与社会资本合作）、产业基金等方式提供更加多元的融资产品和服务。与此同时，风险管理条线需要与产品及前线业务人员紧密合作，提高业务人员的风险敏感性，加强由于业务创新带来的新风险，避免出现在资金募集过程中误导销售或资产发起中债权不清、集中度过高而导致的风险传染、刚性兑付、声誉受损等重大风险。

基于价值的定价

第四个抓手是基于价值的定价。根据波士顿咨询的全球观察，商业银行在定价的过程中通常会犯这样几个错误，波士顿咨询称之为“八宗罪”（参阅图 4.7）。

（1）批量折扣有增无减，当客户贡献的收入减少后仍然持续过去在批量购买服务时所享受的折扣幅度。

（2）缺乏差异化定价原则，提供折扣的标准和原因不明确，向部分对价格不敏感的客户提供了不必要的折扣。

（3）错误地捆绑定价，客户停止购买捆绑产品中的一项细分产品后，仍然享受之前的捆绑折扣。

（4）价格执行自律性偏低，缺乏足够的定价治理体系。

（5）不良的激励措施，导致过于注重收入贡献而非利润贡献。

（6）以边际成本定价而非价值定价，稀释了总利润。

（7）忽视费用和成本的全面测算，未对较难计量的服务、定制化内容以及其他间接费用收费。

（8）没有持续地更新定价，由于缺少相应的调整机制，导致定价的依据过时，没有根据通货膨胀、社会环境及政策变化及时调整。

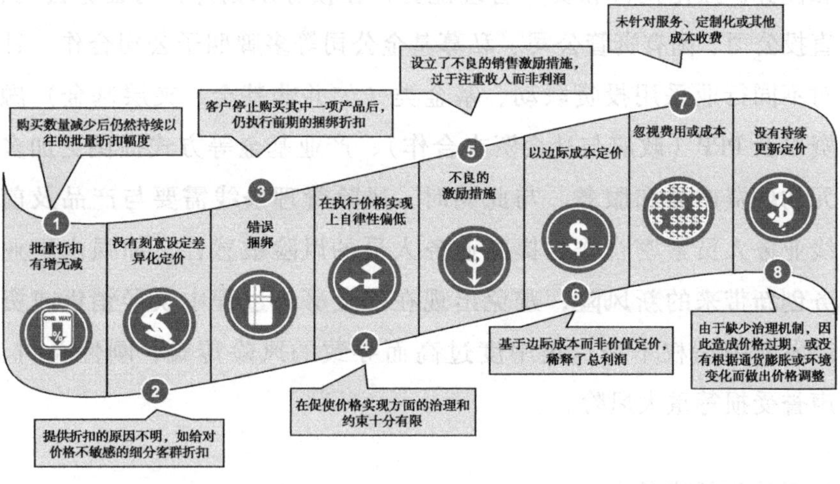

图 4.7　公司银行定价的八宗罪

资料来源：BCG 项目经验

中国银行业最常出现的问题是“批量折扣有增无减”和“没有持续更新定价”。

第一，批量折扣有增无减。当企业客户和银行就一笔信贷业务谈判时，客户往往会给出一些额外的承诺，例如未来使用银行的外汇业务或者兼并顾问业务等。然而分析发现，85% 的案例中，企业客户的这些承诺最终都没有兑现。因此银行需要设计定期审核制度，去了解客户的盈利能力和风险，确保客户履行购买的承诺。如果发现客户购买数量逐步减少，且没有可见的反弹空间，则应该重新定价，不能让批量折扣只增不减。

第二，没有持续更新定价。由于缺少相应的治理机制，银行缺乏对于通货膨胀或人口社会政策变化的动态追踪，往往造成所设定的价格与收入确认的节点脱节。研究发现，大多数的银行对于 50% 以上的客户，在 5 ~ 10 年间都没有调整过服务的价格。如果在高通货膨胀或是最低工资持续上涨的环境中，这会侵蚀银行真正的资本回报，造成利润损失。

为了克服上述定价方面的误区，更好地开展精细化的定价体系建设，波士顿咨询建议从价格制定和内部流程这两个层面，把握六大方面的主要工作（参阅图 4.8）。

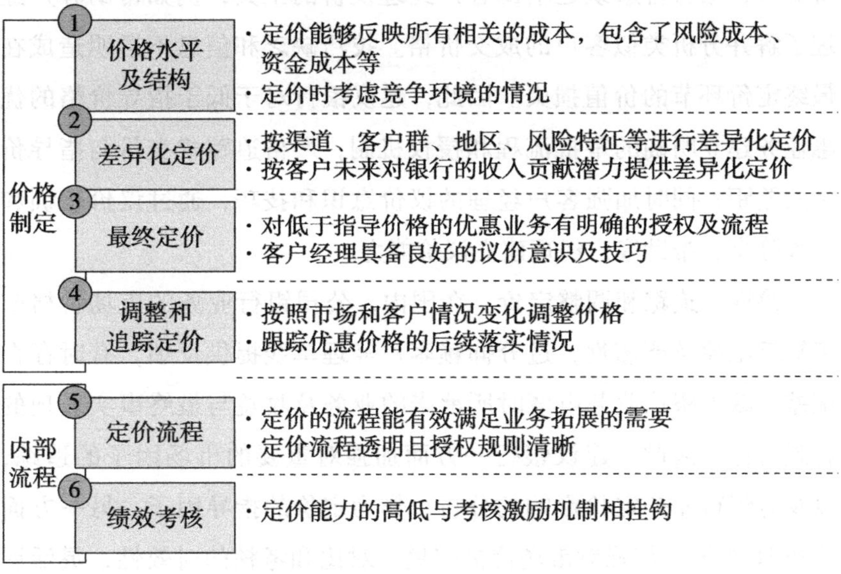

图 4.8 定价体系建设需要关注六大方面

第一，要合理设定价格水平及结构。在目前国内市场中，公司银行客户定价的计算过于简单，缺乏成本估算的科学方法，定价缺乏指导性。信贷资产的风险等级与最终定价的关联性低，风险定价的能力亟待提升。因此，定价需要反映所有有关的成本要素，如资金、风险、资本和运营成本，并且要充分考虑竞争环境的差异，如与竞争对手的价格差异、是否符合银行自身战略、对银行在市场中地位的影响等。

第二，要形成差异化的价格。在国内，中小银行普遍未针对客户特性（如规模、与银行的关系）、产品使用（如业务量、贷款期限）等因素制定定价指引，而是根据一线人员主观判断确定价格优惠标准。因此，银行需要探索如何按客户未来对银行的预期综合收益提供差异化定价。在定价指引中，应明确定义对于有不同潜在价值的客户能够提供的优惠幅度。

第三，重视最终定价。在国内，客户经理的议价能力和意识有待提升，银行普遍缺乏辅助客户经理议价的工具，例如帮助客户经理了解并分析类似客户的成交价格。技巧缺乏和信息不透明造成在最终定价环节的价值损失。因此，建议银行对于低于指导价格的优惠业务建立明确的审批流程和授权机制，严格追踪成交价与指导价格的差距；同时加强客户经理的议价意识和技巧，通过议价培训和经验分享，帮助客户经理建立议价能力。

第四，追踪和调整定价。在国内，公司银行业务的市场价格归集缺乏纪律及严谨性，过分仰赖客户经理单线提供反馈，有时存在偏差。缺乏跟踪业务申请时所承诺的业务及收益与最终事实表现的客观对比。因此，建议银行一方面加强对重要的市场因子的追踪，以及对银行业务定价影响的分析，作为定价的指导因子，另一方面依托 IT 系统，加强对市场价格归集、对比和考核的时效性，灵活调整定价。

第五，定价流程。在国内，银行定价的流程存在区域之间不一致、业务之间不一致，甚至行长之间不一致的情况。这背后反映的是没有清晰的授权规则、负责部门和标准化流程。因此，建议银行对于不同程度的折扣，订立完整的审批权限和审批流程，确保价格制定的标准化、透明化。

第六，绩效考核。为了满足上述定价能力的提升，最好的抓手是将定价体系的建设与绩效考核挂钩，激励一线业务人员和归口管理部门重视基于价值的定价体系的建设。

多层次的数字化创新能力

公司银行业务的第五个抓手是多层次的数字化创新能力。纵观全球银行业的数字化发展，许多“数字化先锋”已经充分意识到了客户需求的深刻变化，正在以端到端的方式改变公司银行的业务模式，从客户洞察、数字产品创新、渠道优化到增值服务，数字化的影响无所不在。

客户洞察：Kabbage是美国一家专门为中小网店提供运营资金支持的公司，通过与谷歌分析（Google Analytics）、速达软件（Quickbooks）、UPS、脸书/推特等机构合作，获取并分析店铺信息（如商品浏览数、评价、税务登记号等）、预付款可用余额、经营情况（如销售量、库存、营收等）和社交网络上与客户的互动等资讯和数据，生成独特的信用评分报告，进而向网店提供商业预付款，并收取一定的费用。相较于传统银行以获取财务数据为主的评估方法，Kabbage通过对多元数据的综合分析，可以更加深入地了解网店的实际运营情况与金融需求，进而提供风险承受范围内的更定制化的产品和服务。此外，美国OnDeck与谷歌合作利用大数据分析专长/平台，自2007年以来向2万多家中小企业发放了超过10亿美元的贷款（平均贷款3万美元）。

数字产品创新：星展银行针对中小企业金融服务和业务成长需求，推出了以满足日常账户和现金流管理为主的 App（应用程序）——IDEAL3.0，不仅可以自定义主界面、账户总览和报告，实现便捷的线上交易功能，更针对中小银行现金管理需求开发了线上“星展运营资金试算工具”，客户仅需在线上填写所处行业、销售额、应收账款、库存、应付账款等基本信息和数据，即可获得企业运营资金初步分析，包括账期预测、流动性分析及行业对标等信息。

渠道优化：渣打银行针对交易银行业务打造了手机移动门户“Straight2Bank”为机构和商业客户提供现金、贸易、外汇和证券服务，该移动应用确保财务人员和首席财务官可以随时随地批准现金和贸易交易，实现了交易银行的移动化和 7 × 24 不间断服务。

增值服务：英国巴克莱银行推出了面向中小企业的增值服务 MyBusinessWorks（MBW），以数字化增值服务迎合中小企业客户的非银行类需求。具体内容包括财务软件、业务规划、法律文件撰写、网站设计和电子化业务学习等。用户只需一次登录即可享受 MBW 的全套服务，按月收费，受到了市场的欢迎，让巴克莱逐步发展为专注于服务中小企业的“一站式银行”。推出当年，新增初创公司客户数量增长约 30%，新签客户数量从 2011 年的 85 000 个增至 2012 年的 110 000 个；新增中小企业客户数量的增速约为 25%。

公司银行业务的负责人需要意识到，数字化绝对不只是零售银行的游戏，也并不仅仅是几个产品的线上化，数字化在公司银行的重要性和影响力正快速提高，已经成为许多领先机构的业务模式。

因此，商业银行必须尽快行动，开展多层次的数字化创新，重点关注与公司银行紧密相连的八大领域：无抵押贷款、商户现金预支、保理、电商合作平台、泛 P2P、特定行业解决方案、股权众筹和资产交易平台。综合考虑市场空间和自身的资源禀赋，选择适合自己的发展方向，通过自建、合作、合资等灵活的手段，构建数字化能力。

卓越的运营和 IT 能力

波士顿咨询在针对两百多名银行高管的调查研究中发现，100% 的高管认为“运营卓越”是关键的竞争要素，但是许多公司银行目前仍在运营卓越的过程中挣扎，不到一半的受访者认为其银行已经明确定义了运营卓越的愿景。当前许多公司银行实现运营卓越的最大缺口在于端到端的流程，比如贷款周转时间、开户时间和客户经理销售时间等。如果能够进行流程优化，不仅可以节省成本，更可以提升用户满意度，对银行得益甚大。

波士顿咨询依据全球经验，围绕四个关键维度定义了对公业务的运营效率（参阅图 4.9）。一是卓越的客户体验，包括端到端的绩效、卓越的销售团队、电话中心和线上渠道的卓越运营；二是高效

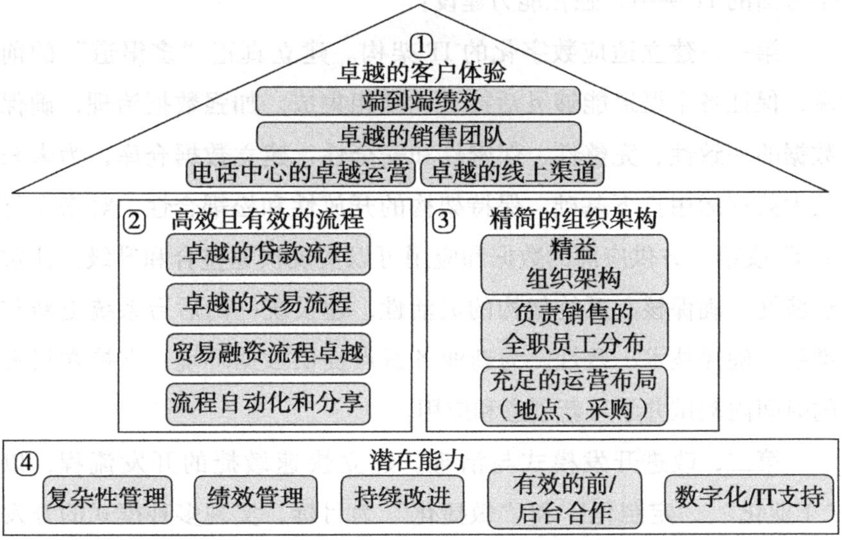

图 4.9　公司银行运营效率需围绕四个关键维度提升

资料来源：BCG CBOE 对标内部研究项目团队

且有效的流程，包括卓越的贷款流程、交易流程、贸易融资流程和流程的自动化及分享；三是精简的组织架构，包括精益的组织架构、销售员工的分布合理性、重组的运营布局投入；四是潜在能力，包括复杂性管理、绩效管理、持续改进、有效的前后台合作，以及 IT 支持。基于上述定义，波士顿咨询为每个细分维度设计了定性和定量的指标，作为诊断工具去评价公司银行的运营效率。

为了实现运营效率的提升，打造公司银行的卓越运营，需要多措并举，包括审视商业模式与运营模式的匹配度、审视产品组合和渠道组合与运营模式的匹配度、调整组织架构来减少不必要的管理层级、供应商管理，以及利用 IT 能力去提升运营效率等方面。在前文中，我们已经从不同角度讨论了大多数的举措，因此本部分重点关注 IT 能力建设。

为了实现公司银行的卓越运营，无论在节约成本、减少错误还是提升生产力方面，IT 能力都显得愈发重要。因此银行需要实施三个方面的 IT 举措，强化能力建设：

第一，建立适应数字化的 IT 架构。建立真正“多渠道”的前端，保证各个渠道能够灵活接入，互相集成。加强数据治理，确保数据的一致性、完整性、保密性和安全性，建立数据仓库，为未来的大数据运用打下基础。保持架构的开放性和松耦合性，对来自行业 IT 或第三方供应商的数据和应用可以实现快速整合和升级。注重经济性，确保核心系统架构的灵活性，建设统一的后台系统更新与维护，确保技术一致性。为新业务试点提供数据环境，支持在很短的时间内测试并学习新创意和应用。

第二，改进开发模式与治理。建立快速敏捷的开发流程，以“工业化”、“定制化”和“敏捷化”为目标，实现多种模式的开发方案。IT 项目的组织、管理与协调，需满足快速迭代的要求，并与遗留 IT 系统相兼容。在项目中 IT 人员和业务人员一起边用边学，缩短开发和实施周期。优化数据库和系统的横向治理，完善数据共享政策、数据安全与保密规范。

第三，吸引和管理关键技术/人才。积极提升新技能/新人才的获取和管理经验。针对特定技能（如互联网产品管理、大数据建模）制定招聘策略，提供较强吸引力的薪酬和激励。建立稀有资源（大数据、行业方面的专家）的归集制度，建立能力中心和专家网络，去支持整个集团的能力建设。

第五章

新机遇之一——资产管理

一、展望中国资产管理市场发展前景

发展资产管理业务具有战略意义

随着“大资管”时代的到来，我国资产管理（简称资管）市场面临前所未有的发展机遇。资产管理，作为实体经济的支持者，作为财富管理的受托者，作为混业经营的前驱者，在提升资本市场效率、助推经济转型、保护金融投资者权益、服务普惠金融等各方面具有独特的意义。

提升资本市场效率

健康发展的资产管理行业将成为我国资本市场效率改善的基石，主要体现在3个方面：

- 发展资产管理可以更好地匹配投融资需求。不同风险偏好、行业专长和产品设计的资管服务，可以与传统融资体系形成互补，大大优化金融体系的宽度和深度，差异化地发掘和匹配投融资两端的需求，为实体经济，尤其是新兴产业提升融资可得性。

- 专业资管机构可以提升价格发现效率。从当前的散户主导转向专业机构主导，可以减少散户盲目跟风带来的异常市场波动，提升研究、投资和组合管理的专业性。从而可结合注册制改革、新三板分层等改革措施，让市场发挥资本市场资源配置的决定性作用，全面提升价格发现的效率。
- 资产管理行业可通过全面的风险管理为投资者提供更优化的长期风险调整回报。资管机构可以针对流动性、信用、市场、操作等风险因素建立全面的风险管理体系，灵活运用各类金融工具，打造稳健的风控体系，优化长期风险调整回报。

助推经济转型

实证研究证明，以直接融资为主的经济体，在经济危机后具有更快的恢复能力和更强的恢复弹性。资产管理的发展和成熟，尤其是擅长在直接融资市场进行投资的资管机构的发展，有助于我国直接融资市场的发展和社会融资占比的提升，能够促进经济发展的健康和稳定，支持经济转型。

国际货币基金组织的两位经济学家早在次贷危机前，就曾经对84次危机后17个经济体的恢复情况进行过研究。结果显示，美国、加拿大和澳大利亚等以直接融资为主导的经济体，其复苏速度和质量远高于比利时、意大利、西班牙和葡萄牙等以银行为主导的经济体。如图5.1所示，进入复苏期的两年后，直接融资导向经济体的GDP平均累计增长比银行导向的经济体高0.8%。危机发生后的两年，两者差距扩大到1.9%。若将高直接融资导向和高银行导向的经济体做对比，则差异愈发明显。累积经济增长率之差在一年和两年后分别变为1.5%和3%。

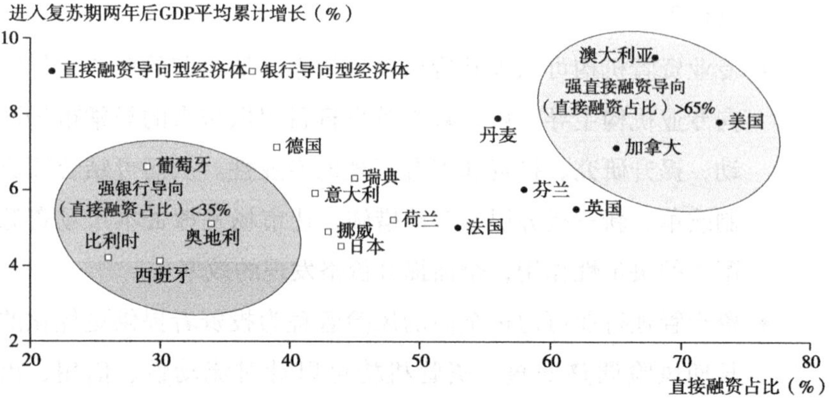

图 5.1　直接融资导向型经济体比间接融资导向型经济体更容易从危机中恢复

资料来源：世界货币基金组织（IMF）研究论文："*Market Phoenixes and Banking Ducks-Are Recoveries Faster in Market-Based Economies?*"，Julien Allard 和 Rodolphe Blavy，2011 年 9 月；BCG 分析

我国目前仍属于强银行导向型经济体。根据人民银行公布的数据，截至 2015 年年底，我国全社会融资存量中表内间接融资占比为 69%，表外融资占比为 17%，直接融资占比仅为 14%。但是在过去的 5 年中，直接融资占比已从 2010 年年底的 10% 上升至 2015 年年底的 14%。资产管理行业，尤其是参与股票、债券市场的资管机构的发展与直接融资体系的建设相辅相依。资产管理行业的健康发展将加速直接融资体系的建设，为中国经济的换挡提速、转型升级，提供重要的金融支持。

保护金融投资者权益

个人投资者往往不擅长利用公司治理体系和相关法律法规来保护自己的合法权益，因此中小投资者的权益往往无法得到充分的保护。而资管机构可以依托自身的规模优势和专业专长，通过获得董事会席位、要求分红、参与日常管理、主导债务重组和法律诉讼等方式积极地保障自身利益。从长期来看，这有利于加速建设法制化的多层次资本市场。

服务普惠金融，支持实体经济

“十三五”规划提出多项金融改革建议，包括鼓励金融创新、健全多层次资本市场、落实普惠金融、实现双向开放等。资产管理的发展将响应“十三五”规划的指导要求，提高直接融资比重，降低杠杆率，完善产品设计、风控体系，支持“一带一路”等国家战略项目，助推大众创业、万众创新，确保对普惠金融的支撑和对实体经济的穿透。

中国资产管理市场规模预测

根据波士顿咨询的统计，截至2015年年底，包括银行理财、信托、保险资管、券商资管、公募基金、基金子公司、私募基金等在内的泛资产管理市场管理资产总规模达到约93万亿元人民币，比2014年年底增加33万亿元。除去信托计划、券商资管产品、基金子公司专项计划、基金公司专户所含的通道业务，则2015年我国资产管理行业管理资产总规模约为67万亿元人民币。2012~2015年均复合增长率达到51%，成为金融体系内最具活力和成长潜力的板块。

这一增长势头在未来5年将得以持续，但会有所放缓。根据波士顿咨询的预测，到2020年，中国泛资产管理市场管理资产总额预计将达到174万亿元人民币，2015~2020年均复合增长率可达13%；剔除通道业务之后，管理资产总额预计达到149万亿元人民币，2015~2020年均复合增长率达到17%。通道业务占比将从2015年的28%下降至2020年的14%（参阅图5.2）。预测模型的假设是基于国外资管行业发展轨迹、我国未来5年宏观经济增长和货币政策预测、社会人口变迁、居民财富管理预测、各细分行业的历史增速、竞争格局，以及未来几年重大的行业变革契机等因素做出的。

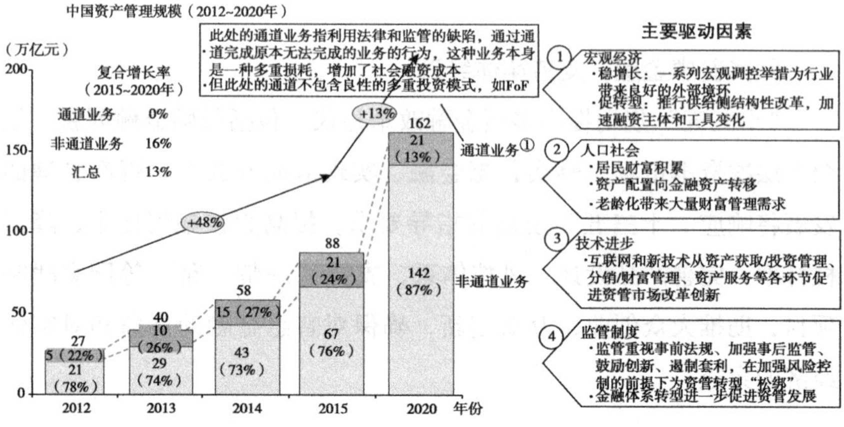

图 5.2　中国资产管理规模至 2020 年预计达到 162 万亿元

①通道业务包含信托公司、券商资管、基金子公司以及基金管理公司非公开募集资本中被动依靠外部机构客户（例如银行）的资源所开展的相关业务。

资料来源：万得资讯；BCG 分析；BCG 中国资产管理 2020 模型预测

中国资产管理市场五大增长动力

波士顿咨询对中国资产管理市场未来 5 年的发展抱有比较乐观的预期，主要因为资产管理市场规模的壮大有一系列驱动因素支撑，主要包括：宏观经济稳增长、促转型所带来的机遇，人口老龄化和居民财富积累并向金融资产转移的趋势，互联网和新技术为资产管理带来的大量创新，监管政策的不断完善，银行等金融机构的主动转型。

宏观经济稳增长、促转型

从稳增长的角度看，国家制定了保持经济中高速增长的整体发展目标。“十三五”规划时期经济年均增长率将保持在 6.5% 以上。2016 年首次以区间的形式设定经济增长预期目标，目标定为6.5% ~7%。这为国家灵活应对全球经济变化，运用各种宏观调控政策和工具预留了充分的空间。财政政策上，国家将采取更积极的财政政策，2016年将提升政府财政赤字率至3%，预计财政赤字为2.18万亿元，这为政府扩大基建类投资、为重点行业减税减负、保障下岗职工利益等重大政策的实施提供了财政支持；货币政策上，国家将继续实施稳健的货币政策，保持灵活适度，将2016年M2的增速目标从约12%提升至约13%，并且新设社会总融资这一增速目标，也为约13%。稳健灵活的货币政策，为稳定金融秩序、降低企业融资成本、鼓励消费和投资提供了重要的支撑。总体上，中国政府整体上有充分的政策工具，来应对各种风险和挑战。

从促转型的角度看，“供给侧结构性改革”将加快经济的转型升级。过去30年，中国经济高速发展主要依靠出口、投资、消费“三驾马车”突破需求约束。然而，近年来整体经济增速持续放缓，“三驾马车”对经济增长的拉动日渐乏力。因此，2015年年底国家提出了“供给侧结构性改革”。短期来看，确立了2016年供给侧改革的五大任务，包括“去产能、去库存、去杠杆、降成本、补短板”，攻坚钢铁、煤炭、水泥等传统行业低效供给过剩的难题。中长期来看，供给侧改革将借鉴国际经验和国内实际，进一步从劳动力成本、结构性减税、简政放权、鼓励创新创业、加大科研教育投入、深化金融体制改革等方面，为中国经济的换挡提速铸就全新的发展基础。

稳增长，为资产管理行业的整体发展铸就了坚实的底层基础；促转型，会加速融资主体和融资工具的变化，为行业带来新的机遇。中国强有力的宏观调控有助于防范经济“硬着陆”和金融系统性风险的爆发，为资产管理行业的健康发展铸就信心。而促转型将加速金融行业的升级。过去，融资主体以成长、成熟型企业为主，融资工具主要以贷款等间接融资工具为主。未来，融资主体将会向全周期转变。除成长、成熟期企业外，大量初创、转型期企业，甚至“问题”企业也会成为重要的融资主体。融资工具也会从间接融资为主向直接融资为主转型。对成熟企业而言，债券市场会替代一部分信贷；对初创、成长、转型、问题企业而言，则需要结合股权投资、资产证券化等工具满足其融资需求（参阅图 5.3）。

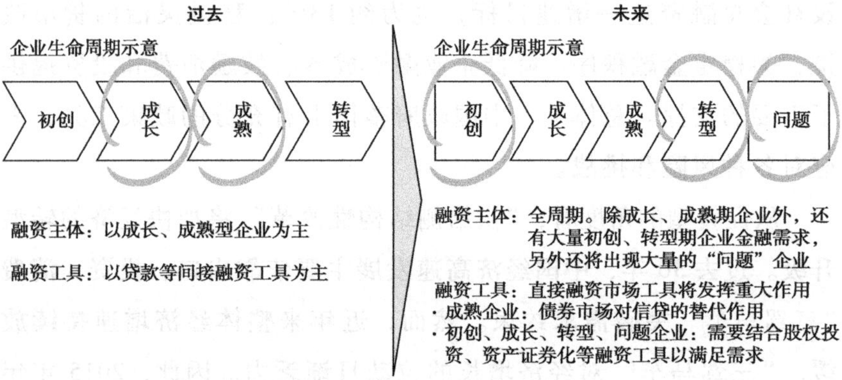

图 5.3　经济转型带来融资主体的变化——从以成长、成熟企业为主向全周期转变

资料来源：BCG 分析

人口社会新趋势

人口与社会的新趋势也是影响资产管理行业，尤其是投资者需求端的关键驱动因素，其三大主要趋势包括：居民财富积累、向金融资产配置转移和人口老龄化。

居民财富持续增长。根据波士顿咨询财富管理数据库的测算，2015 年年底中国个人可投资资产总额大约为 110 万亿元人民币。其中，高净值家庭（家庭可投资资产 600 万元人民币以上）财富约占全部个人可投资资产的 41%，总额约为 44 万亿元人民币。未来 5 年，随着中国经济迈入新常态，私人财富累积增速将有所放缓，但仍将以 13% 左右的年均复合增长率平稳增长至 2020 年的 196 万亿元人民币。其中，高净值家庭财富约占全部个人可投资资产的45%，总额约为88万亿元人民币。不断积累的居民财富将催生大量的投资理财需求。

财富重新配置，居民财富配置由以房产为主导，逐渐转为以金融资产为主导。目前，我国家庭资产配置仍主要集中在房产。这一方面是因为过去10年我国房地产业经历了爆发式增长，另一方面是因为资管行业发展时间较短，如针对普通居民的银行理财产品于2005年才正式问世。不过，近年来，随着三四线城市房地产市场的调整和资产管理行业的成熟，房产占我国居民资产配置比重已有下降迹象：2004年中国家庭资产配置中房产占比为62%，2012年下降至55%，而2014年美国家庭资产配置中房地产占比仅为24%。参照美国市场现状，未来我国居民家庭资产配置中房地产的比重将进一步下降，财富将更多配置于金融资产。

另一方面，居民理财意识觉醒，互联网理财，尤其是货币基金互联网销售的发展进一步加速了居民“存款搬家”现象。2015年第4季度银行业住户存款季度余额同比增速已放缓至约9%，与2010～2014年平均超过15%的增速形成反差。住户存款占银行业金融机构总资产的比例下降至28%，相比2010年下降了6个百分点。“存款搬家”给资产管理行业带来了巨大的发展空间。

此外，我国老龄化趋势会进一步促进投资理财需求。根据波士顿咨询人口数据库的测算，50岁以上的人口占全国人口的比例在2010年为24%，2020年将上升至33%，这10年间退休人口预计增加1.5亿（参阅图5.4）。此外，根据联合国的测算，中国社会抚养比（即100个适龄劳动力需要抚养的0～19岁和65岁以上人口的数量）在2015年达到历史最低的48，即人口抚养负担最轻，但从2016年开始抚养比将持续快速攀升，2050年预计超过80，2060年预计超过100，社会抚养负担与日俱增。尽管我国最近已全面放开二胎政策，但新政策能带来多大影响仍是未知数。

老龄化趋势在短时间内不可逆转，而现有的社会保障体制仍较难满足日益增长的养老需求。根据人力资源与社会保障部的统计，截至2014年年底，全国城镇职工基本养老保险覆盖3.4亿人，离退

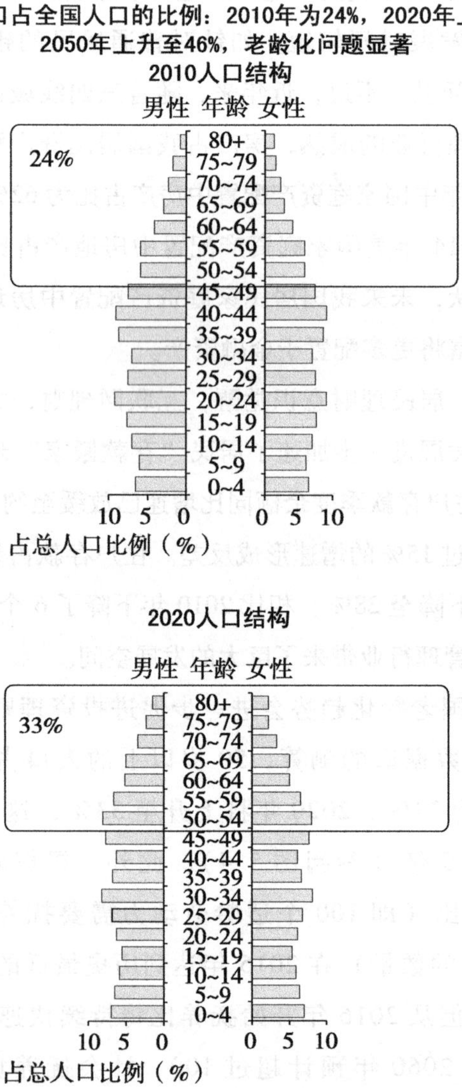

图5.4 我国老龄化问题显著

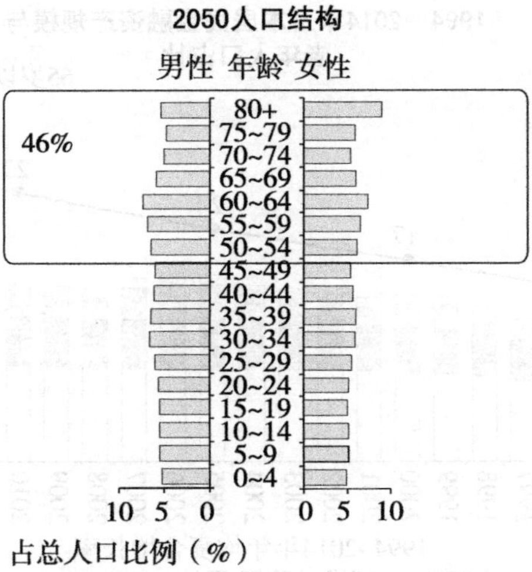

图 5.4（续）　我国老龄化问题显著

资料来源：BCG 人口数据库；统计公报

休人员月人均养老金为 2 061 元人民币；城乡居民养老保险覆盖 5 亿人，月人均养老金为 90 元人民币。因此，在政府社保体系之外，具备保值增值能力和跨期配置属性的金融产品，如商业养老保险、理财规划、理财产品等成了重要的替代型养老手段，拥有巨大的增长空间。

此外，参考日本经验，伴随着老龄化的加剧，可能会出现居民金融资产配置的结构性变化。从 1995 年至 2014 年，日本 65 岁以上的人口占比从 14% 上升至 26%，是老龄化速度最快、程度最高的国家之一。同一时期，日本家庭资产配置整体上呈现向保险类产品和低风险的储蓄类产品倾斜的趋势。从资产规模余额来看，保险及退休金在 1994 ~2014 年的年均复合增长率最高，为 2. 13%；现金及存款为 2. 04%；两类产品均高于金融资产整体 1. 82% 的增速（参阅图 5. 5）。伴随着多次养老金体系改革，日本形成了相对完善和庞大的养老金体系，养老金已成为日本人重要的资产配置，是老年人生活开支必不可少的资金来源。

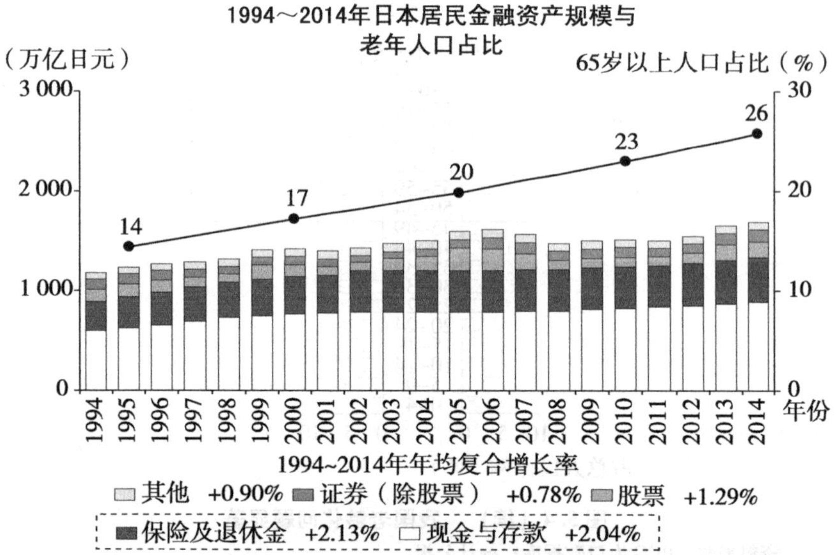

图5.5　伴随日本老龄化加剧，尽管经济增速整体放缓，保险类（含退休金）产品和储蓄类产品增长仍然较快

资料来源：日本内阁府

技术进步影响深刻

互联网及信息技术在四个方面对资管行业产生了深刻影响。一是降低了信息的不对称性，产品信息和研究信息可以利用互联网快速传播，客户和资管机构获取的信息趋同，获取信息的成本也大大降低。二是提高了信用违约成本，互联网快速提升了信用信息的透明度和可得性，提高了融资方违约的成本。三是降低了行业壁垒，加速了金融与非金融的深度融合，使得非传统金融机构依靠渠道和场景优势有更大的机会跨界进入资管服务。四是改变了生产的资源配置流程，过去市场资源配置依赖于价格信号调控，难免存在滞后与错配，现在借助互联网、大数据，客户需求更加显性，资管机构得以更实时更直接地获取细分的客户群体偏好，提供定制化的服务。前两点变化对以信息和信用为生存基础的金融行业带来了直接冲击，第三点加剧了行业竞争，第四点则要求资管机构重新审视金融资源的布局。

此外，新技术对资产管理价值链的各个环节都带来了直接而深刻的影响。在资产获取和投资管理环节，新技术改变了基础资产的构成，改变了资产估值的方式、风险管理的方式和投资决策的方式；在分销和财富管理环节，改变了分销的方式、投资者的参与方式和投资者的体验；在资产服务环节，改变了服务的对象和方式。而互联网和新技术最根本的影响是通过降低资产端和资金端的门槛，极大地拓展了资产管理行业的边界和规模。

监管完善促规范

国务院2014年10月出台《关于加强地方政府性债务管理的意见》的“43号”文件，建立借、用、还统一的地方政府性债务管理机制，推广政府与社会资本合作的模式。该意见制约各类资管机构与地方政府开展的融资业务，同时也鼓励各资管机构研究包括PPP在内的新型合作模式。

中国人民银行2015年5月发布《中国人民银行公告［2015］第9号》，放开直营与资管账户债券交易限制，放宽债券交易限制，允许投资者以自己发行的债券为标的进行债券回购交易。该规定将相关交易行为改为事后披露，将交易限制放宽，而银行也被包含其中。

银监会2014年7月发布《关于完善银行理财业务组织管理体系有关事项的通知》的“35号”文件，推动了理财业务事业部制改革，以实现单独核算、风险隔离、行为规范、归口管理。该政策力求解决银行理财的“刚性兑付”问题，推动理财业务向真正的资产管理业务转型。

证监会2014年7月颁布《公开募集证券投资基金运作管理办法》，规范公募基金募集、申赎、投资、收益分配、持有等环节的配套法规。管理办法有几点积极意义：第一，加强监管，保护中小投资者的合法权益；第二，监管转型，厘清政府与市场的关系；第三，落实基金产品注册制，鼓励产品创新。

保监会 2015 年 12 月发布了《关于加强保险公司资产配置审慎性监管事项的通知》和《保险资金运用内部控制指引》两个文件，旨在防范险资配置出现流动性风险，并指导保险公司提升内部控制管理水平及风险管理能力。2015 年 8 月发布了《养老保障管理业务管理办法》，全面推进和规范个人养老保障业务。2015 年7 月，保监会发布《关于提高保险资金投资蓝筹股票监管比例有关事项的通知》，放宽了保险资金投资蓝筹股票的监管比例。此外，2014 年 2 月，保监会发布实施《关于加强和改进保险资金运用比例监管的通知》，对保险资金运用的体系进行了重构，将金融资产分类，并取消了具体品种投资比例限制，有助于提升险资应用效率，支持实体经济。

可以说，近年来主要监管机构在资产管理相关的政策上呈现出“重视完善事前法规，加强事后监管，鼓励创新，遏制监管套利”的特点，在加强风险控制的前提下为资产管理转型“松绑”。

银行主动转型势在必行

以商业银行为代表的金融机构正面临一系列挑战。这些挑战不仅来自不断深化的利率市场化所导致的利差收窄，直接融资提速所导致的贷款脱媒，传统存贷模式所面临的净资产收益率（ROE）和资本充足率（CAR）的矛盾，还来自第三方支付等业态兴起所带来的结算脱媒，以及互联网金融和大资管发展所带来的存款脱媒，更来自信贷模式受制于固定收益回报的本质而无法支持创新与创业的困境。

因此，银行业必须对自身的业务模式和运营模式进行深刻变革，这种变革应使得银行建立更有效的信贷资产配置机制和更多元的市场化业务，这种变革将把银行从传统的存贷中介变身为数据分析者、服务集成商、交易撮合者、财富管理者。而变革的路径就是通过资产管理业务，让银行成为直接融资体系和资本市场的重要参与者，从供给与需求两端促进直接融资和资本市场的发展。通过增加权益性投资、支持并购/混改，改善企业的公司治理结构，促进实体经济转型；积极适应养老投资需求，增加基础设施、PPP、资产证券化等长期投资，促进经济长期平稳发展；主动促进银行转型，降低银行自身的杠杆率，从而实现从“存款立行”到“资产立行”的转变。

从全球资产管理市场可以看到，前二十大资管机构中，近一半为商业银行。因此，我国商业银行的转型也将是推动资产管理蓬勃发展的重要动力之一。而在转型过程中，那些转型决心大、客户黏合度高、专业能力强、客户数据使用高效、渠道直达的银行才能最终胜出。

二、洞察中国资产管理市场三大发展趋势

未来5年，在继续保持中高速增长的同时，中国资产管理市场在资金来源、资产类别、资管机构三大维度上均呈现出一系列重要趋势。

从资金来源看：相较于全球市场，我国最显著的特征是机构资金占比较低，仅40%左右，其中养老金占比远低于海外。未来几年，随着养老金入市、养老第二第三支柱快速发展，养老金在资管市场中的重要性有望大幅提升。此外，险资及企业也仍是重要的机构投资者。个人投资者中，一方面高净值客户仍是中坚力量，其投资行为的成熟和需求的复杂化对资管机构提出了新的要求；另一方面，中产、数字大众等客群兴起，资管机构可以凭借互联网金融以较低

的成本服务此类客户。

从资产类别看："资产荒"成为 2015 年至今最突出的挑战。资管行业在资产端缺乏相对高收益、低风险的优质基础资产，倒逼资管机构降低产品收益。同时，为了抵御市场份额流失的压力，领先资管机构需要主动拓展资产类别和策略，加大产品创新，夯实行业研究和风险管理的基础，主动应对挑战。结合经济调整期"资产荒"现象的延续以及直接融资快速发展的宏观背景，未来 5 年，被动管理型产品和除非标固收外的另类投资产品整体上发展较快，比如指数型基金、私募证券基金、私募股权基金；而在主动管理型产品中，股票类产品发展较快，跨境类产品也有较大潜力。

从资管机构看：第一，未来 5 年竞争态势有所改变，银行仍为中坚力量；公募基金和私募基金得益于直接融资加速，增速较快；而信托、基金子公司和券商资管等高度依赖通道业务的资管机构则面临转型。第二，赢者通吃现象明显，我国大资管市场集中度与全球类似，前 20 大资管机构市场份额总计 44%，而细分行业集中度更高。第三，资管市场差异化路径初现，有的机构通过跨界混业做大规模，有的机构则通过精品化建立特色。此外，从长期来看，资管机构可管理的资产范围将逐渐放开，这将赋予资管机构更大的市场空间。

资金来源

我国和全球资管市场资金来源比较

全球资产管理市场经过多年发展，资金构成基本稳定：机构资金占比 60% 左右，其中，养老金和保险占据最大市场份额，分别占比 35% 和 15%；个人资金占比 40% 左右，主要来自公募基金、私人银行、个人养老金等（参阅图 5.6）。

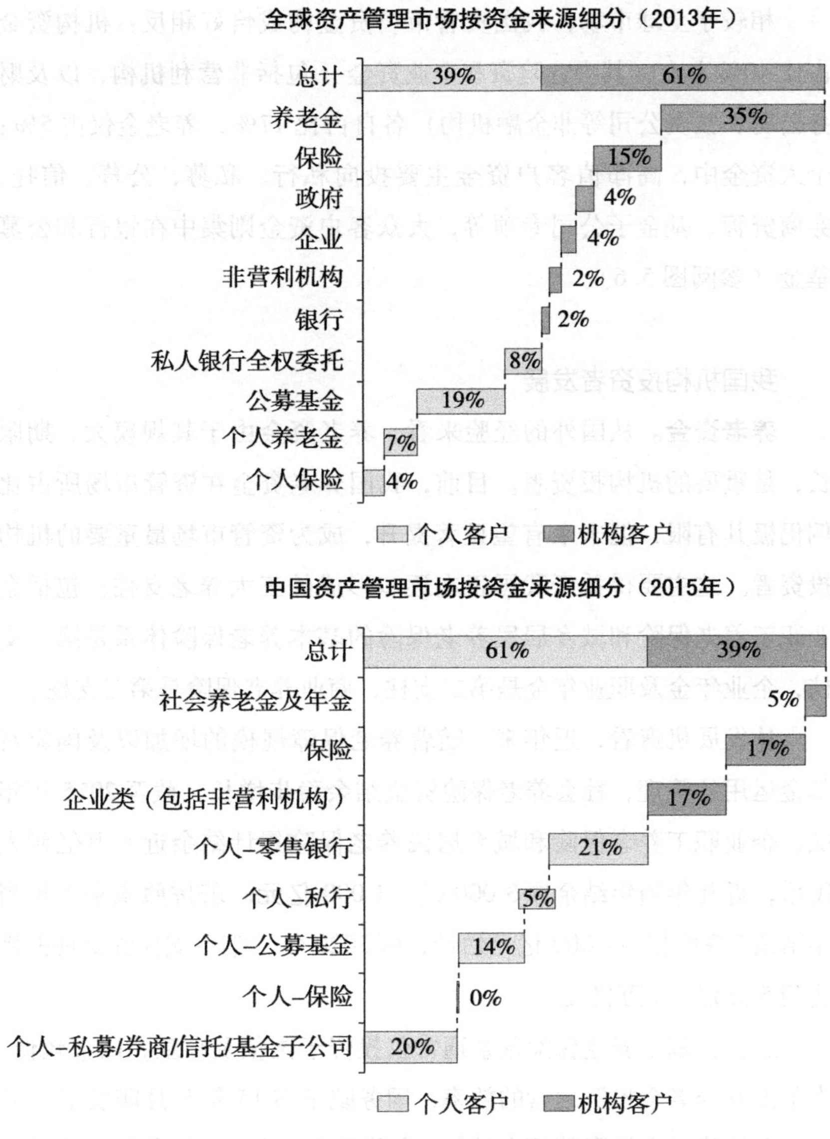

图 5.6　全球与我国资产管理市场按资金来源细分对比

注：中国机构投资者中的保险项不包括保险公司管理的企业年金、投连险、万能险；企业类包括非金融机构企业、非营利机构及政府财政部门所投资或购买的资管产品；个人 – 私行为商业银行私人银行所管理的理财资产；个人 – 零售银行为商业银行零售银行所管理的理财资产；为避免双算，个人 – 私募/券商/信托/基金子公司中不包括银行的通道业务。

资料来源：BCG 2020 中国资产管理模型

相较于全球市场，我国资管市场资金构成恰好相反：机构资金占比40%左右，其中，险资和企业资金（包括非营利机构，以及财务公司、投资公司等非金融机构）各自占比17%，养老金仅占5%；个人资金中，高净值客户资金主要投向私行、私募、公募、信托、券商资管、基金子公司专项等，大众客户资金则集中在银行和公募基金（参阅图5.6）。

我国机构投资者发展

养老资金。从国外的经验来看，养老资金由于其规模大、期限长，是重要的机构投资者。目前，我国养老资金在资管市场所占比例仍极其有限，但未来有望显著提升，成为资管市场最重要的机构投资者。这主要得益于我国正在逐步形成的三大养老支柱：包括企业职工养老保险和城乡居民养老保险的基本养老保险体系是第一支柱，企业年金及职业年金是第二支柱，商业养老保险是第三支柱。

从发展机遇看，近年来，随着养老保障规模的增加以及国家对基金运用的管理，社会养老保险资金结余稳步增长。截至2015年年底，企业职工养老保险和城乡居民养老保险累计结余近4万亿元人民币，近几年当年结余在3 000亿~4 000亿元。若按照未来5年当年结余2 000亿~4 000亿元估计，到2020年，第一支柱资金规模将达到5万亿~6万亿元。

过去，基本养老保险基金通常仅投资于国债及存款，回报较低。为了提升养老金投资运营的效率，国务院于2015年8月印发了《基本养老保险基金投资管理办法》，为养老金增加了20多种新的投资标的，包括股票、股票基金、混合基金、股票型养老金产品等，但同时规定此类产品合计规模不得高于养老基金资产净值的30%。这意味着，到2020年，养老金将会给资本市场带来1.5万亿~2万亿元的资金量。

此外，全国社会保障基金于2000年成立，专门用于人口老龄化高峰时期的养老保险等社会保障支出的补充、调剂。凭借财政拨款、国有资本划转等资金来源，基金规模快速增长，2015年已达约1.8万亿元人民币，若未来5年增速保持在15%~20%，则2020年基金规模将达到3.5万亿~4万亿元，也是资管市场不容忽视的机构投资者。

同时，企业年金及职业年金作为第二支柱，受到国家政策的大力鼓励。2015年年底我国企业年金覆盖单位75 454个，职工2 316万人，累计结存9 525亿元人民币，2010~2015年年均复合增长率达到28%，未来5年如按年均复合增长率25%计算，则2020年规模近2.5万亿元。此外，职业年金也将贡献年均1 000亿~1 500亿元的新增规模。而作为第三支柱的个人商业养老金，在税收递延等政策优惠的刺激下也有望迎来快速发展。

从客群特点看，养老资金整体上呈现规模较大、期限长、风险偏好稳健、追求绝对回报的特点。目前养老资金客户的市场竞争十分激烈，各家资管机构均积极争抢份额。由于养老资金的资产配置需要符合人社部的投资标准，因此资管机构所能给出的配置方案整体趋同。此外，养老资金客户的议价能力强，通常给各家资管机构统一的费率。这都导致潜在差异化空间较小。但是，各资管机构仍能从以下方面入手：第一，养老资金客户选择资管机构时，看重业务指标，如规模排名、过往业绩及波动率、养老金管理经验、风险控制和投研体系；第二，他们也看重增值服务，如详细的数据披露、定期报告、专家会议和其他综合金融解决方案。

快速增长的养老金将需要更多合格的专业投资管理机构。例如，全国社会保障基金委托专业资管机构管理的比例已从2011年的40%提升到了2016年的50%左右。未来，养老基金的投资、管理和运营面临着更高的要求，预计委托管理的比例会继续上升。按《基本养老保险基金投资管理办法》相关规定，目前具有全国社保基金投资管理资格和年金基金投资管理资格的 25 家专业机构都有资格去竞标投资管理人，包括华夏、工银瑞信等 16 家公募基金，中金和中信两家券商，华泰资管和泰康资管、人保资管等 7 家险资企业。未来，这一名单有望持续扩充，给更多资管机构带来机会；同时，由于养老金市场对投资管理人的专业性要求严格，早期获得全国社保基金投资管理资格的管理人，将在养老金开放的过程中有一定先发优势。

保险资金。从发展机遇看，近年来，在险资运用领域有两大政策趋势值得特别注意：一是新“国十条”提出，鼓励保险资金通过股权、债权、基金、资产证券化等形式支持新兴产业的发展，支持重大民生工程和国家工程的建设；二是偿二代“放开前端，管住后端”监管理念的落实，不断放宽投资领域和方式等前端限制，把监管重点放在后端：包括细化保险风险、市场风险、信用风险的定量资本要求，以及增加包括操作风险、流动性风险在内的定性监管。上述两个趋势一方面拓展了险资运用的空间，另一方面赋予了险资更大的使命，对险资的风险管理能力与资本利用能力提出了更高的要求。

从客群特点来看，险资整体上流动性要求低，注重投后数据服务和合规服务，对收益和风险的偏好则取决于不同的整体投资策略。偏重于追求创新的保险客户，会更重视资管机构的团队实力，比如操作量化、MoM（管理人的管理人基金）等基金的基金经理的历史表现；偏向稳健型的客户，则更看重资管机构的规模和风控表现；偏向激进型的客户，往往是小型保险公司，资金成本较高，因此高度关注预期收益率。

在投向方面，由于面临宏观经济增速放缓、利率下行、“资产荒”等挑战，险资将加大向私募股权（PE、VC）和债权（基础设施和不动产保险投资计划）等低流动性资产的配置力度，以及对上市优质股权资产的举牌。此外，除了境内的传统投资领域，不少具备条件的保险公司已经将眼光投向了海外投资。金融危机过后，国外涌现出不少估值洼地的投资机会，境内保险公司凭借强大的资金实力，希望乘浪出海的趋势已经形成。但目前，一方面由于外汇管制，险资海外投资规模占全部资产配置的比重不会很大。另一方面，由于能力所限，大多数险资的海外资金投向仍偏向不动产，但这也给专业的资管机构带来了机会。这些机构可以参与其中，帮助丰富险资的海外配置，以获得更好的回报，同时分散风险。

企业资金。从发展机遇看，和成熟市场不同，我国的企业资金在机构资金中占比较高。潜在的原因包括中国企业普遍倾向于留存资金而非分红，以及部分垄断行业及高现金流行业的企业有能力留存大量资金。从投向来看，企业资金主要投向银行理财（特别是结构性存款）、信托及基金子公司的专项计划。未来，随着经济增速放缓，企业寻找新的经营及投资机会更加困难，因此企业资金在资管市场中的占比预计不会有显著下降。

从客群特点看，企业资金整体上以短期闲置资金为主，看重短期收益，但是也有少量的长期资金。因此需要资管机构有相对丰富的产品线。此外，虽然企业资金总量不小，但专业性相对较差，获取和服务的难度较高。招标时通常优先考虑在其他业务上已有合作关系的金融机构。和养老资金、险资相比，企业客户是机构客户中的“零售客户”，对于单位规模的资金，需要资管机构投入更多的精力去维护。并且，企业客户对投资的需求及偏好各不相同，需要资管机构有更多元的基础资产和更强的产品创新能力。

银行委外投资。从发展机遇看，银行理财的资产管理规模在2015年年底已经达到23.5万亿元人民币。这种委托投资业务和一般的通道业务不同，需要资管机构具备较强的主动管理能力。由于缺乏系统性统计，银行委外投资的规模难有定论，因此在我们的资金来源统计中并未直接呈现。但根据初步测算，银行委外投资规模目前已经突破1万亿元人民币，并且预计会持续升高。因此，以中小银行为代表的银行委外投资，将成为公募基金、信托、券商、保险以及大型商业银行应该考虑的重要机构客户之一。

从客群特点看，有委外需求的银行往往面临以下问题：资金规模增长过快而人手不足；缺乏开展相关业务的资质，如权益类直投业务；银行，尤其是中小银行的团队能力不足。从整体上看，对于规模、风控、预期收益的取舍取决于银行的风险偏好和投资策略。通常大行的资金成本低，更注重规模和风控；小行资金成本高，更注重收益。从总体上讲，因为资金来源为相对短期的理财产品，因此偏向稳健性、流动性要求高的资管机构，要求资产负债匹配。此外，该类客户看重与资管机构整体的客户关系和合作，如与资管机构及其背后的集团公司在托管、投行业务上的合作；以及客户集团内部潜在的协同机会，如寻求与集团内部的券商和资金开展委外业务。

我国个人投资者发展

高净值客户仍是中坚力量。从发展机遇来看，2015年中国高净值家庭（可投资资产规模在人民币600万元以上）户数为200万左右，2020年预计将上升至350万户。这类客户通常为企业主、职业经理人、专业投资人以及文体明星等，单位财富高，投资经验较丰富，投资行为与机构投资者趋同。

从客群特点来看，高净值客户的产品需求较为复杂，常常需要兼顾保值增值、分散风险、高收益等多种诉求，并且有较强的定制化、综合服务，甚至跨境资产配置需求，但往往风险承受能力较强，对流动性要求不高。投资品类近年来逐渐从传统的地产信托、储蓄、固收向股票、金融衍生品、PE转变，并日渐多元化。

此外，高净值客户往往还有给自身企业及投资行为融资的需求，体现为“公私联动”或“投贷联动”。近年来，随着改革开放后第一代企业家的退休，家族财富传承也成为高净值客户所关注的新话题。对资管机构的要求也逐步从产品的专业性拓展至服务的安全性、私密性等。

中产阶级及数字大众是互联网和科技进步带来的新机会。从发展机遇来看，2015年中国中产家庭（家庭月收入为人民币8 000～23 000元）数量为8 000万户左右，数字长尾客群总数在2亿人左右（家庭月收入在人民币8 000元以下），这些客户的财富管理以家庭财富的保值增值为主要目标，风险承受能力较弱，对流动性要求较高，但定制化、跨境需求不强。过去，由于这些中产和大众客户单位价值低，难以覆盖服务成本而被资管机构所忽视。

从客群特点来看，随着互联网金融的深化发展，资管机构在服务上述两类客群时将迎来新的机遇。一方面可充分利用线上渠道低成本地触达客户，例如与已形成一定规模的互联网金融销售平台进行合作，或与拥有强大线上生态的互联网企业合作，以社交媒体、高频应用为销售渠道；另一方面，借鉴互联网思维和大数据技术，对传统金融产品进行简化和创新，通过标准化的拳头产品低成本地服务客户。对于中小资管机构来说，借助互联网和新技术的“赋能”，过去被忽视的中产和大众客群恰恰是其弯道超车的良机。

综上所述，未来几年，随着养老金入市、养老第二第三支柱快速发展，养老金在资管市场中的重要性有望大幅提升。此外，险资及企业也仍是重要的机构投资者。个人投资者中，一方面高净值客户仍是中坚力量，其投资行为的成熟和需求的复杂化对资管机构提出了新的要求；另一方面，中产、数字大众等客群兴起，资管机构可以凭借互联网金融以较低的成本服务此类客户。

资产类别

全球资管市场各资产类别发展趋势

从全球来看，2014 年全球资管市场的投资品类依然在从主动管理型的核心类向被动管理型以及另类投资产品倾斜。主动管理型中最传统的核心类产品规模占比从 2003 年的 58% 下滑至 2014 年的 39%，而被动管理型［含 ETF（交易所交易基金）］、方案类[①]［含 LDI（债务驱动投资）和均衡类］及另类投资产品则分别上涨了 7%、6% 和 5% 的市场份额（参阅图 5.7）。这样的变化趋势反映出客户对产品收益、多元化投资组合和低费率产品的综合偏好。

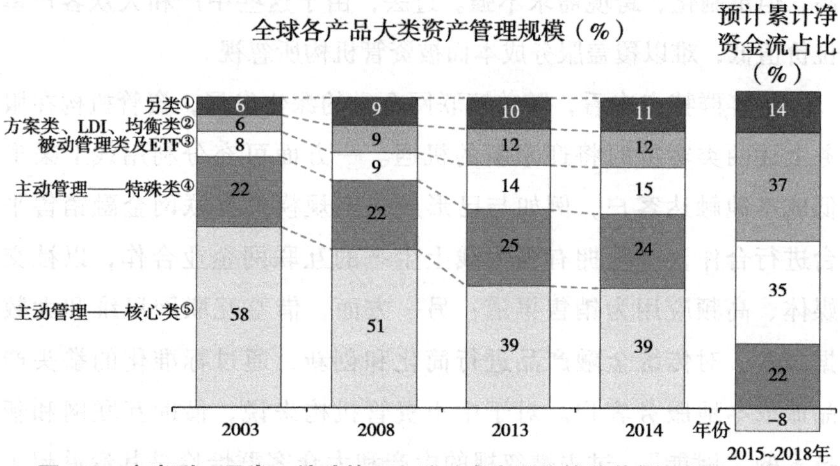

图 5.7　方案型、另类、被动管理和特殊类产品将持续获得更多市场青睐

①包括对冲基金、私募、房地产、基础建设和商品基金。

②包括绝对回报、目标日期基金，全球资产配置，灵活、收益和波动基金，LDI 及传统均衡型产品。

③包括被动管理的股票、固收和 ETF。

④包括股票类特殊型（如国外、全球、新兴市场股票，小中盘和产业股等）及固收类特殊型（如信贷、新兴市场和全球债务、高收益债券和可转换债券等）。

⑤包括积极管理的国内大盘股包括积极管理的国内政府债券、货币市场和结构化产品等。

资料来源：BCG 2015 年 GAM 市场规模评估；BCG 2015 年 GAM 对标分析；Preqin；HFR；战略洞察；黑石 ETP 报告；IMA；OECD；韬睿惠悦；P&I；Lipper；BCG 分析

---

① 方案类：包括绝对回报、目标日期基金，全球资产配置，灵活、收益和波动基金等。

预计未来3年，传统主动管理类产品将受到持续挤压（参阅图5.8）。如图所示，横轴表示产品的净收入利润率（净收入利润率=管理费收入-分销成本），纵轴表示产品2014~2018年的年均复合增长率。被动型产品预计增速最快；另类投资产品由于投资门槛较高，难以获得规模上的快速增长，但仍将通过提供较高的投资回报，获得稳定的市场份额；而主动型产品无论是增速还是利润率都将受到持续挤压。

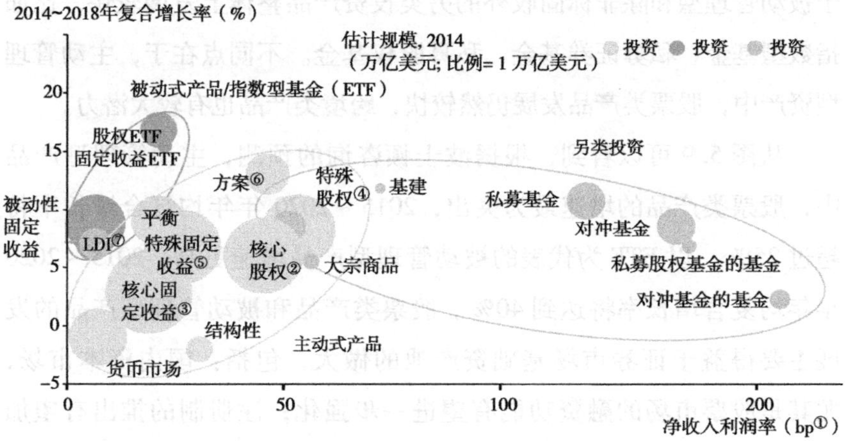

图5.8　传统主动管理类产品将持续受到挤压，被动产品、另类投资则能够平衡增长与收益

①管理费不包括分销成本。

②包括积极管理的国内大盘股。

③包括积极管理的国内政府债券。

④包括国外、全球、新兴市场股票，小中盘和产业股。

⑤包括信贷、新兴市场和全球债务、高收益债券和可转换债券。

⑥包括绝对回报、目标日期基金，全球资产配置，灵活、收益和波动基金。

⑦LDI是负债主导的投资

资料来源：BCG 2015年GAM市场规模评估；BCG 2015年GAM对标分析；Preqin；HFR；战略洞察；黑石ETP报告；IMA；OECD；韬睿惠悦；P&I；Lipper；BCG分析

除此之外，多数产品都出现了管理费率持续走低的趋势，特别是股权、货币市场、结构化和另类投资产品领域。例如结构性产品过去两年下降了14%，被动型股权产品收费下降了20%。费率的持续走低一方面来自日趋激烈的同业竞争，另一方面，危机后各国监管不断提升对产品披露的详细程度和频率的要求，导致行业整体更加审慎地销售复杂和高风险的产品，从而在供给端更趋向回归低费率的产品。

我国资管市场各资产类别发展趋势

我国各资产类别发展趋势与全球既有相似性也有不同。相似性在于被动管理型和除非标固收外的另类投资产品整体上发展较快，比如指数型基金、私募证券基金、私募股权基金。不同点在于，主动管理型资产中，股票类产品发展仍然较快，跨境类产品也有较大潜力。

从图 5.9 可以看到，根据波士顿咨询的预测，主动管理型产品中，股票类产品的增速最为突出，2015～2020 年年均复合增长率将超过 25%。以 ETF 为代表的被动管理型产品增速更高，2015～2020 年年均复合增长率将达到 40%。股票类产品和被动管理型产品的发展主要得益于证券市场基础资产池的做大，包括：国内资本市场，尤其是股票市场的融资功能有望进一步强化；注册制的推出有望加速中国优质企业在国内上市；混合所有制的深入将继续丰富可流通投资的国有资产等。

另类投资产品的主要优势体现为净收入利润率较高（参阅图 5.10），其中私募股权基金和私募证券基金的增速非常可观，2015～2020 年年均复合增长率分别达到 30% 和 22%。私募基金的快速发展主要得益于基金在交易策略和行业研究上的专业性，通过建立起专业、灵活的投研团队，为客户实现长期良好的回报。

简单的通道类业务受到固定资产投资放缓、监管趋紧以及直接融资发展的影响，增速将会大幅放缓，这将影响非标型固定收益资产的整体增速，预计 2015～2020 年年均复合增长率仅为 5%。但是，非标型固定收益资产仍然可以继续挖掘差异化的融资需求和交易结构，服务实体经济私募信贷融资的需求。

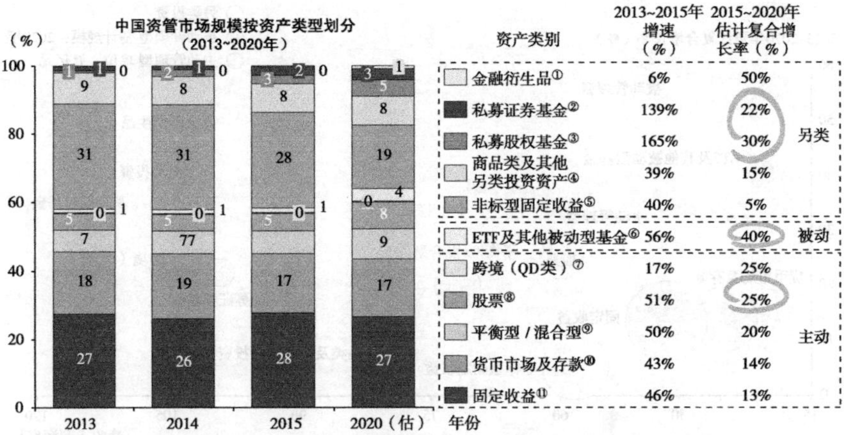

图5.9　国内未来5年被动管理型和另类投资产品发展提速，主动管理型中股票类产品将发展较快

①金融衍生品指期货资管和银行理财等产品中明确披露投资于衍生品的资金。

②私募证券基金指的是配置于证券基金业协会登记的基金产品的实缴规模，包含了阳光私募基金。

③私募股权基金与证券基金类似，为登记产品的实缴规模，包含了私募股权基金、创业投资基金和其他类型管理人发行的产品。

④商品类及其他另类投资资产指的是银行、保险等各产品中，披露投资于其他项目的资金。

⑤非标型固定收益指信托、券商资管、基金子公司和基金公司专户中的非标债权业务，含通道类产品。

⑥ETF及其他被动型基金指的是基金管理公司发行的各类指数型基金，如被动指数型，增强指数型等。

⑦跨境（QD类）主要指的是国内QDII产品，包含QDII公募基金，以及银行理财等产品中代客境外理财投资的部分。

⑧股票类指的是公募基金发行的股票型基金，以及银行理财、保险、券商资管、信托的证券市场（股票）、公募基金非公开募集资本中的股票配置等主动型股票投资资金。

⑨平衡型/混合型产品指把资金分散投资于股票和债券的平衡混合型产品，主要包括公募基金里面的偏股混合型基金、平衡混合型基金，非公开募集资本中的混合类配置，以及各产品中无法分类的证券投资。

⑩货币市场主要指货币基金，存款指银行理财、保险等产品中配置于存款的部分，不含一般个人和企业的直接存款。

⑪固定收益指各产品中投资于债券和资产证券化的配置，以及债券型基金。

注：银行理财、保险产品、信托投向为证券市场（基金）、券商资管等集合资金产品中投资于基金、信托等其他产品的部分，不充分计算其产品规模，以基金等基础资产属性判断特点。

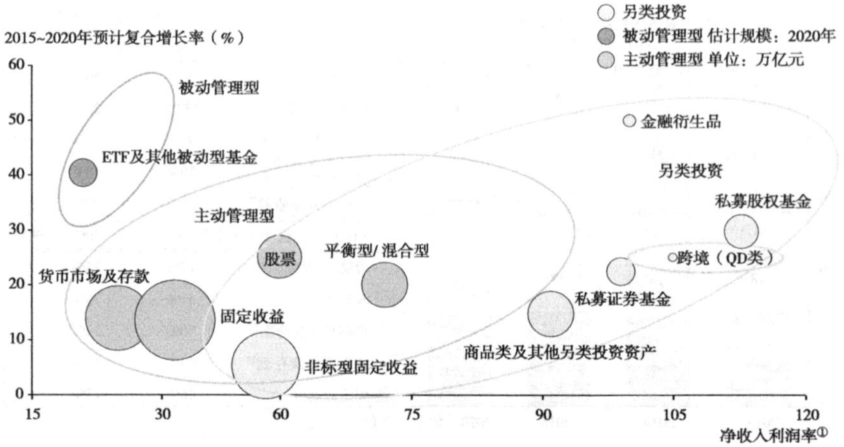

图 5.10 国内未来 5 年被动管理型和除非标固收外的另类投资产品整体上发展较快，主动管理型中股票类产品发展较快

①净收入利润率指的是管理费减去分销费用。

资料来源：BCG 2020 中国资产管理模型；万得资讯；资管机构公开信息；国家监管机构统计数据

此外，随着国内投资者分散化投资的意愿加强，跨境类产品仍有较大的发展潜力，预计 2015 ~ 2020 年年均复合增长率可达到 25%。虽然目前外汇管理政策上存在一定的不确定性，但是长远来看，以 QDII（合格境内机构投资者）为代表的跨境产品是人民币国际化背景下最适合中国国情的投资产品之一，能够较好地管理资金的出入去向，保障外汇市场秩序。

资管机构

从资管机构来看，至 2020 年，我国资管市场中银行仍将为中坚力量，占管理资产规模总额的 27%，2015 ~ 2020 年年均复合增长率预计达到 15%；保险资管也将继续占据重要的市场地位，占管理资产规模总额的 16%；公募基金和私募基金增速最快，2020 年管理资产规模预计占比分别为 15% 和 9%，2015 ~ 2020 年年均复合增长率将分别达到 16% 和 25%；信托公司、基金子公司和券商资管等比较依赖通道类业务的机构则面临转型，2015～2020年年均复合增长率将分别放缓至8%～10%。但信托公司由于发展时间长、基础体量大、转型早，2020年仍为第四大资管机构，管理资产规模预计占比14%（参阅图5.11）。

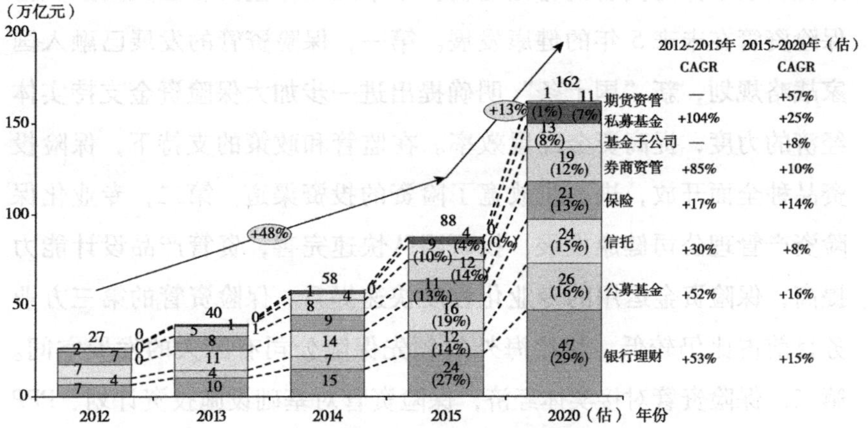

图5.11　中国资产管理规模（按资管机构划分）

注：CAGR为年均复合增长率。由于四舍五入，部分数据总和可能不等于100%。
资料来源：万得资讯；BCG分析；BCG中国资产管理2020模型预测

银行理财仍将是资产管理领域的中坚力量。凭借广泛的渠道网络、完善的账户体系和最具信任度的品牌，银行仍将是吸收个人投资者资金的最主要来源。同时，银行理财也将积极转型。从中短期看，银行理财依托在销售端的优势，需优化大类资产的审慎配置，强化银行作为大型资管机构的专业优势。从长期来看，通过改变产品设计、收费模式和逐渐打破刚性兑付，银行理财将真正回归“代客理财”的本源。银行应通过非标产品向标准化、净值型产品转型，提高产品透明度和流动性。此外，随着理财规模的稳定增长、产品类型的丰富和团队专业化程度的提升，银行理财已有能力安排一定的中长期投资，未来有潜力成为中国金融市场上一类重要的中长期资管机构。

保险资管预计未来5年仍将保持较快的健康发展。保险资管的发展与保险业务的开展互为依托。保险资金，尤其是寿险资金本身拥有久期长、成本低的特点，而且资金供应规模巨大。从短期来看，监管预计将加强对久期短的高现金价值的产品的管理，可能会对部分保险公司的资管业务造成一定影响。但从长期来看，“偿二代”的推行有助于保险资管的稳健经营。未来几年，主要有五大因素支持保险资管在未来 5 年的健康发展。第一，保险资管的发展已融入国家战略规划，新“国十条”明确提出进一步加大保险资金支持实体经济的力度，提高资金配置效率。在监管和政策的支持下，保险投资品种全面开放，进一步放宽了险资的投资渠道。第二，专业化保险资产管理公司健康发展，投研团队快速完善，资管产品设计能力提高，保险资金运用的专业化程度快速提升。保险资管的第三方业务目前占比仍较低，相比海外的领先保险公司有巨大的发展空间。第三，保险资管对接实体经济，保险资管对基础设施投资计划、PPP 项目、股权及不动产计划等另类投资的配置规模明显提高，2015 年国务院批复成立首期 1 000 亿的中国保险投资基金，实现了与实体经济的直接对接，也提升了长久期的保险资金运用的效率。第四，领先保险公司率先运用险资进行全球资产配置，投资不动产、权益类等资产类别，有助于分散风险。第五，保险资管在养老金市场占据独特优势，例如全牌照、渠道优势明显等。

公募基金未来 5 年将实现高速增长。从发展基础来看，公募基金在资产管理行业中具有最强的制度优势。一方面，公募基金具有募集资金的优势，可以灵活推出覆盖证券市场各资产类型的基金产品进行资金的公开募集，或是利用专户定向服务机构和高净值客户，并且在代销渠道方面构建了较完善的合作网络，已基本形成了覆盖银行、第三方支付、互联网金融公司等机构的线上线下代销全渠道。未来，在互联网金融发展的大趋势下，公募基金，尤其是货币基金产品，将进一步拓宽销售渠道和增值服务类的场景联结。另一方面，在其他大型资管机构普遍存在刚性兑付压力的情况下，公募基金在长期发展过程中，已基本甩开负债端刚兑的包袱，运作上相对更透明和规范。此外，非公开募集资本的专户和企业年金业务也将继续快速发展，全国社保基金等机构投资者仍会是非公募业务的主要委托人，并且有望进一步打开养老资金市场。未来，结合直接融资快速发展的宏观背景，各基金公司根据其自身特点和优势，将呈现差异化、专业化的发展态势。

信托公司未来5年整体资产规模增速将放缓，但由于其存量市场较大，制度相对灵活，转型启动较早，未来仍将是前四大资管机构。信托的发展掣肘主要体现在传统业务面临瓶颈，包括：占据信托资产规模约一半的通道业务收缩，非通道类的非标业务面临着其他融资渠道的激烈竞争；占信托资产投向至少20%～30%的房地产业增速放缓，一线城市的大型房地产企业对非标融资的依赖度降低；阳光私募的去信托化等。此外，信托保障业基金的推出虽然整体上有助于提升行业的风险管理水平，但是短期内也将压缩非标债权类业务的盈利空间。但不可否认的是，信托制度本身有其独特的法律地位，也具备跨市场的高度灵活性，最能体现“受人之托，代人理财”的资产管理本源。而信托公司分级监管办法的调整也将为信托行业的长期健康发展打下基础。因此，信托公司依托过去几年积累的业务和客户资源，充分运用信托制度，未来仍将是中国资产管理行业中关键的组成部分之一。

券商资管发展时间较长，但主要是在过去两年借助银证通道业务实现了爆发式增长，未来须谋求业务的规模化及转型。券商资管规模化及转型独特的优势在于券商内部不同业务条线和部门之间的综合金融协同：一是财富管理和经纪业务积累的大量风险偏好相对较高的理财客户；二是投行业务积累的企业客户和交易资源；三是销售交易和证券研究业务积累的资本市场专业专长。未来，如果券商资管机构业务发挥上述潜在优势，有望实现差异化的发展道路，例如参与企业的定向增发和并购融资，上市前企业的私募股权投资，打包各类型的基础资产开展资产证券化，设计股票质押融资项目，结合衍生品交易设计对冲基金产品等。因此，券商在通道类业务转型的过程中，有相对较好的禀赋资源。

基金子公司发展时间较短，在过去两年实现了爆发式增长，同样主要依靠通道类业务和母公司的资源支持。然而，在风险积累和监管趋严的趋势下，通道业务面临发展瓶颈，刚性兑付压力较大，基金子公司增速预计将放缓，需积极探索转型发展之路。从风控能力、系统建设等方面来看，基金子公司与其他资管机构相比并无明显优势，但其最大的优势是机制的灵活性。从业务范围来看，基金子公司的可投资范围从上市证券类资产拓展到了非上市股权、债权、收益权、票据等资产；从客户限制来看，单个产品中单笔委托资金人民币 300 万元以下的客户信托限制为 50 人，基金子公司限制为 200 人；从激励机制来看，传统上基金公司的激励制度与金融同业相比有一定优势，员工股权激励也在多家基金子公司得以实现，为基金子公司吸引人才创造了良好的环境。未来，如果基金子公司能够依托机制的灵活性和专业人才队伍的建设，与公募基金母公司形成差异化的错位发展和资源互补，则将有助于通道类业务的转型。

私募基金的资产规模目前在资管行业里占比不大，然而规模增长十分迅速。首先，以阳光私募为代表的私募证券基金的发展获得了政策支持。2014 年，国务院发布资本市场新“国九条”，明确提出“发展私募证券投资基金”的重要举措，随后陆续出台的多项政策推动了该行业进入快速发展期。阳光私募成为“正规军”后，大量吸引人才，创新不断涌现。在新的监管原则下，阳光私募产品和发行形式也更加多样化。金融工具不断丰富，量化私募产品等新的金融工具发展空间扩大。其次，在经济转型的背景下，成熟行业的并购整合和新兴行业的股权融资，促成了私募股权基金的快速发展。尤其是在互联网、文化传媒和医疗服务领域，创业投资基金凭借其专业专长，为传统渠道融资困难的新兴企业提供了资金支持，并且为基金投资者实现了较好的回报。此外，夹层基金、房地产基金快速兴起，与传统的非标债权融资模式形成竞争。部分领先的人民币私募基金管理人借鉴国际领先机构，已完成面向全国社保基金、保险公司等机构投资者的长期资金募集，并在不断强化自身的交易设计和投后管理能力，在竞争激烈的非标融资领域，构建了差异化优势。

期货资管目前的资产规模在行业中占比很小，短期发展有一定的不确定性，长期看潜力较大。从短期来看，期货资管的发展速度取决于金融衍生品交易的相关监管规定。从长期来看，期货资管需要主动加强自身人才队伍建设，减少对“类通道”业务的依赖，真正打造以量化对冲、CTA（商品交易顾问）、套期保值等交易策略为特色的资管产品，坚持走专业化、差异化的发展路线。未来5年，期货资管有望伴随着资本市场的全面发展迎来一个较快的发展阶段。

除不同子行业发展快慢不均外，我们从全球市场还观察到一个通行的趋势——资产管理市场“赢者通吃”现象明显。全球资产管理业务的发展经验指出资产管理是一项需要规模效应的业务，成功机构往往在某些特定领域建立规模效应。2007年，全球前二十大资产管理机构管理资产规模市场份额合计为38%，2009年为41%，2013年为42%，20家机构即占据全球市场近一半（参阅图5.12）。如果看增量，这一趋势则更加明显。例如，美国前十大共同基金管理规模2014年的增量达到了美国共同基金市场整体增量的121%（除前十大机构以外的其他机构增量合计为负数），而这一数字在2013年只有73%，也就是说前十大机构对市场增量的贡献大大提高。在欧洲，这一趋势则趋于稳定，同样是前十大共同基金管理规

2007年			2009年			2013年		
排名	资管机构	资产（10亿美元）	排名	资管机构	资产（10亿美元）	排名	资管机构	资产（10亿美元）
1	Barclays GI	2 078	1	Black Rock	3 346	1	Black Rock	4 324
2	State Street GA	1 979	2	State Street GA	1 951	2	Vanguard	2 753
3	Allianz GI①	1 341	3	Fidelity	1 699	3	Allianz GI①	2 350
4	Fidelity	1 601	4	Allianz GI①	1 597	4	State Street GA	2 345
5	Capital Group	1 550	5	Vanguard	1 509	5	Fidelity	1 943
6	Black Rock	1 357	6	JPMorgan AM②	1 249	6	JPMorgan AM②	1 598
7	Vanguard	1 300	7	Capital Group	1 039	7	BNY Mellon IM	1 497
8	JPMorgan AM②	1 190	8	BNY Mellon AM	1 027	8	Capital Group	1 250
9	BNY Mellon AM	1 100 999	9	Amundi	890	9	DeutscheA/WM④	1 226
10	Legg Mason	800	10	Goldman Sachs AM	697	10	Prudential IM	1 107
11	Alliance Bernstein	785	11	Legg Mason	682	11	Amundi⑤	1 032
12	Natixis AM	757	12	Natixis AM	671	12	Northern Trust GI	885
13	Northern Trust GI	737	13	Prudential IM	667	13	Franklin Templ.	879
14	Deutsche AM	728	14	AXA IM③	663	14	Natixis AM	836
15	AXA IM	728	15	Deutsche AM	659	15	Wellington Mgmt	834
16	Credit Agricole AM	697	16	UBS Global AM	629	16	Invesco	779
17	Prudential IM	648	17	Northern Trust GI	627	17	Goldman Sachs AM	779
18	Goldman Sachs AM	632	18	BNP Paribas	572	18	AXA IM③	726
19	UBS Global AM	564	19	Franklin Templ.	554	19	Legal & General IM	704
20	ING IM	509	20	Wellington	537	20	T. Rowe Price	692
全球资管市场规模(10亿美元)		~56 200			~52 400			~68 700
前二十大机构市场份额总计		38%			41%			42%

图 5.12　全球前二十大资管机构占据约 40% 市场份额

①含 PIMCO（太平洋投资管理公司）。

②含财富管理业务。

③不含 Alliance Bernstein。

④由于业务重组，自 2012 年起含财富管理业务。

⑤自 2010 年 1 月起，由 Credit Agricole 资管业务和 Societe Generale 资管业务合并而成。

注：增长率分析有时因资管机构修改往年披露数据而受到影响；2013 年平均汇率适用于上述所有年份的计算，即 1 欧元等于 1. 328 26 美元，1 瑞士法郎等于 1. 079 51 美元，1 英镑等于 1. 564 83 美元。

资料来源：公司公告；BCG 分析；Pensions & Investments；Investment & Pensions Europe

模 2014 年增量占市场总体的比重，欧洲 2014 年和 2013 年的比重均为 42%（参阅图 5. 13）。

中国资管市场中，“赢者通吃”的现象也已经显现。前十大资管机构管理资产规模市场份额总计 32%，前二十大资管机构市场份额总计 44%，集中度与全球资管市场相近（参阅图 5. 14）。在细分行业中，“赢者通吃”的现象更加明显。例如，根据 2014 年年底数据，中国前十大银行理财产品余额合计市场份额为 68%；2015 年年底，前十大公募基金规模合计占比达 57%，前十大基金公司专户规模合计占比达 49%，前十大基金子公司专户规模合计占比达 48%，前十大券商资管规模合计占比达 50%（参阅图 5. 15）。

欧洲前十大中有3家美国公司，在2013年有5家

基于美国市场共同基金资金流的前十大资产管理公司

资产管理公司	2014年净资金流（10亿美元）	净资金流市场份额（累计）	占净资金流为正的公司的份额（累计）
美国先锋（Vanguard）	219	55%	31%
黑石（BlackRock）	98	80%	45%
象限基金顾问公司（Dimensional）	27	87%	49%
TCW	26	93%	53%
Dodge & Coxg	26	100%	57%
摩根大通	25	106%	60%
高盛	15	110%	62%
法国外贸银行（Natixis）	15	114%	65%
道富环球投资管理	14	117%	67%
TIAA-CREF资产管理	13	121%	68%
2014年前十大累计		121%	68%
2013年前十大累计		73%	53%

基于欧洲市场共同基金资金流的前十大资产管理公司

资产管理公司	2014年净资金流（10亿美元）	净资金流市场份额（累计）	占净资金流为正的公司的份额（累计）
黑石	48	9%	6%
瑞银（UBS）	28	14%	10%
北欧银行（Nordea）	27	18%	14%
摩根大通	24	23%	17%
Intesa SP-Eurizon	21	26%	20%
美国先锋	20	30%	23%
德意志银行资产及财富管理	20	34%	25%
先锋（Pioneer）	17	36%	27%
德盛安联资产管理①	16	39%	30%
标准人寿	13	42%	31%
2014年前十大累计		42%	31%
2013年前十大累计		42%	31%

图 5.13　“赢者通吃”的趋势在美国加速发展，而在欧洲保持稳定步伐

①不包括 PIMCO。

注：分析不包括货币市场。

资料来源：战略洞察；BCG 分析

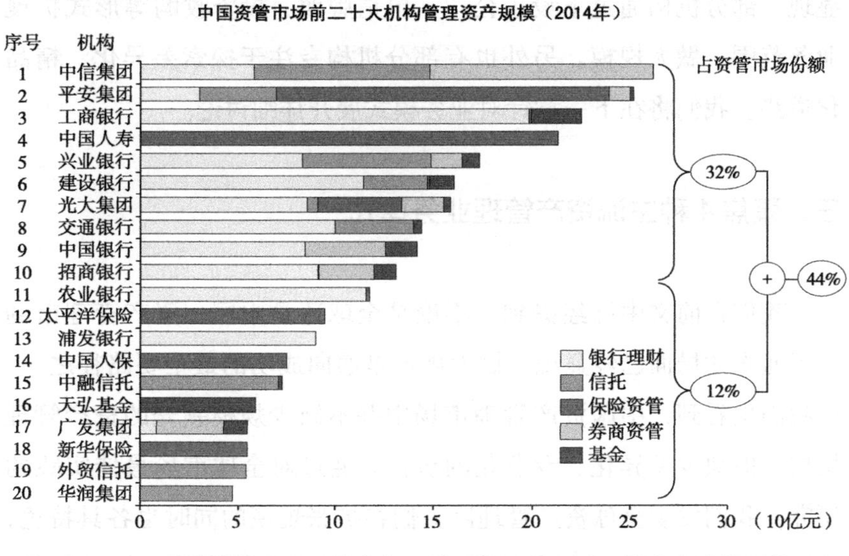

图 5.14　大资管市场中，赢者通吃的现象已经显现。前十大资管机构市场份额总计 32%，前二十大资管机构市场份额总计 44%

注：此处仅为相关子公司管理资产规模加总，不能完全代表集团的总规模；持股比例 50% 以上的子公司被纳入计算；券商资管数据为 2015 年 6 月底数据，其余为 2014 年年底数据。

资料来源：相关机构年报；信托业协会；证券投资基金业协会；BCG 分析

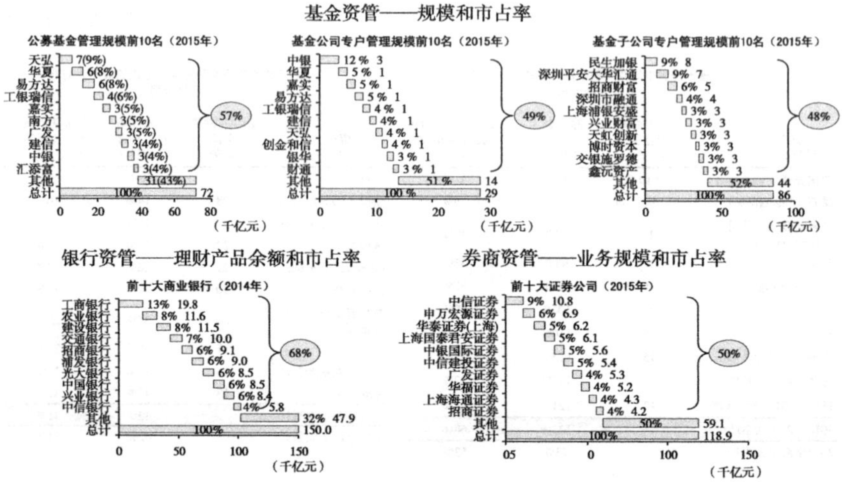

图 5.15 细分行业中，赢者通吃的现象更加明显

资料来源：证券基金业协会；Cerulli；Chinafund；中国证监会；BCG 分析

此外，资产管理机构的商业模式的差异化发展路径也开始初步显现。部分机构通过下设子公司、申请牌照、投资收购等形式扩展业务范围、做大规模。另外也有部分机构专注于探索差异化、精品化道路。我们将在下一章针对业务模式展开详细讨论。

三、聚焦 4 种主流资产管理业务模式

我们在前文中已经提到，不论是全球还是中国，资产管理市场赢者通吃的局面已经显现，做大规模是通向成功的最主要路径之一。但我们也看到，中国资产管理市场中并不缺少规模领先的资产管理机构，但缺少差异化、专业化的机构。通过对全球市场最佳实践的研究，我们发现全球资产管理巨头们在扩张规模的同时也各具特色，并逐步形成了四大差异化的模式，分别是：全能资管、精品资管、财富管理、服务专家（参阅图 5.16）。

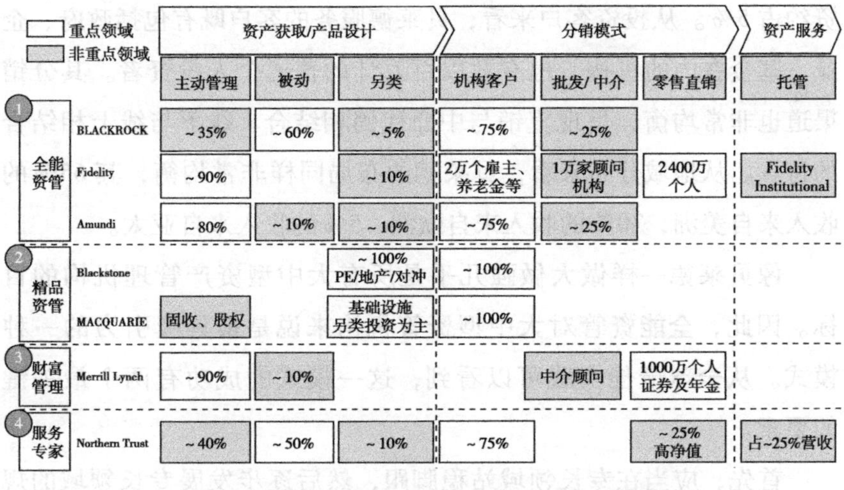

图 5.16　从全球最佳实践观察到四大典型资管模式

注：全部数据为 2014 年年底数据，比例均按照管理资产占比，资产服务除外，资产服务为收入占比。

资料来源：相关机构年报

全能资管

顾名思义，这一模式最大的特点就是全能、全面。具体来看，体现在几个方面：首先，规模领先，而且往往在某几个专长领域特别领先；其次，价值链覆盖比较广泛，从资产获取、产品设计、投资管理到分销和服务，往往都有所涉猎；最后，均衡，体现在不同资产大类间、不同分销渠道间、不同地域间的配置均衡。这一模式的典型代表包括贝莱德（BlackRock）、富达（Fidelity）、东方汇理（Amundi）等。

贝莱德是全球最大的资产管理集团。截至 2015 年年底，贝莱德集团管理资产总额达到约 4.64 万亿美元，营业收入 114 亿美元。从产品组合来看，贝莱德的投资谱系比较全面，传统主动管理型资产（包括股票、固定收益、混合型等）占管理资产总额的约 35%，被动管理型资产（主要包括 ETF 及其他指数基金）占约 60%，另类投资约占5%。从投资客户来看，贝莱德服务的客户既有包括政府、企业、基金在内的机构，也有数以百万计的普通个人投资者。其分销渠道也非常均衡，呈现直销与中介代销相结合、线下与线上相结合的特点。从地域分布来看，贝莱德的布局同样非常均衡，其65%的收入来自美洲，30%的收入来自欧洲，5%的收入来自亚太。

像贝莱德一样做大做强几乎是所有大中型资产管理机构的目标。因此，全能资管对大中型资管机构来说是最具吸引力的一种模式。从全球最佳实践可以看到，这一模式的成功有两个最关键的要素。

首先，应当在专长领域站稳脚跟，然后逐步发展专长领域的规模，形成有特色的规模。例如，贝莱德依托主动管理领域的能力，逐渐丰富FoF（基金中的基金）、对冲基金、ETF等细分专长；富达在主动管理领域具有很强的综合实力，并且专注养老领域，是美国401（k）养老计划的最大提供商，并逐渐拓展至另类投资领域。这些全球巨头均是在特定领域拥有卓越的专长和规模，并在此基础上建立了全面的业务能力和客户覆盖。这样的规模不易被复制，不易被超越，也更加有助于建立内部专业性、降低管理难度。

其次，通过并购快速扩大规模，建立能力。例如，从1988年成立至今，贝莱德之所以能够在不到30年的时间里成长为全球最大的资产管理集团，主要依靠积极的并购。1995年贝莱德与PNC（Pittsburgh National Corporation）的资产管理部门合并，开始发行公募基金；2005年并购道富的股票研究公司（State Street Management & Research）；2006年又与美林资产管理公司（Merrill Lynch Investment Managers）的买方业务合并，强化股票投资专长。由此，贝莱德管理资产规模超过万亿美元，成为第一梯队的资产管理集团。2007年，贝莱德通过收购奎洛斯（Quellos）建立FoF和对冲基金专长，2009年通过收购巴克莱国际投资管理公司（Barclays Global Investors，简称 BGI）获得 ETF 及指数基金专长，并一举成为全球最大的资产管理集团。

对于中国金融机构而言，混业经营将是大势所趋，发展中国特色的全能资管机构有两大启示。一是在建立专长的基础上，稳健推进混业经营，形成资管产品的全谱系发展。在现有的分业监管分业经营的环境下，部分机构已经在各自领域培养了一定的行业专长，进行规模化的发展，且在短时间内不易被复制，如公募基金在二级市场的投研能力、券商在一二级市场联动上的传统优势等。在此基础上，混业经营则能打通各个子牌照，形成资管产品的全谱系发展，使领先机构加速扩张资管规模。二是精心打造集团内部的协同，为客户提供一站式理财服务。通过获客渠道、投研能力、产品开发和客户服务的共享，真正做到价值链的相互补充，从资产获取、产品设计、定价，到投资顾问、增值服务、融资需求、综合金融服务等，在内部协同的基础上提升效率。因此，对于志在成为全能型资管的机构而言，如何实现多牌照布局并从体制机制上实现协同将是未来几年需要提前布局和重点攻克的两大挑战。

精品资管

与全能资管机构不同，精品资管机构的核心特征是聚焦，往往在特定的产品甚至行业有很强的专长。典型代表如专注另类投资的黑石集团（Black Stone），以及专注基础设施另类投资的麦格理集团（Macquarie）。

黑石集团成立于 1985 年，是全球领先的另类资产管理公司，截至 2015 年年底全球管理资产达到 3 360 亿美元。从 20 世纪 80 年代末至 2000 年，黑石集团投资顺应发达市场另类投资主流产品的演变，先后在私募股权、房地产、对冲基金和夹层基金等投资领域建立起专业化能力。2000 年后则以另类投资业务为切入点，开始大举进行地域扩张，从美洲扩展至欧洲和新兴市场，实现了全球另类资产投资的专业布局。

麦格理集团成立于 1985 年，总部位于澳大利亚悉尼，截至 2015 年年底管理资产约 3 550 亿美元，覆盖 28 个国家和地区，是全球领先的基础产业投融资专家。20 世纪 90 年代中期，澳大利亚新南威尔士州政府开放部分基础设施（如收费公路）给民间融资，麦格理集团顺势而为，获取了大量优质的基础设施资产，同时引入不断壮大的澳洲养老基金进行投资，初步建立了基础产业的差异化优势，并在此基础上不断深化在该领域内的专长。

精品资管模式成功的关键就在于卓越的投资能力和专业的客户服务。

首先，卓越的投资能力，体现为通过长期专注于特定行业或资产类别积累了前瞻性行业洞察、标的企业合作网络及其衍生的稀缺资产获取能力，以及完善的投后管理体系。

以黑石集团的房地产投资业务为例，其另类投资的专长主要体现为长期专注的人才团队和完善的投后管理体系。从人才团队来看，黑石集团的许多资深合伙人在公司工作近 20 年，在房地产领域拥有极其深厚的投资经验，可以高效地执行其投资策略。强大的人才团队帮助黑石集团可以持续在市场上，尤其善于在经济危机或衰退期，前瞻性地发掘价格低于翻新成本的优质资产，再通过内部不动产专家和运营专家的努力来实现所投资产的增值。

麦格理集团则是通过“七大考察点”严格筛选基础设施产业的优质资产和项目，包括：支持民生建设、高准入门槛、稳定可预期的现金流、需求弹性低、潜在现金流与通胀挂钩、与其他资产类别关联性较低，以及运作周期长。此外，麦格理集团还借助丰富的行业经验，综合运用债权、股权、期货、对冲合约、利率合约等多种金融工具和结构化产品，为客户提供定制化的专业解决方案。

其次，专业的客户服务能力，主要体现为通过长期服务特定类型的客户积累了定制化产品开发设计能力，从而可向潜在客户提供独特的价值主张。

以 KKR 集团（Kohlberg Kravis Roberts）为例，KKR 依托自己在另类资产领域的优势，紧密跟踪核心客户快速变化的需求，提供定制化服务。在美国，近年来政府出台一系列政策要求公共养老基金缩减管理费开支。因此公共养老金机构纷纷通过减少外部资产管理机构数量来削减成本，但单一机构又往往难以满足多元化配置、风险分散的需求。针对这个挑战，KKR 于 2011 年向德州教师退休基金提出了新的服务方案。不同于传统的针对各只基金逐一配置的机构客户服务方式，KKR 提出为德州教师退休基金提供 30 亿美元的一揽子委托投资服务，将一揽子资金在旗下多只基金间进行配置，并且提出了更低的资产管理费用和更合理的分成方式，即根据一揽子投资的综合业绩进行收费。这个方式受到了养老金客户的欢迎，2015 年德州教师退休基金又追加了 20 亿美元。KKR 通过快速跟进客户需求，提供定制化服务，从而为长期服务的核心客户提供了独特的价值主张和精品化的一站式解决方案。

以美国桥水（Bridgewater）对冲基金为例，作为一家管理超过 1 500亿美元的大型对冲基金，桥水基金专注服务于大型机构客户，如主权基金和养老基金，并且重视打造卓越的客户服务。不同于许多对冲基金神秘的风格，桥水基金的研究信息对其客户高度透明，客户可以得到每日经济报告、月度基金表现、季度回顾，以及创始人达里奥（Dalio）及其他高管在电话会议上的定期沟通记录。机构客户高度认同桥水基金提供的研究和分析，他们不仅将桥水基金作为资管服务的提供者，更是将其视作制定自身投资策略时的咨询师，从而形成了紧密的合作关系。

对于我国的信托、私募基金、券商资管等金融机构来说，精品资管是值得借鉴的差异化路径。而精品资管模式应当重点打造卓越的投资能力和专业的客户服务能力。目前国内部分资管机构正在积极向精品模式发展，并注重培养细分资产类别、细分策略或若干个重点行业的卓越投研能力。但是，行业整体还处于快速发展的中早期，仍面临机构资金较少、基金期限较短、退出机制不完善等外部困难，缺乏精细化的投后管理机制。各机构间的产品服务相对较雷同，尚未与机构、超高净值客户等建立起长期的合作和信任。在多样化的投资增值能力和独特的客户服务能力上，较全球领先的精品资管还有很大差距。未来，仍需要从人才团队建设、体制机制激励、完善投研体系、健全投后管理和加强专业化、个性化的客户服务方面继续提高。

财富管理

财富管理型资管机构指直接面向客户提供资产配置和财富管理综合服务的机构，通常以服务个人客户为主，借助对客户的深入理解，能够实现客户需求和资产配置建议的精准匹配。美林证券（Merrill Lynch）是财富管理型资管机构的典型代表。

发展初期，美林证券选择财富管理与资产管理并重的经营方式。然而进入 20 世纪 90 年代后期，其资产管理业务的规模增长、管理费率和盈利能力都差强人意。而与此同时，财富管理业务却保持了持续的增长态势，1999 年已达到 1.7 万亿美元的规模，因此美林证券逐渐转型为以财富管理为支柱、资产管理为补充的资管机构。

美林模式的成功得益于三大关键成功要素：精准的客户定位、以投资顾问为核心的高质量客户服务体系、综合金融服务能力。

第一，精准的客户定位。高净值客户是美国财富管理市场的核心。除了对于财富保值增值的一般需求外，这一客群还需要个性化的金融服务，包括定制化的理财产品、投行提供的投资机会、融资需求、跨市场的交易等。这些服务能够带来远比传统管理费更加丰厚和多元的业务收入。美林证券自2000年起全面实施高端客户战略，到2005年，美林证券披露的单个投资顾问管理资产规模约为9 600万美元，若单个投顾管理100个客户，则其户均管理资产高达96万美元，远高于同类机构。

第二，以投资顾问为核心的高质量客户服务体系。多元的业务需求要求财富管理的投资顾问有能力提供定制化、综合化的金融解决方案。经纪业务始终是美林证券的基石，并在数十年的发展过程中逐渐培养起强大的客户服务能力。此外，美国的高净值客户对金融机构拥有较高的忠诚度，对于复杂的金融业务，更加信赖面对面的沟通方式和长期合作的投资顾问，这进一步促使美林证券持续发展以投顾为核心的客户服务体系。

第三，综合金融服务能力。作为一家全球大型投行，美林证券在资管业务之外，还同时拥有极具竞争实力的投行业务和资本中介业务，形成对高端财富管理业务的战略匹配，保障了美林证券服务高净值客户的能力——一级市场的承销、投资及并购项目资源为客户带来独特的投资机会，二级市场的做市业务、风险管理和质押融资为客户提供流动性，全球化的布局确保美林证券随时可以根据客户需求提供全球资产配置服务。从业务收入来看，除了管理费率从1998年0.2%持续增长至2008年的0.41%外，美林证券还通过为零售客户做市、交易等服务获得交易佣金、利息等收入，而这些服务带来的综合费率要远远高于管理费率（2005年达到0.74%）。

从国内财富管理市场来看，行业整体上仍处于产品销售的初级阶段，产品种类有限、同质化竞争严重，部分领先机构已开始探索转型创新。若要转型为真正的财富管理型资管机构，中国的资管机构还需要重点打造以下关键能力：一是培养高净值客户基础，服务于高净值客户的综合金融服务需求。二是要强化投顾团队。投顾的水平将直接影响客户体验。美林的明星投顾平均从业时间超过 25 年，而国内的投顾团队发展时间短，经验相对匮乏且流动性高，缺乏系统性的培训，对于创新产品和客户全面财富规划的理解不够全面和深入。三是打造全业务链条，利用好丰富的市场资源。财富管理模式不是简单的开放式产品平台或基金超市，而是充分结合了其在投行和交易市场的资源禀赋，设计出差异化的特色产品，满足客户的投融资需求。

服务专家

服务专家模式主要指专门为资产管理机构提供资产托管、清算、运营等服务的模式。严格来说，服务专家本身并不能算是资产管理模式的一种，之所以把这种模式也纳入其中，主要是因为强大的资产服务能力往往有助于建立一系列独特的优势，并对资产管理业务起到促进作用。北美信托（Northern Trust）是这一模式的典型代表。

北美信托成立于 1889 年，是一家历史悠久的资产管理及服务机构，主业包括针对机构客户和高净值客户的资产服务、资产管理及财富管理。截至 2014 年年底，北美信托资产托管规模为 6 万亿美元，资产管理规模为 9 340 亿美元，全球排名第 10 位左右。北美信托针对机构客户提供的资产服务包括资产托管、基金管理、投资运营、投资风控与分析、外汇交易、现金管理、财务服务、员工福利规划等；针对高净值客户提供的资产服务包括家族信托、投资管理和托管、慈善事业管理、家族财务咨询、家族业务咨询等。依托于全面、专业的资产服务业务，北美信托建立了深得客户信任的品牌，对客户需求也具有深入的了解，并在此基础上为客户提供了稳健的资产管理服务。

对于在托管、清算、运营等领域内具备较强业务基础的银行和信托公司来说，服务专家模式可能是差异化的另一种路径。这一模式的成功主要取决于两大要素：

首先，先进的IT系统和高效率的运营体系是服务专家模式最关键的能力，而这背后需要较高的科技投入。例如，北美信托2014年在IT设备和软件上的投入达到3.77亿美元，占其营业收入的9%。道富银行每年在科技和通讯上的投资近10亿美元，占营业收入的9%以上。自2011年开始，道富银行还开始通过“私有云”建设来促进其IT系统的转型。

其次，迅速建立规模。资产服务从全球角度来看是一个高度整合的市场：规模最大的道富银行和纽约梅隆银行分别占据全球资产托管规模的22%，合计近45%；侧重高净值个人和家庭客户的北美信托也占据全球资产托管规模的5%。规模的建立有助于降低平均固定成本，而且在规模建立过程中积累起来的经验也有助于进一步强化服务的专业性，促进效率的提升。

从中国的金融业态来看，商业银行无疑在资金托管领域拥有无可比拟的优势，它们拥有各类资金的托管资格，并且在近年中持续加大对传统运营体系和IT系统的投入。未来，如何能够充分利用银行牌照，在单纯的托管、清算和运营服务之外，为受托主体提供辅助性服务以产生多元业务收入将是商业银行重要的发展路径。而对于具有托管资格的中小机构，首先应当进行是否要向“服务专家”转型的战略抉择，毕竟这一业务模式的成功依赖于前期重资本金的投入和综合服务能力，在此基础上才能实现规模经济效应并带来盈利。

全球最佳实践的经验表明，全能资管、精品资管、财富管理、服务专家是常见的4种资产管理业务模式。中国资产管理市场在经过了10年的快速发展期后，正面临转型的关键关口。继续做大规模的确是通向成功的重要路径之一，但能在这条路上最终胜出的机构毕竟是少数，而且做大规模也并不代表一定是同质化的规模，而应是具有自身特色、能够体现管理能力和专业性的规模。不同资产管理机构应当根据自身的资源禀赋，选择适合的差异化模式，扎实培养所需的关键能力，这才是转型的根本出路。

此外，互联网和新技术已经在资产获取及投资管理、分销及财富管理、资产服务等各环节对资产管理产生了实实在在的影响，并催生出一系列创新的业务模式。资产管理机构必须积极应对，加大科技投入，拥抱生态系统，全面提升客户体验。

四、完善三大资产管理制度

总体来看，波士顿咨询对中国资产管理市场的发展抱有积极的预期。中国资产管理市场从规模、理念以及业务模式上都将逐步向全球领先市场靠拢，并成为全球资产管理市场中重要的一环。

健康发展的资管市场离不开健全的制度环境。因此，我们建议监管机构和资管机构积极合作，从积极打破刚性兑付、健全资本市场和资管产品、完善立法与监管 3 个角度共同完善资管市场制度建设。

积极打破刚性兑付

所谓刚性兑付，就是指金融产品到期后，产品发行者必须分配给投资者本金以及预期收益，而当产品不能如期兑付或兑付困难时，发行方或销售方需要兜底处理。

然而，金融机构的本质作用是风险的处置与定价。在银行主导的间接融资体系中，金融风险通过银行的客户关系管理、持续信用风险监测、组合管理得以控制，但银行与客户的“债权”关系导致风险始终集中在银行体系内部。而在以金融市场为主导的直接融资体系中，金融风险通过专业化的资产配置与财富管理，以分散化的转移为主要手段进行控制，金融机构与客户的“信托”关系使得风险得以分散到投资者中。没有资产管理业务、财富管理业务的良性发展，就不可能有间接融资到直接融资的转换。由于债券刚性兑付、信托刚性兑付、理财刚性兑付，风险不能转移传递，所谓的“资产管理、财富管理”就是影子银行或银行的影子，金融结构没有真正发生变化。因此，刚性兑付成为我国金融市场深化创新以及资产管理业务良性发展的掣肘。

刚性兑付会导致资源错配、资金价格扭曲，不利于实体经济发展。在刚性兑付环境下，投资者一味追求高收益，资产收益难以反映其背后真实的风险水平，次优甚至劣质资产更容易获得融资，劣币驱逐良币。此外，部分金融机构在刚性兑付的潜在压力下，被迫进行滚雪球式的信用扩张，产生金融空转，提高了资金价格，不利于实体经济健康发展。

刚性兑付会拉高无风险收益率，抑制资本市场发展。在刚性兑付环境下，银行理财和信托产品实际上变成了一种高收益但绝对低风险的类债券，拉高了金融产品的无风险收益率。资金因此从资本市场大量流向影子银行市场，抑制了资本市场的发展。

刚性兑付会变相放大全社会杠杆比例，提高金融系统风险。刚性兑付加强了投资者的逐利心理，促使他们一味追求高收益而无视风险，将原本分摊到投资者身上的风险转移到少数金融机构身上，累积在金融体系内部，掩盖了风险的真实水平，加大了风险的集中度。此外，以表外业务之名，行表内业务之实，实际上是将金融机构的表外业务回迁至表内，从而放大了金融机构的杠杆率和经营风险，造成信用无序扩张，系统性风险被空前提升。

此外，刚性兑付也不利于培养理性投资者。刚性兑付对投资者形成过度保护，不利于我国资产管理市场长远的健康发展。但同时也需要意识到，投资者的理性判断需要依赖高度透明的信息，而目前仍有大量的理财和投资产品以资金池的形式存在，使得资管机构难以清晰地提供每一个投资标的的信息及存续期项目运作的财务报表，透明度较低，使投资者难以以此为基础做出理性判断。

事实上，随着近两年风险事件的频发以及各方对刚性兑付认识的加深，打破刚性兑付已经逐步成为监管者和从业者的共识。未来3～5年，刚性兑付将面临不得不破的局面，但只有有计划、有准备地打破，才能避免系统性风险的爆发，维持资产管理市场的健康稳定。具体来看，监管机构、资管机构和投资者可从不同角度共同推动打破刚性兑付。

监管机构。首先，监管机构需要明确资产管理从“募”到“投”再到“管理”等各个环节上的责任主体，并为各责任主体制定清晰的尽职指引，明确“尽职”的定义和判断标准。一方面促进资管机构提高合规意识，另一方面引导资产管理行业形成“受人之托，代人理财，忠实尽职，尽职免责”的行业规范。

其次，政府和监管机构应适当提高对违约风险的容忍度。一方面要适当运用宏观调控手段防止系统性风险事件发生，但另一方面也应减少不必要的行政干预，让违约事件自然发生，使金融市场的基本规律正常发挥作用。高收益必然蕴含一定的风险溢价，违约事件让风险得到暴露，也有助于市场优胜劣汰，优化资源配置。

最后，普及并完善合格投资人制度或投资者适当性制度。除了考虑收入、投资金额、投资比例等资金实力指标，还要考察投资人的投资经验、风险承受能力等要素。

资管机构。资管机构要从产品设计、信息披露和体制改革三方面应对刚兑的打破。在产品设计方面，应增加净值型理财产品发行，减少提供预期收益率的产品；在信息披露方面，应规范理财产品的信息披露，提升透明度，向投资者充分揭示风险；在体制改革方面，应进一步理清理财业务与其他传统业务的关系，削弱兜底理财产品的预期，强化风险隔离。

以银行理财为例，打破刚性兑付问题关键是按“风险可隔离、风险可计量、投资者可承受”的路径设计，建立核心是对不同性质的业务进行风险隔离的“栅栏”原则，将基础资产的收益与风险真正过手给投资者，回归受托代客业务的本源。具体来说，一是风险可隔离，即在法律形式、账户独立、会计核算等方面能够将不同权属关系的资产相互隔离，并通过法律地位明确和行之有效的托管制度进一步确定其资产的独立性，实现资产、风险与破产隔离。二是风险可计量，即要求风险被隔离后还应公允、透明地计量，即资产价格的公允变化能及时反映基础资产的风险，否则投资者无法了解自身进行的投资所实际承受的风险，也就无从谈及去承担风险。三是投资者可承受，即通过分散风险使投资者能够承担风险。分散风险，而非“兜底”风险是以市场为主导的直接融资体系的核心。在以金融市场为主导的直接融资体系中，投资者直接承担了基础资产的风险，但由于资管机构的动态管理与组合投资，单一基础资产的风险被层层分散，最终能够被投资者所承受。

投资者。投资者自身应增强风险意识，正确认识理财产品的风险属性。了解自身的风险承受能力，在可承受的风险范围内理性投资。另外，投资者也要增强法律意识，在合理合法维护自身权益的同时，避免非理性行为。当然，投资者教育和投资者适当性制度的建立需要监管机构和资管机构的共同引导。

健全资本市场与资管产品

健全的资本市场是以市场为主导的直接融资体系的核心要素，一个稳健、完善、理性的资本市场是资管业务良性发展的前提。资本市场具有四大功能，即价格发现、资源配置、风险管理和公司治理。资本市场起着经济枢纽的作用，既是经济的“晴雨表”，也能为好的企业“造血”，促进经济社会福利的提升，还能为投资者创造价值。一个好的资本市场无论对于经济的成长、市场参与机构的发展还是投资者的利益保护都是至关重要的。

当前，无论是股市还是债市均存在一定的问题，股市的投机性过强导致波动性过大，多数个人投资者亏损累累；债市的刚性兑付问题始终没有有效打破，风险定价存在一定扭曲。因此，要促进资管业务发展，必须要提高资本市场的效率、丰富资管产品谱系。

提高资本市场的效率。一是要重视市场公平，保护中小投资者利益。公平性是资本市场的基石，如果少数资本可以操纵市场，则中小投资者的利益无法得到保护，市场定价也是扭曲的，完全脱离资本市场的本质。政府应该加强对市场违规行为的处罚，减少市场操纵或内幕交易对市场公平性的腐蚀。二是应加强制度建设，尊重市场行为。资本市场应平衡为投资者服务和融资两大目标，而不应过度侧重融资，将融资目的凌驾于为投资者服务之上，会导致投资者利益受损害。监管机构应加强对市场违规行为的监管，而不是对市场进行直接引导，应恪守裁判者的职责，而不能既当裁判员又当运动员。

丰富资管产品谱系。在良好的市场基础上，资管产品则是连接市场与投资者的有效工具。当前我国资管产品仍然相对简单，各种产品的层次不够丰富，难以满足不同投资者的需求。未来需要进一步拓展资管产品的深度和广度，继续增加风险对冲类的期货和期权等衍生品工具，满足不同风险偏好的投资者的需求，使不同的风险在金融市场内得以消化对冲，风险得到有效配置，改善投资者的整体风险回报率。此外，还可以通过 FoF、MoM 等类型的产品改善机构投资者占比低的问题，更好地促进资管行业良性健康发展。

完善立法与监管

在分业经营、分业监管的大体制下，在金融机构混业经营的大趋势中，为防止监管套利、缓释系统风险、促进宏观金融稳定，需要机构监管与功能监管的并行，而功能监管的基础是行为立法，特别是需要明晰集合投资计划的法律实体地位，明确银、证、保、信经营集合投资计划的主体资格，统一资产管理业务的法律关系（信托关系）和监管标准。

金融立法顶层设计的核心是解决直接融资与间接融资两大体系中的法律基础问题。在间接融资体系中，法律关系是借贷的债权关系，核心是银行业，功能是信用中介，金融风险集中在银行，需要以银行业法为基础，方向是保护存款人，并因银行的外部性而对银行实行包括限制杠杆比率、提出资本金要求、设定更高准入条件在内的监管措施。在直接融资体系中，法律关系是委托代理和信托关系，核心是资本中介（包括资产管理与投资银行机构），功能是风险分散，需要以民法、信托法等为基础，方向是保护投资者，相关措施包括贯彻尽职履责的善意管理人原则以及公允交易、信息披露与适度销售等。

在立法的基础上，需要进一步统一监管标准，从募集方式、产品投向（基础资产是否有公允估值、是否可交易）进行区分，确定对投资者的保护程度，并实现穿透监管与信息披露。在我国以机构监管为主的体制下，金融混业经营的趋势使得不同机构之间的业务边界更加模糊，在不同的监管标准之间进行监管套利的现象普遍存在，产品的创新更多是基于“监管套利”，而非为投资者创造价值，因而不利于资管行业的健康发展。在机构监管的基础上，需要加强功能监管，统一针对同类金融行为的监管标准，防止监管套利，使不同的机构在统一的监管标准下发展业务、创新业务，使资管行业更加健康、规范地发展。

此外，还应进一步完善银行理财的相关法规和监管。随着银行理财规模的增长，目前已有能力安排一定的中长期投资。通过银行理财中长期机构投资者定位的确立，能够促进资管市场投资者结构的改善，降低资金成本，更好地服务实体经济。银行理财或资管子公司的设立将在多个维度上促进这种定位的实现和银行理财的专业化，包括风险隔离、缓释刚兑；明晰法律框架，减少通道业务；扩展牌照范围，推动银行综合化经营；改善机制、稳定人才、提升投研能力等。

第六章

新机遇之二——不良资产处置

一、中国银行业潜在不良资产规模

“供给侧结构性改革”的概念在2015年11月被正式提出。其中，“去产能”居改革的五大任务之首，也是改革的攻坚之战。在去产能过程中，大量不良资产将逐步暴露，这对银行来说一方面是对现有信贷业务的挑战，另一方面也是不良资产处置的业务新机。根据波士顿咨询的观察，银行业整体坏账压力正逐渐增大，产能过剩行业压力明显，但银行业整体上有能力和资本积累来应对坏账风险。

伴随去产能的深化，银行业整体坏账压力正逐渐增大。根据银监会的披露，商业银行2015年年底不良率为1.67%，连续10个季度上升，不良贷款达到1.27万亿元，连续16个季度上升。① 参照其他国家经济下行期坏账水平，预计国内不良率仍有显著上升风险。例如，日本和韩国在1997年亚洲金融危机后，银行业坏账率约在5%～8%，从2001～2002年开始逐步下降；美国2008～2013年间银

① 资料来源：银监会2015年第4季度主要监管指标公告

行业坏账率约为 2% ~5%，从 2014 年后恢复到 2% 以内；意大利目前坏账率已逼近 20%，而希腊已经超过 30%（参阅图 6.1）。①

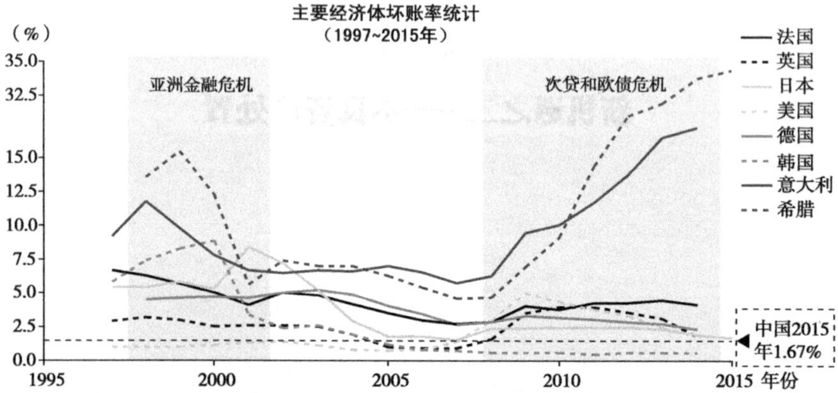

图 6.1　参照其他国家经济下行期坏账水平，中国目前已暴露的不良率仍较低，预计未来国内不良率仍有显著上升风险

资料来源：World Development Indicator 2015 Dec

坏账压力在几大产能过剩行业表现明显。在供给侧改革的背景下，“去产能”的重点行业将会迎来阵痛。钢铁、煤炭、水泥等产能过剩行业，伴随着企业的关停并转、兼并整合，预计坏账压力将会继续攀升。例如，截至 2015 年第 4 季度，信托风险项目增至 464 个，集中在房地产、矿产能源等供给侧改革的焦点行业，规模合计达 973 亿元；② 2014 ~2015 年发生数十起各类公司债券违约，集中在光伏、水泥、钢铁、化工等行业。③ 以煤炭、钢铁、有色、水泥四大行业为例，目前存量有息负债合计 5.4 万亿元，其中按行业细分，煤炭行业约 2 万亿元，钢铁约 2.3 万亿元，有色约 0.7 万亿元，水

① 此处坏账率的口径与国际货币基金组织（IMF）一致，为年底时点所有不良贷款占贷款总额的比重，扣除拨备前，数据来源为世界银行 World Development Indicator 2015 年 12 月。

② 资料来源：中国信托业协会公告

③ 数据由 2014 年年初至 2015 年 12 月债券市场公告整理。

泥约0.4万亿元；按产品细分，贷款约2.8万亿元，债券约1.6万亿元，信托类非标债权约1万亿元。[①] 假设四大行业的有息负债中有20%～40%会成为不良资产，未来坏账释放总额可能达到1万亿～2万亿元。

不排除部分过剩产能行业集中度较高的地区和机构将承受较大的压力。例如，2014年某省金融机构本外币各项贷款余额为1.7万亿元，其中煤炭行业贷款余额达0.4万亿，占比达26%。[②] 假设煤炭行业在短时间内发生大规模坏账，可能会对当地的中小金融机构和相关表外融资业务产生较大冲击。

但银行业整体上有能力和资本积累来应对坏账风险，社会不必形成恐慌。2015年年底商业银行整体贷款余额约为76万亿，不良贷款规模为1.3万亿元，关注类贷款2.9万亿元。[③] 假设未来3年商业银行受到"去产能"和"去库存"等多重影响，基于多家研究机构的坏账预测[④]，潜在不良贷款占比达到8%～10%。以2015年贷款规模为基数计算，则潜在不良贷款约为6.1万亿～7.6万亿元。此外，2015年银行在债券市场、应收账款和理财产品上的信用敞口约为40万亿元[⑤]，若同样假设潜在不良贷款占比为8%～10%，则潜在不良资产约为3.2万亿～4万亿元。由此推算，在坏账压力较大的情景下，未来几年商业银行潜在的不良资产可能达到9.3万亿～11.6万亿元。

---

① 资料来源：万得资讯

② 资料来源：人民银行

③ 资料来源：银监会2015年第4季度主要监管指标公告

④ 中金公司研究报告《行业分化更加明显》的分析显示，最差情况下银行业不良贷款比率约为8.11%，2015年11月9日；高盛公司研究报告《不良贷款和流动性前景的不确定性加大》分析目前整体潜在不良率为8%～9%，2016年2月19日；美银美林研究报告《Year Ahead 2016：the darkness before the dawn?》分析压力情景下不良贷款率为9.2%，2016年1月7日。

⑤ 资料来源：中金公司2016年2月的研究报告《不良资产风险上升，但可控》

银行业在净资产受侵蚀前，可通过两大手段内部消化坏账：一是贷款损失准备。2015 年，商业银行拨备覆盖率为 181%，贷款损失准备为 2.3 万亿元；[①] 二是营业利润。2015 年银行业净利润为 1.7 万亿元[②]，拨备前营业利润约为 2.7 万亿 ~2.9 万亿元[③]，未来 3 年，即使不考虑业务规模增长和利润率提升，累计拨备前利润也可达到 8 万亿 ~9 万亿元。贷款损失准备和未来 3 年拨备前利润累计 10.3 万亿 ~11.3 万亿元，结合不良贷款转让和银行保全可回收的部分价值，基本可覆盖潜在不良资产。因此，我们判断中国银行业整体上有一定能力和积累应对本轮坏账风险。

此外，我国商业银行资本净额为 13.1 万亿元，资本充足率为 13.45%，核心一级资本净额为 10.6 万亿元，资本充足率达 10.91%，均远高于最低监管要求。[④] 即使在极端情景下，需要以净资产冲销不良资产，仍有较大的风险吸收空间。因此，不需要产生过度的恐慌。

不过，值得注意的是，本轮改革的背景与 1998 年中国坏账处置经验有所差异，可能会产生两大限制条件。第一，我国经济正处于转型阶段，实体经济，尤其是新兴产业和传统产业中的优势企业，仍需要金融体系的资源支持。如果金融业的利润空间在短时间内过度压缩，将会导致金融业资本补充紧张，进而可能影响社会融资规模的增长，不利于经济转型。因此，在坏账处置中，仍然需要重视发展问题，鼓励金融业以新业务的健康发展带动存量风险的化解。第二，当前政府部门的负债率高于 1998 年，并仍面临着地方债置换的挑战。如金融体系需大范围依赖政府救援注资，客观上会给政府造成较大的财政压力，导致救援成本上升。因此，在本轮改革中，

---

① 资料来源：银监会 2015 年第 4 季度主要监管指标公告

② 资料来源：银监会 2015 年第 4 季度主要监管指标公告

③ 根据银监会和上市银行披露的净利润和贷款拨备率匡算。

④ 资料来源：银监会

需要充分利用国民经济各部门的潜在资源，与政府部门和金融部门共同化解风险。

二、针对不良资产处置的建议

虽然从整体上看，本次改革可能产生的坏账风险总体可控，但金融体系仍应做好严密监控和充分准备，谨慎预防系统性风险的爆发。波士顿咨询认为，在应对大量债务违约的过程中，应当鼓励市场主体积极发挥能动性，创新坏账处置模式，完善相关法规制度。第一，支持商业银行等金融机构调整信贷政策，压缩对落后产能和“僵尸企业”的授信；鼓励银行主动披露和消化风险；发展投行能力支持并购整合；完善非银金融机构的坏账处置规定。第二，积极发挥资产管理公司不良资产处置优势，鼓励发展市场化的不良资产处置市场。第三，鼓励坏账处置模式创新，如落实不良资产证券化、建立“坏银行”子公司主动剥离坏账等。第四，完善相关法规制度，加强危机早期预警和处理准备机制；完善政府救援金融机构的政策机制；健全金融机构破产重组的法规；完善工商企业破产的法律程序，提升执行效率，为应对坏账风险构建坚实的制度基础（参阅图6.2）。

银行积极处置自身坏账

银行应调整信贷政策，及时压缩对落后产能和“僵尸企业”授信，减少金融资源浪费

以美国为例，2007年4月美国第二大住房抵押贷款公司新世纪（New Century）倒闭，当时第一大住房抵押贷款公司美国国家金融服务公司（Countrywide）承受着巨大的压力。然而面对压力，Country-

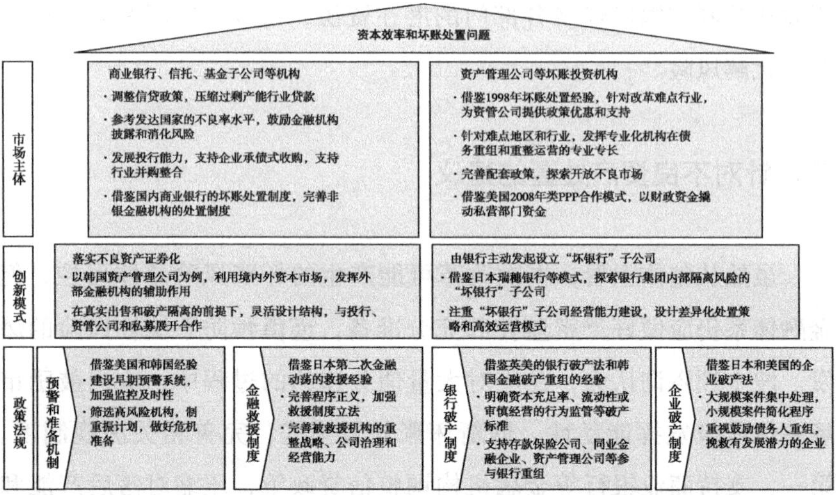

图 6.2　坏账处置需要依托市场主体、模式创新和政策法规 3 个维度，发挥能动性，探索新模式，并不断完善制度法规

wide 的管理层没有及时止损，相反在 2007 年 10 月在公司内部提出“保卫家园”的口号，勉强支撑高风险的房贷业务，错过了减少资源错配、主动化解风险的黄金期。直到 2008 年 6 月，Countrywide 才依靠美国银行收购完成重组救援，但全社会也因此付出了更高的代价。

相似地，中国部分地方政府出于 GDP、就业、税收等各种考虑，一定程度上会直接干预金融机构，尤其是地方金融机构的部分信贷决策。建议行业监管机构进一步加强对信贷指引的宣贯和对金融业风险管理能力的系统把控，加强与地方性金融监管机构的协调，“步调一致”地支持国家经济结构转型；同时，金融机构自身应加强行业调研，主动调整信贷结构，防止新增资金进入已知的产能过剩行业。

鼓励银行主动披露风险，以自有利润消化坏账

为鼓励银行主动披露风险，监管机构需适度提升风险容忍度。从全球范围来看，在经济发展速度平稳的状况下，成熟市场银行业

不良贷款率通常可控制在2%左右，但经济下行期或大举改革期间，不良贷款率通常会升高至5%甚至8%，然后通过几年的时间逐步恢复，并且大多数国家并没有将坏账率直接作为核心监管指标。①

此外，针对改革的重点行业，监管机构还可考虑进一步完善坏账处置的程序，加速坏账出清。2013年，财政部发布了新版《金融企业呆账核销管理办法》，放宽了金融企业呆账核销标准，鼓励金融企业加快核销速度，及时处置不良资产，但相应的税收政策并不配套，自主核销只能做到税后列支。② 建议修订相关财税政策，在不良核销税前列支、不良贷款认定等方面赋予银行更多自主权，减少税负，真正鼓励银行加快不良资产核销。此外，在这个过程中，也要配套建设企业征信体系，客观记录企业坏账核销的信息，并完善金融业内控体系，作为未来风控定价的参考，从而减少部分“好企业”有能力偿还却故意违约，倒逼金融机构核销，而自身不承担信用成本的情况发生。

商业银行、证券公司等机构应积极发展投行能力，支持产能过剩行业并购整合

商业银行可通过发展自身投行能力，以并购贷款等形式支持优势企业承债式兼并重组不良资产，化解行业坏账。对于有能力进行行业并购重组并能偿还被收购企业负债的优势企业，可给予灵活的并购贷款授信规模和期限设计。证券公司应立足于资本市场支持实体经济，强化自身财务顾问和并购融资能力。加强产品创新，发挥

① 此处坏账率的口径与IMF一致，为年底时点所有不良贷款占贷款总额的比重，扣除拨备前，数据源自世界银行World Development Indicator 2015年12月。

② 目前银行自主核销只能做到税后列支核销，即银行要在核销前按更高的基数缴纳所得税，税后利润还得用以冲销呆账坏账，如此可能造成银行账面损失更多。因此，最好可以给予税前列支核销的优惠政策。

夹层融资的作用，与优先级资金的提供者共同分层次分摊并购贷款的风险。建议监管机构支持有能力的银行、证券公司等金融机构在投行能力上进行创新，简化相关流程，完善夹层融资的相关规定，以更好地支持优势企业并购重组。

对于信托、基金子公司等机构，建议参考商业银行不良资产处置的相关规定，尽快完善非银金融机构风险项目处置的相关政策

目前，上述非银金融机构一方面仍承受很大的刚性兑付压力，另一方面还缺乏完善的风险项目处置制度和市场。风险处置仍依赖相关金融机构和融资方股东的个别行为，虽然监管机构已推出信托业保障基金等制度性措施，但整体上非银金融机构仍缺乏明确的坏账确认、分类、披露、核销和折扣转让政策，资产管理公司等主体也缺乏明确的市场地位，难以常态化参与风险项目处置。

建议监管机构参考商业银行不良资产处置的相关规定，尽快完善非银金融机构风险项目处置的相关政策。提升风险披露的透明度，引导机构建立标准化的处置流程；明确风险项目对外折扣转让的相关规定；引入包括资产管理公司在内的多种主体，提升风险项目的市场化处置能力。从长远看，这将有利于化解非银金融机构的整体风险，减少风险蔓延。

多类机构和多种资本市场化参与不良处置

通过优惠政策鼓励资产管理公司积极参与对产能过剩行业的不良资产处置

参考1998年的经验，资管公司在以债转股、产业兼并、债务重组等形式整合煤炭、钢铁等难点行业时，对其风险权重计算给予优惠，或是由相关商业银行提供低息的类政策性贷款，降低资产处置

的资金成本。支持资产管理公司利用国内外资本市场和多种工具（如优先股、可转债）补充资本，支持不良资产的处置规模的扩大。税收方面，针对难点行业的不良资产处置业务设计税收优惠政策，鼓励资管公司化解坏账风险。

鼓励多类机构以市场化手段参与不良处置市场，提升针对难点不良资产的价格发现和处置能力

专业化的不良资产投资机构如不良资产基金、夹层基金、特殊机遇投资基金和具有重整能力的房地产基金等，往往具有差异化的重整运营和价格发现专长。支持它们积极参与债务重组、兼并收购和运营重整，可加速难点资产的处置。

以美国为例，虽然美国政府在金融危机中直接救援了部分金融机构，但是危机后期的坏账处置整体上仍主要依靠私营机构。美国的橡树资本、孤星和阿波罗三大不良资产私募投资基金，在2009～2014年从私营部门募集资金730亿美元，前30大基金合计募集3 180亿美元[①]，以市场化的手段承接了美国金融业大量的不良资产和私募债务，并为投资者实现了良好的长期回报。建议在国内市场以灵活的形式鼓励发展市场化的不良资产投资基金，提升全行业的处置效率和能力。

针对重点风险地区和阶段，探索开放不良资产处置一级市场的参与者和交易平台

相较于国外开放的不良资产处置市场，我国商业银行批量打包转让不良资产的一级市场，目前仍局限于四大国有资产管理公司和近期成立的15家地方资产管理公司，并未直接向外部机构开放。这

---

① 资料来源：Private Debt Investor

一方面是考虑到坏账转让时的道德风险，另一方面也符合 2009 ~ 2013 年行业不良资产转让稀少的市场情况。但是，考虑到未来部分区域、部分行业可能会集中发生风险，导致金融机构在特定时期坏账转让压力增大，而地方资产管理公司组建时间尚短，不能跨区域经营，并且需要承担政策性债务重组的工作，仅依赖资产管理公司可能会难以快速、全面地承接和处置大量不良资产。因此，建议在重点地区和阶段，向合格投资者放开不良资产的一级市场。

当然，开放市场的前提是能够妥善管理道德风险，例如依托金融资产交易所或互联网不良资产交易平台，控制道德风险。目前，国内市场上已经出现利用金融资产交易所以及由资产管理公司和互联网公司共同建立的不良资产交易平台，进行不良资产的公开处置。此外，部分商业银行业也在尝试直接利用互联网渠道处置单户房产类的不良资产。交易所和互联网平台的固有特点可以在很大程度上保证公平和公开性。因此，建议监管部门明确相关平台的市场地位，完善挂牌、公示和交易的程序，使之成为市场开放的重要配套设施。

探索 PPP 类基金合作的形式，依托财政资金撬动私营部门资本，发挥专业资产管理人的作用

以美国为例，2008 年金融危机后，财政部从问题资产救援计划中拿出 750 亿 ~1 000 亿美元的资金，设立公私合营投资计划，收购不良贷款和证券。政府计划通过联邦存款保险公司（FDIC）和美联储与私人投资者合作，撬动私营部门资金，最大程度运用纳税人的资金。计划推出半年后，2009 年 8 家市场化的资产管理公司共投入约 73 亿美元，财政部按 1∶1 的比例配套投入 73 亿美元，并且按 1∶2 的比例提供财政部贷款 147 亿美元，在半年内募集了 294 亿美元，取得了较好的效果。结合我国的实际情况，建议探索利用地方产业重组基金的方式，由地方政府牵头募资，让有实力的资管公司作为资产管理人。

鼓励坏账处置模式创新

落实不良资产证券化，注重发挥境内外金融机构的辅助作用

资产证券化工具本身已经比较成熟，但由于不良资产难以产生稳定的现金流，销售难度往往较高。以韩国为例，亚洲金融危机后，韩国的专业坏账处置公司，即韩国资产管理公司（KAMCO），从两方面积极促进不良资产证券销售：一方面由 KAMCO 作为发起人购买劣后级证券承担增信风险，支持优先级持有人的收益稳健性；另一方面建立海外离岸 SPV（特殊目的实体）机构打包国内不良资产，在卢森堡和美国证券交易所发行证券化产品，引进外资金融机构和境外投资者参与投资，拓宽销售渠道。

在真实出售和破产隔离的前提下，建议支持商业银行与资产管理公司、私募基金、投资银行合作，利用境内外资本市场，灵活设计符合市场投资需求的证券化产品。在交易结构和收益分配顺序上，注重发挥资产服务商的能动性。结合证券市场销售环境，考虑适当减轻银行作为发起人并持有劣后级证券时的资本压力。

此外，结合中国实际，如果需要在境外市场开展不良资产证券化，还需要综合考虑金融资产因定价偏差造成价格过低出售的可能性。建议发挥 H 股上市的中国金融机构和国有企业在离岸市场的投资能力，由有中国背景的离岸市场投资者适当认购证券化产品的中间级或劣后级，积极参与不良资产证券化的定价。通过结构化的设计和对配售的安排，降低国有资产以过低价格流失的可能性。

探索设立银行集团内部主动隔离风险的“坏银行”子公司

在危机大规模发生前，银行若及时在集团内部自主设立“坏银

行”，主动剥离不良资产和不具有吸引力的业务，有助于银行及时管控和隔离风险，减轻财政负担。“坏银行”子公司形成不良资产池，通过规模化和专业化处置，其利润还可反哺银行母公司。例如，2002 年日本瑞穗银行设立两家全资“坏银行”子公司，分别承接国内和国外不良资产，同时又设立另一合资子公司，引入外国投行作为少数股东，向“坏银行”子公司提供坏账重组、并购和金融服务等专业支持。建议国内商业银行在大规模坏账爆发前，探索预先设立独资或合资资产管理子公司，主动剥离自身的不良资产。

“坏银行”子公司的经营能力建设对于最终成效非常关键。一方面，应针对坏账资产组合，进行定制化的分类组合管理。以英国某银行的非核心（Non-Core）资产处置为例，可将坏账按照市场吸引力、逾期时间和所在行业进行详细分类，针对其他银行、资产管理公司、夹层基金、私募基金、房地产开发商等投资主体的不同偏好，设计差异化的处置业务策略，如持有到期、折扣转让、诉讼清收等。另一方面，要在组织架构、共享服务、人才队伍等方面与母行形成协同，平衡坏账处置速度与价值回收的关系，建立高效的运营能力。

完善相关法规制度

进一步完善高风险金融机构的早期预警和处理准备体系

以美国为例，美国监管机构高度重视早期预警系统的建立，利用统计分析方法骆驼评级法（CAMELS）分析金融机构资本充足率、风险管理等六大方面的信息并进行评级，从而决定监管是否要介入以及介入的程度。同时，美国联邦储备银行设计了 SEER 评级模型，进行定期持续监督，对银行的偿付能力和破产风险进行前瞻性的预判。

以韩国为例，在金融危机期间，监管机构仍很重视预警和准备体系的建设。韩国以资本充足率为指标筛选有问题的机构，要求不满足资本要求的机构提交振兴计划，设立专家委员会评价振兴计划。如不通过，则进入清算或合并的流程。如通过，则由国家的金融监督委员会和财政部提供相应的支持。此外，国外要求系统性重要银行设立“生前遗嘱”，这有助于为风险发生做好准备。针对极端情况，金融机构应提前考虑危机处理计划，如出售资产、业务剥离、出售子公司和延迟分红等。

建议我国监管机构进一步推进早期预警体系的建设，利用信息化手段提升预警的及时性，尽早要求高风险机构制订相应的振兴计划，做好危机处理准备。

注重设计政府直接救援金融机构的综合机制，做到依法救援

以日本为例，1994 年，日本经营房地产融资的住宅金融专门会社濒临破产，政府动用财政资金直接救援，但是由于缺乏清晰的注资根据、法律程序和责任追究办法，引发日本社会各界对于救援政策的批评。1998 年，日本遭遇第二次金融动荡。借鉴第一次救援的教训，日本政府从 4 方面加强了制度设计：在政府机构上，设立了金融再生委员会下辖金融监管厅，全面指导监督和救援工作，强化了法律程序；在救援主体上，结合存款保险公司，成立整理回收机构和产业再生机构，明确了独立的救援主体；在资金账户上，完善配套专用账户的专户管理，分别设立处置不良债权的金融危机管理账目和接管破产银行的金融再生账户，增强了政府注资的透明度；在退出机制上，通过采用“附转换权优先股”的注资方式，实现了政府注资由赠予向限期偿还的形式转换，为金融监管当局强化注资后续治理提供了可操作性。

建议我国监管机构结合自身情况，从主管机构、救援主体、资金账户和退出机制等多方面，加强设计政府直接救援金融机构的相关法规和制度，做到依法援助，保障财政资金的安全性和使用的规范性，降低突发事件发生时的政策成本。

此外，在政府直接救援的过程中，银行治理能力还有待全面提升。政府救援往往需要动用财政资金，社会成本较高。而被救援机构往往存在经营战略有偏差、风险管理不足、内控体系不健全等问题。因此，得到救援的银行原股东和管理层，需要尽快在行业监管机构的指导下，通过内外部专业机构，完善自身的公司治理、风险管理和内控体系，保障财政资金的安全。

完善银行破产制度，在守住系统性风险底线的前提下，谨慎允许银行破产重组

由于银行的特殊性，设立专门的银行破产制度是各国的普遍做法，如美国的《联邦存款保险法》和《联邦存款保险改进法案》，英国的《银行法》《破产法》和《银行破产规则》。英美法律普遍以资本充足率、流动性和审慎经营的行为作为监管标准，综合判断破产要求，针对出现道德风险的个别非重要性金融机构，结合经济环境实现市场出清，为金融行业的长期发展塑造良好的竞争环境。

从全球范围看，银行破产是常见的现象。从2007年到2015年，美国有516家银行破产重组。亚洲金融危机期间，韩国通过撤销许可、合并、解散等方式重塑市场秩序。截至2000年，韩国共有487家金融机构进行了重组，涵盖银行、证券、保险、信托、信贷联盟等多种机构。

建议我国监管机构完善银行破产制度，谨慎允许银行破产重组，并支持存款保险公司、大型金融企业、资产管理公司和有实力的产业集团参与高风险金融机构的重整与收购，减少政府部门的压力。

借鉴国外企业破产清算和追偿的经验，加强法律程序和司法执行的效率，加速债权人回收现金

在我国，企业主跑路事件频发、地方政府不愿走破产程序、破产案件平均审理时间长等现实挑战成为清理“僵尸企业”、保障债权人利益的一大障碍。可借鉴日本、美国等国家的经验，结合自身特色，进一步完善破产制度，提高破产执行效率。

以日本为例，在破产法改革的进程中，通过一系列举措提高了破产执行效率。具体包括：扩大管辖法院范围，确保大规模破产案件得到集中处理；完善破产保全制度，禁止一切对债务人财产的强制执行，并将债务人的财产管理处分权委托给保全管理人；简化债权人会议的程序，设立书面投票与酌定不召开会议的制度；加速担保物顺利变现，明确在法院许可的情况下，由破产管理人作为担保物变现主体，可不受担保物权的限制任意出售担保物；针对可分配金额财产较小的案例设计简易破产程序，实现程序的繁简分流。

美国则将破产法的重点从强制债务人清算还债逐步转向鼓励债务人重整，以挽救有发展潜力的企业、盘活重整不良资产。具体措施包括：若债务人提出的重整计划未通过，允许债权人提出其他计划，最大化重整计划顺利通过的可能性；通过税收扶持等制度，降低重整计划执行的财务门槛；通过简化小企业与单一不动产债务人的破产重整程序，降低此类债务人在重整程序中投入的费用与时间成本，从而提高其破产重整的可能性。

第七章

新机遇之三——私人银行

一、展望中国私人银行发展前景

中国私人银行市场机会巨大

在中国经济步入“新常态”、中高速增长的大背景下，国内个人财富整体规模平稳增长。至2015年年底，中国个人可投资金融资产总额约为113万亿元人民币，较前一年增长24%。预计到2020年年底，中国个人财富将保持12%的年均复合增长率，达到200万亿元人民币。

得益于较高的收入水平、丰富的投资渠道所带来较高的投资收益，高净值家庭财富规模将维持平稳增长。预计2015~2020年，高净值人群可投资金融资产年均增速约为15%，明显高于同期预设的6.5%的GDP增速及整体个人可投资金融资产12%的增速。至2020年，高净值人群可投资金融资产将占据中国整体个人财富的半壁江山，占比达51%（参阅图7.1）。预计到2020年年底，高净值家庭的数量将自2015年的207万户增长到388万户，保持年均13%的增速。

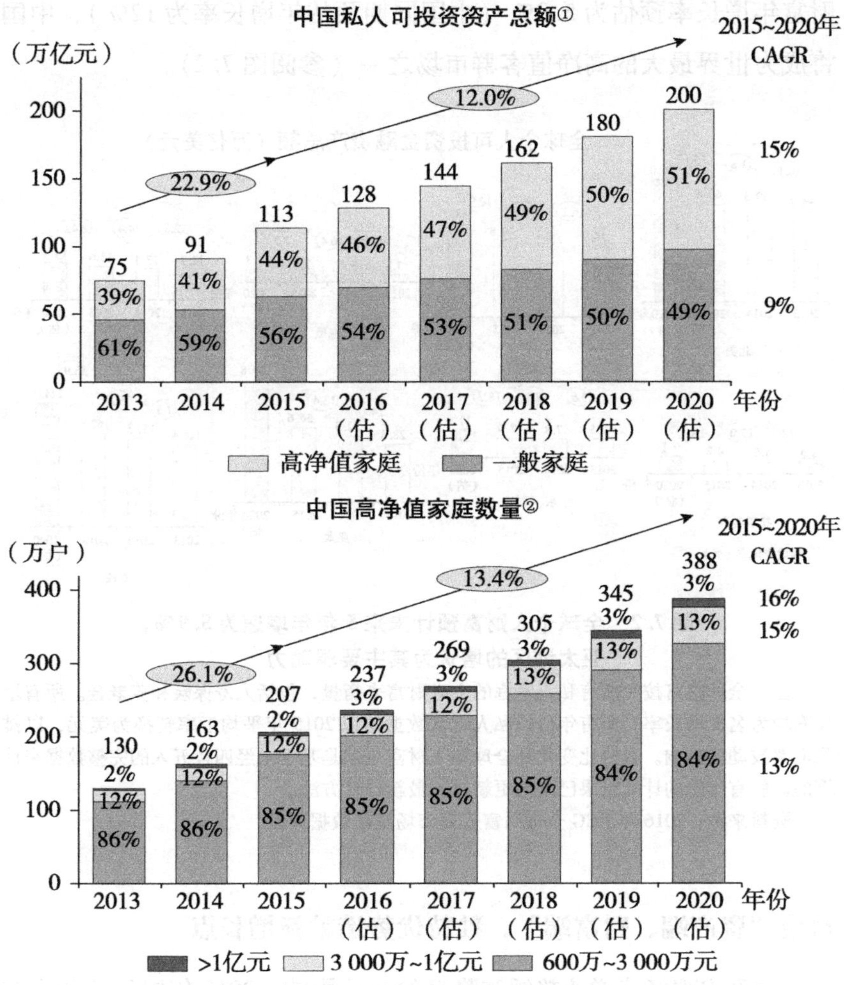

图 7.1　2015～2020 年中国高净值个人可投资资产年增速预计为 15%；预计 2020 年高净值家庭数量达到 388 万户

①私人可投资资产包括离岸资产，不含房地产、奢侈品等。

②高净值家庭定义为可投资资产大于 600 万元人民币的家庭。

注：用美元兑人民币汇率 1：6.23 换算；由于四舍五入，部分数据总和可能不等于 100%；CAGR 表示年均复合增长率。

资料来源：BCG 全球财富数据库；BCG 分析

相较于全球个人财富的增长，中国市场的潜力傲视全球。根据最新波士顿咨询全球财富市场数据库显示，2015～2020 年全球个人财富年增长率预估为 5.9%（中国同期预估年增长率为 12%），中国将成为世界最大的高净值客群市场之一（参阅图 7.2）。

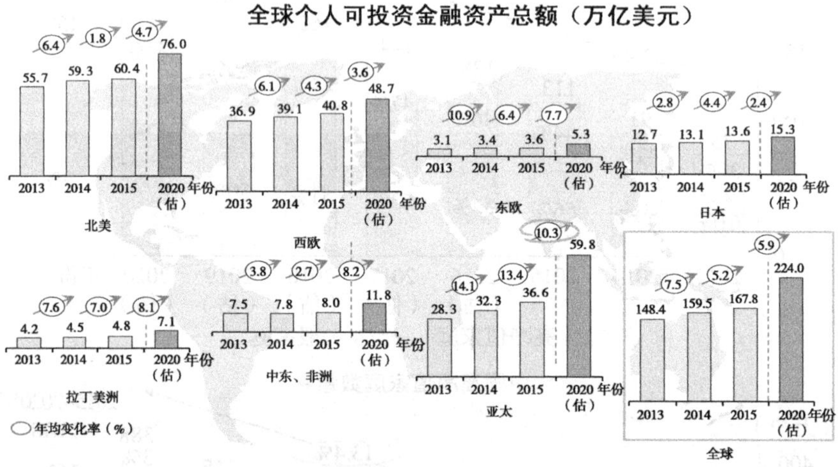

图 7.2　全球个人财富预计未来 5 年年增速为 5.9%，亚太地区的增长为其主要驱动力

注：全球财富按照所有私人家庭的金融财富来衡量，包括人寿保险和养老金。所有增长率均为名义增长率。所有年份的私人财富数据均以 2015 年平均汇率转换为美元，以排除汇率波动的影响。百分比变化和全球私人财富总额是基于未经四舍五入的完整数据来计算的。所有年份的计算结果已采用更新过的最新计算方法。

资料来源：2016 年 BCG 全球财富管理市场规模数据库

对接"资产端、财富端"，独特优势造就新增长点

受到宏观经济增速趋缓和降息的双重影响，2015 年银行业收入和利润双面承压。以 16 家上市银行为例，其整体收入增速从 2013 ~ 2014 年的 14.5% 下降到 2014 ~ 2015 年的 9.3%，其中 13 家银行利润增幅降至个位数，13 家银行的净息差均有缩窄，银行的转型迫在眉睫。

与银行整体业绩形成鲜明对比的是私人银行业务的持续发力。2014 ~ 2015 年，在 12 家披露业绩数据的私人银行中，9 家的管理资产规模增速超过 20%，其中两家的增速更是超过 40%，各大私人银行成为银行零售业务甚至全行收入增长的重要引擎。

参考国际经验，我们看到，由于财富管理业务轻资本、高流通的特性，私人银行及财富管理业务的净资产收益率（ROE）普遍高于银行整体（参阅图7.3）。我国大部分银行仍以传统的存贷业务为主，但随着资本金约束加大，银行业务已出现了向轻资产业务转型的趋势。私人银行业务拥有连接财富端和资产端的独特优势：一方面掌握财富端大量高净值客户的资金，另一方面对接资产端各类投资标的。因此，有望成为中国银行业转型进程中的重要利润增长点。

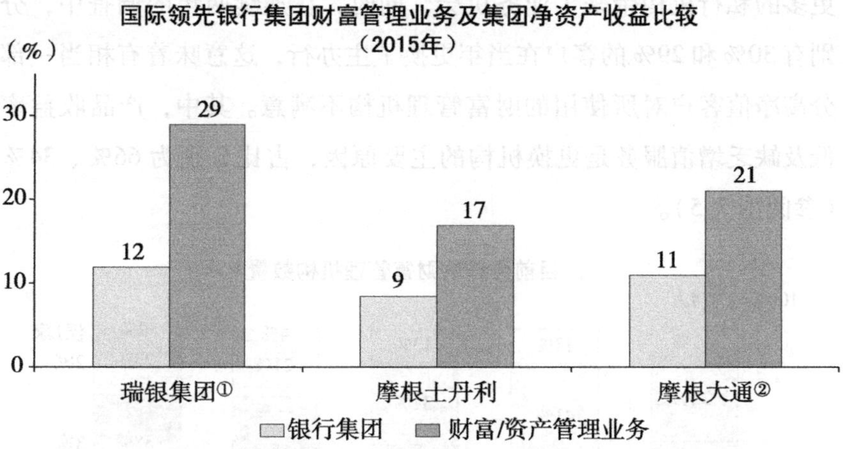

图7.3　国际经验表明，由于业务轻资产、高流通的特性，私人银行及财富管理业务的净资产收益率普遍高于银行整体

①瑞银集团财富管理（美国）。
②投资管理和财富管理业务合计（同一个事业部）。
资料来源：公司年报

市场渗透率低、集中度低，存在弯道超车机会

由于看准中国私人银行市场的巨大潜力，券商、信托、公募基金及其子公司等各类机构纷纷进入。但从市场份额看，财富管理机构中尚不存在绝对的领导者或赢家。根据测算，作为行业中流砥柱的银行系私人银行，其管理金融资产占整体高净值人群可投资资产比例仅有14%，私行客户数占整体高净值人群约为11%。而在银行

系私人银行市场内部，竞争格局也较为分散：从管理资产规模来看，中等规模私行机构间差距不大，排名 6 ~ 10 名的私行机构市场份额均在 5% 左右，有赶超机会。

从客户角度看，目前各类机构的客户基础并不稳固，中小机构尚有弯道超车机会。通过波士顿咨询的调查发现，高净值客户平均使用 2.7 家私人银行机构，客户的财富水平越高，使用的机构数量越多（参阅图 7.4）。高净值客户将资产分散在多家机构的习惯，为更多的私行机构带来了业务机会。同时，在连续两年的调查中，分别有 30% 和 29% 的客户在当年更换了主办行，这意味着有相当一部分高净值客户对所使用的财富管理机构不满意。其中，产品收益率低及缺乏增值服务是更换机构的主要原因，占比分别为 66%、34%（参阅图 7.5）。

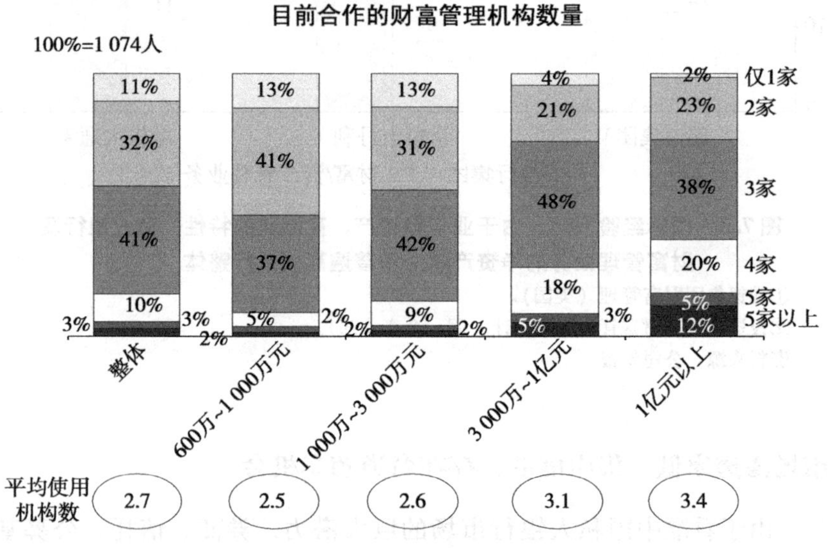

图 7.4 高净值客户平均使用 2.7 家私人银行机构，财富越多的客户使用的机构数量越多

注：600 万 ~ 1 000 万元、1 000 万 ~ 3 000 万元、3 000 万 ~ 1 亿元、1 亿元以上均指家庭可投资资产金额；由于四舍五入，部分数据总和可能不等于 100%。

资料来源：2016 年兴业私人银行和波士顿咨询公司开展的高净值客户调研

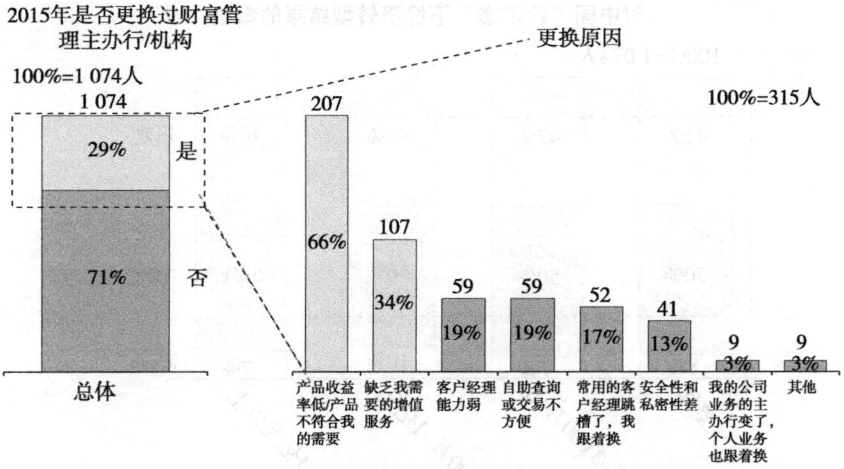

图 7. 5　近三成的客户在 2015 年更换过主办行，更换的主要原因是产品收益率低及缺乏增值服务

资料来源：2016 年兴业私人银行和波士顿咨询公司开展的高净值客户调研

二、变化中的私人银行客户

2015 年，宏观经济步入调整期，投资市场震荡剧烈，在此环境下，绝大部分高净值人士仍对中国经济的未来发展和自身能力充满信心。根据调研，92% 的高净值人士对中国新常态下的经济转型持乐观或中性态度。80% 的高净值人士认为，自己的家庭财富在经济转型过程中将维持稳定或上涨，在可投资资产规模 1 亿以上的超高净值人群中，这一比例更是达到 93%。由此可见，中国的高净值人士对国家和个人财富的前景都颇为乐观，投资信心相当充足（参阅图 7. 6）。

根据波士顿咨询 2015、2016 两年的调查，高净值人群中绝大部分为企业主（两年占比均为 46%），也有相当一部分为公司高管及专业人士（两年占比分别为 38% 及 30%）。由于工作特性，上述人群普遍对宏观形势较为敏感，能够及时对自己的投资做出调整。调

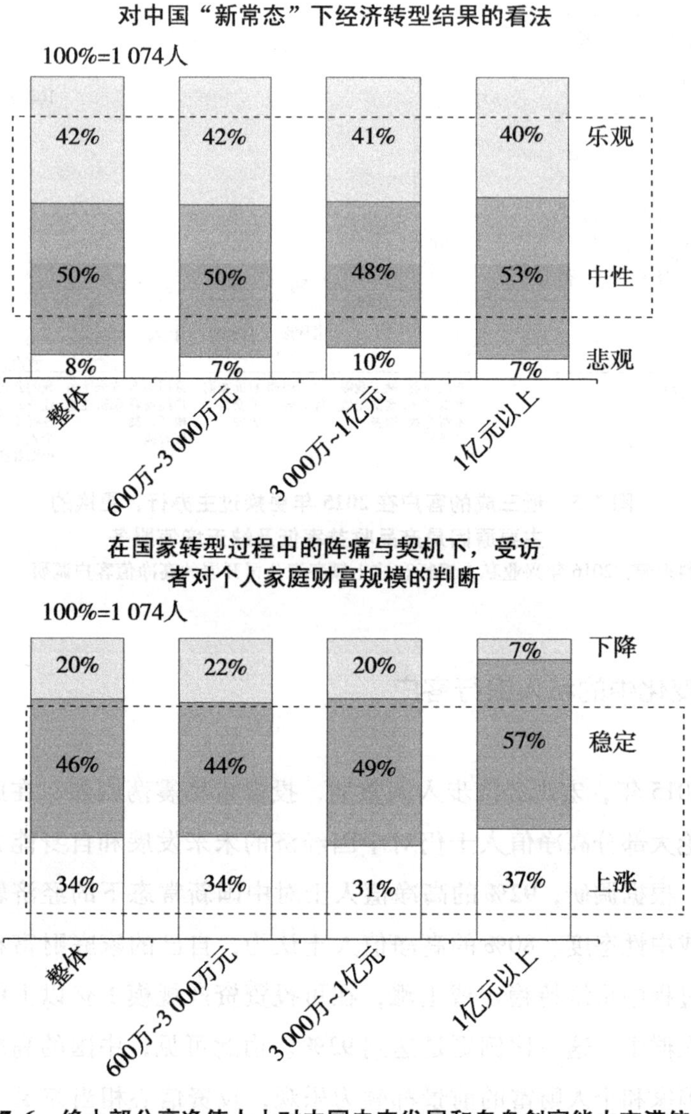

图 7.6　绝大部分高净值人士对中国未来发展和自身创富能力充满信心

注：600 ~3 000 万元、3 000 万 ~1 亿元、1 亿元以上均指家庭可投资资产金额；由于四舍五入，部分数据总和可能不等于 100%。

资料来源：2016 年兴业私人银行和波士顿咨询公司开展的高净值客户调研

查显示，国内股市波动、利率走势、人民币汇率走势和房地产走势是 2015 年高净值人士调整资产配置的 4 个主要原因，占比分别为

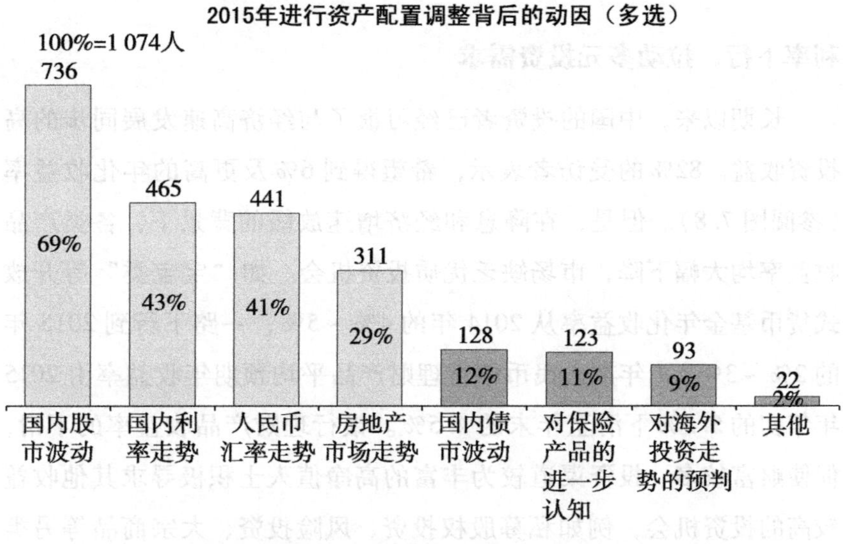

图 7.7　国内股市波动、利率走势、人民币汇率走势、房地产走势是 2015 年资产配置调整的主要原因

资料来源：2016 年兴业私人银行和波士顿咨询公司开展的高净值客户调研

69%、43%、41%、29%（参阅图 7.7）。

股市波动，投资者强化风险意识

2015 年是继 2008 年后中国股市参与度与活跃度最高的一年。这一年里，中国投资者们的神经被股市的走向紧紧牵动。2015 年 4 月 20 日，沪市单日成交额突破一万亿，创下历史单日成交最高额。在改革红利预期、流动性充裕、杠杆资金、程序化交易等因素交织影响下，2015 年股市经历激烈波动，上证综合指数年内振幅高达 2 300点。

2015 年的股市虽然让部分投资者经历了财富波动甚至损失，但也无疑为中国广大的投资者上了一堂深刻的风险教育课。历经了指数起伏、市场消息纷飞的洗礼，投资者提升了理性分析投资标的、适度使用杠杆等多方面的风险管理意识。

利率下行，拉动多元投资需求

长期以来，中国的投资者已经习惯了与经济高速发展同步的高投资收益。82%的受访者表示，希望得到6%及更高的年化收益率（参阅图7.8）。但是，在降息和经济增速放缓的背景下，各类产品收益率均大幅下降，市场缺乏优质投资机会。如“宝宝类”等开放式货币基金年化收益率从2014年的4%～5%，一路下行到2015年的2%～3%；1年期人民币银行理财产品平均预期年收益率由2015年年初的5.5%下滑至年末的4.5%。银行理财产品收益率的下滑，促使财富较多、投资渠道较为丰富的高净值人士积极寻求其他收益较高的投资机会，例如私募股权投资、风险投资、大宗商品等另类投资。此类人群拥有更高的风险承受能力、较低的流动性要求，与另类投资产品的特性相匹配（参阅图7.9）。

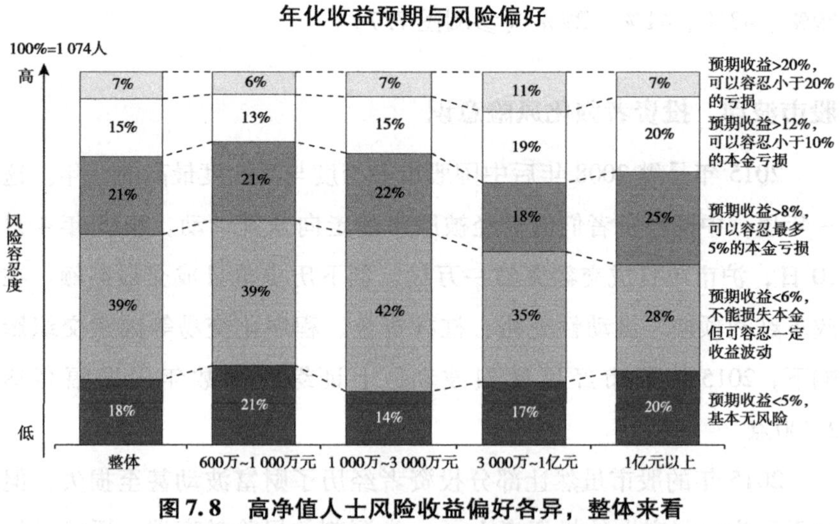

图7.8　高净值人士风险收益偏好各异，整体来看资产规模越大的客群风险容忍度越高

注：600万～1 000万元、1 000万～3 000万元、3 000万～1亿元、1亿元以上均指家庭可投资资产金额；由于四舍五入，部分数据总和可能不等于100%。

资料来源：2016年兴业私人银行和波士顿咨询公司开展的高净值客户调研

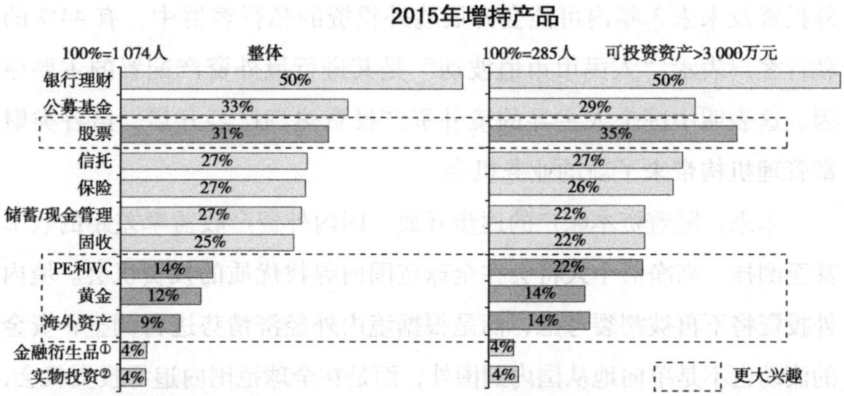

图7.9　超高净值人群对股票、PE/VC、海外投资和黄金有更大的兴趣

①如期货、期权。

②如艺术品、古玩、美酒等。

资料来源：2016 年兴业私人银行和波士顿咨询公司开展的高净值客户调研

在此背景下，私人银行需要积极拓展产品种类。以往银行理财、信托已能满足大部分高净值客户的需求，但现今此类刚兑加高收益的产品策略将不可持续，需要进一步拓展私募股权、房地产信托投资基金等各种另类投资产品，以全面满足客户的需求。

汇改推进，掀起境外投资热潮

过去 10 年，人民币一直处于升值周期，中国境内的资产收益率也一直高于大多数其他国家，因此只有少数高净值人士出于避险、移民、子女留学等目的，配置了部分境外资产（境外包含中华人民共和国所属的香港特别行政区、澳门特别行政区和台湾地区），大部分中国高净值人群对境外投资热情有限。反映这一现象的典型例子便是外管局批准的跨境投资 QDII 产品，自 2007 年推出以后，各年额度均未用完。但自 2015 年“811”汇改后，人民币的波动引发了市场对未来贬值的预期，从而掀起了中国个人境外资产配置的热潮。中国基金业协会的统计数据显示，2015 年公募 QDII 基金规模从 2014 年年底的 487 亿元增加到 663 亿元，增幅达到 36%。在已有境外投资及未来 3 年内可能会开展境外投资的私行客群中，有 44% 的私行客户表示“人民币币值波动”是其进行境外资产配置的主要原因。这表明中国个人主导的境外资产投资热潮已经开启，给各类财富管理机构带来了新的业务机会。

未来，随着资本账户的逐步开放、国内外资产收益率差距的收窄甚至倒挂，高净值个人将会在全球范围内寻找优质的投资机会。境内外投资将不再被割裂考虑，而是根据境内外经济情势进行调整；资金的流动也不是单向地从国内到国外，而是在全球范围内追寻投资机会，在境内境外双向流动。因此各类财富管理机构既要抓住跨境投资、离岸等国际化业务机会，也需要培养管理境外资金投资境内资产的能力。

房市分化，激发金融资产配置需求

中国房地产的长期增值，使得“买房”成为高净值人群首选的投资途径。过去 20 年中，购买房产的投资者确实享受到了财富的快速增加，房地产投资造就了一批富裕人群。在我们连续两年的调查中均有近一成的私人银行客户表示其主要财富来源是房地产投资。但如今房地产市场经过几年的宏观调控，已经告别了高增长的黄金年代。许多投资者也意识到房地产投资回报的不确定，并开始逐步调整房地产投资的配置比例：2004 年，中国家庭资产配置中房产比例为62%，2012 年下降至55%。此外，本次调研中超过70%的受访者认为未来 1 年内在中国部分区域会出现房价下跌现象（参阅图 7.10）。个人投资者对房地产投资的热情或将持续消退，原本被房产市场吸纳的巨大投资需求逐步向外释放，金融资产的配置需求相应增加，从而推动中国个人资产配置逐步由原来单一的“房产为王”，迈向多元资产组合的“综合投资”新时代。可以说，房地产市场的分化，为各财富管理机构打开了机会的大门。资金寻找其他投资标的渴望，推动了股市、债市、私募股权等各类投资市场的发展。

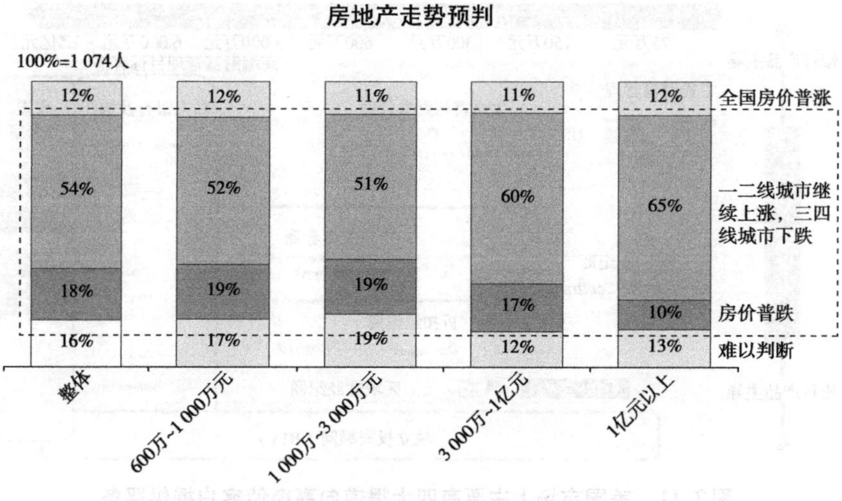

图7.10　超过70%高净值客户认为1年内至少在中国部分地区会出现房价下跌现象

注：600万~1 000万元、1 000万~3 000万元、3 000万~1亿元、1亿元以上均指家庭可投资资产金额。

资料来源：2016年兴业私人银行和波士顿咨询公司开展的高净值客户调研

三、千帆竞渡，聚焦私人银行业务模式

以史为鉴，4类服务渠道浮现全球

快速变化的市场环境和客户需求要求私人银行适变应变，建立差异化的业务模式。根据波士顿咨询的观察，美国高端财富管理市场经过近70年的发展，主要出现了家族办公室、私人银行/信托、全能型券商和独立财务顾问4类服务高净值客户的渠道（参阅图7.11）：

- 家族办公室：定位于可投资资产上亿的超高净值客户，为超级富有家庭提供综合财富管理服务，处理包括投资管理、税务规划、慈善捐赠、家族信托、财富传承、企业经营和相关法律事宜等在内的综合服务。在所有高端财富管理服务中，

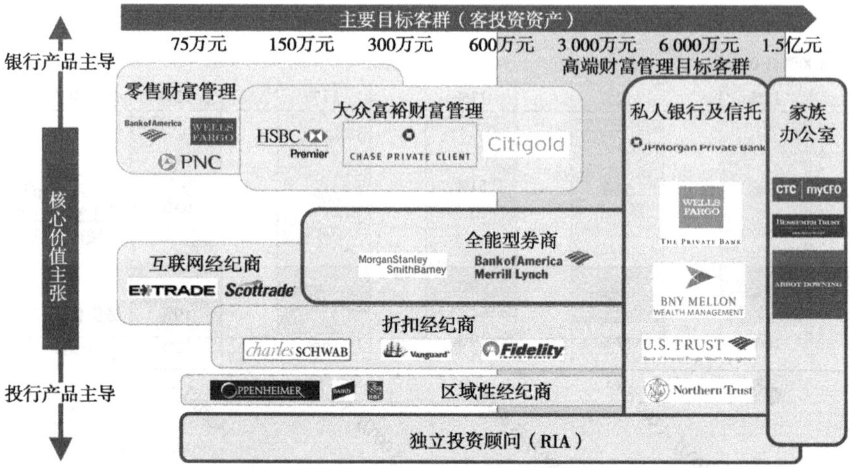

图 7.11　美国市场上主要有四大渠道向高净值客户提供服务

注：本页数字及分类仅作示例。

资料来源：BCG 项目经验；BCG 分析

由于家族办公室作为独立的专业机构进行运作，因此具有极强的专属性和私密性等特点。由于中国高净值家庭多处于“创一代”、“富一代”的阶段，且相关法律法规缺失，目前尚不具备家族办公室爆发的土壤，市场仍旧处于初创期。

- 私人银行及信托：定位于可投资资产 3 000 万人民币以上的客户，以开放式产品平台为基础，以基础账户业务、专业投资咨询和综合增值服务为三大抓手，形成全面覆盖高净值客户金融、非金融需求的全能服务型机构，代表性机构主要包括摩根大通私人银行、北美信托等。这类机构通常提供以下服务：

——需要具备一定的基础账户服务能力。同时，财富管理服务不能停留在产品销售阶段，需要有专业人才对接客户的复杂需求，必要时有“小灶”能力进行产品服务的定制化或再加工，并以综合咨询服务见长。

——超高净值客户的综合业务通常具有对公业务的特性，需要服务提供商通过集团内部协同，围绕高净值客户家族企业提供覆盖全生命周期的服务，如存贷款、直接融资、上市及市值管理、兼并收购咨询服务等非零售服务。

——随着高净值客户对非传统金融服务需求愈发旺盛，服务提供商还需要提供海外投资、法律税务咨询、移民和子女教育、高端医疗及奢侈品投资等服务。

- 全能型券商：定位于可投资资产介于150万至3 000万元的大众富裕及部分高净值客户，以较强的投资银行业务和资本市场能力起家，专业的综合咨询服务能力是其核心竞争力。这一模式的代表性机构包括摩根士丹利、美银美林等。针对大众富裕型客户，这些机构主要以较低的交易费率和便捷的渠道来满足客户基本交易和日常投资需求；针对高净值客户，则通过集团协同提供全方位金融服务，包括信贷业务、投资业务、投行业务等。
- 独立投资顾问：根据不同专业能力和口碑，可定位于大众富裕客户至超高净值客户。其最大特点是不隶属于任何一家金融机构，不以资产获取和产品创设为长，主要为客户提供投资建议和规划，部分提供全权委托服务，以独立和客观的投资咨询建议形成差异化定位。2008年金融危机中传统大型投资银行令人失望的表现促使许多高净值客户转向独立投资顾问，以获取更加客观的财富规划和投资建议，目前在美国已成为独具特色的业务类型。

千帆竞渡，差异化制胜

在中国高净值客户财富管理市场中，目前商业银行私人银行占据市场主导地位，约87%的受访客户选择了私人银行服务，其次为证券公司和信托公司，占比分别约为6%和4%，少部分受访客户选择了保险资管和第三方理财公司。

对于不同财富管理机构的定位，调研发现，高净值客户普遍认为私人银行是安全、稳定的金融产品提供方，部分中高净值客户（约33%）则已开始视其为多元的财富管理集成商，私人银行综合金融服务能力被逐渐认可；而券商、保险及信托等非银行系金融机构则仍因其特色产品，被定位为专一市场的单类型产品提供方；第三方财富管理机构的定位则与银行系私行较为接近，多以金融产品超市或多元财富管理集成商的形象参与市场竞争（参阅图7.12）。

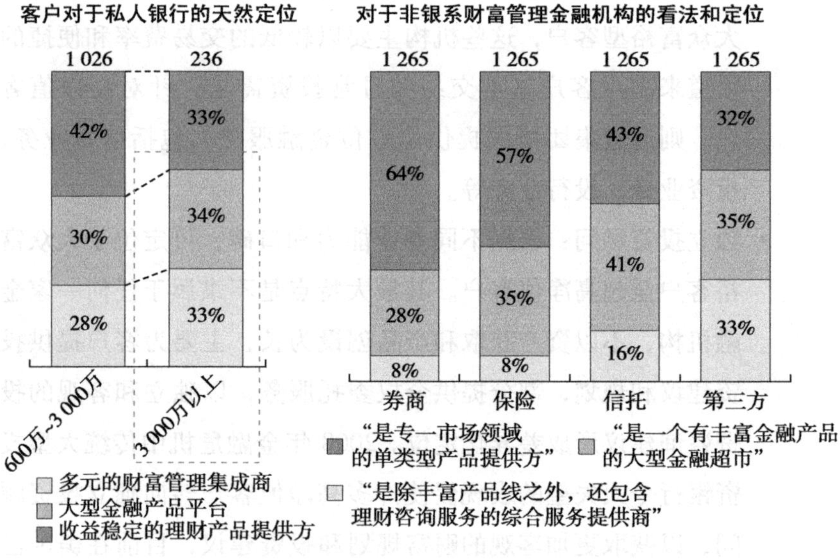

图7.12　可投资资产大于3 000万元的客户偏向于将私行定位为金融产品平台和集成商，将非银机构定位为单类型产品提供方

注：样本总量为1 265名，分布于中国18个省市自治区。

资料来源：2015年兴业私人银行和波士顿咨询公司开展的高净值客户调研

面向未来，随着金融行业市场化的推进，牌照红利将逐步消失，各类型机构将在更加宽松的监管环境下，根据自身资源禀赋逐渐发展，在产品及服务上形成差异化的定位。

商业银行私人银行：深耕高端财富管理市场，向全能服务型私人银行迈进

商业银行目前凭借其“国民地位”（品牌认可度、信任感、基础银行业务）及综合金融撮合服务能力占据了高端财富管理业务的主导地位。从未来发展前景来看，银行系私行将在资金、产品、人才、集团协同、渠道等领域形成明显优势，进一步巩固其全能服务型的业务模式：

- 战略性投资。财富管理行业本身具有投资周期长、回报慢的特点，而中国银行业本身面临转型困境，亟须寻求新的业务增长点。因此，在众多金融机构中，商业银行最有动力和资本投资实力深耕高端财富管理市场。
- 建立开放式产品平台。银行系私行愈发认识到开放式产品平台对私人银行的重要性，未来将会加大引入外部特色产品的力度，并借助品牌、渠道、客群和基础银行业务等传统优势，进一步巩固开放式产品平台的建立，而具有金融控股背景的银行可以通过集团内部的协同获得多元的产品。同时，具备良好资产管理基础的银行也在积极拓展私行产品定制化的能力，为真正实现专属化的产品创设奠定基础。
- 专业人才梯队建设。相较于基金、券商等金融机构，投资咨询能力一直是银行系私行的软肋。因此，持续强化专业人才队伍的培养，包括资产配置、投资咨询、产品筛选、产品创设等在内的专业人才梯队建设将是私人银行持续发展的核心。
- 集团协同、综合服务。对于非投资类服务，私行可以通过投行业务和集团内子公司的合作提供投融资联动综合服务，满足企业主类客户的多元业务需求，同时与律师事务所、会计师事务所等专家机构合作，提供一揽子增值服务，进一步增强客户黏性。

- 多渠道整合，提升客户体验。在“互联网+”时代，我们已经看到国内银行愈发重视渠道的创新和整合，通过电子化的手段提升客户体验，同时提升管理能力。

综合上述发展优势，银行系私行将具备向全能服务型私人银行冲击的能力，有潜力在中国高端财富管理市场中一枝独秀。

第三方财富管理公司：大浪淘沙，强者恒强，全能服务与独立咨询并行发展

第三方财富管理机构整体散而小，分化严重，部分野蛮生长的第三方财富管理公司将经历残酷的洗牌并退出市场，领先第三方则以开放式产品平台和客观优质的咨询服务精准定位高端客户。由于多数第三方不具备产品创设能力，因此更有动力建设开放式产品平台，采众家之长，为资产配置奠定基础。此外，第三方一贯重视咨询服务能力的培养，且机制灵活，目前监管受限较少，能够获得多个金融牌照打通大投行、大资管、大财富的全价值链，逐渐获取产品创设能力，并能够灵活提供海外投资业务，已经获得了不少高净值客户的青睐。若领先第三方财富管理机构能够克服品牌认可度低、监管前景不明朗以及集团协同较少等劣势，则将有可能对银行系私行产生直接冲击。

信托公司：先发优势明显，“产品专家”初见端倪

信托公司过去凭借牌照红利，提供高收益产品而具备先发优势，并在高净值客户中形成了一定口碑。然而打破刚兑的信号越来越明显，政信合作、通道业务受阻、房地产市场疲软等市场变动正在倒逼行业转型。预计多数信托公司将会深挖其在资产管理领域的先发优势，发挥自身在某些特定行业，如房地产、基础建设、股权信托、资本市场、另类投资等领域的专业能力，在融资需求依然庞大、银行风险偏好较保守、资本市场及高收益债市场发展壮大尚需时日的阶段，通过深耕私募投行业务，提供具有竞争力的产品，成为高端财富管理市场中的产品专家。少部分公司则会战略性布局高端财富管理市场，在维持自身在资产端的优势的同时，自建销售团队和专属私人银行家队伍服务高净值人群。

基金公司及其子公司：奋起直追，向“产品专家”挑战

二级市场投研能力是基金公司的传统优势。在资本市场加速发展的今天，基金公司将有机会通过产品创新实现差异化，并以此在财富管理市场中进行竞争。而基金子公司牌照拥有“万能金融”的特点，限制条件少、运作空间大，可以提供“类信托”的私募投行业务，收益率较高，逐渐吸引了部分高净值客群的注意。然而，由于基金及其子公司面临自有渠道少、高端客户基础差的双重困境，亟须与具备良好客户基础的金融机构合作。目前已有第三方财富管理公司入股基金或基金公司与互联网公司战略合作的先例。因此，预计基金及其子公司未来将会向信托公司发起直接挑战，争夺高端财富管理行业的产品专家地位。

证券公司：分化明显，具备投研、投行双优势的大型券商将向美式全能型券商迈进

目前，券商财富管理业务刚刚起步，核心工作仍停留在根据客户资产规模和风险偏好推销产品的阶段，主要覆盖大众富裕客户和少部分高净值客户的理财需求。预计以传统经纪业务为主的券商将转型成为折扣经纪商，或通过线上线下联动，主攻定位于大众富裕客户的财富管理业务。而随着监管放开步伐不断加快、资本市场发展提速，具备投研、投行双优势的大型券商将有可能向全能服务型机构发展。从产品能力来看，券商是最为接近资本市场的金融机构，因此具备较好的资本市场投研能力。伴随着投资范围的不断放宽，券商能够兼顾产品代销和产品创设两大抓手。此外，中国证券业协会拟允许券商推出的账户管理业务对于具有客户基础优势和强大投研服务优势的大型券商是重大利好。从综合金融服务能力来看，针对中小企业主在中国高净值客群中比例较高这一特点，券商可以通过投行业务提供企业全生命周期的资产负债管理服务，从而形成独特优势。

保险公司：大象级选手缓慢入场，产品专家与咨询服务并重

尽管在高端财富管理领域，保险资管与其他金融机构差距明显，但随着中国保险业的转型和金融创新步伐加快，保险服务的内容由传统的基本保障延伸到财富管理领域，使保险从风险管理工具发展成为集财富增值、传承、避税等功能于一身的财富管理工具。此外，保险资管广泛的海外投资领域及其在固收、基础建设投资等领域的资深经验，将逐步提升保险资管在高端财富管理领域中的地位，预计将出现产品专家与咨询服务并重的发展模式。

综上，我们预计未来中国高端财富管理市场的竞争格局将会延续百花齐放的态势，但各类金融机构分化发展将更加明显，逐步形成竞合复杂的竞争态势。

四、御风而行，拥抱互联网时代的私人银行

中国私人银行业拥抱互联网的必然与必须

自 2013 年起，“互联网 +”“金融科技”等成为金融行业的关键词，迄今热度不减。从表面上看，面向高净值人群的私人银行业似乎与这一场变革无关。然而，纵览海内外的行业宏观与微观发展

趋势，我们看到的是中国私人银行业弄潮于互联网时代的必然与必须。

“互联网”对于行业的洗礼首先体现在技术层面，即日趋广泛的数字化应用。但是，更加值得全行业关注的是“互联网”助推私人银行业务模式进行深刻变革的巨大力量。

市场发展：私人银行业务模式亟须突破式变革

与商业银行整体在中国金融行业的主导地位相比，起步于2007年的中国私人银行业在高净值人群中的渗透依然十分有限。然而，在传统业务模式下，中国的私人银行难以迅速构筑规模优势。波士顿咨询的项目经验显示，众多商业银行的私人银行客户经理面临维护客户数量过多、销售时间被行政事务挤占的困境。快速展业并为客户提供高质量的服务在传统模式下异常艰难。如何借助“互联网”的力量救治行业痛点已经成为全行业的命题之一。

客户需求：线下服务依然是核心，但互联网创新已经实现深度渗透

私人银行客户经理团队的服务能力与质量依然是高净值人士需求的核心：54%的高净值人士将私人银行客户经理的素质与专业能力作为选择财富管理机构的首要标准；65%的私人银行客户未来仍旧会选择客户经理作为首要接触点；55%的客户希望客户经理能够深入理解其需求主动提供产品和服务。

然而，在这样的“不变”之外，变化已悄然而生。调研显示，在互联网大潮席卷中国的当下，高净值人群正在逐渐步入“数字一代”：近80%的中国高净值人士正在使用数字化的金融产品和服务。在尚未使用的人群中，35%的高净值人士明确表示愿意尝试。在已经使用的数字化产品和服务中，与“互联网金融主要服务一般大众”

的印象相悖，36% 的高净值人士购买过互联网理财产品，P2P 及众筹等以服务长尾客户著称的电子化产品也受到了超过 10% 的高净值客户欢迎（参阅图 7.13 和图 7.14）。

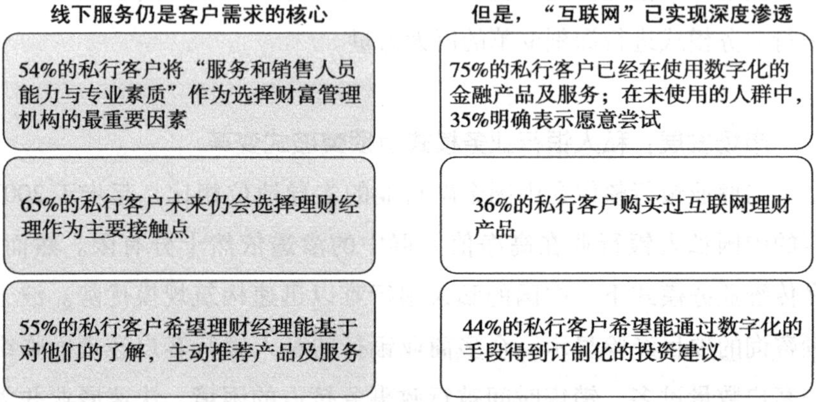

图 7.13　互联网时代私人银行客户需求的“变”与“不变”

注：样本总量为 1 265 名，分布于中国 18 个省市自治区。

资料来源：2015 年兴业私人银行和波士顿咨询公司开展的高净值客户调研

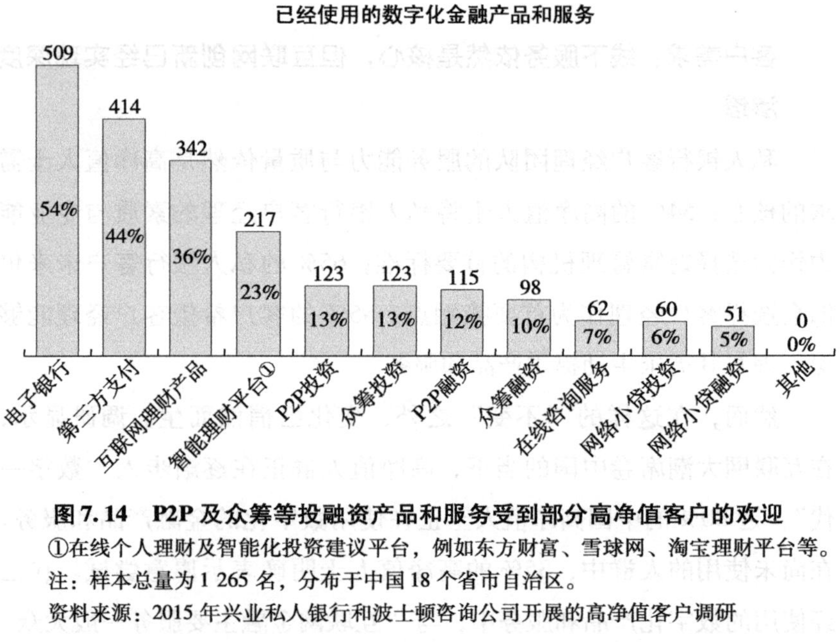

图 7.14　P2P 及众筹等投融资产品和服务受到部分高净值客户的欢迎

①在线个人理财及智能化投资建议平台，例如东方财富、雪球网、淘宝理财平台等。

注：样本总量为 1 265 名，分布于中国 18 个省市自治区。

资料来源：2015 年兴业私人银行和波士顿咨询公司开展的高净值客户调研

此外，“数字化”服务已经渗透到行业价值链的各个环节，从“了解产品组合情况”到“执行交易”。其中，“定制化的投资建议”与“在线交易”是呼声最高的数字化服务，分别有超过40%的客户对此类数字化服务有较高期待（参阅图7.15）。

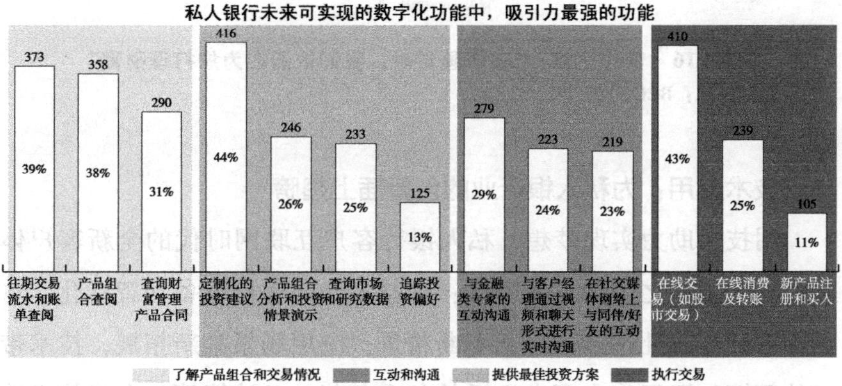

图7.15　定制化的投资建议和在线交易是客户最感兴趣的互联网化服务

注：样本总量为1 265名，分布于中国18个省市自治区。

资料来源：2015年兴业私人银行和波士顿咨询公司开展的高净值客户调研

私人银行客户的互联网化之旅一旦启程则再无止步或回转。在波士顿咨询的研究与项目实践中，私人银行客户向其讲述了他们想象中的完美的互联网化金融服务：“打开手机，预警消息弹出，原来我的私行投资顾问已经将某些投资建议修改为‘卖出’。指掌之间，我已经在手机上查看了我当前的投资情况、投资顾问的全部建议以及相关资讯。随即视频电话联系我的客户经理，与他讨论潜在的投资调整方案。收到他的最终建议后，在手机上用电子签名或指纹确认，并随即查看新的组合状况。”这样的梦想之旅，波士顿咨询将其概括成“在您睡觉时，我们依旧为您打理财富”。可以看出，实现这样的梦想之旅，私人银行需要围绕客户需求“端到端”地全面重新设计与客户的互动流程，并大幅应用互联网化的技术手段以支撑全新的体验。而这些技术手段，已然就绪（参阅图7.16）。

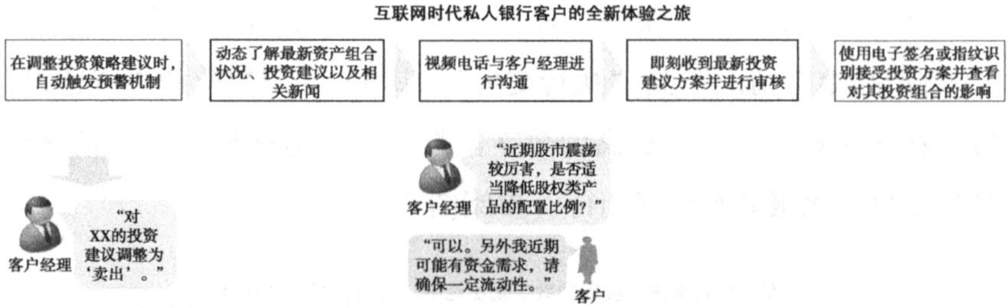

图7.16 梦想之旅：“在您睡觉时，我们依旧在为您打理财富”

资料来源：BCG分析

技术应用：为私人银行业的创新插上翅膀

用技术助力实现梦想，私人银行客户互联网时代的全新客户体验将是对技术之美的一次赞颂：日益多元的连接设备在智能化、自我学习和实时处理能力方面不断精进；应用场景翻新拓展，技术带来的便捷与智慧将出现在生活的各个角落；云计算等分布式技术使基础设施在计算能力、及时性与成本等各个维度不断优化；大数据为精准分析提供利器；社交平台的延伸与完善为私人银行客户高效而便捷的沟通提供基础；智能的渠道建设使私人银行客户在多渠道间的无缝流转成为可能。

除客户体验之外，技术的力量还将显现在私人银行业务模式的创新上。曾经，快速展业所需的“规模化”与客户要求的“定制化”之间是无解的矛盾。而在“互联网+”时代，技术可能破解这一难题。用技术降低成本、用技术支撑个性定制，这样的思路将成为私人银行探索业务模式创新的大方向。技术的翅膀已经展开，我们看到，行业先锋正在御风而行（参阅图7.17）。

拥抱“互联网+”时不我待

私人银行在全球范围内是一个古老的行业，但在新常态下，这个行业并无老态。相反，我们在众多海外私人银行中观察到了觉醒

	过去	现在	未来
高能设备	拥有标准配置的台式电脑/笔记本电脑	功能丰富的智能设备无处不在	高度智能化、自我学习和实时处理能力
应用场景	搜索相关信息，偶尔使用	立即可用，充分渗透进日常生活	对一整天的生活提供指南，不断与社群建立联系
基础设施	内部计算能力受到成本和技术限制	与云端实时连接，获得前所未有的计算能力	灵活且高效地获得需求能力（应用商店，云端）
分析能力	根据有限的数据和分析工具得出线性结果	根据大数据和高级分析获得智能洞见	自我学习和智能推荐，嵌入扩增实境技术
社交平台	很少与同类企业面对面或在电话中讨论投资想法	能够通过社区论坛，快速获取其他投资者的意见和想法	通过开放或封闭的同类企业社群验证投资理念和内容
渠道整合	独立的在线渠道，绕过客户经理	真正的多渠道，对客户经理提供帮助	智能的多渠道，指导并优化客户经理和客户的互动

图 7.17 技术：成就互联网时代私人银行客户的“梦想之旅”

资料来源：BCG 项目经验

与应变，富有颠覆性的互联网化创新业务模式也已陆续登场。决策者与专家高调表态，互联网化创新频现市场：

- 2010 年 4 月，世界上最古老的瑞士私人银行韦格林银行（Wegelin&Co.）启动了网络银行 NettoBank，旨在为年龄为 40～50 岁的高净值客户提供在线需求评估，并为其自动匹配产品与配置建议，从而有效降低客户成本并提高服务效率。此项服务启动的首年即吸引了 1 000 余名高净值用户，管理资产规模达 6 500 万瑞士法郎。
- 2009 年成立于德国的 Fidor Bank 推出了具有社交特征的网络金融服务“Fidor 智慧社区”，高净值客户在其平台上可以参与社区讨论并获得相应“奖金”、评价产品与客户经理、获得个人之间点对点的借贷服务（Peer to Peer Lending）甚至能够积极参与产品的创设。截至 2016 年，Fidor Bank 已经在德国拥有了 7 万客户及 25 万社区用户，并在 2014 年的“世界经济论坛”上被评为 2014 年度最佳成长性银行。

- 2007 年成立于美国的 Covestor 更是把互联网时代的社交平台能力用到了极致，在它的平台上，客户可以向明星投资人或“民间高手”积极学习投资策略，甚至亦步亦趋地复制其投资组合。截至目前，Covestor 已经拥有 8 万在线用户，并共享了价值超过 5 亿美元的投资策略。

迅速发展的私人银行市场呼唤创新的业务模式；高净值人群依旧高度依赖线下服务团队，但同时互联网也在其生活中占据显著地位；技术发展日臻成熟，为创新突破插上翅膀；行业先锋阔步向前，志在新一轮竞争中抢占先机。中国的私人银行业必将拥抱互联网，但路在何方？

“互联网 +”改良与改革中国私人银行业

技术往往能为一个行业带来跨越式的提升与颠覆性的创新机会，互联网之于中国私人银行业正是如此。展望未来，我们会看到互联网的光芒闪耀在私人银行业务的每一个角落。总结波士顿咨询全球的研究与项目经验，我们预计将看到私人银行业至少可以在 29 个方面进行创新。在这个过程中，互联网将为中国私人银行业同时带来“存量改良”与“增量变革”（参阅图 7.18）。

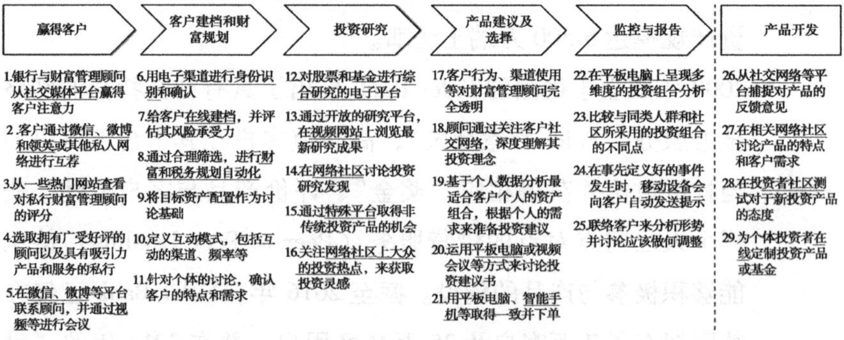

图 7.18　面向 2020，借力互联网实现私人银行业的改良与改革

资料来源：BCG 研究；BCG 项目经验

互联网将迅速改良私人银行业的传统模式

在海外，众多领先私人银行已经将互联网技术带来的可能性应用于对当前业务模式的改良，并以此来抢滩未来市场。这些改良举措主要集中在传统业务模式的薄弱环节，例如定制化的投资建议、投资组合分析与模拟、实时互动等。以瑞士银行（UBS）和星展银行（DBS）为代表的银行率先通过应用大数据技术提供定制化的投资建议和市场动向监控，并在客户经理修改投资建议时，自动触发系统警报；瑞讯银行（Swissquote）和法国巴黎银行开发了手机软件支持定量投资组合在移动端的分析与模拟功能；美银美林银行（BoA）重点推广虚拟互动技术的应用，使客户可以在任何时间和地点与客户经理通过视频会议进行面对面的沟通；而瑞士信贷（Credit Suisse）更是向前一步，为私人银行客户提供端到端全方位的移动服务平台，涵盖从资讯到配置建议、组合监控、交易完成的全部主要环节（参阅图 7. 19）。

首先推出iPad版App，将会陆续推出手机版和网页版

关键模块	特色功能
我的投资组合	· 个人投资组合概览，包括净值、到期日、资产配置、收入、费用支出、历史交易信息等
关注列表	· 通过瑞士信贷内部及第三方监控指标，对客户自选的具体投资产品进行实时监控
市场动态	· 全球及本地市场最新动态、财经新闻及公司要闻 · 全球各大类资产的表现，如外汇、债券、商品等
观点与洞察	· 瑞士信贷最新投研报告
沟通与交互	· 内置多沟通渠道，包括及时信息、电话会议、视频会议，可实现屏幕及文件的共享
交易	· 基础投资交易功能，如股票、ETF、REITs、外汇等

图 7. 19　瑞士信贷：端到端的移动私人银行服务平台

资料来源：瑞士信贷官网；新闻检索；BCG 分析

互联网将触发私人银行业的深刻变革

在互联网浪潮的不断冲刷下，私人银行业务价值链正在出现深

度解构。在海外，以“FinTech”（金融科技）为代名词的互联网金融创新不断涌现，并进入到私人银行的细分领域。这些金融创新专攻传统金融机构表现不佳的环节，例如资讯、投资建议、增值服务、组合管理等，用卓越的体验和低廉的价格赢得客户，成为私人银行业的“原住民”不可忽视的竞合对象（参阅图 7.20）。

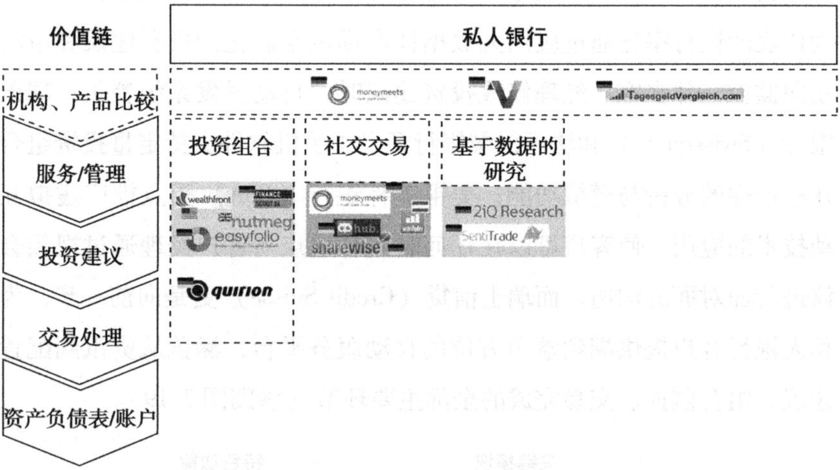

图 7.20　变革：金融科技正在解构私行价值链，开放架构、降低门槛

注：调查对象超过 70 家金融科技企业，主要来自美国、英国和德国。

资料来源：BCG 分析

在投资组合领域，以 Easyfolio、Wealth Front 等金融科技公司为代表，通过便捷的服务和低廉的费用形成核心竞争优势：

- 创立于 2014 年的德国的 Easyfolio 是一个简易在线投资平台，主要提供 3 种不同风险类别的 ETF 基金供投资者选择。简易化的投资策略确保有效帮助客户控制交易成本，同比而言，Easyfolio 提供的基金比主动管理型基金可减少 52% 的成本，且投资者可以灵活地在 3 类基金中进行切换。
- 同样创立于 2014 年的 FinanceScout24 则定位为全面金融投资服务的在线提供商，不仅能够提供多样化的产品组合，还能够对保险、投资、养老金等金融投资产品进行比较，同时还提供个人理财规划工具和金融咨询服务等。

- 英国的 Nutmeg 是一家在线全权委托投资管理公司，旨在向拥有 1 000 英镑及以上的可投资资产的人士提供投资管理服务。通过 10 种在线基础投资组合，提供便捷、透明、低佣金的财富管理服务，客户可以平均节省 0.3% ~1% 的投资费用。
- Wealth Front 成立于 2008 年，主要特点是根据客户的财务状况、投资目标和风险承受能力提供低成本的智能资产配置建议，主要投资全球范围内的股票、债券和大宗商品，能够实现持续的自动监控并在必要时进行投资组合的再平衡。对于投资资产为 5 000 到 10 000 美元的账户，Wealth Front 免费提供所有咨询和管理服务，对于资产超过 1 万美元的账户，收取 0.25% 的年费。

在金融社交平台领域，金融科技公司通过线上社交平台的搭建实现信息、知识和投资策略的共享，形成独特的价值定位。

- MoneyMeets 是德国一家“老牌”金融社交平台，于 2011 年正式上线。该平台整合了客户的投资账户、银行账户以及与保险合同相关的所有信息，且所有注册用户可以在 MoneyMeets 社交平台上分享各自的退休金计划/教育储蓄计划、对比不同金融投资产品，并根据客户的口碑和反馈列示各类产品的评级。
- 与 MoneyMeets 的广泛覆盖不同，成立于 2014 年的 Owlhub 聚焦于股票市场，通过 Owl 积分或徽章鼓励所有注册用户对股票市场的动向进行预测和分析，从而形成一个自由活跃的“股神聚集”论坛，向更加广泛的客户提供金融知识和专业投资技巧。

- Wikifolio 与 MoneyMeets 较为类似，同样聚焦于股票市场，但更加注重用户对于股票投资策略的分享和交流。个人投资者可以在该平台上发表自己的投资策略，在经过一段时间的评估和测试后，成熟、成功的投资策略将被转换成可投资的金融产品。

在大数据研究和应用领域，金融科技公司已经逐渐从单纯的技术和数据提供方走向幕前，通过大数据及相关科学技术的应用直接向投资者提供一手资讯和分析结果：

- 成立于 2002 年的德国的 2iQ Research 公司主要提供金融数据和分析工具，能够快速获取全球一万两千多家主要公司、行业的新闻动态以及欧洲、美国、亚太和非洲各主要证券交易所和监管机构的最新资讯，并通过阿尔法算法生成工具进行投资决策的筛选。
- 同样成立于德国的 SentiTrade 则能够对财经资讯进行实时分析，通过抓取并统计新闻的关键字，转换成市场预期判断方向的比例从而确定市场行为走势，并通过绘制图表追踪特殊市场信号。投资者可以通过这些图表变化趋势识别市场机会并进行投资决策。此外，SentiTrade 还提供 7 × 24 小时的客户服务，服务的内容包括投资组合报告、小工具和策略分享等。

中国私人银行需要打造互联网思维

欧美成熟市场的私人银行已历经几个世纪的风雨洗礼，对于“旧钱”的服务与管理体系已成熟至臻。而在中国这样的新兴财富市场，“新钱”仍是财富管理的主要对象。创富一代大多都还处于积极活跃的发展阶段。客群特点的不同本身就需要以不同的业务模式应对。更何况，高歌猛进中的中国财富管理市场遭遇了互联网。于是我们看到，中国的各个行业在基础意识与文化层面均开始出现碰撞与融合，传统财富管理行业的“私密、面对面、专享、定向”遇见了互联网的“开放、虚拟、随时随地、信息共享”（参阅图7.21）。

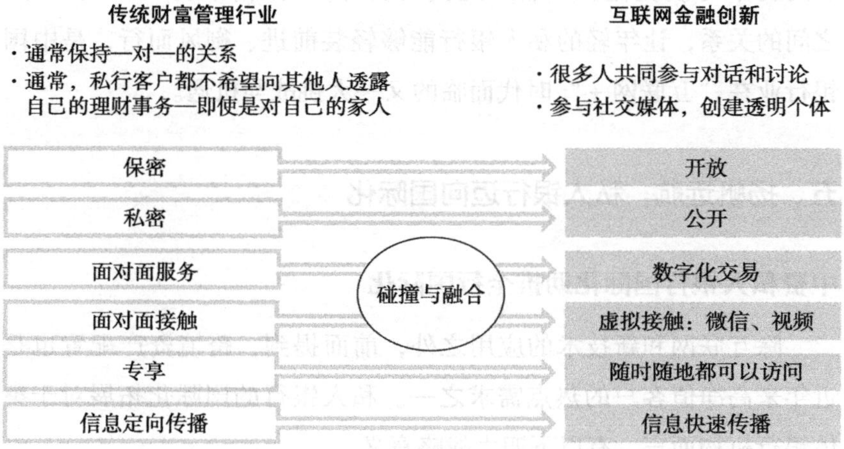

图7.21　转型与发展并行中的私人银行业正在经历文化的碰撞与融合
资料来源：BCG分析

任何事物都不能脱离环境与历史而被孤立地看待，中国私人银行的发展亦然。私人银行生长于商业银行体系，未来依旧会与商业银行的整体财富管理业务唇齿相依。但是，高净值客群的独特性必然会将私人银行业务推到银行业体制机制改革的风口浪尖，承担起为行业探索变革之路的重任。同时，私人银行的发展又恰逢互联网时代的“大众创业、万众创新”热潮，高净值人士财富管理市场将成为争夺的焦点之一。客户调研显示，已经有41%的高净值人士愿意接受非银行机构的金融服务，而高净值人群对于私人银行和第三方理财机构目前的定位也处于类似状态。在这种竞争格局之下，私人银行需要找到在商业银行体系中能够实现快速创新突破的路径。在探索过程中，中国的私人银行将需要建设“双线能力”：一方面善于整合母行存量资源，例如零售业务的客户与渠道资源、公司业务的客户资源、金融市场与资产管理业务的产品资源等；另一方面，要能够在现有的成熟体系中“创新创业”，从而加快反应速度、提升创新能力并增强整个组织的灵活弹性（例如人才的差异化管理、组织的扁平与模块化、产品的迭代研发等）。如何平衡“双线能力”之间的关系，让年轻的私人银行能够轻装前进、御风而行，是中国银行业在“互联网+”时代面临的又一大挑战与机遇。

五、扬帆远航，私人银行迈向国际化

中资私人银行国际化助推全行国际化

除互联网和新技术的应用之外，前面提到，跨境资产配置也是近年来高净值客户的热点需求之一。私人银行的国际化拓展对于整体银行机构而言，有以下四大战略意义：

- 驱动业绩增长：如前所述，私行客户在经济、企业国际化的过程中，产生庞大的全球资产配置需求有待满足。而个人境外投资市场整体仍处于发展初期，预估未来5年境外投资渗透率将成长一倍，新增市场规模可达13万亿元人民币，市场机会巨大。
- 深化境外业务基础：目前中资银行海外机构在业务上偏重政府及大型企业，对中小企业及个人的海外金融服务仍较薄弱。以股份制银行为例，在中国香港地区设有分行的6家股份制银行中，仅有4家提供零售金融服务。对于这些已经出海的机构而言，境外私人银行业务不但能够贡献营利，还能在服务企业主、高管的过程中，强化银行机构与企业的关系，助推对公业务的发展。此外，对于有境外投行业务的银行机构来说，境外私行业务更可发挥协同效应，作为有力的产品分销渠道。

- 增强能力建设：在境外私行业务的竞争中，中资私行面对的是国际级的对手，无论在对客户需求的理解、对产品及服务的深入研究，以及资产配置的能力上都需要快速提升。在服务私行客户的过程中，也连带对境外金融市场、投行业务能力提出更高的要求。因此，境外私行业务可以作为银行机构国际化能力整体提升的练兵场。
- 探索轻资本出海模式：以往中资银行国际化以“对公先行”的模式为主流，境外布局的资本投入大、风险高。未来银行机构海外布局可考虑探索“私行试水”的模式，例如：依托少数离岸记账中心，以轻资本的方式辐射覆盖周边市场；或是以财富管理咨询机构的模式进入海外市场。以较“轻快”的方式布局海外，有助于加快整体银行机构适应境外监管环境，强化与境外各类机构的合作关系。

中资私人银行国际化，明确路径、规划布局、评估手段三步走

相较于中资银行整体的国际化程度，中资私人银行的海外布局仍然十分有限，海外机构集中在中国香港地区，其他地区的境外服务仅限于私行客户海外结算、移民贷款、置业贷款等一般零售银行服务。整体而言，中资私行真正意义上的离岸服务仍以中国香港地区为核心，国际化发展处于萌芽期。面对中国高净值客户迫切的境外投资需求，中资私行机构的国际化发展刻不容缓。然而，在全面发力前，各机构需拟定其国际化的整体计划。具体而言，首先应明确国际化路径，其次要根据目标客群的选择进行地域布局规划，最后应针对市场拓展手段进行评估及选择。

跨境、离岸、境外在岸，三阶段发展路径

中资私行机构的国际化并不等同于在海外广设机构网点，而是

根据自身的资源禀赋，稳步拓展业务范畴，最大限度满足私行客户境外投资的需求，并开拓海外客户基础。

总结私行业务国际化的发展路径主要分为 3 个阶段：

- 第一阶段：跨境投资业务——协助私行客户通过具有外汇投资额度的境内金融机构，将境内资金投向境外市场，例如 QDII 产品。
- 第二阶段：离岸业务——协助私行客户将离岸资金直接投资于境外市场，例如：海外房地产、美股、海外基金。
- 第三阶段：境外在岸业务——服务海外市场当地的私人银行客户，业务内容包含当地的境内投资及跨境投资。

第一阶段的目标客户为国内高净值人士，无须设置境外机构，现有境内服务体系可作为支撑，因此额外资源投入较少，适合作为中资私行试水国际化业务的第一步。到了国际化发展的第二阶段，需要在境外离岸金融中心设置私行机构，通过离岸私人银行中心提供本国及其他外籍客户在境外资产的管理。此时私人银行境内外机构的结合，将能够满足本国客户全球资产配置的需求。到了第三阶段，就是在特定海外市场进行本土化经营，与本地及其他外资金融机构共同服务当地私行客户。

对于个别中资私行机构而言，国际化并非一定走到第三阶段。例如，中小型私行适合着重发展跨境投资而非离岸业务，因为私行业务出海的投资较大，没有足够的客户基础在短期内难以获利。根据国际经验，离岸私行中心需要至少 200 亿美元的客户综合管理资产才能达到盈亏平衡。同时，随着未来跨境投资渠道及标的逐渐放开，跨境投资已经能够满足一大部分私行客户全球资产配置的需求。而对大型私行机构来说，跨境、离岸业务协同发展是必然的选择，不但能够为国内私行客户提供更加全面的服务，还能捕捉其他国家私行客户离岸财富的业务机会。至于发展到第三阶段，则需要更大的资源投入及时间积累，只有少数的私人银行能够在海外市场的在岸业务上取得较好的成绩。许多国际领先私行在亚太地区仅进入少数的在岸私行市场，如：日本、中国台湾，而外资私行在中国的在岸私行业务发展也较缓慢。

综上，我们认为中小型私行机构的国际化战略应侧重跨境业务发展，大型私行机构应跨境、离岸并举，而少数的超大型私人银行在离岸业务成熟后，可再进一步进行海外在岸业务的开拓。

离岸私行业务布局，目标客群引领、科学地域配置

离岸私行业务的地域布局首先应考虑目标客群，再来根据经济效益进行具体地域规划。

对大部分国际私行机构而言，离岸私行业务的发展目标是拓展新客户，因此新建离岸私行中心时，通常会选择当地金融机构能力较弱，且高净值客户增量大的区域市场，例如：瑞银集团在亚太市场就是典型的“进攻型”参与者。而另一部分私行机构的布局思路则大不相同，他们的核心目的是提供本国客户的境外投资服务，因此选择的地区通常与本土邻近，或是有大量本国离岸资产的市场。此一类型的私行机构通常进入市场较晚，且母行在境外的其他业务（如对公、零售业务）仍在搭建中，但在本土市场拥有一定的品牌信任及客户基础，比如：中国台湾的中国信托。从开展海外市场的现实约束来看，中资私人银行普遍面临专业人才不足、对于境外市场及产品了解有限的挑战，因此采取“跟随客户”的策略较为合适。

在具体进行地域布局的规划时，需在客户需求及经济效益之间取得平衡。私人银行客户在离岸财富管理目的地的选择上，很大程度取决于本身居住地与离岸市场的“物理距离”，因此许多私人银行为了满足客户需求，广设离岸私行中心。但近年来，由于业务及监管成本节节攀升，各家私行机构纷纷重新审视其地理布局，一方面聚焦核心市场退出不具竞争力的地区，另一方面寻求降低成本的运营模式。例如：仅在重点离岸金融中心设置记账中心（Booking Center），在其他市场只设置单纯的销售网点就近服务客户，以降低成本投入及管理的难度；某些私人银行业者正针对欧洲地区的私人银行中心进行区域集中规划，希望能够通过规模效应降低成本。

一直以来，中国香港地区受益于与内地经济上的紧密联系、距离优势，成为中国高净值人士首选的离岸私行中心，是中国高净值人士海外资产最大的集中地，也因此成为大部分中资私行走出海外的第一站。但我们发现，近年来新加坡作为中国高净值人士的离岸资产另一集中地，其吸引力持续上升。新加坡拥有完善的法规及监管体系、严格的银行保密条款，能够对私行客户资产的安全性提供更高的保障，并且吸引中国投资移民的力度也在持续增强。相较之下，香港投资定居的政策趋向收紧，于 2015 年年初暂停资本投资者入境计划。在两方政策一松一紧的消长下，2010 ~ 2015 年中国内地公民向新加坡移民的增量首次超过移居香港人数的增量，为同期移居香港增量的 1.7 倍。针对这一变化，中资私行需将更多注意力放在新加坡离岸市场的布局上（参阅图 7.22）。

境外业务进入手段：自建、并购、合作灵活运用

纵观全球私行机构境外业务的发展，自建是最常见的手段，人员培养、管理制度、文化风格都能够有较好的一致性。对私行机构来说，提供私人银行客户全球标准化的服务品质至关重要。但自金融危机后，全球许多银行机构面临调整、重组的挑战，并购成为快速进入市场或增加份额的热门手段（参阅图 7.23）。此外，还有小部分的机构选择采取合作（战略合作或成立合资公司）的方式“借船出海”，以此较快满足客户海外投资的需求。

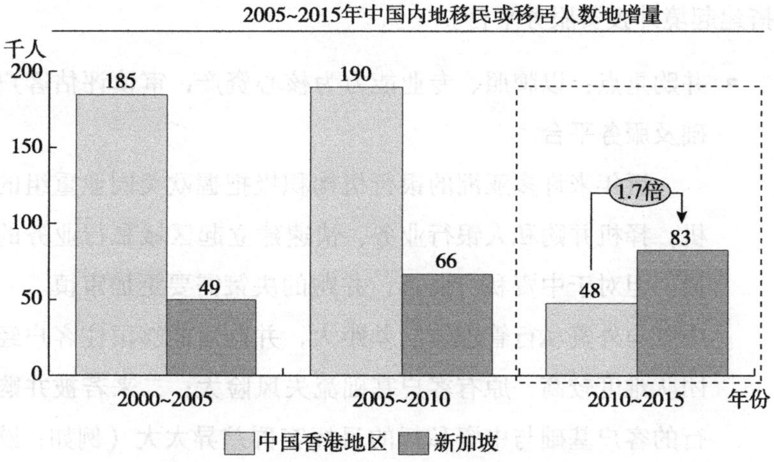

图 7.22　得益于移民政策放宽，近 5 年新加坡新增中国内地移民数量首次超过移居香港人数增量，为移居香港人数增量的 1.7 倍

注：增量为 5 年增量。

资料来源：联合国移民数据统计

收购方	出售方	简介
新加坡华侨银行	巴克莱银行	2016年新加坡华侨银行（OCBC）旗下新加坡银行签署协议，收购巴克莱银行（Barclays）在新加坡和香港的财富及投资管理业务
Sanctum Wealth Management	苏格兰皇家银行	2015年Sanctum Wealth Management收购苏格兰皇家银行（RBS）的印度私人银行业务
瑞士联合私人银行	苏格兰皇家银行	2015年瑞士联合私人银行（UBP）收购苏格兰皇家银行旗下的顾资银行（Coutts International）
星展银行	法国兴业银行	2014年星展银行收购法国兴业银行（SociétéGénérale）在新加坡和香港的财富管理业务及部分信托业务
渣打银行	摩根士丹利	2013年渣打银行收购摩根士丹利在印度的财富管理业务
瑞士宝盛	美银美林	2012年瑞士宝盛银行（Julius Baer）向美国银行收购美林于美国及日本境外的国际财富管理业务

图 7.23　2012 ~ 2016 年全球私人银行、财富管理公司并购交易

资料来源：BCG 分析；媒体检索；银行网站

中资私行以往的境外业务开展，通常都是跟随整体机构的布局脚步，存在投入周期长、业务开展慢的劣势。面对中国高净值客户庞大的境外投资需求，中资私行应该更加大胆地采取灵活手段，尽快搭建起境外投资服务平台。

- 并购重点：以牌照、专业能力为核心资产，审慎评估客户基础及服务平台。

  近年来许多亚洲的银行机构积极把握欧美同业重组的契机，择机并购私人银行业务，快速建立起区域私行业务的布局。但对于中资私行而言，并购的决策需要更加审慎。一来中资与外资私行管理体制差距大，并购后能够留住客户经理团队难度较高，原有客户基础流失风险大；二来若被并购私行的客户基础与中资私行的目标客群差异太大（例如：欧美私行客户与中国私行客户），那么现有的服务体系及客户经理也难以发挥综效。所以在现阶段，中资私行在选择离岸并购目标时，境外当地的客户基础往往不是最重要的因素，反而应该着眼于牌照取得以及获取境外业务管理的专业能力。因此，精品型的私人银行或财富管理机构对中资私行更具吸引力。

- 伙伴选择：聚焦境外产品、服务能力输入，互补双赢。

  采取合作模式拓展境外业务，有两个关键问题需要回答，即合作伙伴的选择条件与合作方式的具体安排。在合作伙伴选择上，中资私行应聚焦境外产品及服务的能力输入，比如与海外资产管理机构结盟，获得广泛优质的产品来源；或是与海外证券公司搭配，一方面外包交易平台降低投入，另一方面取得权益产品的投资机会；甚至可以考虑与境外私行同业合力搭建服务平台，由境外私行提供海外投研、产品设计及管理的支持，如瑞士隆奥银行与泰国的开泰银行于2014年达成战略合作协议，由开泰银行负责客户开发及维护，隆奥银行提供人员、产品销售培训，并提供境外投资产品的设计及管理。在合作方式的安排上，除了纯粹转介客户给合作方，由境外机构直接服务私行客户，还可以考虑通过股权合作的方式，将双方利益做更紧密的结合。以日本市场为例，摩根士丹利与三菱日联集团（MUFG）成立了合资公司提供私人银行服务，由三菱东京日联银行负责客户转介，摩根士丹利提供金融咨询服务及产品销售，双方共同分享私行客户资源及业务利润。

中资私人银行国际化五大关键能力

面对私行客户资产全球配置的需求，众多中资私行机构也深刻认识到发展境外业务的重要性及必要性。然而，中资私行国际化的征途上不仅有巨大的业务机遇，也面临与全球领先金融机构同场竞技的压力。中资私行机构在开拓境外业务时，需要发展以下五大关键能力，以快速捕捉中国私人财富全球化的机遇（参阅图 7. 24）。

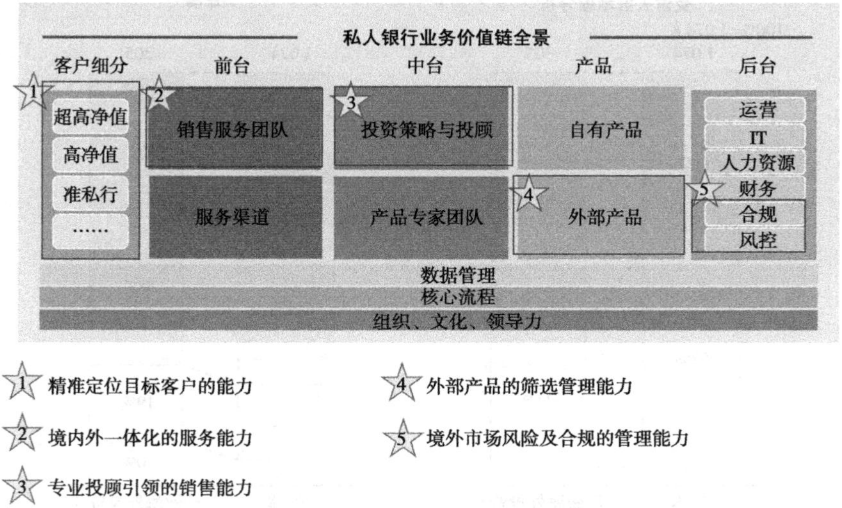

图 7. 24　中资私行机构国际化五大关键能力

资料来源：BCG 分析

精准定位目标客户的能力

相对于境内私行业务的市场竞争态势、规模及资源配置，境外私行业务面临的竞争者更多元，但相应的支持相对有限，因此目标客户的细分更加重要。需要精准定位才能够在战略上形成错位竞争，在战术上集约地投入有限的产品及资源。

在境外私行业务的争夺上，中资私行首先需找出与外资私行的客群定位差异。鉴于外资私行瞄准中国超高净值客户离岸投资需求，中资私行可考虑主打高净值客群，以跨境投资搭配离岸服务，抢攻这一部分的市场。中资私行可以依靠境内客户经理提供离岸业务转介，客户获取成本较低。此外，外资行在中国境内的对公业务侧重跨国企业及大型公司客户，对中小企业的覆盖不足，中资私行可考虑针对中小企业主提供对公跨境金融以及境外投资的特色组合服务。

在进一步客户细分上，通过调研发现，与一般高净值人群相比，对于境外投资有较强兴趣及需求的高净值人士有以下特点：主要居

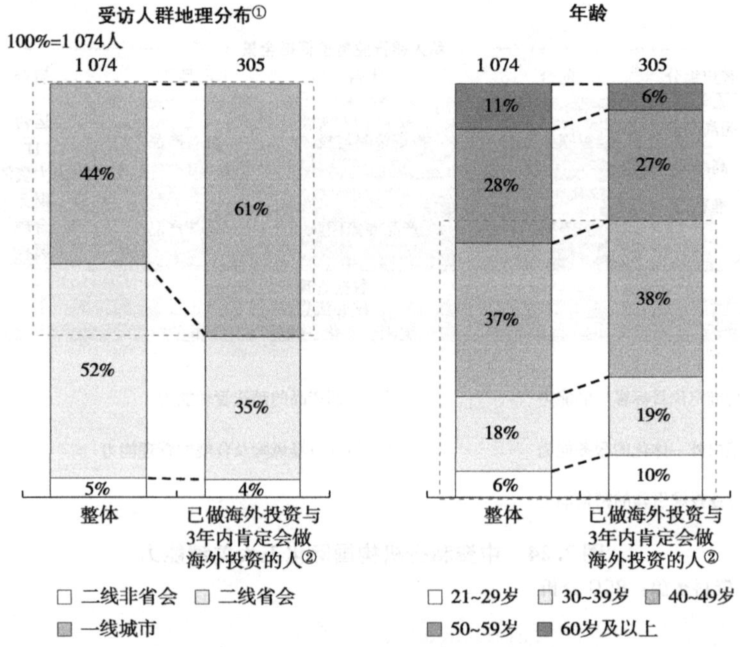

图 7.25　对于境外投资有较强兴趣及需求的客户更多分布在一线城市、年纪更轻、学历更高

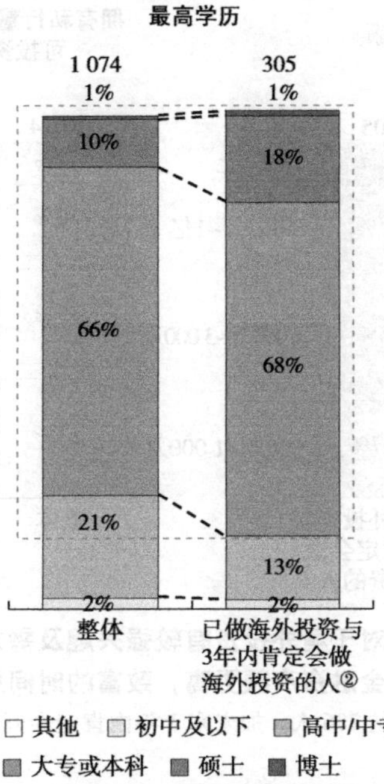

图 7.25（续）　对于境外投资有较强兴趣及需求的客户更多分布在一线城市、年纪更轻、学历更高

①受访客户来自 18 个城市，其中一线城市包括北京、上海、广州、深圳，二线非省会为宁波、泉州，其余均为二线省会。

②家庭可投资资产大于 600 万的样本总量为 1 074 名，包括已拥有境外投资的 286 人，加未来 3 年内肯定会开展境外投资的 19 人，共计 305 人。

资料来源：2016 年兴业私人银行和波士顿咨询公司开展的高净值客户调研

住在一线城市、年纪更轻、学历更高；除了拥有的金融资产额较高外，他们致富的时间也比较长，投资经验更加丰富（参阅图 7.25、图 7.26）。在调研过程中我们发现，高净值人士与海外市场接触的频繁程度也影响海外投资的意愿，比如从事贸易型企业、有移民倾向或自身有海外工作学习经历的高净值人群，对于海外投资的需求也更强烈。因此，海外房地产开发商、全球置业服务机构、移民中介、外贸相关协会都是潜在的获客合作伙伴。

同时，财富的累积来源也对境外投资偏好有所影响。比如：对一个年龄 50 岁左右、从事传统行业的企业主而言，其目前从事的行

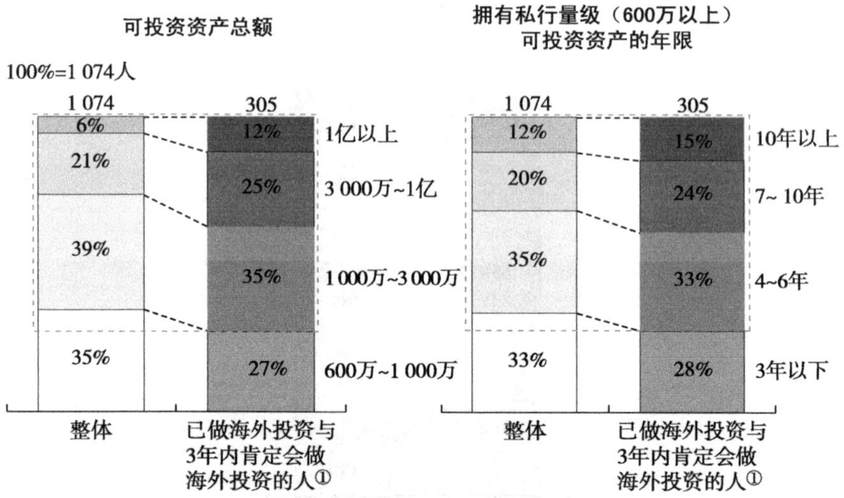

图 7.26　对于境外投资有较强兴趣及需求的客户金融资产额更高，致富的时间更长

①包括已拥有海外投资的 286 人，加未来 3 年内肯定会开展海外投资的 19 人，共计 305 人。

资料来源：2016 年兴业私人银行和波士顿咨询公司开展的高净值客户调研

业已经面临获利下降，需要另找投资机会保持财富增值，由于自己白手起家，因此他会偏好自主投资，对股票、债券接受度较高；而对于另一位 40 岁左右的科技高管来说，目前主业仍有很大发展潜力，境外投资仅是财富配置的一部分，不希望花太多时间管理，而倾向使用全权委托服务。

综上，中资私行需要综合考虑人口统计学特征及背景经历，将目标客群进一步细分，以更加精准、集约地投入资源，匹配产品和服务。

境内外一体化的服务能力

中短期内，中资私行的境外业务仍以国内高净值客户为主，这些客户虽在海外拥有资产，但大部分仍居住在国内，甚至是在两地间频繁往返，因此境内外一体化的服务能力至关重要。具体来说，在客户经理协作方面，由境内（或私行客户的常住地）客户经理为主要关系维护者，工作重点是了解及挖掘客户境外投资的需求；境外客户经理肩负具体产品交易、业务落地的支持维护，以及境外客户服务的工作。两者间的协作看似简单，但在执行过程中往往面临客户资产归属、业务收入分配的挑战，许多中资私行境内外联动的低效都是源自协作机制的缺失。这两种角色的顺畅协作，需要在体制机制上形成明确的规范，包含制定客户转介的目标及流程、明确境内外客户经理的角色及分工、建立客户投诉的管理机制，最后要在考核及奖金上根据工作投入做合理分配。

专业投顾引领的销售能力

国内私行客户对境外市场普遍较陌生，且许多境外产品的设计及风险评估复杂，多数客户经理并不具备分析解释的能力，因此需倚重投资顾问的解说来促进销售。而许多从业人员也表示，中资私行的境外产品较为单一，究其原因不是没有好的产品提供方，而是私行内部缺乏专业销售人员，无法有效销售复杂产品。由此可知，投顾能力的强化在境外业务上更为急迫，需要搭建一支投资顾问队伍与客户经理密切配合，由客户经理开发客户、发掘需求，再由投资顾问辅助产品销售。

对于中资私行来说，构建专业的境外投顾能力需要分层搭建、分阶段打造：顶层由全私行统一的投研体系出发，从最基本的境外市场宏观环境、汇率走势预判，到境外大类资产的配置策略建议，再进一步深入到各小类资产的发展前景预测；底层是投资顾问团队队伍的搭建，投资顾问必须在大类资产配置建议的总指导下，根据个别客户需求，提出具体产品的建议。

外部产品的筛选管理能力

产品的自主开发是中国私行在境外业务上较为明显的短板。一方面很多境外的金融产品在国内并不存在，中资银行也缺乏自行开发的能力；另一方面中资银行的境外资产管理能力较弱，相关专业能力及队伍仍在搭建中，因此境外产品平台的搭建应以第三方产品为主、自行创设产品为辅，博采众家之长。其中，公募基金、结构性产品、期权、对冲及私募基金可与投资银行、资产管理公司合作；证券、债券产品可与证券公司对接；而信贷、外汇产品则可考虑自主提供。

中资私行所扮演的角色不是单纯的产品提供者，而是通过对全球经济大势的判断和对中国私行客户需求的理解，为客户筛选或共同设计出适合的产品，并提出合理的资产配置建议。以某全球领先私行为例，该机构长期与最负盛名的全能型银行、投资银行深度合作，通过严格及标准化的筛选流程（包含交易对手核查、产品表现筛选、服务质量审核、执行效率检查等环节），旨在从每一个风险收益偏好类别、资产类别和特殊要求中，找出最合适私行客户的产品，而自行创设的产品仅作为补充。相应地，境外产品的引入对中资私行整体产品管理体系提出了更高的要求，在产品遴选标准及流程、风险评级及存续管理上都需要有严格的规范。

境外市场风险及合规的管理能力

海外私行业务管理除了需关注市场风险、信用风险、声誉风险外，操作及合规风险也成为国际私行机构的管理重点。近年来各国监管机构对于私行业务的风险合规管理持续加强，对私行的经营影响颇大。根据 Euromoney 针对全球私人银行业者的问卷调研，41%的受访者认为 2016 年私人银行业最大的挑战是监管规范的不确定性。

私行境外业务主要的风险合规议题主要分为四大方面，旨在提升资金透明度以及保护私行客户的权益：

- 了解你的客户（KYC）：通过 KYC 的问卷深入了解私行客户的背景，包含收入来源、所经营公司的背景、是否为敏感政治人物，以决定是否可以开立私行账户，这是反洗钱的第一道防线。
- 反洗钱（AML）：私人银行需严格监控客户资金的汇入、汇出，确保客户的资金不会流向制裁国家或受质疑的个人或机构。
- 防止销售误导：确保客户明确了解所投资产品的风险，且产品的风险与客户自身的风险承受度相匹配。
- 跨境销售规范：各地监管对于离岸产品销售有不同程度的限制，例如中国香港地区的保险产品不可以在内地公开推介。

境外市场对于私行业务的合规性管制要求高于国内，一旦发生合规争议，其代价将十分高昂。近几年许多国际私行机构面临大额罚款或是缩减业务范围的处置，就是前车之鉴。因此，中资私行在开展境外业务时，对于风险合规的管理意识及能力都需要加强。

为强化风险及合规的管理能力，中资私行可借鉴国际同业经验从风险体系设计及举措规范入手。在风险体系搭建上，通过经典的三道防线确保风险控置到位；在举措规范上，主要由从人员培训、系统设置、业务流程上多管齐下。例如：在人员培训上，训练员工如何察觉可疑交易；在系统设置上，将客户个人的目标资产配置系统化管理，一旦持有投资组合与目标组合发生较大差异，系统能够即时警示；在电话交易时，所有谈话都需要录音存档，以避免销售误导的争议。

第八章

新机遇之四——直销银行

一、直销银行在海外的发展历程及对中国的启示

直销银行发展的3个阶段

20世纪80年代，伴随着互联网的诞生，互联网银行雏形初现，早期在海外被称为“直销银行”（Direct Bank）。海外直销银行的发展历程可分为3个阶段。在各个阶段中，全球银行业都涌现出了一批典型的机构，各自具有不同的业务模式（参阅图8.1）。

1989 ~1998年：萌芽发展，模式初成

这一阶段，直销银行刚刚起步，战略定位、产品服务和渠道布局都处于摸索试探和快速变化状态。在互联网技术推动下，直销渠道从初期的电话和邮件开始向网络转移。但整体来看，直销银行远未成为市场主流。

驱动因素

利率市场化。20世纪70~80年代，欧美各国陆续完成了利率市场化改革：德国1976年全面放松利率管制；英国1981年取消公布

图 8.1　海外直销银行发展历程的 3 个阶段

最低贷款利率；美国 1986 年完全取消 Q 条款。在此背景下，欧美银行业的利差遭受挤压，而线下网点的成本有增无减，银行业创新突破势在必行。

互联网技术横空出世。20 世纪 90 年代，互联网技术的逐步普及引爆了行业的跨越式发展。1993 年起，全球互联网进入高速发展期，1994 年全球主机数量首次超过 300 万台，1995 年超过 600 万台。伴随着技术变革，销售和交易等市场行为也从电话模式向更便捷、更便宜的互联网模式转变。

典型代表

1989 年 10 月，英国的米特兰银行创办了全球第一家直销银行 First Direct 并取得了成功，是全球直销银行模式的发展先驱。该银行通过位于英国利兹市的呼叫中心提供 24 小时服务。First Direct 在推出不到两年后便获得了 10 万名用户，并于 1994 年开始盈利，今天已成为英国影响力最大的直销银行品牌之一。

随着 First Direct 的成功，在欧美其他金融业比较发达的国家，也相继出现了本国的直销银行。1995 年，美国第一家直销银行 SFNB

成立，这是世界上第一家完全通过互联网渠道运营的直销银行。1997 年，荷兰国际集团（Internationale Nederlanden Group，简称 ING）在加拿大设立了集团第一家直销银行 ING Direct Canada，并将该模式逐渐推广到欧美其他国家，现在已经发展成为规模最大的全球性直销银行。德国的 DAB Bank 于 1994 年成立，在德国混业经营的金融市场中开创了直销证券经纪模式，成为欧洲第一家推出网上股票经纪业务的金融机构。

发展特点

战略定位：在直销银行发展的初始阶段，主要是通过线上渠道代替传统银行的线下网点，从而大幅降低运营成本。基于成本优势，直销银行有能力提供价格更有竞争力的产品，通过薄利多销的模式来吸引客户。在此阶段，直销银行的主要客户群往往属于价格敏感型，对于银行服务需求较为简单，并将直销银行账户作为第二或第三账户，而并未取代主账户。

产品/服务：尽管直销银行可以为客户提供价格上更加有竞争力的产品，但是由于技术上的限制和成本上的考虑，纯线上渠道的直销银行在发展初期产品主要以存款、消费贷款等基础性的产品为主，同质化现象明显，无法完全满足客户的综合金融需求。同时，合同签署、支票存汇等常用的服务都需要通过邮寄的方式实现，相比传统银行，在安全性和时效性上都存在较大不足。

渠道：在发展的初始阶段，直销银行以电话、邮件等线上渠道代替传统银行的线下网点来服务客户。随着互联网技术的发展，直销银行也逐渐向网络模式推进，从而持续降低人工服务的成本并提供更便利的渠道体验，纯粹的网络直销银行模式开始出现。此外，部分直销银行也开始通过提供邮寄账单、合同服务，自建 ATM 或合作建立 ATM 网络等服务渠道来弥补线下渠道缺失造成的不足。

总体而言，直销银行刚刚起步，无论在技术上和服务模式上都不成熟，在品牌认知度、用户信任度及服务体验上均落后于传统银行。此阶段直销银行的获客成本往往较高，在银行业总体规模中的占比也几乎可以忽略不计。

1998～2010年：快速发展，整合分化

1998年和2008年两次国际金融危机，均给全球的银行业带来了较大冲击，尤其是2008年次贷危机的冲击更为严重。直销银行由于其较短的发展历史和较小的规模，无可避免地受到了更大的波及。统计显示，2009年美国直销银行业的ROE约为4.34%，比当年银行业的平均水平低3.64个百分点。但总体上看，多数直销银行经受住了危机的考验。在经济危机之后，直销银行在发展中更加重视风险的控制。

驱动因素

互联网技术的飞速发展和普及。纯线上渠道的直销银行模式在多国快速发展，并开始蚕食传统银行市场。欧洲多国的传统银行纷纷试水直销银行模式，并购早期成立的直销银行或者自己成立子公司，例如意大利第五大银行意联银行在1999年推出IWBank，法国BNP在2008年推出UBank Australia。

经济周期波动深刻影响银行业竞争格局。2008年次贷危机对金融业造成极大冲击，行业内出现了整合并购的浪潮。受危机的影响，部分直销银行因为自身风险承受能力较低而被迫倒闭或重组。小型独立直销银行风险承受能力低，纷纷成为被大银行并购的对象。这一轮行业整合使得领先的直销银行做大做强，部分小型直销银行则凭借走上差异化道路得以生存下来。

典型代表

这一阶段，互联网技术进一步发展，商业化程度不断加深，直销银行在多个国家及地区继续快速发展（参阅图 8.2）。以美国为例，目前资产总额最高的 16 家直销银行中，有 9 家是在 1998 ~ 2000 年创办的，创办主力来自外资银行、券商、险企、信用卡公司、车商等市场新进入者。美国直销银行的市场份额从 2002 年的 0.7% 提高到 2009 年的 3%，年复合增长率达 20%，远超美国银行业整体 7% 的增速。类似的现象也出现在英德等其他直销银行起步较早的国家，如 2009 年直销银行在德国的市场份额达到约 5%，成为不可忽视的力量。

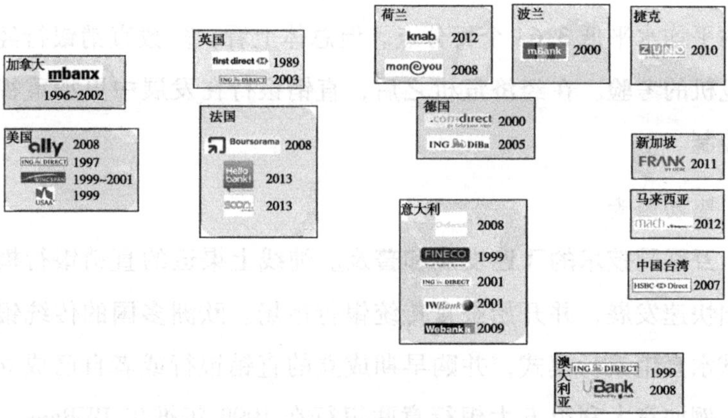

图 8.2 直销银行在多个国家及地区继续快速发展

这一阶段，直销银行在全球各国大量出现，如美国的 Ally Bank、德国的 ING DiBa、澳大利亚的 ING Direct Australia 和 Ubank、意大利的 WeBank 银行和 FINECO 银行、波兰的 mBank 银行等。许多银行在这个阶段发展壮大，持续至今。

发展特点

战略定位：在行业整合分化的大潮中，领先直销银行做大做强甚至向全能型直销银行发展，而一些小型直销银行则转而坚持走差异化之路。领先直销银行做大做强，比较典型的例子是荷兰 ING 金融集团旗下的ING Direct。在进入目标市场初期时，ING Direct主要针对25~40岁的熟悉互联网技术的中高收入群体，根据他们的需求提供服务。随着业务发展，ING Direct通过不断丰富网上产品种类、建立线下低成本的ING咖啡馆渠道等手段，成功将目标客户拓展到了更加广泛的人群。而小型直销银行则开始走差异化道路，针对不同的目标客群打造自身特色，最为典型的就是First Direct。同时，世界各国还出现了一些走专业化产品路线的直销银行，如美国的Scottrade、Onvista、德国的NetBank等。

产品/服务：在此阶段，随着技术能力的不断提高，直销银行的产品和服务创新不断涌现，不再局限于起步初期只提供简单的存贷款产品的模式，在保持简单快捷的竞争优势的同时，通过不断丰富产品种类和组合，满足了用户更广泛的需求并持续提高了用户的黏性。例如，美国的Scottrade和Onvista主打股票、基金的投资服务，相比传统投资渠道更加简便快捷。

渠道/营销：一方面，随着网上渠道的完善，直销银行更多的服务和产品销售实现了网络化，同时加大了网上推广力度。另一方面，部分直销银行开辟了自己的专属线下网点，或共享母行的线下网点开展服务，“线上+线下”的模式成为直销银行打造形象、提升信任度和客户体验的重要方式。在营销渠道的选择上，由于目标用户使用习惯的特点，直销银行更加重视互联网渠道的推广，如投放更多的网络广告、运用社交媒体进行营销等。

2010年之后：创新突破，百花齐放

2008年次贷危机结束至今，直销银行业的ROE显著高于银行业平均水平：2012年，美国银行业的ROE为8.7%，而直销银行业则达到11.4%，这说明美国直销银行业更快地从危机中复苏，体现了直销银行模式的活力。同时，直销银行在银行业中的影响力也不断

增强：目前在欧美发达国家普遍占据了 7% ~10% 的市场份额，成为一股不可忽视的力量。在新技术的支持下，直销银行的业务模式不断创新突破，百花齐放，并进一步向全球范围扩张。亚洲、澳洲等地区也相继出现直销银行并快速发展。

驱动因素

移动互联网、大数据、云计算等新技术爆炸式发展。技术进步推动了直销银行模式上的创新和进一步的快速发展。移动互联网等新技术的应用进一步提升了网络金融的效率，使银行随时随地地满足客户需求成为可能。

客户需求的变化。为满足客户对社交化、定制化、金融场景化的需求，顺应互动和跨界的趋势，直销银行的业务模式不断创新，如出现了纯移动端的直销银行。

综合金融进一步发展。美英德直销银行继续重组，大型综合银行并购、整合直销银行的趋势加速。经过不断的兼并整合，目前，全球大多数的直销银行都是大型银行集团全资或控股的子公司或子品牌。

典型代表

华侨银行作为新加坡最大的银行集团之一，在 2011 年 5 月推出直销银行子品牌 Frank。针对 20 世纪 80 年代以后出生的年轻人，Frank 从产品设计、网络渠道风格到营销手段上都大胆创新，以迎合年轻人的使用习惯，并辅以线下渠道作为其品牌宣传的手段。Frank 的线下商店整体风格清新明快，店员也都是和顾客相仿的年轻人，柜台设计为完全开放式。这种店面设计颠覆了银行网点的刻板风格，而更像是一家精品购物店。因此，一经推出就获得了年轻人的青睐。

2013 年，巴黎银行在法德荷比四国同时推出直销银行品牌 Hello Bank。Hello Bank 以移动客户端作为服务客户的唯一渠道，PC 端仅用来推广品牌而不提供任何金融服务，因此成为全球第一家完全通过移动端渠道运营的银行。这体现了直销银行紧随移动互联网发展趋势的创新精神，又一次走在了银行业的前列。此外，Hello Bank 还大幅简化了登录、产品购买、转账查账等功能的流程，以更好地适应用户在移动端的使用习惯，大幅提升了用户体验。

发展特点

战略定位：在技术进步日新月异的“互联网+”时代，各大直销银行创新发展、百花齐放，都非常注重客户细分和客户体验。这一时期，直销银行领域开始出现了较为明确的经营模式和战略定位，如以马来西亚 Mach 为代表的“客户专家型”、以西班牙桑坦德银行为代表的“产品专家型”等。

产品服务：创新互联网技术的广泛应用，使直销银行不断丰富产品线，优化用户体验和提升运营效率，从最初的提供低成本服务，逐步发展到成为客户的产品专家、为特定客群提供定制化服务，并持续探索数字化和互联网化的转型。一是通过将金融服务嵌入社交系统和游戏功能提高用户体验和黏性，例如 Frank 银行允许客户免费转账给脸书账户；二是实现了更加高效和自动化的信贷审批，如德国 Atom Bank 将推出全线上的网络贷款服务；三是产品销售和服务获取更加便捷，如 Bancorp bank 支持新的支付形式，包括贝宝、苹果支付等。

渠道/营销：直销银行进一步凸显其“以为客户提供更便利的服务体验为核心”的发展特点；重视互联网技术的创新突破、线上渠道的功能强化、运营效率的进一步提升，以适应客户随时、随地、碎片化的需求。例如，美国的 Ally Bank 允许用户通过手机拍照的方式实现传统支票的存汇，将互联网技术创新与传统银行服务的提升紧密联系在一起，让那些仍然依赖传统银行服务方式的顾客可以向互联网银行服务方式过渡。

美国直销银行发展经验

美国作为最早发展直销银行的国家之一，其直销银行的发展历程和实践经验非常具有代表性，也十分值得我们借鉴。根据对美国16家直销银行的研究①（参阅表8.1），以及与传统银行业的对比，我们可以看出直销银行发展的特点和脉络，对未来一些可能的发展方向也有所启发。

表 8.1　典型的 16 家美国直销银行

名称	成立时间	主要业务
Ally Bank	2004 年	以存款业务为主，有支票账户、储蓄账户、定期存单、养老金账户、汽车融资服务
American Express Bank	2000 年	以存款业务为主，有高效益储蓄账户（High-Yield Savings Account）和定期存单，也经营小企业贷款业务
Barclays Bank Delaware	2006 年	以存款业务为主，有储蓄账户和 3 个月到 5 年期的定期存单
BOFI Federal Bank	2000 年	提供个人及企业用户的存款及贷款业务，包括储蓄账户、房地产贷款等
Charles Schwab Bank	2003 年	提供免除 ATM 服务费、月管理费、最低存款额的存款账户；与 Quicken Loans 合作，提供具有竞争力利率的家庭贷款
CIT Bank	2000 年	以存款业务为主，提供各种期限存款、托管账户、养老账户等服务

① 根据以下 3 个标准筛选：第一，拥有独立的法人资格，即直销银行必须是独立开展业务的，而不是作为实体银行的网络补充所存在的；第二，拥有单独的 FDIC 注册码，即美国联邦存款保险公司（FDIC）为它的存款提供保险；第三，几乎没有营业网点，主要通过互联网、电话等方式为客户提供金融产品和服务，例如 Ever Bank 虽有 20 个营业网点，但其主要业务还是通过远程方式提供。

（续表）

名称	成立时间	主要业务
Discover Bank	2000 年	对个人用户提供储蓄账户、定期存单、养老金账户、信用卡服务等
Scottrade Bank	2008 年	为个人提供存款业务，为企业、供应商、金融机构等提供金融咨询服务和贷款、租赁服务
E * Trade Bank	1999 年	为用户提供开设养老金账户、个人退休账户服务，以及账户投资咨询服务
EverBank	1998 年	提供全面金融服务，如银行服务、财富管理、房地产贷款等。其直销银行部分主要对个人及企业用户提供存款和贷款业务
First Internet Bank of Indiana	1998 年	主要对个人和企业提供存款、贷款业务
Capital One（前身为 ING direct USA）	1999 年	提供存款账户、电子支票、家庭贷款、房地产抵押贷款、投资、退休金管理等业务
Raymond James Bank	1994 年	提供存款业务及多种类抵押贷款业务
State Farm Bank	1999 年	以存款业务为主，有支票账户、储蓄账户、定期存单、养老金账户，以及贷款和信用卡业务
RBC Bank	1985 年	提供美国远距离储蓄和美加跨境便捷转账服务、支票、信用卡、定期存单服务，以及贷款和货币市场投资服务
Sallie Mae Bank	2010 年	提供高息储蓄及定期存单账户，以及教育贷款等业务

美国直销银行持续增长，但占总体银行业份额仍然不高

2003 年美国直销银行业的总资产约为 8 980 亿美元，到 2012 年

则达到了53 970亿美元，年均增长速度高达60%。如果以2013年《银行家》（*The Banker*）的世界千强银行榜单进行模拟排名，上述16家典型的美国直销银行全部能进入“世界千强银行”的序列之中。其中前6家直销银行的资产规模可以进入到世界前500名，ING Bank以975.27亿美元的资产规模排在第151名，Ally Bank紧随其后，以947.96亿美元总资产名列第162名。在美国本土银行业范围内，同样以总资产标准来衡量，2013年美国的直销银行中前10家银行可以进入美国整体银行业虚拟排名的前50位。

在迅速增长的背后，我们也应看到，美国直销银行占总体银行业份额仍然不高。2003年，美国直销银行业的总资产在银行业9.08万亿中的占比只有0.99%。2012年，美国直销银行业的总资产在银行业14.45万亿中占比为3.73%，10年间份额从1%增长到了4%。从总存款增长来看，直销银行存款的年复合增长率为22.03%，远高于整个银行业存款6.85%的年复合增长率。但如果我们从总占比来考察，2003年美国直销银行业的总存款在银行业中的占比仅为1.1%；即便到了2012年，美国直销银行业的总存款在银行业中的占比也仅为3.64%。这一现象在活期账户中体现得更为明显。传统银行在活期账户中的占比仍然居高不下，约为96%~98%，而直销银行仅为1%~3%左右。从2003年至2012年，美国16家直销银行在总资产、总存款、净贷款和租赁规模各个层面的占比均不到整体银行业的5%。

从上述数据可以看出，在美国的银行业里，综合性大型金融机构仍是主流。这种主体地位可以从资产规模、存款规模以及净利润等多个方面得到体现。此类大型综合金融机构凭借其规模效应和雄厚的资本实力占据了市场的主体地位，这一地位是目前的直销银行难以撼动的。

美国直销银行与传统银行在业务结构上逐渐靠近

随着直销银行的逐渐发展，我们可以观察到一个趋势——直销银行在资产结构、负债结构、收入结构上与传统银行结构逐渐趋同。

从收入结构来看（参阅图 8.3），美国银行业主要业务收入来源于存贷款利差，净利息收入约占总营业收入的 60%。在 2003 ~ 2012 年的发展过程中，美国直销银行的营业收入结构发生了较大变化：2008 年以前，直销银行业非利息收入占比达到总营业收入的 55%，净利息收入相对较低；2009 年、2010 年美国直销银行业经历了业务转型，非利息收入占营业额比例大幅下滑；2010 年后，美国直销银行业与银行业收入结构基本趋同，美国银行业净利息收入占比略高于直销银行业。

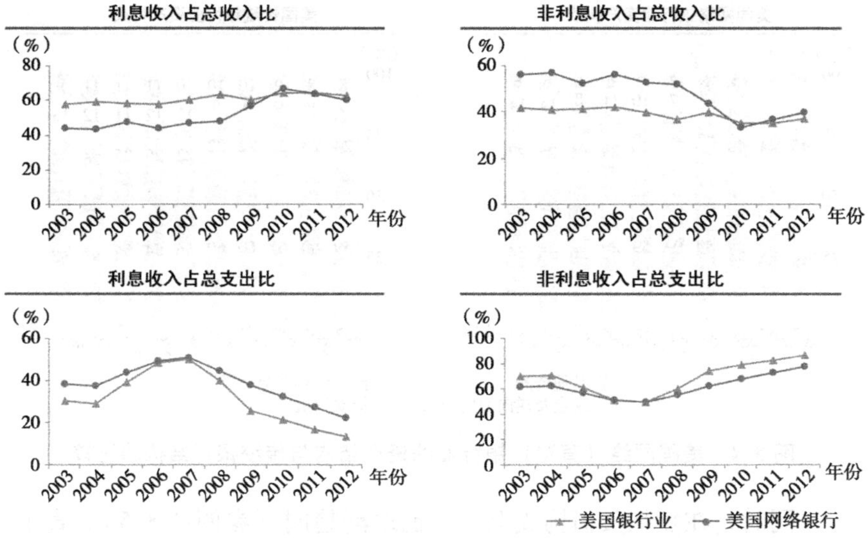

图 8.3　美国网络（直销）银行收入支出结构与传统银行的比较

从支出构成来看，二者的走向也趋同。银行的成本支出主要分为利息支出和非利息支出两部分。美国银行业利息支出在 2007 年达到高点之后一直呈下行趋势，2012 年降低到 12%，直销银行约为 20%；在非利息支出中，直销银行约为 80%，仅与美国银行业相差不到 10%。

直销银行业的资产结构在 2003～2012 年有明显变化（参阅图 8.4）。2003 年，直销银行业用于发放贷款和投资证券的资产分别占总资产的 49% 和 45%，其他资产配置较少。经过 2003～2006 年的快速发展，直销银行业资产构成发生了明显改变，其中投资证券和交易资产有所压缩，到 2012 年下降到 27%；贷款和租赁资产有小幅上涨，2012 年为 54%。在这 10 年的发展成熟过程中，直销银行的现金及逆向回购业务资产得到了较大上涨，这也反映了直销银行的业务在向多元化方向扩展。截至 2012 年，直销银行的资产结构已经与传统银行类似。

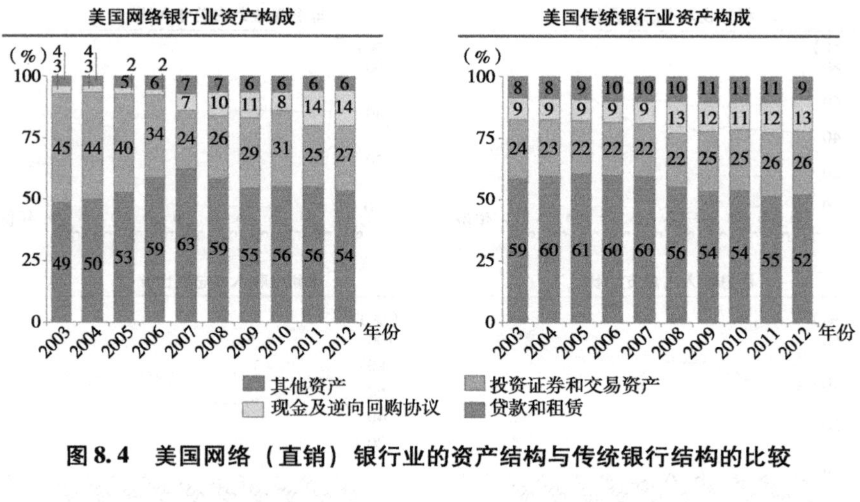

图 8.4　美国网络（直销）银行业的资产结构与传统银行结构的比较

同时，在贷款负债构成上二者也逐渐趋同（参阅图 8.5）。直销银行业的存款占负债比在 2003～2012 年经历了先下降再上升的过程。在发展初期，直销银行吸收资金的渠道局限于吸纳存款。2004～2006 年，直销银行拓展了非存款融资渠道，购买的联邦基金和回购协议比重上升。2007 年以后，直销银行通过购买联邦基金和回购协议融入的资金逐渐被其他借入资金所取代，主要包括从联储银行的贴现窗口借出的借款准备金等。同时，存款占负债的比重也逐渐回升。2012年，直销银行业总存款占总负债的83%，这一比例接近于当年银行业84%的平均水平。

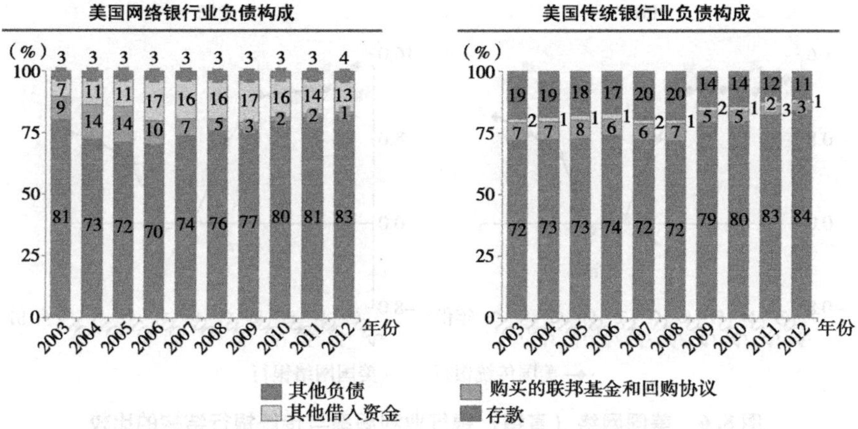

图8.5　美国网络（直销）银行业的贷款负债构成与传统银行结构的比较

从上述分析我们可以看出，在直销银行十几年的发展历程中，与已经历数百年发展与变革的成熟传统银行业相比，两者的内部资产结构逐渐趋同。在收入结构和负债结构趋同的同时，一些不同之处仍然值得我们关注。比较突出的差异是直销银行运营成本仍占优势，利润率高于传统银行，但由于规模小、抗风险能力较差、难以发展优势贷款等原因，直销银行的利润波动率也较高。

从利润率指标来看，2012年美国银行业整体资产收益率（ROA）为1%，而直销银行为1.34%（参阅图8.6）。从目前的发展趋势看，直销银行的获利能力要强于银行业的平均水平。但由于直销银行业尚处于行业发展的起步阶段，规模仍然较小，对系统风险的抵抗能力弱于银行业平均水平，并且直销银行缺乏稳定的贷款渠道，难以发展优质贷款，这导致直销银行利润及收益波动性较大。

金融危机之前，较之美国银行业整体，直销银行 ROA 浮动就已存在不稳定性，随后金融危机的冲击更是使得直销银行 ROA 一度跌到 -0.5%，后期借助业务转型和行业调整等措施，直销银行 ROA 才得以快速提升。从 ROE 的角度观察也呈现出相似的特征（参阅图 8.6）。

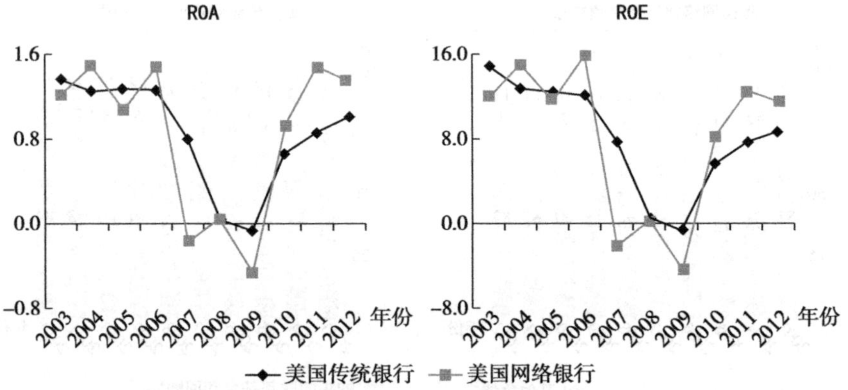

图 8.6　美国网络（直销）银行业利润率与传统银行结构的比较

美国直销银行的集团化和综合化发展

在美国前十大国际银行中，80% 均背靠大型金融集团，完全独立的直销银行并不多见：例如 Ally Bank 隶属于美国联合汽车金融公司，First Direct 则由汇丰银行全资控股，Capital One 360 则隶属于美国第一资本公司，ING DiBa 为 ING 集团全资子公司。

综合化经营是波士顿咨询观察到的另一个重要发展趋势。在美国 16 家直销银行样本中，约一半是在金融集团内部同时经营互联网券商和互联网银行的。跨市场投资带来的混业经营能给客户提供一揽子金融服务，打造出既能投资也能借款的超级账户。对直销银行来说，建立功能强大、产品丰富、用户体验好的综合化互联网金融服务体系，将成为其未来的重要发展目标之一。同时具备支付和投资以及零售存款功能的全能银行，其客户的平均资产规模是纯储蓄银行的 2~3 倍，并能产生更多利润。

聚焦直销银行的4种差异化模式

经过近30年的发展，根据直销银行差异化的产品和客户定位，国际上直销银行/互联网银行已涌现出4类比较成熟的业务模式（参阅图8.7）。

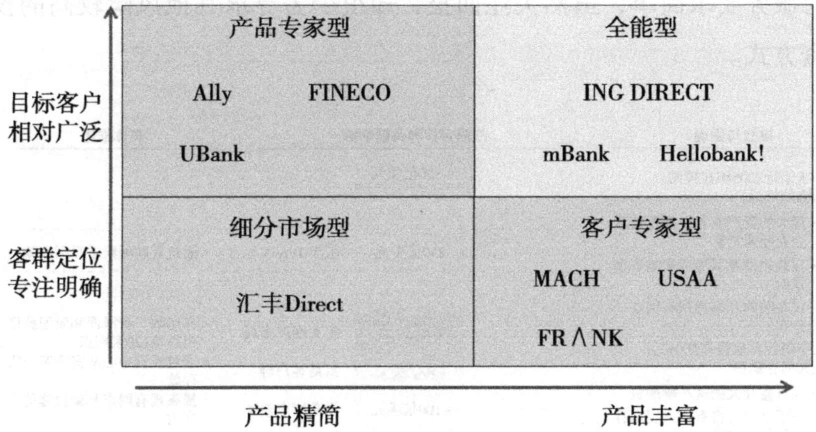

图8.7　直销银行的4种模式

细分市场型

“细分市场型”对特定的细分客群提供精简的产品，目标客户和产品提供均较为单一，因此发展有限。从国际经验来看，此类直销银行通常为各直销银行发展的初级阶段。从长期来看，成功的直销银行会向“产品专家型”、“客户专家型”甚至“全能型”发展。

汇丰Direct：特定时期实现特定细分市场目标的直销银行

汇丰Direct作为汇丰银行的直销事业部，于2005年11月在美国建立，并逐渐拓展业务至加拿大、英国、印度、韩国、法国和中国台湾等国家和地区。汇丰Direct成立的战略背景是汇丰银行拥有庞大的资产业务，但存款规模发展相对滞后。受限于当时在美国市场线下网点不多的现实，汇丰银行希望通过网络渠道吸引更多的优质存款客户。基于作为吸储渠道的战略定位，汇丰 Direct 在美国成立之初，即确立了在 2010 年前新增 250 亿美元存款的明确战略目标（参阅图 8.8）。依照此目标，汇丰 Direct 的客群定位为中等财富水平、积极理财且风险偏好低的群体。这类客户具有一定的储蓄能力、对服务要求简单，虽然关注回报，却很少去寻求其他风险较高的投资方式。

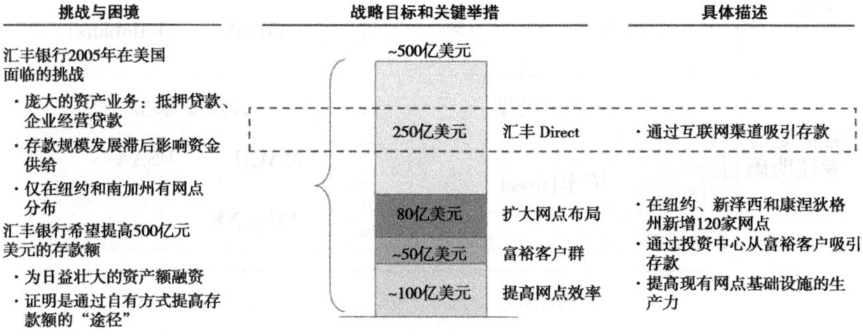

图 8.8 汇丰 Direct 作为吸储渠道创立

汇丰 Direct 在发展过程中体现了两大特点：

第一，针对目标客户特点，打造精简的产品线。当时，汇丰 Direct 只提供了活期储蓄和大额可转让定期存单两种产品，提供的利率比当时美国银行业的平均水平高 0.5% ~1%，具有较强的吸引力。但是不同于 ING Direct 等其他直销银行，汇丰 Direct 在发展过程中始终保持单一的产品线，没有提供其他直销银行常见的保险、信用卡和个人信贷等业务。汇丰 Direct 产品上的特点明确体现了其作为集团吸储渠道的战略定位。

第二，为了更快地吸引到目标客户，汇丰 Direct 从技术、体验和情感 3 个层面进行了有针对性的营销（参阅图 8.9）。在技术层面，对收益高、便于获取资金，且没有最低余额要求和手续费等特点进行宣传；在体验层面，宣传重点是更好的储蓄方式和安全性；在情感上，为客户营造良好的储蓄感受，例如，让客户觉得储蓄能够延长自己的满足感，是在为未来做一件正确的事情。

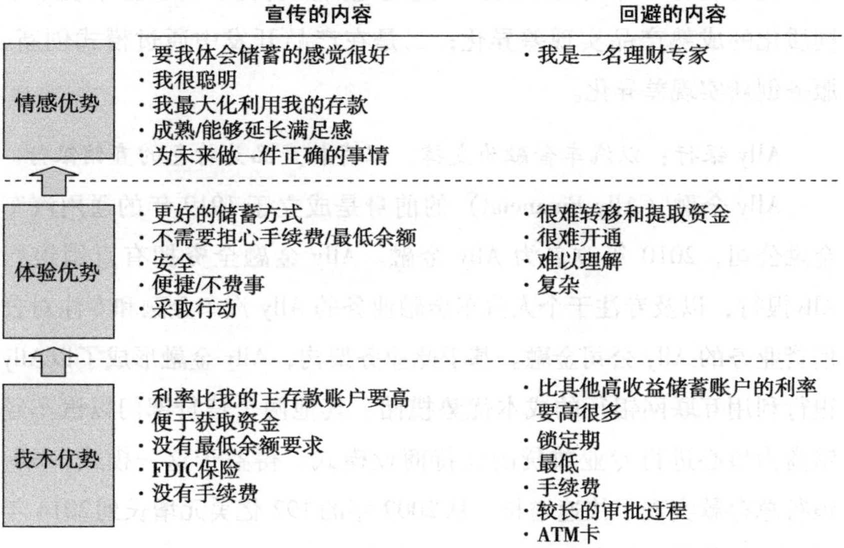

图 8.9　汇丰 Direct 从技术、体验和情感 3 个层面进行有针对性的营销

然而，在 2014 年前后，汇丰 Direct 逐步并入汇丰银行的网络渠道体系，不再独立运营。导致这样结果的原因有两方面：一方面，汇丰 Direct 并没有实现宣传中的承诺，客户体验一直较差，在 2010 年针对美国用户的调查中被选为满意度最低的直销银行。另一方面，汇丰 Direct 作为汇丰的一个事业部，其战略制定和实施都需要经过母公司决策层的审批，以保证直销部门的决策服务于集团的整体战略发展。但是，这样的架构同时也注定了汇丰 Direct 的发展在集团内部始终处在较低的优先级，无法获得集团足够的资源支持；而汇丰 Direct 部门也无法完全从自身发展的角度制定战略，最终导致其并入母公司网络渠道事业部的结局。

产品专家型

产品专家型的核心特征是在产品和服务领域实现差异化，这种差异化可能有两种实现方式：一是通过高性价比、高收益率使原本同质化的成熟产品实现差异化；二是在产品开发中通过模式创新、服务创新实现差异化。

Ally 银行：以汽车金融为支撑，以存款产品为特色的直销银行

Ally 金融（Ally Financial）的前身是成立于 1919 年的通用汽车金融公司，2010 年改名为 Ally 金融。Ally 金融全资拥有直销银行Ally银行，以及专注于个人汽车金融业务的 Ally 汽车金融和专注对公信贷业务的 Ally 公司金融。基于此业务架构，Ally 金融形成了以Ally银行利用互联网银行的成本优势揽储、其他两个信贷部门以汽车经销商为核心进行专业放贷的独特商业模式。得益于这一模式，Ally银行总存款实现了快速增长，从2009 年的192 亿美元增长到2014 年的 579 亿美元，总资产约 1 000 亿美元。

Ally 银行核心产品的成功，有两大关键优势：

利率方面：Ally 银行凭借其资产端汽车金融的放贷优势（Ally 金融与15 000 家汽车经销商建立了长期的良好合作关系，且有丰富多样的汽车融资产品），以及直销银行本身的运营成本优势（Ally 银行目前只有不足1 000 名员工，并且完全没有线下网点），为客户提供了非常有竞争力的存款利率。

服务方面：Ally 银行的存款服务种类多样，如网上储蓄账户、货币市场账户、有息支票账户、定期存单、养老金账户。利用互联网技术，Ally 银行为客户提供每周 7 天、每天 24 小时的电话或者互联网服务。同时，Ally 银行没有账户最低余额要求，并免除账户费用和 ATM 费用，且具有远程存款的功能，另外还为客户提供扫描支票的远程存款服务，对邮寄支票的客户还提供免邮费服务。

FINECO：以投资理财服务为特色的中高端直销银行

FINECO 是意大利联合信贷银行（UniCreditSpA）全资控股的子银行，成立于 1999 年。在几年的时间内，FINECO 依托投资理财产品的专业优势，迅速成长为一家中高端直销银行。2012 年，客户数达 85 万人（当年意大利人口约 6 100 万人），资产规模达 370 亿欧元，交易量达 2 500 亿欧元，银行卡交易达 7 700 万笔，税前利润达 1.1 亿欧元，ROE 达 42.8%。按客户数计算，FINECO 已经成为意大利第二大直销银行，排名仅次于 ING Direct。

FINECO 直销银行投资理财模式在欧洲独具特色：用一个账户满足客户多元需求，提供全线上操作的投资和交易平台；平台上聚集了超过 2 300 名金融咨询师，在 300 个金融超市向客户提供金融咨询；在银行服务方面，提供 PC 端和移动端的服务平台；在券商业务方面，覆盖超过 26 个市场，通过网络和移动平台提供交易服务；在财富管理方面，给客户多种产品选择，包括线上投资和个人资产管理，实现一对一的财富管理咨询。

FINECO 的投资理财服务的成功主要有两大优势：

第一，FINECO 旨在打造综合性、开放性的平台，既是客户获得投资理财服务的电子化银行，又是理财咨询师获得客户的重要渠道。并且，FINECO 并不限制在平台上交易的产品来源，客户可以随意选择 FINECO 以外的产品。开放的交易平台在市场上获得了买卖双方的认可。

第二，FINECO 通过各种手段帮助客户获得更好的服务体验，例如以客户视角简化自身拳头产品的流程、通过分析客户的交易行为来解决安全问题（而非让客户在网上交易时使用实体装置）等。最值得一提的是 FINECO 高效率的客户服务系统：200 名呼叫中心服务人员确保 95% 的客户交流可以实现“一次解决问题”，75% 的来电在 10 秒内接听，75% 的问题在当天解决。良好的客户服务体验意味着“口口相传”的巨大营销效应：在客户调研中，99% 的 FINECO 客户愿意将其个人理财顾问推荐给亲友。

客户专家型

客群专家型的核心特征是银行有一个或数个明确的客群定位，而不是服务全民。明确目标客户后，银行的渠道、产品、服务、流程等均围绕该客户群的特点进行设计和组织。此类互联网银行通常具有特色鲜明的品牌形象，以吸引目标客群。

MACH Bank：以年轻客户为中心建立“定制银行”的尝试

MACH 银行是马来西亚丰隆银行创办的直销银行子品牌，它通过全新的银行模式和形象来服务对传统银行认同感不强的年轻客户，是直销银行以客户为中心建立“定制银行”的一次尝试。MACH 银行于 2012 年 7 月正式上线，是亚洲较早成立的直销银行之一。依托母银行集团的品牌影响、企业信誉、资金实力和后台支持，同时结合自己的渠道特色与成本优势，MACH 在推出后迅速发展，目前是马来西亚最大的直销银行品牌，并在 2014 年和 2015 年获得东南亚最具创新银行奖和年轻人最喜爱的银行等奖项。

MACH 银行的成功主要有三大方面的经验：

首先，基于深度调研结论，确定清晰的市场定位和发展目标。丰隆银行在设立 MACH 之前，对年轻一代（20～30 岁的年轻人）进行了广泛的调研和量化分析，最终发现：市场上传统银行提供的服务与年轻客群的预期有较大的差距。这正好提供了服务创新的机会。MACH 锁定年轻客群，紧跟他们追求时尚、新鲜事物和个性化的需求特征，同时重视培植长期客户。基于客户在全生命周期内对银行业务需求的完整分析，MACH 希望通过早期介入和深度挖掘来掌握年轻客户未来的金融需求，创建与客户之间长期的、全面的联系，以获得客户加速增长时期带来的收益。

其次，以创新主张为客户提供定制化的趣味产品。MACH 的产品都具有独特的价值主张，致力于为客户提供量身定制的产品。MACH 的产品线精简化，仅有储蓄、信用卡、保险、车贷、消费贷等几款基本的金融产品，但已能满足大部分年轻人的主要金融需求。同时，其产品设计充满趣味性（参阅图 8.10），以吸引年轻人的眼球，例如第三章中讲到的“梦想存钱罐”。

	梦想存钱罐	Mach信用卡	可控车贷	I.O.U个人贷款	MyPal透支机
价值定位	帮您储蓄并实现梦想和回报	充分展现您的生活方式的信用卡	您可以控制的，并且能节省更多的车贷	快捷、简单、有回报的融资方法	随时待命的好帮手
主要差异	·有目标的储蓄，并伴随返现奖励 ·允许多目标，实现回报最大化 ·有竞争力的利率 ·可以网上管理账户 ·10分钟之内就可以开设一个账户	·拥有12个种类的定制奖励，满足不同用户的生活方式 ·可以通过网上银行，灵活的随时改变套餐 ·最高１０%返现 ·无年费 ·20分钟批准和发卡	·灵活的还款时间 ·关联储蓄账户，以消除贷款余额，节省利息的支付 ·根据贷款余额，每月支付 ·允许追加贷款 ·15分钟就可以批准	·不需要担保和抵押 ·仅仅需要填几份文件就可以申请 ·及时还款还有20%返现 ·最高可以申请25万林吉特 ·60分钟内审批	·可立刻取现200林吉特 ·和储蓄账户关联，不需要额外的审批手续 ·通过网上银行方便的激活 ·可以从ATM、网上，或者借记交易中灵活支取 ·固定费用，无利息

图 8.10　MACH 的产品简单而充满趣味

最后，与母银行和谐共存、优势互补、相得益彰。MACH 作为丰隆银行的子品牌，在推出初期即明确定位于 20～30 岁的年轻人客群，和母品牌定位建立明显的区分度，以防止在客群上的内部竞争。此外，MACH 通过在营销和渠道上的战略设计，减少和母行的直接竞争关系，而重点发展母行传统渠道接触不到的增量客户，这也确保了丰隆在为 MACH 提供资源支持的过程中可以不遗余力。为了避免更优惠的价格对母行现有非年轻客户的影响，MACH 采取了很多措施。例如，在网站设计上使用更新潮的风格，在获客手段上更注重网上推广和年轻人朋友之间的推荐等。同时，作为丰隆银行的子品牌，MACH 在运营架构方面基本上是前台独立，中后台共享丰隆银行的人员与技术，从而保证了业务的独立性。

全能型

全能型直销银行的核心特征即“全面”，一般为覆盖全客群、提供全服务的综合性直销银行。此类直销银行的股东通常为金融机构，帮助直销银行拥有更为全面的金融基因，业务规模也通常较大。

ING Direct：从产品专家型走向全能型

ING Direct是ING集团在进军全球零售银行市场过程中决定创办的全球性直销银行。在成立ING Direct前，ING在海外的对公业务和保险业务已有较大的发展，市场规模可观，但尚无零售业务。ING Direct勇于开拓全新的市场。1997年，ING在加拿大成立第一家直销银行ING Direct Canada并获得成功后，迅速将该模式推广至包含美国、英国、德国在内的全球范围，全球客户人数从2000年年底的130万人迅速扩张到2006年年底的1 700万人，截至2015年年底，全球客户数达到3 400万。

ING Direct的成功要素可以总结为4个方面：

第一，勇于产品创新并建立先发优势。ING Direct较早认识到互联网技术的发展普及和目标国家利率市场化的完成将带来银行业的改革，并敢于尝试富于创新性的直销银行模式，在所在国家的零售银行业创新中确立了先发优势。ING直销银行在进入各个国家的发展初期，模式上接近产品专家型，往往仅推出网售储蓄账户等简单产品。但利用自己的线上渠道、精简产品和自动化流程所带来的低成本优势，提供了相对传统银行更优惠的利率以吸引客户。例如，ING DiBa（ING Direct在德国的直销银行品牌）2012年的成本资产比率大大低于德国市场中的其他银行，为高存款利率打下了基础。ING Direct USA提供的储蓄利率在美国全部银行中排名第8。这种商业模式帮助ING直销银行迅速在海外站稳脚跟，在所在国一般3 ~4年即可实现盈利。

第二，与时俱进，通过拓展产品线不断优化自身模式。ING Direct 在维持核心成本与价格优势的前提下，根据自身发展和外部环境的演变制定了清晰的发展路径，并通过合适的产品创新来拓展业务，持续为消费者带来技术、体验和情感收益，提升客户满意度，实现持续的发展。在获得初步成功后，ING Direct 意识到，拥有越多的银行产品和客户，其单个客户产生的利润也越高。该银行经过调研发现，全能型银行客户的资产规模是纯储蓄银行的 2～3 倍，而且全能银行的客户满意度更高、贡献的利润率也更高。在此考虑下，ING Direct 开始将产品线逐渐拓展到抵押贷款和投资产品等品类，最终发展成五大类产品线，并积极开展交叉销售（参阅图 8.11）。

产品	具体说明
· Orange储蓄账户 · Orange电子支票 · Orange存单	· 不设起存点，年利率1.30% · 5万美元以内可享0.25%年利率，5万美元以上可享1.5%，借记无支票 · 6~60个月，年利率可达1.25%~1.75%
· Easy Orange · Orange Mortgage	· “适合储蓄者的抵押贷款”（30年贷款，其中5年享受固定利率每两周还款一次） · “根据您的需求度身定制抵押贷款方案”
· Share Builder · 儿童账户	· 购股费用低至4美元，不设最低账户金额。签约即赠50美元
· IRA · Rollovers	· 投资股票、对冲基金、ETF产品或FDIC保险储蓄，存单 · 可将401（k）或403（b）累积到IRA
· 企业储蓄账户 · 企业存单 · Share Builder 401（k）	· 年利率1.15% · 24个月存单可享1.5%年利率（接近消费贷款利率） · “为小微企业制订简单的低成本退休计划”

图 8.11　ING Direct 产品最初的储蓄账户发展成五大类

第三，实现品牌和文化自主性。作为隶属于 ING 集团的全球性直销银行，ING Direct 在目标国家始终保持独立的架构运营，以确保更好地理解和适应当地客户的特点，为他们提供更适合的产品与服务。这样的独立架构也保证了 ING Direct 能够更快地对当地的市场变化做出反应，而无须等待集团的批示。

第四，积极探索线上线下合作。ING 发现，仅靠线上渠道很难触及那些不熟悉互联网技术的客户，并且客户的线下体验需求并不能被线上渠道完全替代，于是开始设立线下门店。2003 年 11 月，在进入美国市场约 4 年后，ING Direct 独创性地在纽约市中心开设了全球第一家“咖啡银行”。色彩明亮温暖的咖啡吧，传递着现代、创新和焕然一新的品牌形象，同时在咖啡吧内会出售带有 ING Direct 标志的咖啡杯、T 恤衫等产品。咖啡厅内设有计算机终端，消费者可以登录账户。同时，ING Direct 将咖啡吧店员培训为金融顾问，让他们能够以没有术语的方式与客户沟通对话，提供产品建议。这样的咖啡店成本要远低于传统银行网点，且通过咖啡与纪念品的销售可以补贴大部分成本。仅这一个“网点”，在成立第一年就为银行带来了 2 亿美元以上的新增存款和抵押贷款业务。

mBank：“倒逼”母行变革的全能型直销银行

mBank 于 2000 年在波兰创立，是直销银行“倒逼”母行互联网化、打造全能型直销银行的经典案例。作为世界上成立较早的互联网银行之一，mBank 初期作为波兰 BRE 银行的直销银行子品牌存在，2013 年成功反向整合了母行，将其原有的业务也纳入了整合后的新银行体系，以 mBank 作为主体继续开展业务。该行客户数量从 2002 年的 15 万人增长到 2014 年的 400 万人（参阅图 8.12），目前已成为波兰的第三大零售银行。2014 年，mBank 与花旗银行、美国合众银行一起被美国银行创新（Bank Innovation）网站评选为世界最具创新精神的 3 家银行。2014 年 mBank 实现利润 3.35 亿美元，总收入增长了 19%，用户规模达到 470 万人，并已基本实现了客户群体从收入范围到年龄跨度的全覆盖，业务还拓展至捷克和斯洛文尼亚等国家。

mBank 的成功主要有两方面经验：

第一，mBank 与时俱进，积极围绕客户提供综合金融服务。例如，在 2003 年推出 Online Managed Funds（在线管理基金）作为第

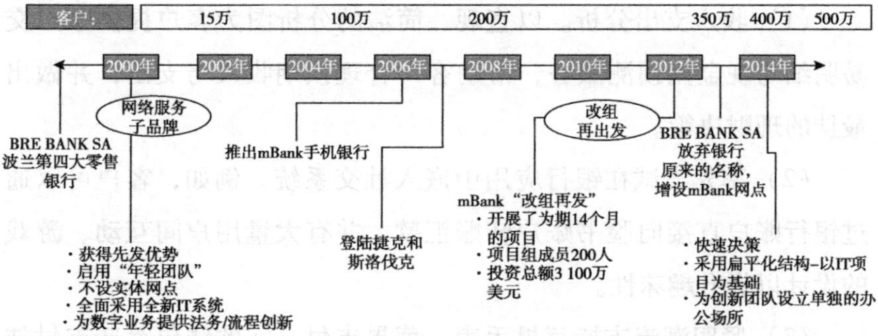

图 8.12　mBank 的发展历程和客户数增长情况

三方产品的交易平台；2004 年推出网上个人信贷产品；2005 年推出网上证券交易功能；2006 年推出了手机端的虚拟银行应用 mBank mobile，成为波兰第一家实现移动化的银行；2007 年开办网上汽车保险超市；2012 年，mBank 进行了新一轮改革创新——mBank“改组再出发”，进行品牌、团队、网银的全面创新（参阅图 8.13），200 多名员工和顾问历经 14 个月，共同致力于打造全新的直销银行。

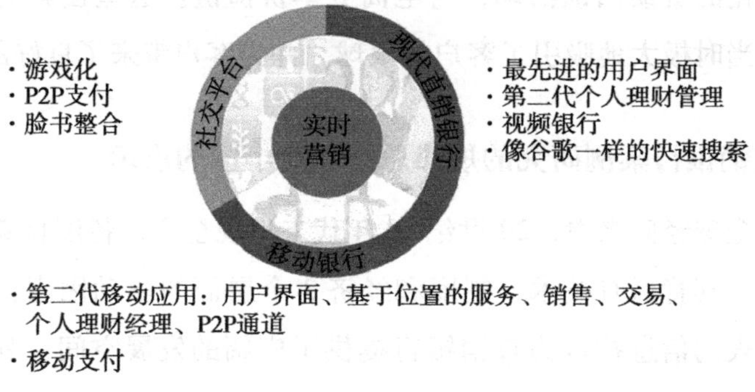

图 8.13　2012 年 mBank“改组再出发”实现的创新情况

第二，为了更好地服务不同类型客户的差异化需求，推出了多种创新产品和服务。mBank 依托在移动互联网技术、社交网络、大数据挖掘方面的经验积累，推出了以下基于互联网技术在当时极具特色的产品和服务：

（1）收入支出分析。以直观、简洁的分析图为客户提供账户交易明细与现金流预测服务，帮助客户合理预期收入与支出，并做出最佳的理财决策。

（2）率先尝试在银行应用中嵌入社交系统。例如，客户可以通过银行账户直接向脸书账户转账汇款，并有大量用户间互动、游戏的设计以提升趣味性。

（3）紧跟潮流支持苹果手表、苹果支付、谷歌钱包等新支付技术，进一步提高用户体验和用户黏性。

（4）手机端“虚拟网点”视频金融顾问咨询。mBank 率先突破性地推出了“网络专家”，客户经理以视频方式为顾客提供实时帮助，通过技术进一步提升了直销银行用户体验的真实感，覆盖金融需求相对复杂的客户。

（5）为客户定制化地推送商户回馈活动。mBank 推出的 mDeals 板块成功挖掘和利用了银行的客户信息系统，与商户合作为客户提供个性化的赞助回馈活动，与电商分享价值链。这些创新的产品和服务在当时极大地吸引了客户的眼球，并为客户带来了良好的体验。

国际直销银行案例研究的规律总结和对中国的启示

从全球经验来看，20 世纪 80 年代末出现至今，各国直销银行发展迅猛，其背后有技术、制度和经济 3 个层面的驱动因素：以互联网为代表的信息技术为直销银行提供了广阔的发展空间；利率和金融行业的市场化改革提供了良好的制度条件；经济波动和市场竞争的加剧则提供了创新动力。

目前中国处于上述三大驱动因素的叠加影响期，我国互联网银行走向快速发展是大势所趋。在技术层面，中国互联网基础设施完善，网络用户尤其是智能手机用户规模庞大，移动互联网、大数据、云计算等新技术也从各方面革新了银行的业务模式和运营效率。在制度层面，我国利率市场化正稳步推进，银行业也已经放开民营银行的设立限制，大型非金融企业尤其是科技企业正积极参与到民营银行的设立中，为互联网银行的加速发展奠定了基础。在经济层面，中国宏观经济正经历结构性调整，倒逼银行业转型升级，通过创新寻找新的增长点。

虽然与中国相比，其他各国在发展阶段、金融体制、银行监管、用户习惯上存在差异，但是通过研究各国领先直销银行的发展经验，波士顿咨询总结出四大适用性较高的发展规律，能够为中国未来互联网银行的发展提供启示。

国际直销银行案例研究的规律总结

（一）从产品和客户维度，实现差异化战略定位是直销银行成功的基础

打造拳头产品，有助于直销银行在较短的时间内打响知名度和吸引新客户，如利率更高的存款服务、费率更低的账户服务。以存款服务为例，从国际发展经验来看，依托直销银行线下无网点的优势，直销银行的运营成本往往显著低于传统银行，这为直销银行提供高利率、低费率的拳头产品打下了竞争基础。结合国外利率市场化的竞争，成功的直销银行在所在区域市场往往有明显的价格竞争优势，并将其打造为一项重点营销、用户认知度高、与品牌形象关联度大的拳头产品。比如美国市场的 Ally 银行和 ING Direct USA（后被 Capital One 集团在 2012 年收购），其储蓄账户的利率远高于富国银行、JP 摩根、美国银行等竞争对手。为了保证拳头产品的竞争优势，ING Direct USA 在进入美国市场伊始，甚至愿意主动放弃能够提供支付和取现功能的支票账户和 ATM 功能，鼓励客户仅将储蓄账户开设在 ING Direct。当客户需要支票支付时，再从 ING 转账至其他银行。这样的举措保障了自身运营成本维持在最低的水平，支撑拳

头产品在利率上的相对优势，为快速获得客户打下了基础。打造拳头产品，定位于“产品专家型”银行，有助于直销银行在较短的时间内集中力量构建清晰的比较优势和获得用户的品牌认知，从而辐射并吸引更多的新客户。

精准定位客户，有助于直销银行集中资源分析特定客户的需求和特征，如对电子渠道的接受度、流动资产规模、风险偏好等，从客户角度出发全方位打造新品牌、新体验、新产品。以针对20～30岁年轻人群的马来西亚MACH银行为例，精准客户定位，首先要求银行基于所在市场和自身发展的特点，开展大量科学细致的调研。当时，马来西亚市场整体上对年轻人群的银行服务覆盖不足，而年轻人群恰恰对互联网渠道接受度较高；从MACH自身的角度来看，其母行马来西亚丰隆银行，之前一直缺乏对年轻人群的专业覆盖，以独立子品牌MACH覆盖年轻人群，有助于直销银行和母行错位竞争，避免内部损耗。其次，“客户专家型”路径要求直销银行以客户为中心，开展全方位的客户专业覆盖。MACH从全新的品牌形象和用户界面，到以“梦想存钱罐”为主题的储蓄产品，以及总金额不高但快速便捷的个人消费贷款，这样的精准客户定位帮助直销银行实现了全方位的创新。

（二）直销银行有能力为不同类型的个人客户提供综合金融服务，成为全能型银行

针对不同类型的个人客户，直销银行有能力满足其综合金融服务需求，通过不同的发展路径，打造全能型直销银行。从各国的发展情况来看，虽然各国监管机构对于远程开户存在不同的态度和管理办法。但是在开户顺利完成后，直销银行已被证明有能力为客户提供涵盖存、贷、汇和理财在内的综合业务，在个人金融领域实现健康发展、做大做强。比如，波兰的mBank在2000年成立伊始即定

位为针对波兰个人客户的线上银行。在随后的发展历程中，在产品上，mBank 陆续增加了公募基金销售、个人消费贷款、证券经纪、保险代销、线上理财咨询、互联网支付等各种个人综合金融服务；在地域上，进一步拓展到捷克和斯洛伐克；在渠道上，依托母行的网点和通讯运营商网点提供额外的服务。2012 年年底，作为直销银行子品牌的 mBank 成功反向整合了母行波兰 BRE 银行，并保留了 mBank 品牌作为主体开展各项金融业务。国际上成功的全能型直销银行案例表明，随着信息技术的进步，以互联网为主要渠道提供服务的直销银行，有能力对接综合金融资源，拓展产品服务，管控金融风险，打造全能型、综合化的个人金融银行。

（三）领先的直销银行需具备四大基础能力

第一，打造特色品牌：一个可信赖度高、认知度强的品牌形象有助于直销银行提升获客能力，增加人均收入规模。相比传统银行，直销银行由于发展时间短，几乎没有线下网点，因此在大众眼中的品牌形象相对模糊，可信赖度低。因此，直销银行的品牌形象一方面要贴合自身的战略定位，比如年轻化、创新能力强，另一方面也需要通过加强品牌传播，提升可信赖度。以 ING Direct USA 为例，早期通过在线下开设咖啡店，让部分已是网上渠道客户但信任度偏低的人群，获得了面对面的线下沟通的场所，从而提升了客户的信心。后期，ING 注重通过数字化社交媒体，如脸书、推特、优兔（Youtube）、Pineterest 等加大品牌在各个渠道的曝光度，同时，ING Direct 也始终注意宣传自身母公司是欧洲综合性金融集团的股东背景，通过一系列的品牌传播举措，造就其一流品牌形象。

第二，提升用户体验：相比传统银行，直销银行高度重视管理用户体验。比如，大部分直销银行在发展早期即可为客户提供 7 × 24 小时的线上服务，辅以呼叫中心，在当时极大地提升了用户体验；在发展初期，努力保持产品线的精简，而不是简单的金融服务堆砌；

利用数字化手段改造传统支票业务的流程，为客户极大节约了时间，吸引客户主动迁移相关业务需求。以客户为中心，对比传统银行的服务体验，寻找痛点以数字化手段提升用户体验，成为了直销银行重要的制胜之道。

第三，实现技术驱动：积极使用新技术有助于直销银行对外创新业务模式，对内优化运营效率。直销银行的目标客群往往是对于数字化渠道接受度高的年轻人，这些客户喜爱尝试创新的数字化体验。从国际发展经验看，mBank 建立了移动端应用程序、将金融服务与社交网络连接、提供互联网支付服务，这些措施都有助于提升客户的体验。ING Direct 在内部通过数据分析加强精准营销和风险管理，建立先进的信息科技系统降低运营成本，有助于进一步构建竞争优势。

第四，建设高效运营：直销银行在产品价格上的优势是建立在高效运营的基础之上的。虽然相比传统银行，直销银行无线下网点的运营模式节约了大量的支出。但是在直销银行模式内部，各银行竞争仍然十分激烈。建设高效、精准的运营体系有助于领先的直销银行脱颖而出。比如 Ally 银行尽可能雇用年轻和优秀勤奋的员工，保持员工队伍的精简，减少不必要的员工支出；ING Direct USA 则尽可能选择低成本的办公设施。以低运营成本支撑价格优势是直销银行一项重要的能力。

（四）线上线下结合，开展合作是直销银行进一步创新升级的突破口

通过利用母行资源或者开展跨界合作，打造线上线下相结合的业务模式和客户体验，有利于直销银行突破纯线上的模式限制、实现升级发展。

一方面，背靠传统金融集团的纯线上直销银行可与母行的线下网点结合，拓展服务类型，完善一站式服务能力。与母行开展线上线下结合，往往是银行多渠道战略的重要组成部分。例如，汇丰 Direct 将直销银行客户中的高端客户或有复杂金融需求的客户，引导至网点和其他渠道提供面对面的咨询和销售服务；反过来，线下网点可将仅有储蓄账户管理需求的客户引导至线上渠道，提升线下的运营效率。

另一方面，直销银行与非传统线下门店结合，可以为客户创新服务体验，提升客户忠诚度和用户体验。比如 ING Direct 率先在线下开设为数不多但足以传递现代、创新和焕然一新品牌形象的咖啡店，将咖啡馆店员培训为金融顾问，以大众可以接受的方式提供金融咨询。新加坡 Frank 银行也在新加坡 3 所大学内，精心开设了被称为“商店”的网点，设计新颖开放，一改传统银行沉闷的形象，一方面强化了品牌形象，一方面也提供了金融服务。

线上线下结合为直销银行突破互联网渠道的固有限制，更好地以客户为中心提供不同类型的增值服务和强化自身品牌形象，提供了潜在的突破口。

国际直销银行案例研究对中国的启示

（一）避免同质化竞争，设计差异化的战略定位

整体上，互联网银行应以信息技术和业务创新为核心手段，切入增速迅猛、覆盖不足或痛点明显的领域。面向未来，中国的互联网银行如果只是遵循传统银行业的发展模式，开展同质化竞争，将难以在未来金融市场化和互联网化的改革中取得优势。互联网银行间的长期竞争优势，不应建立在简单的刚性兑付类理财产品收益率或存款利率的差别之上，否则将会局限于成为理财产品销售的渠道，而非真正意义上为客户服务的互联网银行。因此，借鉴直销银行国际经验背后的互联网思维，实现对目标客群、产品体系、服务体验的精准定位和匹配，推动互联网银行服务的真正差异化发展也就成为建立核心优势的必然要求。

具体来说，互联网银行的差异化战略定位要注重发挥自身的禀赋优势：

对于发起方是非金融背景企业（如科技企业、地方龙头制造业企业）的互联网银行来说，在制定战略定位时需注重联系自身在互联网场景、客户引流、客户信息的大数据分析、电商供应链资源以及基础资产获取方面的优势，从客户、场景、生态和数据出发，构建独特的互联网银行商业模式。以阿里巴巴发起设立的网商银行为例，网商银行从阿里体系内的电商客户着手，建立起以电商交易数据为特色的征信体系，提供商户类贷款“淘宝天猫贷”和账期金融产品“信任付”等，从而构建起以电商生态为核心的互联网银行模式。再以腾讯发起设立的微众银行为例，微众银行推出的个人贷款产品“微粒贷”成功嫁接在自己的核心产品 QQ 和微信之上，通过手机 QQ 和微信两大移动入口，一方面以极小的成本接触到了海量的大众客户，另一方面基于社交数据和腾讯生态内的数据，建立起了独特的征信体系。

对于本身或股东是综合性金融集团的互联网银行来说，需与母公司形成清晰的错位竞争战略和协同机制。可探索以独立品牌、独立团队乃至独立的产品服务体系形成独特的价值主张，避免由于与母公司定位不清或是简单地将原有体系复制到直销银行渠道上而导致的资源浪费。目前，由大中型商业银行发起的直销银行，容易与母行存在一定客户重叠问题。本质上，这是由于直销银行的定位不清造成的。直销银行不应该简单定位于给母银行增加了一个电子渠道，而照搬其他母行的服务体系。这样的定位势必会导致客户重叠。相反，直销银行在成立伊始就应该建立起清晰的客户定位，无论是城商行通过直销银行异地获客，还是大中型银行利用直销银行去服务传统体系“服务不了、服务不到和服务不好”的“三不客户”，都将从根本上缓解客户重叠导致的资源浪费问题。

（二）突破理财产品销售平台的固有发展路径，打造全能型互联网银行

从我国发展的现状来看，我国大部分的直销银行在个人金融领域仅仅主要发展了理财产品销售的渠道功能，别的功能尚未形成成熟的服务模式。这一方面是因为在目前我国的监管框架内，互联网银行无法提供部分功能：以远程开户方式开设的 II 类账户仍然不能提供向非绑定账户转账、线下存取现金以及大额的消费和缴费支付服务。另一方面，即使是在允许经营的范围内，许多功能还有待深入挖掘。比如，从理财产品销售的角度看，国内直销银行普遍未能提供复杂、精细的财富管理服务。再如，网上发放个人贷款的模式也仍在发展中，整个贷款流程的速度面临着 P2P 行业的竞争。P2P 行业通过过去两三年的实践，已经逐渐建立起相对快速的网上贷款模式，而直销银行仍在发展之中，在前端获客、贷款流程、风控管理上都面临着一系列挑战。但是长远来看，参考国际经验，随着技术的成熟、监管环境的变化和风控管理的发展，我国的互联网银行有充分的潜力为不同类型的客户提供综合金融服务。

今后，我国的互联网银行应深入挖掘目前 II 类账户许可经营范围内的综合金融服务需求，为打造全能型互联网银行积累资源。一是以智能理财服务、家庭记账服务、网上理财咨询、社交理财、财经资讯社区等方面为切入点，为个人客户提供综合财富管理服务。二是结合大数据分析、互联网征信和互联网消费场景，探索开展全线上或半线上的网络个人贷款服务。三是以小额消费和缴费支付服务为切入点，慢慢培育用户基于互联网银行的支付习惯。在先进技术和用户体验管理的驱动之下，突破国内大部分互联网银行定位于理财产品销售平台的局限，逐渐建立起涵盖存贷汇和理财的综合金融服务模式。

（三）精益提升四大基础能力，构建长期竞争优势

结合国家推出“互联网＋”战略的背景，我国大众对于互联网应用的接受度不断上升。对于年轻的数字长尾群体来说，他们对于传统银行的金融服务可能不甚了解，但是对于第三方支付、互联网理财却有不少接触。这对于中国互联网银行的发展来说，既是机遇也是挑战：机遇在于，相比欧美历史发展历程来说，互联网银行教育用户的成本显著下降；挑战在于，现在互联网金融业态种类丰富，各机构均能够提供部分相似的服务，行业竞争日趋激烈。因此，对我国的互联网银行来说，借鉴国际经验，从以下四大方面提升基础能力至关重要。

第一，打造一流品牌：突出互联网银行作为商业银行接受严格监管以及银行大股东准入门槛极高的事实，打造可信赖度高的品牌形象。同时充分展现自身品牌的核心价值和特征，与业务的战略定位相匹配。目前来看，中国直销银行的品牌建立有两大类型：约一半的直销银行沿用了母行的品牌，直接命名为“某某银行直销银行”，而另一半直销银行则创设了新品牌，如“工银融e行”“好e通”“橙子银行”“阳光银行”“你好银行”“彩虹银行”等。第一种沿用母行品牌的直销银行的优势在于突出了母行的背景，但劣势在于与母行的电子银行业务区分度较小。第二种创设新品牌的类型中，也有不同的细分类型：比如以字母“e”突出互联网基因；以“你好”“小草”“天空”突出亲和度；以“阳光”“橙子”“上行快线”突出和母行一脉相承。但无论采用哪种品牌形象，直销银行今后须强调以互联网思维经营数字化品牌管理，充分发挥数字化渠道传播的优势，将品牌曝光、营销、口碑传播和引流紧密联系起来，弥补由于缺乏线下网点在品牌曝光度方面的局限。此外，聚焦用户痛点，可以进一步突出拳头产品的品牌形象，以点带面打造一流品牌。

第二，管理用户体验：高度重视用户体验管理，特别是移动端的全流程用户体验。离开传统线下渠道中“人”主导下的用户体验后，互联网银行要全面提升自身管理客户数字化旅程的能力。直销银行需向国内外领先的银行和互联网企业学习，一方面，要摆脱传统银行思维的束缚，避免简单复制，结合战略定位，选择最有吸引力和符合用户体验的产品，以简洁的UI（用户界面）设计、流畅的操作流程，优化客户体验。另一方面，从组织和人才着手，借鉴阿里、腾讯、百度等领先互联网企业的经验，设立专职的用户体验管理岗位，将技术团队、UI团队与产品服务团队更紧密地连接在一起，更敏捷地响应客户数字化旅程中所发现的问题，探索以互联网思维去颠覆性解决传统金融的问题，打造极致体验。

第三，实现技术驱动：互联网银行对于先进信息技术的运用要具有一定超前性，以技术优势引领自身业务的发展。先进技术的运用体现在三大方面：移动互联网、大数据和云计算。一是迭代开发移动端客户应用，基于移动互联网技术，将贷款、O2O（线上到线下）支付、理财咨询等更多的传统银行业务数字化、移动化。二是内部主动收集、清洗和分析用户大数据，建立跨部门的数据集市，应用于精准营销、产品开发、风险管理等诸多领域。三是采用云技术，降低IT基础设施成本，提升峰值访问时的计算存储能力等。

第四，建设高效运营：今后，互联网银行建设高效运营依然是构建比较优势的基石。高效运营将不仅体现在节约办公设施和减少冗余人员，更体现在采用更具性价比的IT架构、自动化程度更高的业务流程，以及更加精准的营销获客等。对于增量业务，探索建立独立的IT架构和运营体系，从而摆脱母行现有系统打补丁式的优化，独立打造松耦合和分布式的IT架构，以先进的IT系统支持运营效率的提升。

（四）嵌入场景、跨界合作、构建生态系统将是互联网银行深化创新的突破口

金融场景化和与以互联网公司为代表的非金融企业开展跨界合作是构建生态系统的突破口。随着当今中国数字化消费者行为的改变，银行已不再是一个固定的经营场所，而是随时可得的金融服务。互联网银行业务需要嵌入场景，围绕客户生活和金融需求，提供一揽子解决方案。然而，对于轻资产化的互联网银行来说，单单依靠银行本身建立一个庞大的生态系统来获取可嵌入的场景入口，很难在短时间以低成本实现。因此，跨界合作是深化创新重要的突破口。

具体来说，嵌入场景和跨界合作的形式多样，最具代表性的是将电子商务与网络贷款业务结合，开展个人消费贷和经营贷。此外，互联网银行业务还可以互联网支付和贷款为抓手，切入到互联网买房租房、旅游出行、教育培训等更广泛的消费服务体系中去。以 O2O 支付为切入点，将线上的互联网银行支付业务与线下的便利店、餐饮、出行等场景紧密结合。直销银行还可以继续借鉴海外的成功经验，在线下合作设立新型的线下网点，以更好地服务特定人群的综合金融服务需求，增加品牌的曝光度。

二、我国直销银行发展现状及代表案例

国内直销银行发展概况

国内直销银行的发展是以传统银行体系内开辟试验田的方式起步的，同时也借鉴了西方的概念，将其称为“直销银行”。2013 年 7 月，民生银行创立国内首个直销银行部；同年 9 月，北京银行与 ING 正式合作推出直销银行。这些具有开创性的举措也引领了后期直销银行的快速增长。从 2014 年至 2016 年 3 月国内已有 55 家直销银行正式运营，既包括以中国工商银行为代表的大型国有银行，也

包括兴业银行、平安银行等股份制商业银行，以及江苏银行、南京银行等城市商业银行。从市场表现看，国内直销银行目前多处于探索阶段，整体影响力尚小。

从直销银行的发展情况可以发现，大中型银行和区域中小银行发展直销银行的目的和定位有很大差别。中小银行尤其是城市商业银行是发力直销银行的主力军，它们主要以争夺异地客户、跨行客户为主要目的，这种策略与中小银行及城市商业银行发展过程中面临网点数量有限、跨地经营受限以及揽储压力巨大等问题有关。直销银行往往成为中小银行进行前瞻布局、实现弯道超车和跨越式发展的有力武器。对大型银行而言，发展直销银行也尤为重要，一方面是针对竞争对手布局的被动防御，另一方面也是应对客户、技术和行业发展趋势的主动出击，是顺应技术发展和市场变化的必然选择。

在这种差异化的战略布局中，国内银行不断推出多样化的产品组合，在直销银行渠道建设方面也加大了力度，并积极打造自身的发展特色（参阅表8.2）。

表8.2　国内部分直销银行概览

银行	代表性产品	渠道
工商银行	存款、货币基金、理财、贵金属	App
民生银行	货币基金、保险理财、黄金、信用卡还款、智能存款	App、网站
兴业银行	银行理财、各类基金、定期存款、贵金属	App、网站、微信银行
平安银行	银行理财、货币基金、智能存款、理财规划及记账、信用卡还款	App、网站、微信银行
广发银行	货币基金、0元购手机	App、网站、微信银行

（续表）

银行	代表性产品	渠道
浦发银行	货币基金、理财	微信银行
渤海银行	P2P 票据、货币基金、基金投资、智能存款	网站、App
北京银行	定期存款、货币基金、银行理财、基金投资、网上贷款	App
江苏银行	定期存款、货币基金、P2P 票据	App
南京银行	银行理财、货币基金、网上贷款、定期存款	网站、App
包商银行	定期存款、货币基金、保险理财	App
徽商银行	智能存款、货币基金、网上贷款	App

但在现阶段，总体而言，国内直销银行参与者业务模式同质化较严重，在定位、架构、产品、渠道等方面的差异化探索有限。在定位上，直销银行普遍以线上外部获客为主要目的，多数未形成差异化的客户定位和价值主张；在架构上，多数作为母行的事业部或业务部门存在，与母行共享后台资源，未独立运营；在产品上，以智能储蓄和"宝宝"类理财产品为主，产品简单，同质化现象十分严重；在渠道上，大多数直销银行都采用"网页端 + App"的模式，并且以网页端为主，在移动端和外部渠道的拓展上并不成熟。

国内典型直销银行案例

虽然现阶段国内直销银行仍处于起步阶段，模式较为同质化，但领先银行仍然在积极探索和改进，我们也看到了一些有益的尝试。

民生银行：以精准定位迅速拓展市场

民生直销银行明确定位于服务"忙、潮、精"的新兴数字人群客户，即收入较高、生活节奏快、习惯使用互联网、容易被优惠和免费活动吸引的年轻数字化群体。针对以上客群特征，民生直销银行提出了 3 点与之相匹配的价值主张：首先，针对“忙”的特点，致力于打造简单的银行，例如简化网上注册购买流程，精简产品的设置，每类产品只有一到两个选择，使客户能够对直销银行的流程及产品一目了然。其次，针对“潮”的特点提出紧跟时尚潮流的主张，例如 UI 设计比普通网银更加时尚，产品命名、语言风格也更符合年轻人习惯，此外还与去哪儿网等年轻人常用网站合作，深入挖掘年轻客群的生活消费习惯。最后，针对“精”的特点，民生直销银行推出了持续专属的优惠政策，除具有专属产品和优惠外，收益也高于普通银行产品。通过对市场和客户的细分与精准定位，民生银行脱颖而出，目前客户数已突破 180 万人，成为全国客户数量最多的直销银行。

在架构的层面上，民生直销银行大力推进独立运营体系建设，目前通过事业部架构保持相对独立运营，以建立持牌的独立法人为发展目标。民生银行直销银行具有自己专属的营销团队、产品开发部门、风控部门，以及独立于母行的 IT 系统等。这样的组织架构能够推动直销银行更加快速地获客，实现关键绩效指标核算清晰，决策链条短，响应速度快，以及流程运作高效。

在获客引流上，民生高度重视外部渠道的跨界对接，其中民生银行与中国电信的合作尤其引人注目。具体模式是电信用户可通过与民生电子账户挂钩的翼支付账户购买货币基金，而无须再次注册新账户。中国电信高达 1.81 亿的庞大客户基础为民生银行提供了极具吸引力的获客渠道。据统计，2014 年 2 月 28 日至 6 月 7 日，民生直销银行通过中国电信获取到 21 万名新客户，中国电信成为其规模最大的新客户渠道，约占新增客户总量的 30%。

平安橙子银行：“年轻人的银行”

2014 年 8 月 6 日，平安银行宣布其全新的在线零售银行业务和品牌——橙子银行正式上市。平安橙子银行主打“年轻人的银行”

定位，界面风格清新，提供富有互动性和趣味性的功能及服务，例如在UI设计上围绕“年轻人的银行”口号，保持简洁清新的风格，将基金产品包装成青年人关注的热点话题形式以吸引年轻客群，并且针对年轻人打造梦想基金等趣味性增值服务等。

在产品上，普通客户最常接触的银行核心业务，如转账、理财产品和货币基金购买等，均能在橙子银行平台上轻松实现。开户成功后，通过本人在本行和他行的银行卡向直销银行账户转账。转账进来的资金可以用来购买货币基金（平安大华基金）、定活通（智能存款）、养老保障资管产品（平安保险产品）等。橙子银行同时还提供智能消费记账（绑定平安信用卡，只记录平安信用卡的消费）、财务目标管理等创新功能。另外，橙子银行今后可能会增加平安陆金所的P2P产品，或者像“壹钱包”一样增加小额授信业务（由信安小额贷款公司提供）。

国内直销银行的发展挑战

未来国内直销银行的发展将会持续面临政策、风控、竞争和协同等各个方面的挑战。在政策方面，若干监管政策限制仍有待突破，例如远程开户准入及直销银行牌照政策的进一步推动都是直销银行需要打破的政策壁垒；在风险控制方面，互联网风控技术和手段仍在探索中，与此同时直销银行还面临着风控线上化的挑战，大数据的积累和运用也是直销银行进行有效风控所需努力的方向；在内外部竞争方面，外部金融科技公司的冲击余波未平，内部直销银行又与传统银行业务客户存在着竞争关系，内外两方面的压力给直销银行带来了巨大挑战；在资源协同方面，我国直销银行架构多依赖于母行，非独立运营的直销银行面临内部资源协同问题，资源共享、交叉销售、内部分润等方面如何调配，直销银行如何处理与传统银行的竞合关系是未来国内直销银行不能回避的一个问题。

中国第一批互联网银行——微众银行的创新实践

业务模式

微众银行是中国首批民营商业银行之一，也是率先开业的纯互联网银行。腾讯作为其最大股东，为微众银行植入了互联网基因，在发展中深刻体现了“用互联网思维做银行”的特点。

依托其大股东腾讯在互联网技术、用户基础、数据获取上的优势，微众银行不设任何实体网点或柜台，而是将互联网作为唯一的服务渠道，并通过无缝接入腾讯的微信和 QQ 入口，获得大量的潜在客户。这样的模式使微众银行可以大幅降低线下渠道成本。根据这样的渠道特点，微众银行专注于服务大众客户，让更多人享受低门槛的小额度贷款和理财服务。

远程开户

开户是客户与银行发生业务联系的第一步。对于不设网点的互联网银行来说，未来的开户必然需要在网上完成。目前我国仍然没有放开 I 类账户的远程开户，因此，微众银行的账户远程开户，属于 II 类账户开户。

微众银行目前采用了“刷脸”方式进行第二张他行卡绑卡时的身份验证，以更好地保护客户资金安全。微众银行的人脸识别主要依赖于腾讯优图开发的识别技术。微众银行未来也将逐步探索声纹、指纹、虹膜等生物特征识别技术在开户、用户风险管理方面的运用，进一步保障账户的安全性。

首款贷款产品分析：微粒贷

微粒贷作为一款针对个人用户的消费类贷款产品，具有“无抵押、无担保、按日计息、随借随还”的特点。贷款全流程均在线上完成，获得邀请的借款人开通微粒贷后，借款在几分钟内即可到账（参阅图 8. 14）。在客户获取上，微粒贷目前面向微信与手机 QQ 的广大用户群体，以“微信钱包”和“QQ 钱包”作为产品入口，采用预授信的模式，以“白名单”邀请制的形式逐步向符合授信标准的用户定向开放，也有利于控制业务发展节奏和风险控制。

	传统银行贷款	微众银行：微粒贷
营业时间	·工作日8小时 ·非工作日不营业	·全天候
申请	·书面申请繁杂 ·往往需要跑2~5次网点	·无纸化申请 ·只需6次点击
处理	·人工审批	·自动化
审批	·＞15天	·＜1分钟
还款	·一般不能随借随还	·随借随还

图 8. 14　微粒贷与传统银行消费信贷产品的比较

在资金来源上，微粒贷采用了与合作银行共同提供资金的模式。微众银行提供客户、渠道和风控服务，资金则由微众银行和合作银行共同提供。微众银行按照信贷量的一定比例向合作银行收取服务费用，风险损失双方按照出资比例共同分担。通过这种模式，微众银行降低了自有资金投入和资本占用，大大提高了资金回报，体现了“平台化”的互联网银行思维。

风险管理

微众银行的第一款产品“微粒贷”的客户筛选是基于白名单制度。基于客户在社交数据上的行为表现，再通过腾讯的数据分析进行初步的白名单过滤，接着利用传统银行的联网核查、征信等步骤执行进一步的分析和判断。

“微粒贷”开发了六大风控模型，实现了反欺诈、风险评分和贷后监控的全线上操作。这六大模型包括公安数据模型、人民银行征信数据模型、微信社交模型、手机QQ社交模型、财付通支付数据模型和资金饥渴度模型。微众在这些模型的基础上引入大数据，其中既有自身基于腾讯平台获得的庞大的社交数据和支付数据，也有传统的金融数据比如银行征信、公安数据、教育数据等。有别于传统银行的“三张表”的透明度较低的分析方式，微粒贷所使用的大数据能更全面地反映客户的还款能力和稳定性，尤其在反欺诈方面拥有独特的优势。

1. 大数据个人征信。

基于对数据的重视，微众银行在数据采集、数据存储、数据处理、数据挖掘与分析、数据展现等几个层次，以自研的方式搭建了大数据平台。具体包括用户信用评估模型、用户画像、实时风控模型构建和落地。

个人征信数据采集主要分三大块：腾讯基础业务数据、腾讯和合作机构的金融数据、其他外部数据。涉及社交、游戏等数据采集时，腾讯征信不会采集国家相关法律、法规禁止采集的用户个人信息；仅采集使用设备的系统、上网场景（即在哪里上网）、登录时长、登录的时间段、好友人数、新增好友数等。这些数据既能够侧面判断用户的人际关系，也可以侧面反映其信用状态，用于分析其学历水平和收入水平等。

2. 流动性风险管理。

微众银行的贷款产品均为小额分散的产品，户均贷款额度低，客户的行业、地理位置等分布极其分散，相对传统集中化的贷款产品，流动性风险总体相对较低。针对流动性风险管理，微众银行主要采取了如下的措施：

①运用科技手段、数据分析和建模技术，把握客户资金流动规律，进一步保证银行的整体流动性安全，并且对资金来源和资金运用进行合理统筹，密切关注负债结构的变化，及时调整资产结构，合理安排头寸。

②实时监控贷款发放的额度，当发放贷款额度超过警戒值时选择暂停和管控贷款的发放。

③建立全行性的头寸管理流程、组织架构、收集工具，通过头寸日预报、周预报和月预报等方式，全行性地执行资金头寸管理，提前预防流动性风险。

④根据流动性风险的等级，灵活采取相应的应急措施，如调整资产负债管理政策，调整内部资金转移定价、业务考核指标、授信政策，加大主动负债力度，提高负债稳定性，控制中长期资产增长，减少对流动性较低市场和工具的依赖；控制同业融业务、到期回收同业拆出和债券逆回购等融出资金等。

IT 管理

基于未来的业务特点以及平台的定位，微众银行设计了新一代互联网银行 IT 架构。微众银行的 IT 架构设计理念，是以“数据分布、管理集中”为整体设计原则，同时借鉴了国内商业银行按照分行部署运行业务系统的理念和经验进行设计，达到隔离风险、降低全局性影响的目的。通过分布式架构实现海量数据处理能力，把数据分散到不同的节点。把数据汇集到全行集中管理模式的应用上，并通过将数据复制至备份节点实现高可靠性，节点跟节点之间也有数据复制机制来实现数据出现异常情况下的快速恢复。随着用户规模增长需要，分布式架构的系统处理能力可以无限横向扩展，通过增加资源，来满足业务发展的需要。

在信息安全方面，微众银行参照国内外最佳实践标准，逐步建立起自身的信息安全组织架构体系、信息安全管理制度体系及技术防御及信息安全运营体系。微众银行信息安全策略主要覆盖了信息资产安全管理、人员安全管理、物理与环境安全管理、运维安全管理、办公安全管理、访问控制安全管理、系统开发与维护安全管理、信息安全事故管理、外包管理、业务连续性管理、合规性管理、加密技术要求和数据安全等多个领域。

组织和人才

微众在人才团队上注重复合型团队的建设，在传统金融领域和互联网领域都广纳人才，并且用项目制的方式开展高效的产品开发。从人员结构上看，微众拥有强大的 IT 团队，在第一年的员工中有约 40% 为 IT 人员。这样的人员配备能够保证其产品开发、UI 设计、运营维护和系统建设全部自主，通过 IT 人员与其他人员更好的协同以保证开发的质量和效率。在产品开发项目中，微众同时配备金融产品经理及互联网产品经理，共同设计产品。金融产品经理负责金融逻辑梳理，互联网产品经理则负责客户体验设计及线上逻辑，通过互相密切的合作和交流保证产品从理念到成型过程中的紧密一致。

在工作方式上，微众银行在产品设计中实践真正的“以客户为中心”的理念，极端重视客户体验。例如其产品在设计的整个过程中，将反复测试客户体验；在前期产品构思过程中耗费 3 ~ 4 个月时间反复论证金融逻辑和互联网逻辑；在产品初步成型后，要进行 3 ~ 4 个月时间的反复测试，不断提升每个环节的客户体验，优化使用流程；在产品测试版上线后，还要定向邀请客户进行公测，通过不同类型客户的试用继续完善产品。

增量创新

分享金融科技与创新的成长

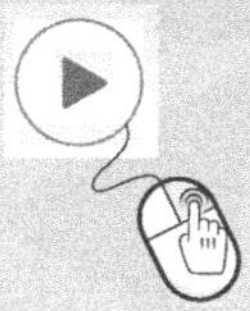

第九章

全球金融科技发展现状

过去10年，以移动互联、在线社交、大数据、云计算为代表的数字化技术如雨后春笋般出现，加速改变着人们的生活，也对各行各业产生了积极而深远的影响。在数字化浪潮之中，金融领域的科技创新尤其引人注目。相比10年前，全球金融科技类企业数量已经增长到原先的3倍多，且主要聚焦在零售银行和公司银行板块。对于以银行为代表的传统金融机构来说，金融科技公司的崛起既是颠覆性的挑战，也提供了抢占风口的机遇。因此，洞悉全球金融科技的现状，借鉴成功的转型经验，将是传统金融机构赢取先机的必修课程。

一、“联网”新图景中的金融科技

数字化技术的进步让全球的“互联”程度不断深化，也让“万物互联”的愿景变得更加触手可及。根据预测，到2020年，围绕人们的日常生活、出行、家居等领域，将出现3种最显著的“联网”应用模式——联网个人、联网汽车、联网家庭。

联网个人：物联网将带领消费行业进入一个高科技的时代。预计到2020年，全球可穿戴设备总数将达到10亿，市场价值约1 000亿美元，届时约有20%的支付交易通过可穿戴设备完成——这将极大改变人们的消费与支付方式。未来，普通消费者仅需支付30美元，即可通过手机应用享用基因测序服务，从而轻松掌控自己的健康状况。

联网汽车：到2020年，约90%的新车能够接入互联网，全球联网汽车将达到2.5亿辆，相当于每五辆车中就有一辆能够上网。联网汽车将蕴藏巨大的商业变革机会，对传统的汽车保险、车辆服务及驾驶行为将产生深刻影响。

联网家庭：目前全球共有7亿家庭中的19亿件家用设备实现了联网，其中，智能电表年装机总量达到8亿，智能家电年出货总量达到2.23亿。在此背景下，传统的家电设备商正积极酝酿新一轮的产品革新，例如三星旗下的电器产品已经实现了100%可联网。

上述案例只是“联网”和“数字化”对人们日常生活和商业活动所带来的颠覆性影响的一个缩影。在各个行业中，金融行业因其自身的特性和优势，一直走在数字化创新的前沿。早在2005年，全球已有约1 250家金融科技公司，累计融资总额171亿美元。其中数据分析、支付和安全领域成为当时的创新首发地。到2010年，金融科技公司总数达到约2 400家，累计融资金额330亿美元。除了支付、转账等业务大幅增长以外，财务规划和投资类金融科技企业也开始兴起。时至今日，金融科技类企业数量已是10年前的3倍多，达到约3 980家，累计融资金额已经达到461亿美元。其中，众筹/借贷平台增长强劲，而加密数字货币及区块链也开始兴起——金融科技作为一个独立产业的雏形逐渐形成。

金融科技产业发展至今，主要集中于八大领域，涵盖金融行业价值链的各个环节，包括：

- 支付（销售终端及读卡器、支付清算、转账与汇款等）。
- 信用卡和借记卡。
- 借贷/众筹（P2P、房地产融资等）。
- 投资（股票交易等）。
- 规划（财务管理等）。
- 数据分析（基于云的分析、信用与风险等）。
- 金融安全（数据保护、身份认证、防止欺诈等）。
- 区块链/加密数字货币（交易、比特币/数字化货币兑换等）。

其中，支付、借贷、数据分析是最主要的子领域，在全球累计融资461亿美元当中，这3个领域的占比超过70%（支付占29%，借贷与数据分析各占22%）。从企业数量来看，这3个领域的初创企业占金融科技公司总数超过60%，其中从事数据分析的金融科技公司约1 100家（28%），支付约900家（23%），借贷约500家（12%），市场影响力不容忽视（参阅图9.1）。

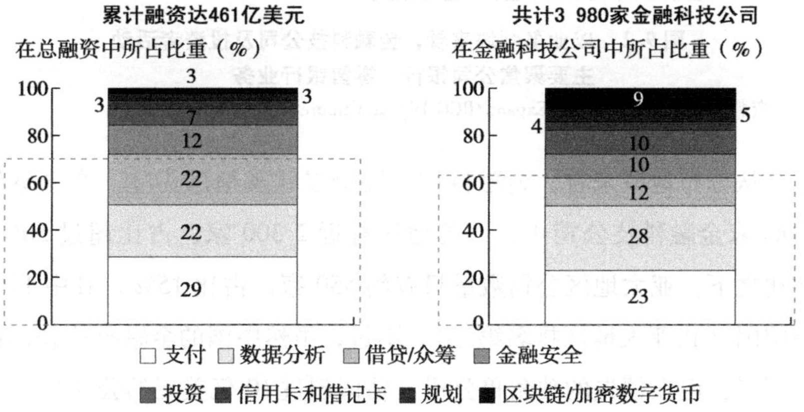

图9.1　支付、借贷、数据分析是最主要的子领域

注：不包括并购和IPO。数据截至2016年1月。Quid的数据库更新后可覆盖3 980家金融科技公司（2015年12月的报告仅包含3 059家）。

资料来源：Quid；BCG/Expand/BCG Digital Venture/B Capital 分析

从技术应用的业务板块来看，金融科技公司及投资主要聚焦于零售银行和公司银行板块。截至2016年，全球有约1 700家金融科技公司为零售银行业务提供服务，累计融资金额达210亿美元；另有约1 600家金融科技公司专注于公司银行业务，累计融资金额达197亿美元（参阅图9.2）。

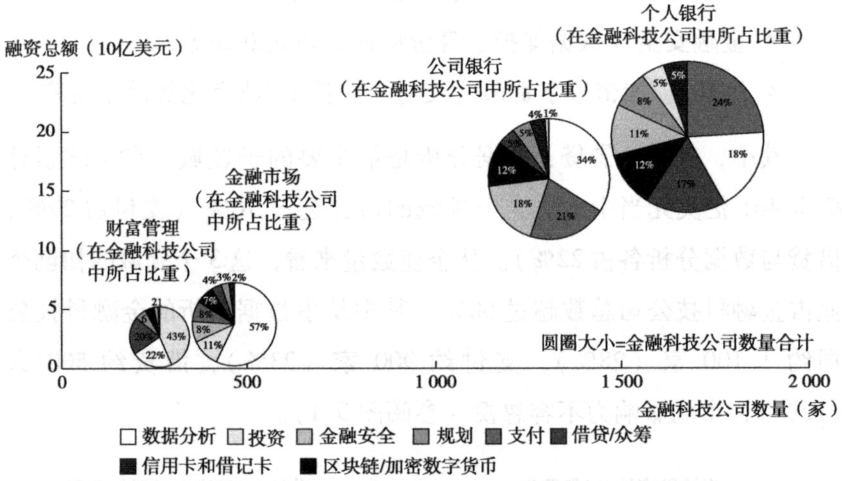

图9.2　以业务版块来看，金融科技公司及投资者活动主要聚焦公司银行、零售银行业务

资料来源：Quid；BCG/Expand/BCG Digital Venture/B Capital 分析

从分布地域来看，金融科技发展仍以北美地区为主。在全球约4 000家金融科技公司中，北美地区有近2 300家，占比超过50%。相比之下，亚太地区公司数量只有约550家，占比15%，其中17%在中国（在亚太地区排名第三）。不过，虽然中国的金融科技公司数量不多，但在领先的独角兽公司（估值超过10亿美元的公司）中却名列前茅，例如蚂蚁金服、陆金所等。

另一个在金融科技举足轻重的领域——保险科技，也在过去10年增长迅速。早在2005年，全球已有约700家保险类创业公司。到2009年，该类企业的数量增长到900家，以汽车保险和健康险发展最为迅速。汽车保险以定价工具和车联网为主，健康险则以广泛的伙伴关系和预防型健康管理为主。截至目前，保险行业的创业企业数量已增加到2 100家，涉及领域也从追溯式传统保险产品转为更加积极的预防型创新。截至2016年年初，保险科技累计投资额已达到380亿美元。

这些保险科技公司正在加速改变传统保险的业务模式。例如，Metromile带来了按需付费的定价模式，利用车载USB接收器来收集数据，提供以驾驶里程为依据的按需定价产品，让顾客在基本保费基础上根据实际驾驶里程数缴纳保费。

在咨询服务方面，Future Advisor开创了全新的储蓄和咨询模式。它通过机器人顾问平台，提供自动化委托投资组合管理服务。按照年龄、目标退休年龄和风险承受力，为客户定制投资组合建议。

综上可见，在数字化技术的推动下，金融科技公司百花齐放，正在加速传统金融服务行业的变革和提升。面对机遇与挑战，传统金融机构又该如何应对？

二、传统金融机构的应对之道

对于那些处于市场领先地位的老牌企业来说，变革并非易事。银行等传统金融机构大多是历史悠久的大企业，往往会受制于各种包袱与桎梏，从而限制了他们的创新活力。从企业管理层的角度看，他们会担心创新业务与现有核心业务相冲突，导致“自相蚕食”而不敢尝试；或者根本没有秉持试错的理念，坚持要求创新项目必须有一个“可以预知的，并且能被认可的结果”。从员工的角度看，他们会担心失败，怕危及个人仕途和公司的未来发展；组织中的各个层级也有可能为了“保住各自地盘”而产生抵触情绪。在资源分配上，大企业也有可能面对日常经营人手紧张所导致的创新力量匮乏的问题。另外大企业的培训活动也往往侧重于让员工更好地融入与遵守规则，而较少鼓励员工“挑战极限”。

诸如此类的种种原因，导致大企业推行创新阻力重重，产品开发流程和最终的开发结果问题频现。最常见的现象包括：对现有产品和服务小修小改，但缺乏改写游戏规则的胆量；过度依赖外部供应商，而这些供应商往往同时为竞争对手效力；跨部门配合难以推进，新产品和新服务的开发周期往往长达数年，等到产品和服务终于问世，却早已时过境迁，不再符合市场需求等。

在过去的研究和观察中，波士顿咨询发现数字创新企业通常具备三大核心能力：一是对市场的预见性；二是打造规模化平台；三是不遗余力地大胆尝试。只有能够把握未来趋势并推出相应的产品才能在这个快速多变的时代中取胜。以美国电商巨头亚马逊为例，他们的创始人杰夫·贝索斯（Jeff Bezos）早在 1994 年就预见到未来将会是一个电子媒体的世界，实体书和传统媒介会逐渐消亡。有见及此，他创立了以网络图书销售为主的亚马逊，并在两年后成功在纳斯达克上市。但亚马逊并没有止步不前，贝索斯逐渐把亚马逊建成一个兼容在线零售、数字化内容、消费电子产品、云服务等领域，世界领先的互联网科技巨头。创新的过程并非一帆风顺，亚马逊也经历了大量的试错（多数失败），例如推出智能手机 Fire Phone、付款系统 PayPhrase、亚马逊拍卖等。在无数的尝试中总会孕育成功，2007 年亚马逊推出的电子书阅读器 Kindle 取得了市场的认同，进一步巩固了亚马逊在电子媒体业的地位。

我们看到，面对知易行难的局面，金融机构在数字创新方面正探索多种方式以应对挑战。在全球范围内我们观察到 3 种主要的参与方式。

第一种是通过投资、并购，或成立股权投资基金的方式分享科技创新。通过股权投资或收购高潜力的金融科技公司，间接获取其拥有的创新产品和高科技人才。这种方法适用于颠覆型的金融科技公司，收购之后需要注意保持其组织和经营的独立性，为业务发展预留充分空间。在传统金融机构与金融科技的合作中，这种方式约占37%。

以英国保险公司Direct Line为例，它通过购入The Floow公司15%的股份来补足自身创新车载信息服务的短板。这家公司的手机应用Floow能够记录详细的行驶里程、所花时间，并手动调整行驶方式（例如有时为坐车而非驾车）。通过对客户行驶数据的分析，Floow会给每个客户评定一个综合得分，而保险公司可以基于该分数为客户提供精准的车险定价。Direct Line通过对The Floow的股权投资，一方面充分利用了Floow的应用打分，另一方面也希望借此学习其应用开发和数据分析的能力。

另一案例是资产管理巨头黑石（Blackstone）收购机器人理财领域的创业公司FutureAdvisor。黑石押注未来几年自动推荐和理财服务将大受欢迎，为抢占市场先机，快速并购了现成的领先对冲技术，实现了自动理财模型与传统服务的快速整合，获取了并购后带来的较高回报。正如黑石技术服务主管所说："实际上，金融服务公司，尤其是资产管理公司应将自己视为科技公司。"

除此之外，金融机构也可通过成立专业的基金进行投资。例如，花旗银行旗下的花旗风投（Citi Venture）就专注于金融科技股权投资，其投资标的中最著名的是Square公司。Square是美国的一家移动支付公司，专注于支付过程中的商户服务和综合解决方案，通过一个可外接在手机上的小型读卡器，帮助中小商户极大降低了刷卡交易的硬件门槛，并通过相应的手机软件协助其分析销售数据。Square的面世曾对传统金融机构带来不小的冲击，因为它取代了银行在信用卡交易中所扮演的角色，并且随着客户基础和数据的积累，Square也逐步拓展至针对中小企业客户的借贷服务，以及针对个人客户的汇款服务，增加了银行脱媒的风险。除 Square 之外，花旗风投还投资了大量其他的金融科技公司，是全球银行巨头旗下风投基金中最为活跃的一只。

第二种是通过合作或合资分享金融科技成果。这类合作主要集中在特定产品或服务，或特定功能层面。通过与金融科技公司的深度合作，银行可借领先技术进一步推动内部流程和技术平台的改造。这种方式约占传统机构与金融科技合作的 20%。

以摩根大通和 OnDeck Score 在 2016 年开展的小额贷款业务合作为例，两家公司通过战略合作，共同建设平台并提供一体化服务。在这个过程中，摩根大通引进了 OnDeck Score 先进的评分引擎，提高了评分系统的灵活性和效率。双方高层表示："金融科技企业能够帮助银行开展其原来不愿做或不能做的业务。"通过该合作，摩根大通提升了对小微客户的融资服务能力，优化了流程，改善了过去因评分系统不够灵活而难以在当日或次日放款的情况。

第三种是通过孵化器或创业加速器，分享金融科技公司的成长。这种方式是当下最受欢迎的模式，约占传统机构与金融科技合作的 43%。金融机构可以建立抗风险能力强、资本充足的创业孵化机构（如创新实验室），对接创业企业、技术公司和高校，通过开源 APIs（应用程序编程接口）、黑客马拉松（编程比赛）和其他技术交流活动，一方面参与、培育金融科技创新，另一方面也及早建立相关人才库。

依据金融机构对孵化器的控制程度，可将孵化器分为 3 种类型：

金融机构拥有完全所有权。金融机构设立内部加速器，独立运营，由内部高级人才对创业企业进行商业指导，并由金融机构独家投资和赞助初创企业。这种模式适合市场经验丰富、具有一定的组织能力而且有强烈意愿做大笔投资的机构。

混合所有/合伙人制。金融机构与现有孵化器合作，主要提供商业指导并选择性进行股权投资。这种模式适合市场经验较少，但具有强大的组织能力的金融企业。他们可以引导孵化器，并积极连接不同的创业企业。

仅“导师－学徒”关系。这种模式的风险和成本最低，但控制力也较弱。金融机构依赖于现有的孵化器，而孵化器是处于天使阶段和初创阶段企业的独家投资人。金融机构扮演“导师”角色，指导初创企业，并赞助创业孵化器。这种方案最适合市场经验很少甚至没有、组织能力较弱，但能获得较强的合作对象的金融机构。

目前，众多金融机构都在采用创新实验室、孵化器等方式参与科技创新。其中，美国的CapitalOne是行业领导者，至少创建了3个数字化创新实验室，在2012年还推出了专门的风投基金。而摩根大通在2012年设立了实验室，专注研究网点能使用的新技术，并于2014年将实验室研发的数字化信息亭应用于各网点。

综上所述，传统金融机构正在通过股权投资（并购）、合作、孵化等多种方式积极参与金融科技创新，并已取得一定成果，但在这个过程中仍需充分考虑战略、组织、技术各层面的统筹配合。从战略导向来看，需要明确企业的战略重点，确定相应的投资方向，再根据自身的发展程度和可投入资源确定合作方式、目标企业，同时对创新与主业之间的协同、配合有清晰的规划。从组织人才来看，需要高层给予足够的重视和投入，确保相关部门被充分动员，确保组织的灵活性，建立市场化的激励机制，建立容错文化等。从运营和技术来看，需要充分认识到技术和数据的重要性，积极推进技术升级和数据打通与应用。只有那些能够大胆克服老旧思维、充分了解正确参与方式，并且能多方面适应数字化带来改变的企业，才能经得起数字化冲击的考验，完成蜕变。

第十章

中国金融科技发展现状

一、金融科技发展的新动力

金融压抑是革新的土壤

在过去两年中，信息技术在金融领域掀起了一波接一波的创新高潮，将无数看似不可能的设想变成了现实。金融科技改变了实现金融使命和功能的方式，这既包括市场参与者的多元化——从传统金融机构到非金融机构，也包括展业形式的多元化——例如商业模式创新、运营模式创新、行业竞争方式和频率的改变等。于是许多人惊呼这是对传统金融的“颠覆”。然而，科技时代的金融，其本身的使命和功能并没有改变：金融仍是经济活动的衍生品，其使命仍是服务实体经济以及为客户创造价值，其核心功能仍是资源配置、支付清算、管理风险、价格发现等。因此，与其说金融科技是对传统金融的颠覆，不如说互联网技术是对传统金融的赋能与革新。这种革新针对中国金融压抑的现状提出了一种新的解决方案，实实在在地满足了客户的需求，为客户创造了价值。

中国的金融体系经过数十年的发展取得了显著的成就。然而像其他许多国家一样，中国的金融体系仍面临一些深层次的问题，比如需求和供给的不匹配。根据波士顿咨询公司全球财富管理数据库的统计，财富水平较低（金融资产少于10万美元）的家庭数量占中国内地家庭总数的94%，这一比例在美国仅为49%，在香港地区仅为42%，在日本甚至不到15%（参阅图10.1）。这说明中国市场的主体仍是普通家庭的大众型客户，他们代表了大部分金融需求，但实际情况是这些客户往往最缺乏金融服务，他们通常达不到5万元人民币的银行理财门槛，缺乏有关股票和基金交易的专业知识和经验，只懂得简单的储蓄；同时又因为缺乏有效的抵质押物和完善的信用记录，难以获得银行贷款。

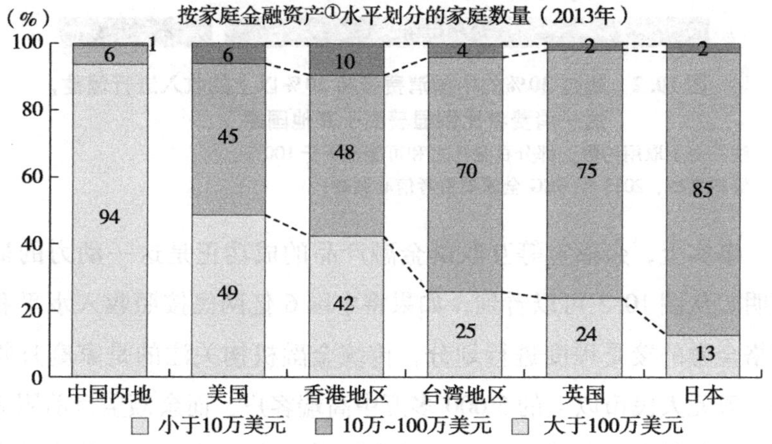

图10.1　中国内地财富水平较低的家庭数量占比超过90%

①金融资产包括现金与储蓄、货币市场基金、债券、股票、另类投资等。

注：由于取用约数，部分百分比之和可能不等于100%。

资料来源：BCG全球财富管理数据库

据2013年波士顿咨询全球消费者信心调查显示，由于缺乏投资渠道，超过30%的中国消费者会将收入的20%以上进行现金储蓄，而在其他许多国家往往只有不到10%的消费者会这样做（参阅图10.2）。中国客户的庞大需求没能在传统金融行业中得到充分满足，从而构成了中国的金融压抑，这种需求和供给之间的不平衡也成为“互联网＋”时代金融创新的原动力。

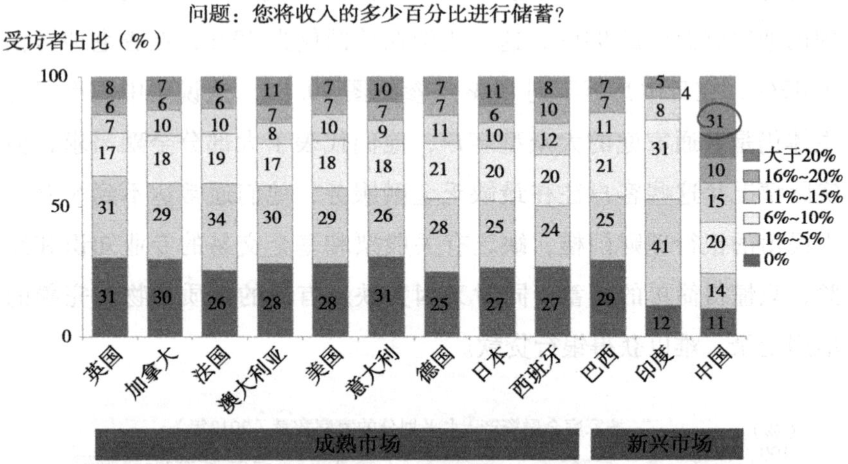

图 10.2　超过 30％的中国消费者将 20％以上的收入进行储蓄，这一消费者比例显著高于其他国家

注：由于取用约数，部分百分比之和可能不等于 100％。

资料来源：2013 年 BCG 全球消费者信心调查

事实上，余额宝等互联网金融产品的成功正是这一动力的最佳证明。从图 10.3 可以看到，如果将中国 6 亿网民按照收入水平和对网络金融的接受程度进行划分，传统金融机构关注的是家庭月收入在 1 万元人民币以上的 5 000 多万中高端客户，而余额宝目前服务的主要对象是家庭月收入在 1 万元人民币以下、对网络金融接受度较高的近 2 亿客户。而处在图表左下方的是那些家庭收入较低、目前对网络金融接受度还不高的 3.6 亿客户，代表了互联网金融未来有待填补的巨大空白。

那么，金融科技为何能够解决金融压抑的问题？哪些因素驱动着金融科技的发展？我们认为，主要的驱动因素包括：技术进步、客户改变和监管包容。技术进步一方面使得客户需求更加显性化，更容易被低成本地发现，另一方面也降低了金融产品和服务的提供

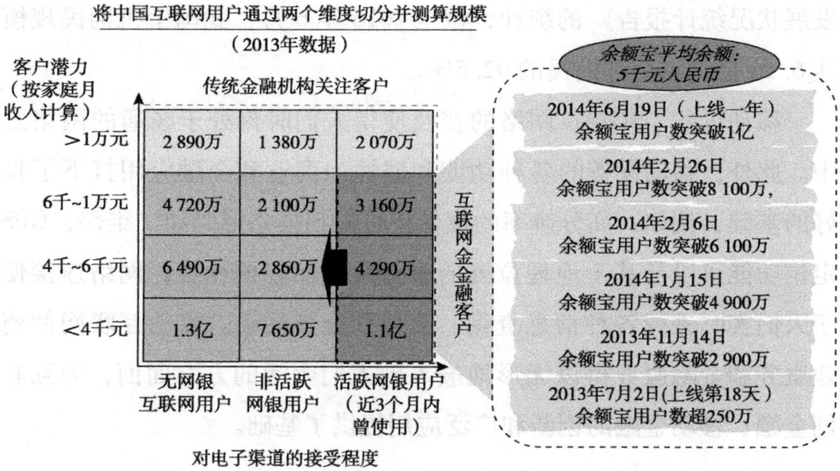

图 10.3　两亿“数字长尾”在网络世界寻求对金融的满足途径

资料来源：BCG“数字化新世代 3.0”研究；网络文献检索；BCG 测算及分析

成本并提高了效率。客户的改变包括金融自主、数字化新世代的兴起等一系列趋势，迫使金融机构从“以我为主”向“以客户为主”转型。监管包容则为这一切的发生提供了一个相对宽松的环境。

技术进步是革新的条件

技术进步从需求和供给两个维度极大地改变了金融。从需求来看，互联网及移动互联网使得客户随时随地处于“连接”和“在线”的状态，其偏好、行为，甚至心情都能够被实时发现和追踪，从而使金融需求显性化，更容易被低成本地发现，提升了客户接触的广度和客户洞察的深度。从供给来看，大数据分析丰富了营销和风险管控的手段，云计算降低了金融服务的成本并提升了金融服务的效率。金融的需求和供给因此得到了更好的匹配。下面我们来分别看看移动互联、大数据和云计算对金融业的影响。

移动互联

根据中国互联网络信息中心（CNNIC）第 38 次《中国互联网络

发展状况统计报告》的统计，截至 2016 年 6 月，我国手机网民规模达 6.56 亿，占全部网民的 92.5%。

移动设备、3G/4G 网络的普及使得人们时刻处于畅通的网络之中。此外，移动设备的各种功能和属性为商业和金融应用打下了良好的基础，例如：高分辨率的摄像头可以扫描条形码和二维码；GPS 定位功能可以与基于地理位置的服务及产品轻松相连；网络连接便于人们实时进行各种信息查询、支付和分享活动。移动互联网使商业服务和金融服务得以无形地嵌入到人们生活的方方面面，为互联网金融、移动金融的创新和广泛应用提供了基础。

大数据

随着信息技术的发展，几乎所有数据都能得到记录和保存，由此产生的数据量是过去的数百倍甚至数万倍。例如，作为中国最大的小商品市场，义乌小商品批发市场共有 7.5 万卖家。相比之下，中国各类线上卖家总计已超过 1 000 万，而且这些卖家所有的交易活动都被完整地记录下来。又如，全球数据总量有 90% 诞生于最近两年；沃尔玛每小时产生的交易数据量是美国国会图书馆藏书总量的 67 倍；一个人要看完优兔上的所有视频，需要花 1 000 年的时间。

除数据量的急速膨胀外，“大数据”在 4 个方面改变了传统数据的运作模式，促进了数据价值的实现和金融机构的内嵌式变革，我们将这种改变归纳为“4C”。具体来看，“4C”包括：

- 数据质量的兼容性（Compatibility）：“大数据”通过“量”提升了数据分析对“质”的宽容度。
- 数据运用的关联性（Connectedness）：“大数据”使技术与算法从“静态”走向“持续”。
- 数据分析的成本（Cost）：“大数据”降低了数据分析的成本门槛。

- 数据价值的转化（Capitalization）：“大数据”实现了从数据到价值的高效转化。

这种内嵌式变革正在产生卓越的商业价值。例如，维萨（Visa）把发现信用卡欺诈的时间从1个月缩短到了13分钟，极大地降低了信用卡欺诈带来的损失；澳大利亚联邦银行运用大数据分析提供了个性化的交叉销售，从而成功地将交叉销售率从9%提高到60%；车联网数据正在通过精准的个性化定价来重塑汽车保险业。

金融行业本身具备丰富的数据资源，但目前对这些数据的利用率依然很低。未来可在了解客户、交叉销售、风险管理等多方面加强数据应用，比如根据浏览记录和消费记录来推送产品，创造支付和信贷等金融需求，尤其是与地理定位技术（Location Based Services）的结合能够显著增加移动支付等移动金融的应用——这种“推荐”应用始于亚马逊，花旗银行等领先金融机构已将其运用于信用卡服务。又如，通过数据的积累和分析来降低金融产品的不确定性，从而简化金融产品，推动金融的去中介化，使过去难以获得服务的金融客户也能够以低成本的方式得到覆盖。如P2P公司对用户个人信息的分析已远超出人行征信的范畴，而是涵盖了社交网络痕迹、手机通信记录等全方位的信息，降低了借贷过程中的不确定性。

从长远来看，大数据应用具备无限的想象空间。以数据分析为基础的信用体系不仅能够运用于金融领域，还能广泛应用于所有需要解决陌生人之间诚信问题的场景。而以数据分析为基础的人工智能驱动下的应用甚至有可能先于顾客自身预判其需求，从而实现真正意义上的智能的资源配置。在“互联网+”时代，数据的战略地位堪比工业时代的石油，对数据的分析和应用能力将成为最有价值的竞争优势。

云计算

云计算是一种通过互联网以服务的方式提供动态可伸缩的虚拟

化资源的计算模式。从理论上说，所有的计算机应用与服务都可以通过互联网和云计算远程实现。云计算对互联网金融的意义体现在两个方面：

对客户来说，云计算是移动互联与多屏互动的基础。云技术通过对信息的远程存储和处理，降低了对终端的要求，使得基于轻终端（手机、平板电脑）的移动互联成为可能。同时，云平台作为跨终端的存储和处理“后台”，使得同样的内容和应用可以在不同终端之间流畅切换、无缝连接，由此实现多屏互动。

例如，作为面向个人用户的云服务，“百度云”免费为用户提供网盘存储、个人主页、通讯录、相册、文章、记事本、短信、手机找回等多种应用。2012 年 10 月，“百度云”推出仅两个月，其个人用户量就已突破1 000万。到 2013 年 9 月“百度云”上线一年之际，其用户数量已超过 1 亿。

对金融机构来说，云计算有助于显著降低运营成本和创新成本。云计算本身是虚拟的主机资源，与传统的 IT 系统相比具有较强的延展性和灵活性，即“需要多少、使用多少”，无须巨额的初始投入，并且能够从容应对互联网突发“高峰”事件，因此能够大幅降低中小金融机构和企业的系统投资及运营成本。更重要的是，云计算为金融机构提供了低成本创新和“试错”的基础。

例如，2013 年 6 月，余额宝上线后短时间内交易量暴增，一期使用的传统系统遭遇挑战，因此改由“阿里云”支持余额宝。这是首次以云计算支撑国内最大的基金直销和清算系统，但在将近一年的实践中，其处理能力和稳定性得到了验证：改用“阿里云”后，余额宝每日清算时间从 8 小时缩短至 30 分钟。2013 年 11 月 11 日，余额宝参加“双十一”大促，完成了 1 679 万笔赎回和 1 288 万笔申购的清算工作，成功为 639 万用户正确分配收益，且完成所有清算工作只花费了 46 分钟。更重要的是，具备强大处理能力和扩容灵活性的“阿里云”，其成本不到一期系统投入的1/10。

由此可以看出，移动互联、大数据、云计算这些主要的技术趋势都在以其自身独特的方式改变着金融。此外，另一个重要的发现是，技术变革正以惊人的步伐加速。举例来说，一项新技术从推出至达到10亿用户的时间正在减半，固定电话花了110年，电视机花了49年，手机花了22年，互联网花了14年，而智能手机和脸书只花了8年就达到了10亿用户。这意味着，一些更加前沿的技术，例如物联网，有可能在更短的时间内普及。面对日渐加速的技术变革，金融机构无从回避，只能积极地面对并加以利用。

客户改变是革新的动力

在收入倍增、城镇化等宏观政策的推动下，金融在客户生活中的渗透程度将持续加深，客户的金融需求日渐强劲，复杂度也会不断提升，并将逐步形成一批具备鲜明属性和特色的客户群体，例如消费中产、养老一族、城镇新兴中产阶级等。

消费中产。中国总体消费势头强劲。根据波士顿咨询的测算，过去10年中国个人消费总额保持了近18%的年均复合增长率，2014年的中国个人消费总额几乎是2010年的两倍和2005年的四倍，并且这一增长势头有望继续保持至2020年。从图10.4的国家比较中也可以看到，中国个人消费的增速远远超过了成熟市场，近几年更是大幅超越了巴西和印度等新兴市场。另一个有趣的比较是，一个2009年的新生儿，其一生的消费总额预计将达到400万元人民币，是其1960年出生的祖父母们一生消费总额的38倍。

在这个快速成长的消费社会中，中产阶级是主要贡献者。根据波士顿咨询中国消费者洞察智库（CCCI）的测算，中产家庭（包括富裕中产、中产和潜在中产，即月收入5 000～23 000元人民币的家庭）的数量占到2014年全国城市家庭总数的63%，其个人消费总额

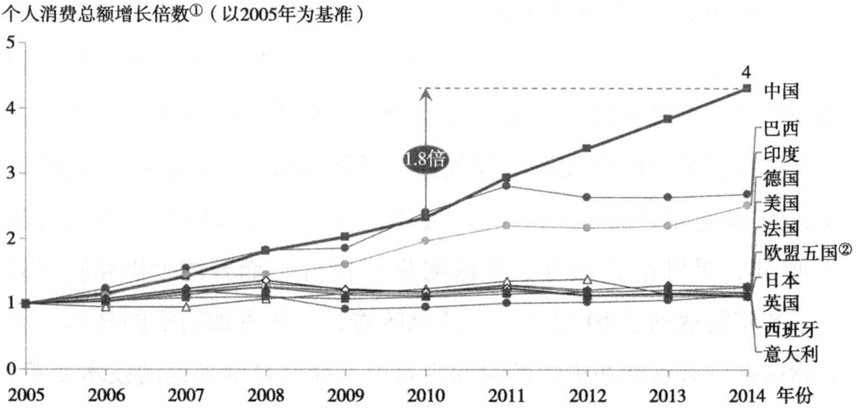

图 10.4　中国消费增长势头不减，个人消费 2014 年相比 2010 年几乎翻倍

①名义个人消费总额，以美元计。

②欧盟五国包括法国、德国、意大利、西班牙和英国。

资料来源：EIU；联合国统计；BCG 分析

则占到了全国个人消费总额的 76%（参阅图 10.5）。此外，一个显著的趋势是，中产阶级的消费正在从生活必需品逐步升级到更加高端的品类，比如有机食品、外出就餐、汽车、海外旅游等，显示出这些新兴中产阶级对生活品质的追求，而相关的金融服务，例如汽车贷款、消费贷款、出国金融、信用卡等将为这种品质生活提供重要支撑。

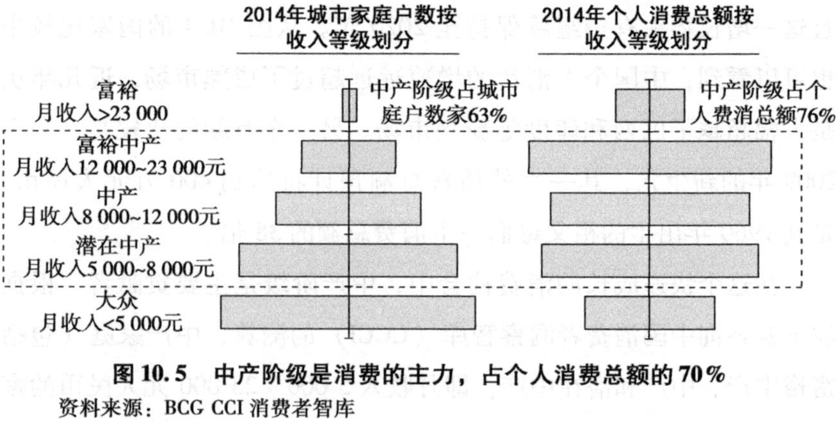

图 10.5　中产阶级是消费的主力，占个人消费总额的 70%

资料来源：BCG CCI 消费者智库

养老一族。根据波士顿咨询人口数据库的测算，中国50岁以上的人口占全国人口的比例在2010年为24%，2020年将上升至33%，这10年间退休人口预计增加1.5亿，老龄化在中国已成为不可回避的问题。然而，现有的以政府为主导的社会保障体制仍难以满足大多数人的养老需求。人力资源和社会保障部的数据显示，截至2014年年底，全国城镇职工及城乡居民养老保险共覆盖8.4亿人，占人口总数的60%左右，但人均养老基金结余仅4 200元，难以为退休人员提供充足的养老保障。另外，老年人往往是财富的拥有者，其过去30年间积累的个人财富，也将自然地转化为对资产配置的需求。

根据中国银行业协会《中国银行业理财业务发展报告》的统计，截至2014年年底，银行业金融机构共发行理财产品19.1万款，募集资金92.5万亿元，分别同比增长27.5%和35.9%。此外，根据波士顿咨询的估算，截至2014年年底，我国商业养老保险累计余额约8 000亿元人民币，过去5年年均复合增长率在30%左右。可以说，具备保值增值能力和跨期配置属性的金融产品，如商业养老保险、理财规划、理财产品等成为重要的替代型养老手段，具备巨大的增长空间。

城镇新兴中产阶级。城镇化是中国经济社会发展的另一大宏观趋势，预计中国的城镇化率将在2020年之前超过60%，这意味着超过1亿的新增城镇人口。2014年的政府工作报告中也提出了到2020年实现“三个1亿人”的目标，即“促进约1亿农业转移人口落户城镇，改造约1亿人居住的城镇棚户区和城中村，引导约1亿人在中西部地区就近城镇化”。这意味着在医疗、养老、教育、住房和消费等领域存在着巨大的新增需求。

此外，根据波士顿咨询中国消费者洞察智库（CCCI）的测算，从2014年到2020年，超过2/3的新增中产家庭将来自三四线城市及以下的地区。在一二线城市需求日渐饱和、竞争日趋激烈的情况下，三四线城市及县域将成为未来5年零售银行重要的增长来源。而为了更好地覆盖这些新兴的城镇中产阶级，金融机构将需要实现350～600个城市的地域覆盖（参阅图10.6）。

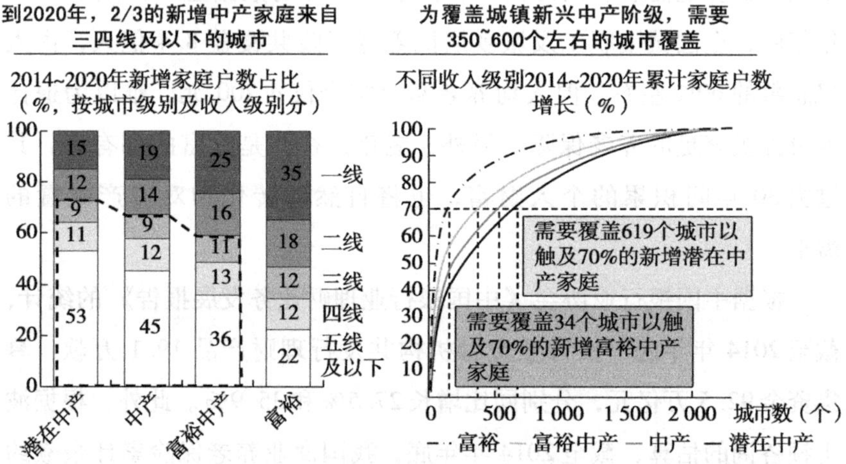

图10.6 到2020年，2/3的新增中产家庭来自三四线及以下的城市；为覆盖城镇新兴中产阶级，需要350～600个左右的城市覆盖

资料来源：BCG消费者智库收入测算模型

除新客群的涌现外，互联网、移动互联网的普及以及数字化新世代的兴起已经深刻改变了客户的金融意识和行为，包括自主获取信息并决策、认知和决策过程更为复杂、自主选择接受服务的时间、自主选择接受服务的渠道等。

自主获取信息并决策。波士顿咨询于2014年针对中国银行业消费者开展的一项调研显示，尽管仍有超过50%的消费者将金融机构官网作为获取信息的重要渠道，但选择社交网络、博客、手机应用等作为信息来源的客户也已经占到10%～15%，并且这一比例正在快速增长。过去，消费者习惯于被动地得到信息推送，他们愿意相信官方和权威专家，并且往往是被告知可获得的金融服务。如今，传统金融机构在信息与产品上的“权威性”以及“特许供应”的地位已经相对弱化，消费者已日益习惯于主动获取信息，他们更愿意相信自己的判断或朋友的推荐，并且希望决定和主导自己获得的金融服务及投资决策。

美国一家名为Motif的投资网站抓住了客户的这种变化，使普通的投资者有机会变身基金经理。Motif Investing公司由前微软高管于2012年创立，其推出的Motif产品其实就是“投资组合”的概念，通常为某一主题下的股票组合，比如“3D打印主题”“医疗科技主题”“网络游戏主题”等。客户可以直接购买并持仓一个已有的Motif，也可以自己新建一个Motif并将它推荐给自己的好友，从而扮演类似基金经理的角色。该网站不像传统基金公司一样收取管理费，而是针对每只Motif收取不足10美元的交易费，以低佣金吸引更多的客户。当顾客自创的Motif取得较好业绩并吸引了一定数量的投资者后，网站还会与顾客进行交易费分成。如今，这家网站已获得摩根大通、高盛等战略投资者超过5 000万美元的投资。

此外，客户的认知和决策过程也变得更为复杂。首先，从获取信息的渠道和方式来看，过去的个人金融客户往往没有也不需要获取信息，选择哪家银行主要由工资账户开户行和居住地附近的银行网点决定，但现在的客户不仅具备了“了解”和“比较”的意识，获取信息的渠道也更加多元化，比如各种线上线下的广告、社交网络中的分享，还可以通过多种渠道便捷地参与品牌活动，体验产品和服务。

其次，在比较不同金融机构并评估是否购买时，由于产品本身的功能、价格同质化程度较高，因此“有趣”“新鲜”“个性”“是否能形成话题”等成为重要的考虑因素。

最后，在完成购买后，客户会有更多的互动和分享的需求，比如朋友圈推荐、分享自己的支付宝10年账单等。“热爱分享”这一点在年轻人中尤为明显。2014 年波士顿咨询中国品牌推荐度客户调研（BAI）结果显示，在 18 ~ 25 岁的年轻人中，45% 的人会明确地推荐或批评自己使用过的银行品牌，这一比例在 26 ~ 35 岁的人群中也达到了 36%，但在其他较年长的客户中不足 30%。总体来说，客户的认知和决策过程不再是单一的、线性的、被动的，而是开放的、多线程的、互动的。

打车软件优步（Uber）充分抓住了客户的这种追求“有趣”“个性”的猎奇心理和热爱分享的态度，通过独特的营销方式，在竞争激烈的打车软件市场建立了差异化的品牌形象并获取了大量客户。例如，2014 年 4 月，在 HBO 情景喜剧《硅谷》热播期间，优步曾在美国举行了一个“给你 7 分钟，优步把投资人送到你面前”的活动。在 4 月 9 日活动期间，如果客户使用优步叫车，会有一个谷歌创投（Google Venture）的投资人坐在车里等待你，对方会给你 7 分钟的时间进行创意阐述，然后再花 7 分钟提供反馈意见。2015 年 2 月 5 日，优步在澳大利亚悉尼、墨尔本、珀斯等多个城市举行了“送猫咪上门”的活动。用户只要打开优步，点击选择“Kittens”（小猫），很快就会有优步司机将可爱的小猫送上门与客户玩耍 15 分钟。此活动旨在提高人们对流浪动物的关注，活动期间的车费所得都会捐助给当地的动物收容所，同时也鼓励优步用户邀请自己的亲朋好友，通过 AA 付车费的方式一起参加募捐。优步的其他经典营销案例还包括戛纳电影节提供直升机接送服务、日本樱花季用无人机送口罩帮助客户应对过敏、泰国泼水节中提供卡车蓄水和自行车送雨衣等。短短 5 年时间，优步已经在全球近 60 个国家的 300 多个城市中网罗了上百万名司机，每天为客户提供数百万次的接载服务。

自主选择接受服务的时间。过去，传统金融机构单向规定了金融服务的提供时间，绝大部分金融交易只能在银行等金融机构早 9 点至晚 5 点的工作时间内完成。但互联网渠道打破了实体网点对金融服务的垄断，将金融服务的时间从 8 小时延伸至 24 小时，客户能够主导和决定他们希望在哪些时间进行交易。以余额宝为代表的网络货币基金为例，超过 50% 的互联网基金交易发生在金融机构工作时间以外，甚至有将近 20% 的交易发生在凌晨 12 点至早上 5 点这种出人意料的时间段，这正是客户金融自主的最好体现。

自主选择接受服务的渠道。在 2014 年波士顿咨询全球零售银行电子化客户调研中，我们发现发达市场中 57% 的客户已经是多渠道的客户（即至少使用两种渠道的客户），这一比例在富裕客户中更是高达 64%。根据波士顿咨询的测算，到 2020 年，互联网和移动渠道总共将为银行贡献近 40% 的销售交易以及 66% 的售后服务和转账交易，远高于 2012 年水平（分别为 20% 和 50%）。互联网和移动渠道的重要性将不容忽视。图 10.7 为波士顿咨询针对美国市场的另一项测算。从这张图表中也可看出，从 2010 至 2020 年的 10 年间，实体网点和 ATM 的交易量相对稳定，新增交易则几乎全部来自网络和移动渠道。

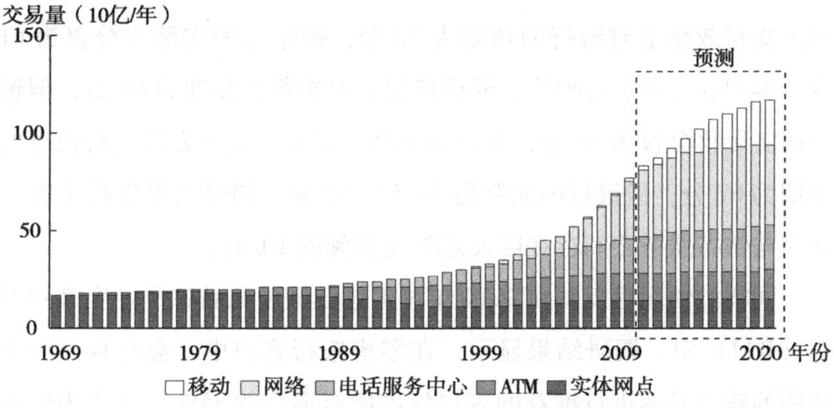

图 10.7　实体网点交易量保持相对稳定，新增交易量主要来自网络和移动渠道

资料来源：BCG 测算及分析；BCG 项目经验

与以上这些变化直接相关的是，当客户评判自己所接受的金融服务是否足够好时，其比较的对象不再是其他金融机构，而更多的是其在相似领域的经历和体验。比如，客户在使用电子银行时，其参照物可能是购物网站便捷的流程和简明的页面设计；客户在使用银行网点时，其参照物可能是零售店、咖啡店的个性化视觉和舒适体验；客户在进行不同渠道之间的转换时，其参照物可能是数码产品多屏互动、无缝切换的便利。由此，客户对金融机构的预期常常体现如下：

- 我希望能够获得实时的信息。
- 我希望一通电话就能够解决我的问题。
- 我希望 1 分钟之内就能明白这个产品，并且 5 分钟之内就能在网上购买。
- 我希望填写过的信息不要再问我第二遍。
- 我希望在一个页面上就能看到我关心的所有信息。

然而，传统金融机构在应对这些客户变化时的表现仍是差强人意。2014 年波士顿咨询全球零售银行电子化客户调研显示，客户在服务交付效率上对银行的预期为 72 分，但银行的实际得分仅为 41 分；客户在简单、易操作、便捷流程上对银行的预期为 67 分，但银行的实际得分仅为 35 分；客户在互动、实时的交互方式上对银行的预期为 67 分，但银行的实际得分仅为 20 分。调研结果反映出客户预期与银行服务之间存在巨大差距（参阅图 10.8）。

同样的情况也反映在 2014 年波士顿咨询中国品牌推荐度客户调研（BAI）中。调研结果显示，在零售银行客户中，会对自己当前使用的银行品牌进行推荐的客户仅占所有客户的 35%，基本为各行业中最低（参阅图 10.9），客户预期与银行业实践之间的巨大差距不言自明。

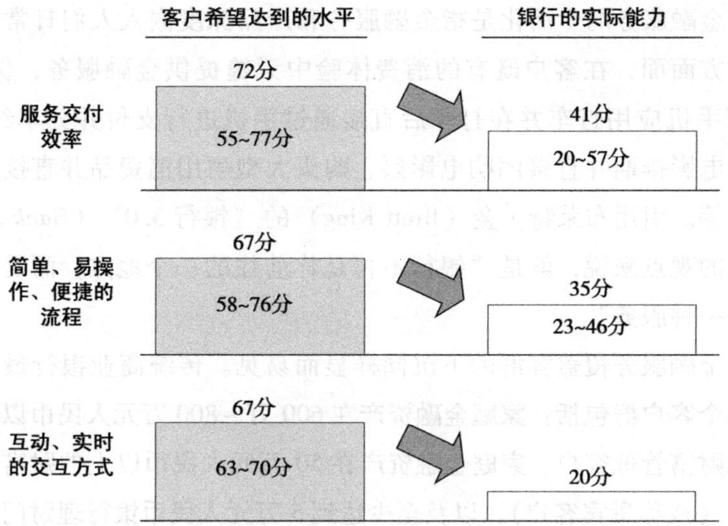

图 10.8　波士顿咨询全球银行客户调研中，银行表现得分与客户预期差距巨大

资料来源：2014 年 BCG 全球零售银行电子化客户调研

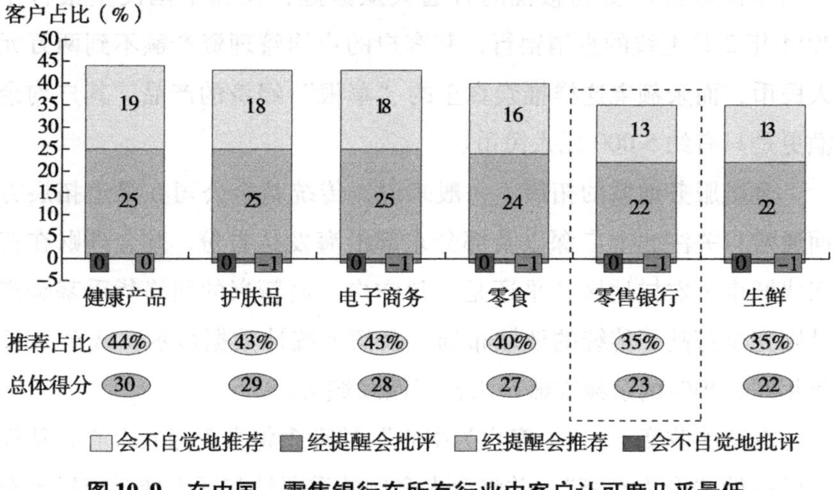

图 10.9　在中国，零售银行在所有行业中客户认可度几乎最低

资料来源：BCG 中国品牌推荐度客户调研 2014

客户行为的上述改变必将倒逼整个金融行业发生改变，包括金融服务的生活化、金融服务覆盖客群的下沉、金融服务地域覆盖的拓展等。

金融服务的生活化是指金融服务和产品深度嵌入人们日常生活的方方面面，在客户既有的消费体验中无缝提供金融服务，例如：使用手机应用打车并在打车后直接通过手机进行支付并分享红包、查看电影排期并直接团购电影票、购买大型耐用消费品并直接分期支付等。引用布莱特·金（Brett King）的《银行 3.0》（*Bank 3.0*）一书的观点来说，就是“银行不再是你前往的一个地方，而是你使用的一种服务”。

金融服务覆盖客群的下沉同样显而易见。传统商业银行最关注的几个客户群包括：家庭金融资产在 600 万 ~ 800 万元人民币以上的私人财富管理客户、家庭金融资产在 50 万元人民币以上的财富管理客户（或称贵宾客户），以及至少达到 5 万元人民币银行理财门槛的理财客户。传统的银行网点和客户经理体系均是围绕这些客户展开。但互联网金融的出现使得金融服务所覆盖的客户群真正下沉到那些广泛存在却长期受到忽视的普通大众家庭，比如中国民生银行于 2014 年 2 月上线的直销银行，其客户的户均管理资产额不到两万元人民币，而余额宝这样推崇真正的“草根”经济的产品，其户均余额更是只有约 5 000 元人民币。

金融服务地域的拓展。一般来说，传统基金公司在渠道拓展方面通常只关注北上广深以及部分东部沿海发达省份，基金理财在三四线城市及农村地区几乎还是一片空白。而新兴的网络货币基金产品则完全打乱了传统的地域布局。余额宝统计数据显示，截至 2013 年年底，40% 的余额宝账户来自三四线城市。

在这些改变下，“以客户为中心”的理念将真正深入人心，从而形成一种“个人经济”，并将个人金融的重要性和活力推至前所未有的高度。

监管包容是革新的环境

2014 年 3 月 5 日，国务院总理李克强在政府工作报告中首次明确提出，要促进互联网金融健康发展，完善金融监管协调机制。

2015年3月5日，互联网金融再次进入政府工作报告。国务院总理李克强在回顾2014年工作时称赞“互联网金融异军突起”，并强调接下来将制定“互联网+”行动计划，推动移动互联网、云计算、大数据、物联网等与现代制造业结合，促进电子商务、工业互联网和互联网金融健康发展，引导互联网企业拓展国际市场。

2015年7月4日，《国务院关于积极推进“互联网+”行动的指导意见》正式发布，协同制造、现代农业、智慧能源、普惠金融等11个领域被纳入“互联网+”行动的重点领域，将获得国家层面的推动和支持。在“互联网+”普惠金融部分，意见提出要促进互联网金融健康发展，全面提升互联网金融服务能力和普惠水平，鼓励互联网与银行、证券、保险、基金的融合创新，为大众提供丰富、安全、便捷的金融产品和服务，更好满足不同层次实体经济的投融资需求，培育一批具有行业影响力的互联网金融创新型企业，重点探索推进互联网金融云服务平台建设，鼓励金融机构利用互联网拓宽服务覆盖面，积极拓展互联网金融服务创新的深度和广度。这表明互联网金融已进入决策层视野，在政府层面正式获得认可，并已上升到国家重点战略的层面，“互联网+”时代个人金融的发展得到前所未有的政府支持。

金融监管高层对“互联网+”时代的金融创新同样表现出支持和规范并重的态度。2014年3月4日，人民银行行长周小川曾重申在金融领域“鼓励科技的应用”，对于余额宝等金融产品肯定不会取缔，未来有些政策会更完善一些。人民银行副行长潘功胜也指出，互联网金融的发展在满足小微企业融资、增加百姓投资渠道、提高社会金融服务水平、降低金融交易成本、推进利率市场化等方面都发挥了积极作用。

2014年5月推出的人民银行《中国金融稳定报告》明确提出互

联网金融监管五大原则，互联网金融监管初现雏形。这五大原则包括：一是互联网金融创新必须坚持金融服务实体经济的本质要求，合理把握创新的界限和力度；二是互联网金融创新应服从宏观调控和金融稳定的总体要求；三是要切实维护消费者的合法权益；四是要维护公平竞争的市场秩序；五是要处理好政府监管和自律管理的关系，充分发挥行业自律的作用。

2015 年 7 月 18 日，在党中央和国务院的高度重视下，人民银行会同有关部门制定的《促进互联网金融健康发展指导意见》正式发布，成为互联网金融监管的“基本法”。指导意见明确了互联网金融的定义和主要业态，为支持互联网金融的发展提出了一系列政策和措施，包括：第一，鼓励互联网金融平台、产品和服务创新，激发市场活力；第二，鼓励从业机构相互合作，实现优势互补；第三，拓宽从业机构融资渠道，改善融资环境；第四，相关政府部门应简政放权，营造有利于互联网金融发展的良好制度环境；第五，落实和完善相关财税政策；第六，推动信用基础设施建设，培育互联网金融配套服务体系。此外，指导意见还明确了互联网金融的监管主体和职责分工，以及各种经营业态的基本业务规则。至此，政府高层和监管方对互联网金融的包容和支持已非常明确，互联网金融监管的思路也已基本成型。

在此背景下，参考海外互联网金融创新监管的实践和电子商务等类似行业监管的经验，我们认为“互联网 +”时代的个人金融监管很有可能在未来几年形成官方监管、行业自律、市场自治的 3 层架构。

官方监管主要指以一行三会为主的监管主体对行业进行的监管和规范。根据目前的分工，人民银行主要负责互联网支付业务的监管；银监会主要负责网络借贷、互联网信托、互联网消费金融的监管；证监会主要负责股权众筹和互联网基金销售的监管；保监会主要负责互联网保险的监管。除一行三会外，工业和信息化部、公安部、财政部、工商总局、网信办等相关部委也将对“互联网+”金融的发展给予一定指导和支持。部分监管机构已经针对新的监管职责进行了相应的组织架构调整，如银监会在2015年初公布的组织架构改革中，已经明确了要专设普惠金融部，对小微、三农等薄弱环节和小贷、网贷、融资担保等非持牌机构监管协调。

行业自律主要指由行业参与者自发组织成立的协会或机构，其目的包括：明确行业发展目标、制定行业规范、促进行业公平竞争等。2011年8月成立的英国P2P金融协会正是这样一个典型的例子。目前国内也已经成立类似机构，如2013年12月由人民银行发起成立的半官方性质的中国互联网金融专业委员会，会员单位包括商业银行、证券公司、支付机构、P2P、研究机构等75家单位，此外还包括互联网金融千人会等民间行业协会机构。

市场自治主要指建立在顾客评价和口碑基础之上的公共评价体系。该体系能够影响顾客决策并规范商家行为，类似于目前电商的评价体系。市场自治由交易平台设定交易规则、评价规则、纠纷处理规则等基础机制，顾客和商家在此基础上针对产品、服务和交易过程给予评价，从而提升交易过程中信息的透明度和交易的公正性。目前互联网金融领域的市场自治还有待形成。

二、金融科技与创新重塑银行业格局

两种思维的碰撞

从前文可以看出，“互联网+”时代的个人金融与传统的个人金融相比已经具备了很多新的特点。而其中最重要的一点就是由技术进步、客户改变、监管包容所带来的市场参与者的改变。金融领域变得前所未有的开放，金融的参与者也变得前所未有的丰富。有趣的是，这些不同的市场参与者所看到的世界和其背后的逻辑也有着截然不同的特点。其中，传统金融机构思维和互联网思维是最具代表性的两种，图 10.10 以一种图像化的方式形象地描绘了这两种不同的思维。

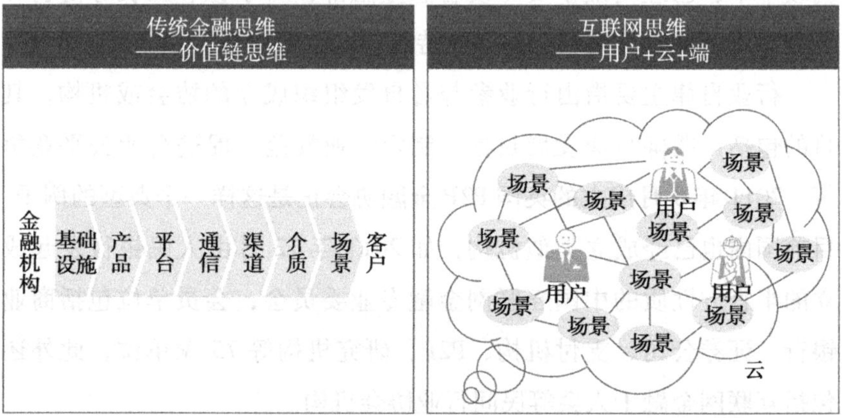

图 10.10　两种思维的碰撞

资料来源：BCG 分析

从图 10.10 的左边可以看到，传统金融业者通常会将金融服务看成一条价值链。价值链的最左端是金融机构，最右端是客户。一种金融产品或服务从产生到最后到达客户端需要经历基础设施、产品、平台、通信、渠道、介质和场景等多个环节，而竞争的关键就在于把控价值链上的核心环节。并且，从这条价值链的构造可以看出，传统金融机构普遍仍持有机构本位的思路，产品设计是相对中后台的职能，设计过程主要依照内部规章制度进行。以贷款产品为例，传统金融机构在做产品时考虑的往往是抵质押物、期限和价格等因素，在产品设计完成之后再考虑通过哪些渠道销售给哪些客户，也就是说产品生产过程本身离客户还比较遥远，客户的需求要传导到产品研发环节也存在一定障碍。

从图 10.10 的右边则可以看到，新兴的互联网金融从业者往往沿袭互联网或电商的思维来看待金融，主要要素包括：用户、云、端。用户和用户、用户和云、用户和端之间的互动构成了动态、多维的生态系统。其中，用户是这个系统的核心，云包括云计算以及构建在云之上的数据服务、征信平台等基础设施，端则代表了大量的应用场景以及与场景紧密相连的产品。在这个系统中，一种金融产品或服务的产生首先源自用户的需求，当某种需求在某个场景中被发现后，再反向进行相应的产品开发，并最终将产品嵌入到场景中，将金融化于无形，实现真正的“金融生活化”。

这两种思维有两个最大的不同：一是机构本位与客户本位的不同；二是线性路径与多维网状路径的不同。思维的不同所反映出的也是传统金融行业和互联网行业本身特性与多年来行业发展规律的不同。对传统金融机构来说，价值链思维的核心是控制关键点、控制风险，因此几乎每家传统金融机构都希望由自己来覆盖整个价值链，从而天然地倾向于采用封闭的系统。换言之，“用户＋云＋端”的思维对传统金融机构来说过于抽象和无序，让人不知从何入手。而对互联网公司来说，产品源自场景，每一个场景往往就是一个垂直行业，互联网的世界是短链条、多线程的，没有哪家企业能独自控制所有的场景，因此互联网企业天然地倾向于开放与合作。

不同并不意味着对错，事实上，“互联网＋”时代的个人金融只有在这两种思维的碰撞与融合下，才有可能真正实现绽放。因此，彼此的理解和尊重将是传统金融与互联网合作与融合的基础。

占据四大制高点

尽管金融的世界和互联网的世界有着截然不同的思维方式，但它们面临一个相同的问题，即要在“互联网＋”时代的个人金融市场中胜出，就必须把握竞合关系的制高点，也就是找准关键战场，并据此进行布局。

总结来看，我们认为“互联网 +”时代的个人金融一共有四大制高点：基础设施、平台、渠道、场景（参阅图 10.11）。其中，基础设施是最有可能产生颠覆性创新的领域；场景是金融“生活化”以及“以客户为中心”的核心体现；平台是互联网行业平台模式在金融领域的延续和创新；渠道则是互联网时代对金融机构传统核心资产的重新审视，也是互联网企业线上线下整合的重要阵地。

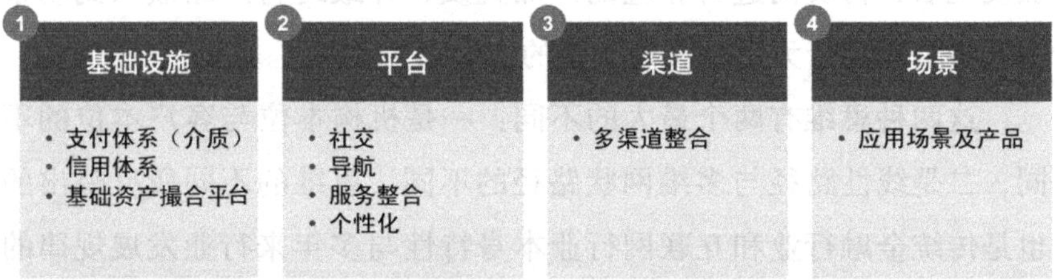

图 10.11 “互联网 +”时代个人金融四大制高点

资料来源：文献研究；BCG 分析

基础设施：蕴藏颠覆性创新的无限可能

此处的基础设施主要指支付体系、征信体系和基础资产撮合平台。

支付体系：“互联网 +”时代个人金融的不二法门。支付是人们对金融最朴实的需求，也是应用场景最为丰富的一种金融产品。金融机构的诞生和发展首先起源于支付。例如，17 世纪荷兰阿姆斯特丹银行的诞生最早是为了满足荷兰强大的航海贸易在支付结算方面的需求；19 世纪后半期中国山西票号的诞生也与山西盐商的支付结算需求紧密相关。如今，互联网金融巨头们同样以支付为金融的切入点。例如，余额宝的迅速发展依托于支付宝的普及，而支付宝的发展又依托于淘宝电商的壮大。腾讯进入互联网金融领域也是首先从支付切入，并力求通过丰富的应用场景（如红包、打车、团购等）提升其支付工具的活跃度。目前，腾讯旗下的财付通甚至已接入深圳市路边停车收费系统。与此同时，各大银行及三大运营商也纷纷推出“电子钱包”和“手机钱包”业务。虽然支付业务本身并不是盈利的来源，但它是汇聚流量和积累数据的重要手段，而流量和数据是开展其他金融业务的底层基础。

在移动金融的背景下，支付被赋予了极大的活力。首先是介质创新。例如，英国的巴克莱银行2012年曾推出一种名为“Pay-Tag”的支付贴纸。用户只要将该贴纸与银行卡绑定，并将其贴在手机或身体部位上，即可完成几十英镑以内的小额支付。2014年巴克莱银行又再度推出名为“bPay”的智能腕带，其中一项重要功能是近场支付。

自2014年下半年以来，全球巨头纷纷介入移动支付领域，引发了翻天覆地的变化。2014年10月，苹果正式推出了基于近场支付技术（NFC）的手机支付功能苹果支付，通过简单的界面和流程，以及基于指纹识别和内置芯片的安全认证，成功实现了便捷与安全的完美结合。2015年2月，谷歌收购由美国三大运营商AT&T、威瑞森（Verizon）、T-Mobile共同开发的手机钱包公司Softcard的技术和专利，改进谷歌钱包（Google Wallet）。几乎与此同时，三星收购移动支付技术公司LoopPay，并在2015年3月正式推出了“三星支付”，使用传统的磁场技术，在老式的磁条刷卡机上实现手机支付。

中国国内在移动支付介质上的创新同样层出不穷，二维码支付经过支付宝和微信几年来的大力推动，应用已经非常广泛。2015年5月，中国银联、兴业银行联合咕咚推出国内首款可穿戴的移动支付产品——具备银联移动支付功能的咕咚手环，并同时发布首款支持此项应用的信用卡“兴动力”银联芯片卡。NFC支付近年来由于硬件要求高、价值链长、用户引导力度不够等原因一直萎靡不振，但未来随着具备NFC功能的手机终端的普及、用户引导力度加大等利好因素，也有可能迎来大发展。

其次，虚拟货币（如比特币）和网络支付协议（如 Ripple 协议）的兴起在一定程度上对全球各国中央银行的中心化地位以及传统的支付汇兑体系构成了挑战。货币的角色和形态未来会如何发展？互联网支付汇兑体系会如何演变？这一切尚有待观察。

此外，第三方支付行业在经历了过去 10 年相对宽松的监管包容期后，其快速发展已经引起了监管层和行业的高度重视。2014 年 1 月出台的国务院 107 号文《国务院办公厅关于加强影子银行监管有关问题的通知》明确中国人民银行为第三方支付的监管主体；随后，人民银行支付结算司暂停了二维码支付及虚拟信用卡。4 月 10 日，银监会和人民银行联合发布《关于加强商业银行与第三方支付机构合作业务管理的通知》，针对客户身份认证、信息安全、交易限额、交易通知、赔付责任、第三方支付机构资质、银行风险管控等问题做出了详细的规范。随着第三方支付监管的层层加码，未来监管走向如何？可能导致行业生态发生哪些变化？这些也将是中国支付行业发展的重要变量。

征信体系：中心化还是多元化？支付的数据积累到一定程度，经过特定的加工和整理就能够成为信用基础。未来，随着移动互联和社交网络的进一步发展，数据的种类、数量及时效性也将得到极大提高，对个人的信用互联的评价体系也将更为多元、立体和及时。

根据人民银行发布的《中国征信业发展报告（2003～2013）》，截至 2012 年年底，中国征信行业收入仅 20 亿元人民币左右，且其中个人征信只占很小的份额，相比美国千亿级别的征信市场仍有很大的发展潜力。而以大数据为基础的新型征信必将成为撬动这一市场的有力杠杆。

2014 年 6 月，《社会信用体系建设规划纲要（2014～2020 年）》发布，我国社会征信的法律基础和标准体系有望在未来几年进一步完善。2015 年 1 月，人民银行印发《关于做好个人征信业务准备工作的通知》，要求芝麻信用、腾讯征信、深圳前海征信、鹏元征信、中诚信征信、中智诚征信、拉卡拉征信、北京华道征信等8家机构做好个人征信业务的准备工作，个人征信体系开始试水市场化。2015年7月4日，《国务院关于积极推进“互联网+”行动的指导意见》正式发布，在谈到“互联网+”普惠金融时，文件指出，要“利用大数据发展市场化个人征信业务，加快网络征信和信用评价体系建设”。在不断加码的政策支持下，虽然这种以大数据为基础的新型征信体系仍面临覆盖范围有限、数据非结构化、数据分析人才和工具尚不成熟等问题，但其与传统征信体系的互通互补必将开启中国征信市场快速发展的新篇章。

基础资产撮合平台：直接融资大发展。基础资产撮合平台是指股权、债权、产权、林权、地权、碳排放权等基础资产的交易和撮合平台。此类平台的发展主要源自中国社会融资结构的改革。目前中国间接融资和直接融资的比例大约是6∶4，仍主要依靠银行贷款，融资手段较为单一，而在美国这一比例是3∶7，金融危机前一度达到过2∶8。未来中国必将改变社会融资结构倒挂的局面，去中介化是趋势所在。

2014年11月，在我国资产证券化试点近10年之际，银监会和证监会分别颁布相关规定宣布资产证券化项目施行备案制，标志着资产证券化进入了常态化发展的新阶段。作为盘活存量资产的重要工具和手段，资产证券化的常态化为直接融资的发展和基础资产撮合平台的兴起提供了重要的发展前提。

例如，平安陆金所Lfex就是为银行、保险、证券、基金、信托等金融机构和企业提供债券、应收账款、信用卡等非标准化资产投融资撮合的平台，上线半年交易额即超过400亿元人民币，合作机构400余家。

阿里巴巴蚂蚁金服旗下的招财宝平台则与重庆金融资产交易所、

天津滨海柜台交易市场、广东金融高新区股权交易中心等17家区域性股权及金融资产交易平台合作，开展各种非标金融资产打包、拆分销售及后期流转变现的业务。自2014年4月招财宝平台上线至2015年7月，累计交易额已经超过2 000亿元人民币。

平台：互联网商业模式对个人金融服务的渗透

平台是指连接两个或多个特定群体，为其提供行为规则、互动机制和互动场所（常常是虚拟场所），并从中获取盈利的一种商业模式。拉卡拉公司创始人孙陶然在《平台战略》一书的序言中指出，一个成功的平台往往需要做好几件事，一是选择平台战略的企业需要有能力积累巨大规模的用户；二是需要提供给用户有着巨大黏性的服务；三是需要有合作共赢、先人后己的商业模式。成功的平台商们正在纷纷践行以上准则。

首先，在积累用户方面，一些平台商通过社交圈的扩散实现用户数的快速增长。2008年创建的开心网在成立时仅有300名种子用户，但这些用户通过上传照片、发表日记和游戏互动等方式不断吸引亲友的加入，如同涟漪般层层扩散开来，其结果是开心网在短短15个月内注册用户数激增10万倍达到3 000万。另一些平台商则通过导航的方式汇聚多方的产品和服务，实现流量的导流。融360是中国国内金融导航网站的领跑者，通过与2 000家银行、小贷公司、典当行等机构开展合作，提供贷款、理财、信用卡等多项金融产品的搜索、比价、推荐及咨询服务。自2011年底成立以来，融360已积累了数量达千万级的客户。

其次，在建立客户黏性方面，一些平台商通过实现差异化、个性化的服务以及对服务的整合来增强客户黏性。

平安一账通是差异化服务的代表。它通过一个账户一套密码的单一登录实现了跨平安银行、保险、投资等多个账户的金融服务，并提供了整合的资产负债汇总，帮助客户全面查看和管理金融资产。

个性化服务则主要体现在产品推介和定价的个性化上。传统金融的一个思维定式是：个性化的产品和服务由于成本高昂，因此只能被用来服务高端客户，而长尾客户只能获得标准化的产品和服务。但随着大数据的应用和普及，个性化不再为高端客户专属。例如，亚马逊的推荐系统能够根据客户的人口属性、搜索、浏览、收藏和交易记录推算客户的需求和偏好，并向其推荐适合的产品。目前这种推荐系统已经为亚马逊贡献了大约30%的交易量，推荐成功率达到60%左右。类似的做法也已在金融领域得到应用。例如，花旗银行通过信用卡消费记录向客户推荐适合的商家并提供折扣，从而拉动其信用卡交易量。

支付宝与余额宝的搭配是服务整合的典型范例。支付宝本身是一个具备多种支付、缴费、转账功能的支付账户，而余额宝则在既有的账户和流程中嵌入了理财业务，确保客户在原有的便捷体验下获得更丰富的产品和服务，目前在支付宝账户体系中还增加了消费信贷等业务。

平台模式在互联网行业被广泛应用，因此当互联网企业进入金融业务时也自然地延续了这一战略。但对传统金融机构来说，平台仍是相对陌生和抽象的概念。什么是真正的平台？如何权衡平台的开放性和对平台的控制力？平台如何运营？这些都是传统金融机构需要思考的重要问题。

渠道：多渠道整合成为必须

渠道的核心议题是多渠道整合，即客户能够自由选择在何时通过何种渠道获得怎样的金融产品和服务，其背后是机构的不同渠道在产品、服务、流程、技术上的无缝对接。

在2014年波士顿咨询中国品牌推荐度客户调研（BAI）中，我们发现所有年龄段的客户都将便捷的电子银行作为推荐一家银行的重要理由，这一比例在 18 ~ 35 岁的客户中达到 51%，在 35 ~ 45 岁的客户中达到 40%，在 45 ~ 65 岁的客户中达到 49%，网点位置便捷度、网点设施和服务等因素均位于其后。可见，以电子银行为代表的数字化渠道已非年轻一代的专属，而是深深影响着所有客户的渠道使用习惯。

此外，移动渠道的重要性也在不断上升。根据中国互联网络信息中心的统计，截至 2016 年 6 月，中国已有 6.56 亿手机网民，占所有网民的 92.5%。手机网民每天启动各种应用的平均活跃时间为 116 分钟。以移动支付为例，过去 3 年我国移动支付笔数季均复合增长率超过 30%，移动支付占所有电子支付笔数的比重也从 2013 年年初的 4% 迅速增长至 2014 年年底的 16%，且增长势头有增无减。

但与此同时，我们也必须看到，客户对网点的依赖并不会完全消失，尤其是在大额交易和较复杂的咨询服务中。尽管实体渠道会面临一定的收缩，但更重要的是定位、业态、功能、流程等全面的转型。未来金融机构的渠道一定是多渠道甚至全渠道的有机结合，不同的渠道应具备不同的职能，适应不同的客户需求，并且能够实现不同渠道之间的无缝对接和转换，充分满足客户最自然的使用习惯和迁移旅程。

在 2014 年波士顿咨询全球零售银行电子化客户调研中，我们发现发达市场中 57% 的客户已经是多渠道的客户（即至少使用两种渠道的客户），这一比例在富裕客户中更是高达 64%（参阅图 10.12）。中国也是类似的情况，因为对中国的银行客户来说，实体渠道的体验可能更不尽如人意，使得客户更有动力在某些业务中使用电子渠道或自助渠道，从而自然地成为多渠道的客户。

此外，多渠道不仅是客户的自然选择，也能够给金融机构带来诸多益处。包括：

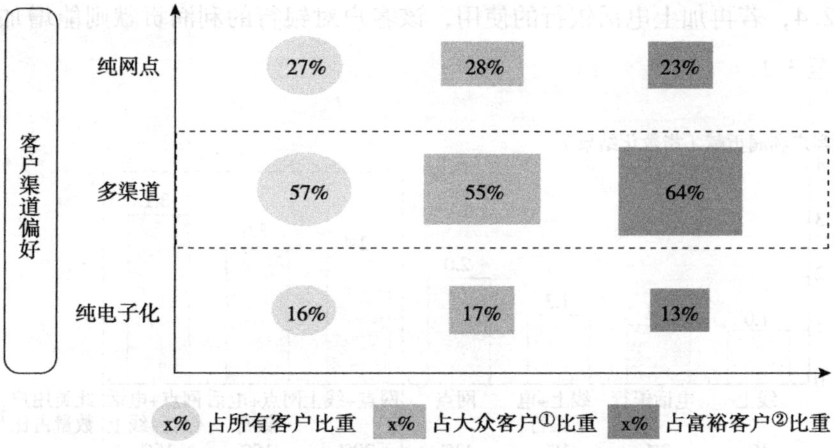

图 10.12　将近 60％的零售银行客户已经是多渠道客户

①大众客户为金融资产 10 万美元以下的客户。
②富裕客户为金融资产 10 万美元以上的客户。
资料来源：2014 年 BCG 全球零售银行电子化客户调研

- 通过交叉渠道，全面把握客户行为，综合计算客户利润贡献率。
- 利用对客户的多维认知，针对不同需求，在全渠道开展产品和服务的创新设计，激发客户购买意愿。
- 成功激发客户意愿后，保证建立无缝连接和有效的多渠道客户联系，降低在产品销售过程中由渠道转换引起的客户流失率。
- 通过不同渠道的合理分工，发挥各渠道的最大效用，比如解放物理网点客户经理的时间，将其投入到更多高价值的销售活动中去。

以银行为例，通过波士顿咨询对美国银行市场的观察，我们发现使用渠道越多的客户往往对银行的利润贡献也更高。如图 10.13 所示，如果将单独使用线上渠道的客户对银行的利润贡献看作单位“1”，那么使用网点 + 线上渠道的客户对银行的利润贡献往往能达到

2.4，若再加上电话银行的使用，该客户对银行的利润贡献则能增加至3.1。

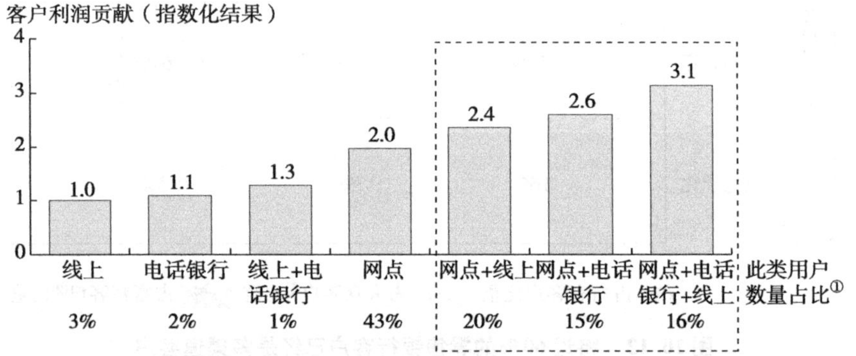

图10.13　对银行来说，使用渠道越多的客户，其利润贡献往往也越高

①在美国两大银行内计算得出的渠道使用量的加权平均数。

资料来源：BCG项目经验

因此，多渠道整合一方面是金融机构积极适应客户变化的必然之举，另一方面也是减少客户流失，增加销售机会，提升客户利润贡献的有力手段。金融从业者们必须深入理解客户的渠道诉求和渠道迁移旅程，并进行相应布局。

网点是传统金融机构最重要的实体资产，应用得当能够帮助传统金融机构建立差异化的竞争优势，但应用不当则有可能成为沉重的负担。互联网企业大多依托于电子渠道，较少具备实体渠道资产，但仅仅依靠单一的线上渠道不一定适用于所有的客群和场景。因此，不管对传统金融机构还是互联网新兴业者来说，多渠道整合都是渠道转型的必然方向。

场景：找准客户生活的主场景

前文在谈及客户的改变时已经提出了一个概念——“金融的生活化”。这个概念是指金融不是独立存在于人们的生活中，而是嵌入在众多的生活场景中，让人感受不到金融的存在，可它实际上又无处不在。因此，互联网金融版图的扩张实际上依靠两个维度的扩展，一是扩大目标客群，二是占领客户的生活时间。扩大客群的方法有很多种，比如地域的扩张、年龄层的扩张、财富层的扩张等。而占领客户的生活时间则需要占据尽量多的应用场景，即流量入口。据波士顿咨询“数字化新世代 3.0”研究显示，占据用户上网时间流量最多的是娱乐、沟通、信息获取和电子商务这四大类活动（参阅图 10.14）。互联网巨头们对客户时间的争夺也紧紧围绕这几大领域展开。

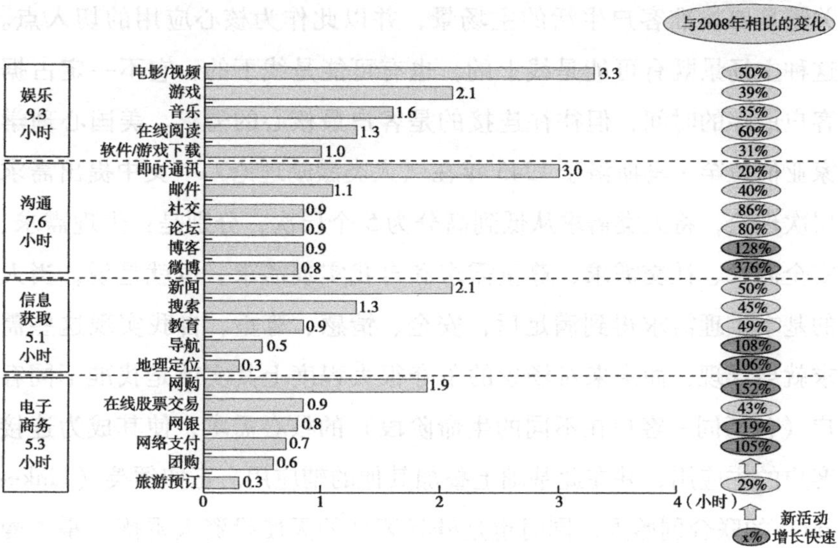

图 10.14　中国网民的上网时间主要用于娱乐、沟通、信息获取、电子商务四大类活动

资料来源：BCG“数字化新世代 3.0”研究；2011 年 BCG 对 1 ~4 级城市及农村地区的 2 000 名消费者开展的调研

艾瑞咨询的一份调研报告指出，20 个月前，中国消费者最常用的 20 款手机应用分属 13 家独立公司；而如今，中国消费者最常用的 20 款手机应用中的 17 款被腾讯、阿里以及百度包揽（自有或投资）。这 3 家公司的自有应用总共占据手机用户月使用时长的近 40%，如果算上其投资的众多应用，这一比例还将上升至 60%。

与此同时，传统金融机构也逐步意识到，他们所熟知的金融产品开始与场景合为一体，单纯依靠产品本身来实现差异化已变得越来越困难。只有将产品与场景以及客户需求紧密结合，才能被客户所接受。因此，传统金融机构纷纷加强对场景的布局，比如建行和工行建立电商平台，民生银行发力社区银行，光大银行打造移动端的生活服务平台，平安集团向二手车和房产交易进军，并建立起开放的万里通积分平台。

然而，场景之争还远远不止于此。在未来对场景的争夺战中，关键是要找准客户生活的主场景，并以此作为核心应用的切入点。这种主场景既有可能是线上的，也有可能是线下的，它不一定占据客户最多的时间，但往往连接的是客户最核心的需求。美国心理学家亚伯拉罕·马斯洛于1943年在《人类激励理论》一文中提出需求层次理论，将人类需求从低到高分为5个层次，分别是：生理需求、安全需求、社交需求、尊重需求和自我实现需求。也就是说，当人的基本生理需求得到满足后，安全、情感、尊重、自我实现这些需求就会浮现，而未来对场景的争夺很大程度上其实就是找准不同客户（包括同一客户在不同的生命阶段）的核心需求，使其成为连接客户的主应用，并在此基础上叠加其他的辅应用。正如领英（Linkedin）的联合创始人，同时也是硅谷著名的天使投资人雷德·霍夫曼（Reid Hoffma）所说，“一款好的产品及运营，一定能迎合人性七宗罪中的其中之一”。因此，未来对于场景的争夺实际上考验的是金融机构在心理学和社会学层面对客户的理解，以及金融机构真正践行“以客户为中心”的力度。

第十一章

金融科技创新的突破口——移动支付

一、全球移动支付市场五大主题

在第十章已经提到，支付是金融科技创新的发端领域，目前也是金融科技创新最为集中的领域，累计融资额占金融科技总体的30%左右。在国内，随着支付宝、微信支付、百度钱包和拉卡拉等工具的普及，互联网支付，特别是移动支付，已经深入渗透至人们的日常生活。某种意义上，只要有了手机，钱包和现金已经不再是出行消费的必需品。

面对支付机构的大举扩张，传统金融机构深深担忧“被脱媒”，于是不断提升自身的电子钱包、网上银行和以云支付为代表的支付科技，甚至与领先的互联网公司共同推出通用型电子钱包，在客户体验上力求与领先的第三方支付公司看齐。以上新旧两方的势力，以及整个支付生态系统的其他参与者，形成了复杂的市场格局。而破解这一格局，则是我们在支付时代克敌制胜的关键。对于全球移动支付市场来说，未来的五大主题包括（参阅图 11. 1）：

- 基本面：引起支付，特别是移动支付快速发展的一个底层的原因是广泛意义上大零售行业的发展，包括“衣食住行”的“大消费”和“医养文娱”的“大服务”驱动了金融服务行业的快速发展。

- 线上化：由于互联网技术、通信网络，包括特定大数据服务和提供增值服务的技术公司的存在，使得支付的整体技术环境更为良性、更为友好，也更为可靠。
- 客户需求：终端的消费者和商户，都在积极地迎合这个潮流。尤其是商户，因为商户需要给消费者提供最优的客户体验，从而提升消费者的忠诚度和追求消费者的价值最大化。因此商户高度重视在消费过程中改善消费者支付的便利度。
- 创新和跨界：除传统的金融机构之外，技术公司、设备制造公司和通讯商公司也都纷纷涉入其中，这种跨界竞争的格局日益明显。
- 盈利压力：在迅速扩大规模的基础上，需要厘清如何实现一个长期稳定和有效的商业盈利模式，从而实现长期可持续的发展。

① 基本面：零售行业的增长，虽然各市场增长情况各异

② 线上化：电子渠道在全球范围的增长（例如电子商务）带来了支付的线上化

③ 客户需求：商户需求的演进变化要求收单机构提供新的解决方案

④ 创新与跨界：传统市场正在遭遇前所未有的冲击

⑤ 盈利压力：迫切需要能够迅速盈利的商业模式

图 11.1　全球零售支付业正在面对五大主题

基本面：全球零售支付市场“双速运转”

目前，新兴市场和成熟市场在零售支付领域呈现双速运转的格局。2014 年成熟市场和新兴市场合计达到约 8 000 亿美元的零售支付业务收入规模。预计到 2024 年，全球零售支付业务的收入规模将达到约 1.5 万亿美元。其中，新兴市场的增幅更快，2014 至 2024 年的年均复合增长率预计将达到 9%，显著高于成熟市场 3% 的水平（参阅图 11.2）。

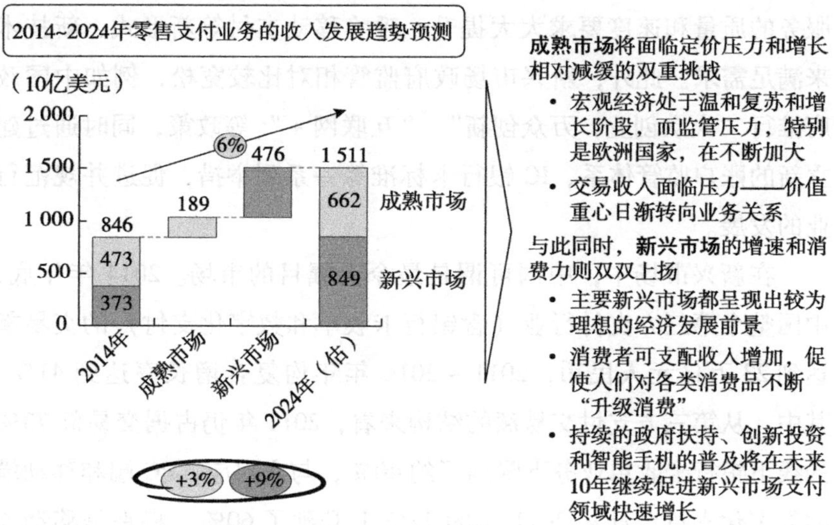

图 11.2　零售支付的收入规模——新兴市场的增速是发达市场的 3 倍

资料来源：2014 年 BCG 全球支付模型

成熟市场面临两个重大的问题：增长放缓和定价压力。第一个问题是业务的基础规模增速在放缓。主要原因是成熟市场的宏观经济仍处于温和复苏的阶段，同时成熟市场由于发展时间长，自身零售支付的渗透率高，难以长期维持高速发展。第二个问题是成熟市场的监管比较严苛，对于定价的透明性和消费者保护都有比较高的要求，所以进一步提升定价的压力较大。基于这双重挑战，零售支付业务的收入增长压力较大。零售支付业务如果依赖支付交易本身的手续费模式，已经不再是持续增长的最佳手段。很多公司以支付作为底层服务，继而寻求为客户提供更多的增值服务，获取和客户更多、更高频的接触点，捕捉客户更多的信息，从而把客户了解得更透彻，并基于更精准的客户画像提供优质服务。

相比之下，新兴市场的增速和体量则表现得更为抢眼。以中国、印度为代表的新兴市场经济仍将保持中高速增长，为全球支付的快速发展提供重要支撑。另一方面，由于新兴市场的国民收入水平提高，将会迎来消费升级和拓展消费渠道等新趋势。消费升级对支付服务的质量和速度要求大大提升，呼唤移动支付等新形式、新技术来满足需求。此外，新兴市场政府监管相对比较宽松，例如中国政府推行“大众创业，万众创新”、“互联网＋”等政策，同时通过建立新的账户监管体系、IC 银行卡标准等一系列举措，促进并规范行业的发展。

在新兴市场中，中国可谓是最令人瞩目的市场。2014 年年底，中国整个第三方支付行业（含银行卡收单和数字化支付）的交易额达到 23 万亿元人民币，2011～2014 年年均复合增长率达到 41%。其中，从第三方支付交易额的结构来看，2011 年仍占据交易额 73% 的线下银行卡收单业务下降到了约 40%，与之对应，PC 端和移动端的数字化支付合计从 2011 年的 27% 上升到了 60%。特别是移动支付仍有着巨大的潜力，支撑支付的总量和结构进一步向移动支付倾斜。2015 年，数字化支付合计达到 22.1 万亿元人民币，同比上升 58%。其中，第三方移动端支付达到 10.2 万亿，同比上升 69.7%；第三方 PC 端支付的支付总额达到了 11.9 万亿，同比上升 47%。移动端支付成为支撑支付市场快速做大的重要驱动力。

线上化：零售支付中移动支付的渗透率依然很低

当前全球移动支付渗透率较低，但增长迅速。全球总体的零售支付约为82万亿美元，其中非现金的零售支付（包括借记卡、信用卡、移动支付、预付卡等非现金手段）约占50%，达到43万亿美元。进一步细分，在线支付（含PC端和移动端）和应用内支付（含PC应用和手机应用）合计约6 400亿美元，其中移动支付为2 400亿美元，约占40%。综上，移动支付在总体零售支付中的占比仅为3‰，渗透率较低，发展空间广阔（参阅图11.3）。

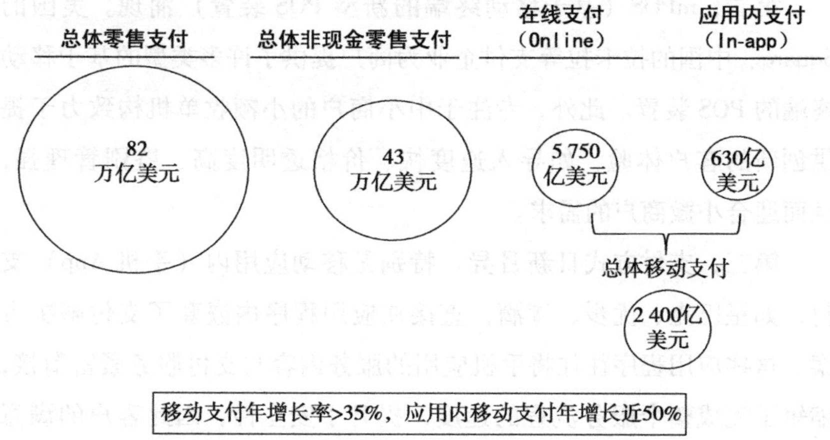

图11.3　当前全球移动支付渗透率较低，但增长迅速

注：非按比例绘制。

资料来源：BCG全球支付模型；经济学人智库；高德纳；Datamonitor；高盛和BCG分析

未来，移动支付的快速发展将主要得益于移动通信技术的发展。新技术使新的支付方式成为可能。智能手机发展到今天，拥有高速稳定的网速、强大的处理器和大容量的内存，足以支持丰富多样的应用。此外，带有扫码功能的高分辨率照相机、能够提供基于地理位置服务的GPS功能、带有实时交互的网络连接技术和基于近场通讯的技术，为支付技术的移动化发展提供了关键的技术支撑。此外，随着诸多优惠、折扣、评分、比价网站的出现，使用移动设备消费支付的便利性大大提高。展望未来，基于手机、平板电脑、智能手表、智能手环的无缝、多维支付组合将起到越来越重要的作用。

客户需求：商户需求的快速演变需要纵深解决方案

第一，电商渠道快速发展，多渠道模式日渐兴起。从全球来看，电商渠道的支付发展增速普遍远超线下渠道的POS交易和现金交易。因此，对于支付的要求就从传统的发卡模式转向了移动支付。

第二，mPOS（基于移动终端的新型POS装置）涌现。美国的Square、中国的拉卡拉等支付企业为商户提供了许多类型的基于移动终端的POS装置。此外，专注于中小商户的小额收单机构致力于提供创新的客户体验，如导入速度快、价格透明度高、盗刷管理强，从而迎合小微商户的需求。

第三，支付方式日新月异。特别是移动应用内（手机App）支付，如星巴克、优步、滴滴，直接在应用程序内嵌套了支付解决方案。这些应用程序往往将手机应用的服务内容与支付服务紧密衔接，缩短了完成整个服务流程的速度，提升了安全性，因此客户的满意度高，体验提升较大。同时，各国也纷纷出现各具特色的通用型钱包。例如，荷兰本地最受欢迎的iDeal支付公司有三大特点：一是与各家银行的支付体系打通，适用范围广；二是设有一个统一的支付界面，将支付功能和账户体系无缝连接，体验比较顺畅；三是在i-Deal的钱包体系中，存在奖励和反馈体系，通过它的钱包进行支付，会给予相应的奖励，比如调低支付转账费率、申购理财产品以及消费信贷的手续费或利率。值得注意的是，通用型电子钱包的成功案例更多的是集中在某一个国家或者说一个比较小的市场，真正全球性的由银行主导的通用钱包还是非常鲜见的。此外，主要的卡组织包括万事达（MasterCard）、维萨以及银联等也在积极推动自己的支付方式。

第四，增值服务日趋重要。在商户的支付过程中，除了支付结算之外，商户也在呼唤更多的增值服务。例如，在支付完成之后，商户往往希望能有一个内部对账的系统，跟它的ERP体系简单对接。这样对于它的采购、销售，乃至盈利分析都可以起到重要的作用。

值得一提的是，有两类增值服务是支付机构拥有一定优势，但传统金融机构往往发展乏力的领域。一是基于支付的大数据增值服务。商户希望支付机构能够在服务过程中为商户开展大数据分析。例如，在商户的门店管理问题上，不同地区的不同门面产能存在差异，但原因往往千变万化。通过支付的大数据分析，可以给商户在门店管理上提供大数据分析，引导其调整选址，优化店内布局。二是商户需要自身客户的画像，以及进一步开展交叉销售的提示信息。商户往往只了解自身客户在本店的消费情况，但是对于客户整体的收入情况、社交情况、消费情况往往是管中窥豹，难以开展分析或分析的成本过高。在这个过程中，支付服务提供商有较大的可能性来打破客户信息的局限性。支付机构去收集整理客户在不同商户上不同的采购习惯，如客单价、品味和消费时间，然后将相关信息提供给商户，商户就可以对这个客户进行精准营销和交叉销售。

传统金融机构往往无法掌握一个客户在互联网生态圈中，不同的业态、不同的场景和不同的时间里所做出的不同行为。而互联网的社交媒体巨头、电商巨头，甚至苹果等移动设备制造商的巨头，却有更好的发展基础。在保护客户隐私的前提下，捕捉到客户全场景的数据，由此开展大数据分析和客户画像描述就可以入木三分。

创新与跨界：复杂的支付生态系统

全球移动支付生态系统主要汇聚了来自三方面的创新力量，一是非金融机构（常常是零售商）推出与营销一体化的支付服务，二是专业支付机构持续创新的NFC和非NFC支付，三是传统金融机构在支付介质、业务模式上的推陈出新。

第一，通过营销解决方案的创新，非传统支付机构引入支付服务，将镶嵌支付服务作为自身客户营销的一部分。例如，星巴克在自己的手机 App 中面向客户提供了绑定预付费卡的支付服务，餐厅预订网站 OpenTable 也将支付服务作为自身主营业务餐厅预订的延伸，为客户提供更好的体验。

第二，专业支付机构通过移动支付解决方案，使得线上线下场景中的支付体验更为顺畅和安全。从国际发展经验来看，可以分为使用 NFC 技术和非 NFC 技术两大流派。苹果支付和安卓支付的推出为消费者提供了与贝宝电子钱包差异化的选择，可以满足部分客群对于安全性、便捷性的需求。而以 Square 为代表的硬件系、以 FaceCash 为代表的二维码系和以 Bill to Mobile 为代表的短信系也为客户提供了移动支付解决方案的差异化选择，适用于不同年龄层、不同消费场景、不同用户习惯的多层次需求。NFC 与非 NFC 技术共同为消费者提供了丰富的移动支付解决方案。

第三，通过传统支付解决方案与时俱进的创新，传统支付机构继续发挥重要的作用。例如，沃尔玛推出了手机银行产品“GoBank”，该产品的银行业合作伙伴是沃尔玛持股的美国加州地方金融机构绿点银行（GreenDot)。这一产品除了移动支付账单之外，还可以实现基于照片存款等年轻人喜爱的服务。消费者只需要支付 2.95 美元，就可以获得一个银行结算账号，而且许多费用低于普通银行，比如取消了超额透支费。绿点银行在美国全境拥有 4.2 万个柜员机，也可以支持方便取现。

中国支付市场的竞争同样激烈，各个派系的支付机构凭借自身差异化的禀赋优势建立各自的支付场景，扩大自己的客户基础。主要的派系包括以支付宝、京东支付为代表的电商系，以银联为代表的卡组织系，以翼支付为代表的电信运营商系，以微信支付为代表的社交应用系和以拉卡拉、汇付天下为代表的创新型第三方支付公司系等。虽然目前第三方支付市场基本由支付宝和微信支付主导，但其他支付机构也在持续探索例如行业专业化等差异化的解决方案。

盈利：商业模式的压力

对于支付机构，尤其是创新型支付机构来说，它们往往面临着较大的商业模式压力，如何实现长期可持续的盈利，是许多机构共同担心的问题。对于支付机构业务发展壮大的基础，目前主要有3个衡量标准：

- 能不能实现规模化。在客户的保有量、客户的增速、客户的黏性上能不能真正形成规模效应、网络效应、口碑传播效应。
- 有没有自己独特的价值定位。对客户来说价值的增值点到底是什么，能否有效地解决客户的痛点以及带来更多的价值。例如客户在支付的时候希望尽可能少地输入信息、少按键，因此像声波支付、指纹支付、人脸支付、虹膜支付都是发展的趋势。
- 对于支付机构来说，经济效益如何。除了支付手续费收入，是否还有更加多样化的收入来源，如何实现并保持盈利。

值得注意的是，支付本身往往不是一项利润丰厚的业务，甚至可以说利润非常薄，并且其盈亏平衡点的规模门槛要求也非常高。但支付本身是一个底层的金融基础设施，借助支付所积累的数据，能够大大提高客户洞察、风险管理、交叉销售的效率，从而延展出消费信贷、理财、保险等众多其他业务，实现提升客户黏性、深挖客户钱包、做大业务规模的目标。

二、支付行业四大制胜关键

从前一部分可以看出，不管是全球支付市场还是中国支付市场，均呈现百家争鸣、蓬勃创新的局面，而要在这一竞争激烈的市场中胜出，必须关注4个成功要素。

第一，需要有海量的客户基础。客户基础的大小对于日后商业模式的成熟和创新是至关重要的。有许多服务需要依赖客户基础扩大后的规模效应实现扭亏为盈，也有许多数据服务需要有海量客户的长时间数据积累作为支撑。做大客户基础本身就会成为竞争中至关重要的护城河。

第二，需要双边激活的解决方案。首先激活商户，然后激活用户。通过调研我们发现，商户（尤其是小微商户）在支付过程中往往面临一系列的痛点。支付前，缺乏信息入口，例如产品查询、比价的平台；缺乏精准营销、实时推荐的工具和渠道，甚至缺乏派发优惠券的渠道。在支付过程中，传统的支付通道、设备费用昂贵，支付过程烦琐导致客户排队、体验差。支付完成后，缺乏客户信息管理系统，从而难以建立完善的客户忠诚计划，也难以实现和客户的持续互动，并主动针对潜在的客户需求进行精准营销。因此，支付机构应从以上痛点入手，打造有针对性的、专业的解决方案，从而有效地激活商户、布局场景。目前，领先的支付机构甚至已经将商户解决方案细化到了不同行业。例如，支付宝针对美食餐饮、商超快消、购物中心、校园、医院等均有专业的行业解决方案。

用户端的激活有两种方式。一是深度嵌入场景，因为支付往往是消费行为的最后一环，需要和整个消费过程无缝连接；二是将支付体验的便捷或创新做到极致，通过第一种方式往往相对更容易成功。

第三，需要打造“支付+”的业务延展性。前面已经提到，单靠支付业务往往很难盈利，因此需要在支付的基础上通过叠加其他产品，提升单个顾客的钱包份额，从而实现单客价值的提升。例如，当客户在旅游网站购买旅游产品并完成支付后，支付机构可以及时向客户推送与旅游相关的金融产品，例如旅游消费分期或旅游保险产品。蚂蚁金服是以支付为基础，打造“支付+”的金融生态的典型例子。2003年支付宝公司成立，主要服务于电子商务在国内开展的交易需求。2010年，蚂蚁金服建立小贷业务，2011年推出淘宝理财，2013年推出余额宝，众安保险成立，随后又继续建立了芝麻信用、网商银行等一系列金融平台。这是一个以支付账户体系和客户基础为骨架，不断深挖客户数据和客户需求，从而实现产品和业务模式创新的金融生态的典型。

第四，需要灵活的组织架构。支付行业由于其天然连接用户和商户的性质，处于金融行业O2O的前沿，倒逼支付企业去积极调整自身的组织架构。例如，线上商户往往是迭代创新速度快的新兴互联网企业，这倒逼着支付机构调整自身的企业组织架构，缩短管理链条，加速决策过程，去适应和对接客户的需求。同时，面向个人客户的数字化支付在移动端也越发成为一个独立的App和重要的流量入口，这要求支付机构建立互联网运营的能力，建立类似电商、在线旅行社（OTA）的运营部门，去更好地响应客户的需求。

第十二章

金融科技创新的基础能力——大数据

一、海内外金融机构的大数据发展实践

金融行业在发展大数据能力方面具有天然优势：受行业特性影响，金融机构在开展业务的过程中积累了海量的高价值数据，其中包括客户身份、资产负债情况、资金收付交易等数据。以银行业为例，其数据强度高踞各行业之首——银行业每创收100万美元，平均就会产生820GB的数据（参阅图12.1）。

海外实践：百花齐放

在发展大数据能力方面，银行业堪称是“领军者”。纵观银行业的6个主要业务板块（零售银行、公司银行、资本市场、交易银行、资产管理、财富管理），每个业务板块都可以借助大数据来更深入地了解客户，并为其制定更具针对性的价值主张，同时提升风险管理能力。其中，大数据在零售银行和交易银行业务板块中的应用潜力尤为可观（参阅图12.2）。

波士顿咨询通过研究发现，海外银行在大数据能力的发展方面

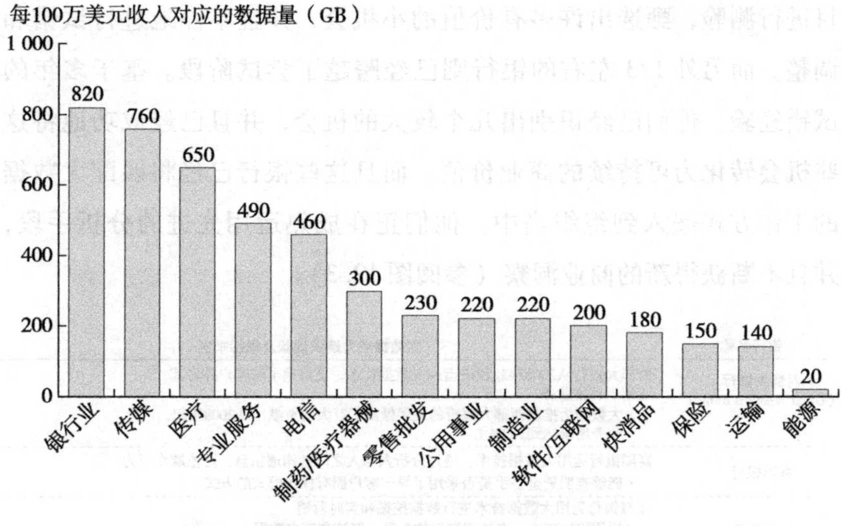

图 12.1　银行业的数据强度高于其他所有行业

资料来源：SNIA；NextGen Storage；大数据基础设施；IMEX Research—大数据行业报告；BCG 分析

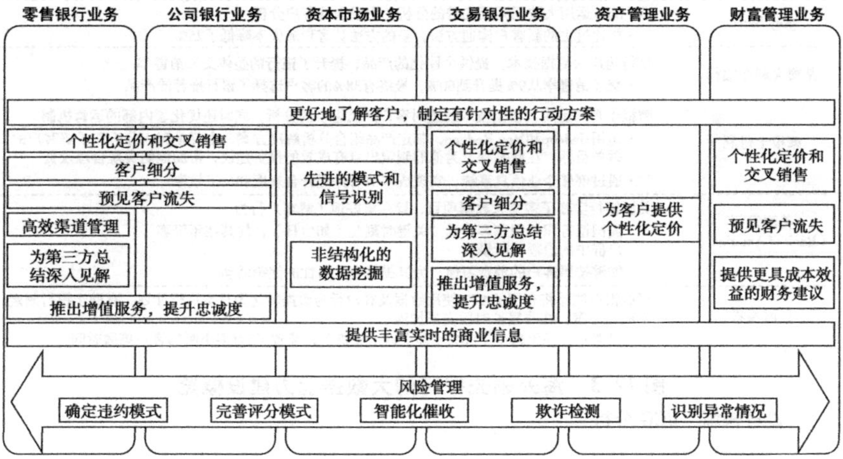

图 12.2　大数据在银行业六大业务板块中的潜在应用

资料来源：BCG 分析

基本处于 3 个阶段：大约 1/3 的银行还处在思考大数据、理解大数据、制定大数据战略及实施路径的起点阶段。还有 1/3 的银行向前发展到了尝试阶段，也就是按照规划出的路径和方案，通过试点项目进行测验，甄选出许多有价值的小机会，并且不停地进行试错和调整。而另外 1/3 左右的银行则已经跨越了尝试阶段。基于多年的试错经验，他们已经识别出几个较大的机会，并且已经成功地将这些机会转化为可持续的商业价值。而且这些银行已经将匹配大数据的工作方式嵌入到组织当中。他们正在成熟运用先进的分析手段，并且不断获得新的商业洞察（参阅图 12. 3）。

银行名称	大数据能力建设现状及举措举例
西部大银行（Great Western Bank）	西部大银行从2008年起积极运用大数据技术，更好地了解客户并将其应用于日常业务 · 大数据为推动西部大银行的发展做出了巨大的贡献（从2008年起，业务增幅达到300%）
富国银行	富国银行运用大数据技术，通过分析人与人之间的沟通信息，防范欺诈行为 · 能够查明资金易手是否采用了异于客户固有操作模式的方式
花旗银行	花旗银行运用大数据技术进行数据挖掘和实时营销 · 运用IBM Watson来处理海量的金融、经济和客户数据 · 分析信用卡交易和位置数据，为客户提供更具针对性的营销活动
齐昂银行（Zions Bank）	齐昂银行运用Hadoop平台来优化欺诈侦测机制并减少因欺诈导致的亏损 · 运用源自140个不同渠道的信息来开展欺诈分析，分析在一个基于计算机群的数据仓库中集中运行 · 能够在几分钟之内就侦测到欺诈信息
Key Bank	Key Bank运用大数据开展先进的分析，生成新的客户分析 · 相比过去的新客户沟通方法，新的方法让客户流失率降低了25%
某澳大利亚银行	该行运用大数据技术，提供个性化的产品，提升了银行的整体交叉销售率 · 交叉销售率从9%提升到60%，最终有38%的客户选择了银行推荐的产品
摩根士丹利	摩根士丹利运用大数据技术改进对客户产品组合的分析，同时还优化了内部的运营机制 · 运用Hadoop和Map Reduce，制定产品组合分析解决方案，主要是深入分析和了解客户的财务目标，在此基础上为他们制定出卓有成效的投资建议，帮助他们实现合理投资 · 通过部署企业信息系统，实现成本节省并提升合规度和员工效率
美国银行（Bank of America）	美国银行实施了多个大数据项目，旨在更好地了解客户行为 · 美国银行积极识别客户的“关键时刻”（如生日），使其在年轻客户群中的份额不断攀升 · 能够按照客户的消费习惯，为其提供有针对性的促销活动
星展银行	星展银行能够将有用的ATM使用数据及客户行为数据转化为日常执行计划，有助于银行制定出最佳方案，在非繁忙时段安排加钞 · 机器缺钞现象减少了80%（即空钞ATM机），节省了3万多小时的客户等候时间

图 12. 3　海外领先银行的大数据能力建设概览

资料来源：BCG 分析

银行业应用举例 1：将大数据技术应用到信贷风险控制领域

在美国，一家互联网信用评估机构已成为多家银行在个人信贷风险评估方面的好帮手。该机构通过分析客户在各个社交平台（如脸书和推特）留下的数据，对银行的信贷申请客户进行风险评估，并将结果卖给银行。银行将这家机构的评估结果与内部评估相结合，从而形成更完善更准确的违约评估。这样的做法既帮助银行降低了风险成本，同时也为银行带来了风险定价方面的竞争优势。

相较于零售银行业务，公司银行业务对大数据的应用似乎缺乏亮点。但实际上，大数据在公司银行业务的风险领域正在发挥着前所未有的作用。在传统方法中，银行对企业客户的违约风险评估多是基于过往的营业数据和信用信息。这种方式的最大弊端就是缺少前瞻性，因为造成企业违约的重要因素并不仅仅是企业自身的经营状况，还包括行业的整体发展状况，正所谓“覆巢之下，焉有完卵”。但要进行这样的分析往往需要大量的资源投入，因此在数据处理资源稀缺的环境下无法得到广泛应用，而大数据手段则大幅减少了此类分析对资源的需求。西班牙一家大型银行正是利用大数据来对企业客户进行全面深入的信用风险分析。该银行首先识别出影响行业发展的主要因素，然后对这些因素一一进行模拟，以测试各种事件对其客户业务发展的潜在影响，并综合评判每个企业客户的违约风险。这样的做法不仅成本低，而且对风险评估的速度快，同时显著提升了评估的准确性。

银行业应用举例2：用大数据为客户制定差异化产品和营销方案

在零售银行业务中，通过数据分析来判断客户行为并匹配营销手段并不是一件新鲜事。但大数据为精准营销提供了广阔的创新空间。例如，海外银行开始围绕客户的“人生大事”进行交叉销售。这些银行对客户的交易数据进行分析，由此推算出客户经历“人生大事”的大致节点。人生中的这些重要时刻往往能够激发客户对高价值金融产品的购买意愿。一家澳大利亚银行通过大数据分析发现，家中即将有婴儿诞生的客户对寿险产品的潜在需求最大。通过对客户的银行卡交易数据进行分析，银行很容易识别出即将添丁的家庭：

在这样的家庭中，准妈妈会开始购买某些药品，而婴儿相关产品的消费会不断出现。该银行面向这一人群推出定制化的营销活动，获得了客户的积极响应，从而大幅提高了交叉销售的成功率。

客户细分早已在银行业得到广泛应用，但细分维度往往大同小异，包括收入水平、年龄、职业等。自从开始尝试大数据手段之后，银行的客户细分维度出现了突破。例如，西班牙的一家银行从脸书和推特等社交平台上直接抓取数据来分析客户的业余爱好。该行把客户细分为常旅客、足球爱好者、高尔夫爱好者等类别。通过分析，该行发现高尔夫球爱好者对银行的利润度贡献最高，而足球爱好者对银行的忠诚度最高。此外，通过分析，该行还发现了另外一个小客群："败家族"，即财富水平不高，但消费行为奢侈的人群。这个客群由于人数不多，而且当前的财富水平尚未超越贵宾客户的门槛，因此往往被银行所忽略。但分析显示这一人群能够为银行带来可观的利润，而且颇具成长潜力，因此该行决定将这些客户升级为贵宾客户，深入挖掘其潜在价值。

在对公业务中，银行同样可以借助大数据形成更有价值的客户细分。例如，在波士顿咨询与一家加拿大银行的合作项目中，项目组利用大数据分析技术将所有公司客户按照行业和企业规模进行细分，一共建立了上百个细分客户群。不难想象，如果没有大数据的支持，这样深入的细分是很难实现的。然后，项目组在每个细分群中找出标杆企业，分析其银行产品组合，并将该细分群中其他客户的银行产品组合与标杆企业进行比对，从而识别出差距和潜在的营销机会。项目组将这些分析结果与该行的对公客户经理进行分享，帮助他们利用这些发现来制定更具针对性的销售计划和话术，并取得了良好的效果。客户对这种新的销售方式也十分欢迎，因为他们可以从中了解到同行的财务状况和金融安排，有助于对自身的行业地位与发展空间进行判断。

银行业应用举例3：用大数据为优化银行运营提供决策基础

大数据不仅能在前台与中台大显身手，也能惠及后台运营领域。在互联网金融风生水起的当下，“O2O”成为银行的热点话题。哪些客户适合线上渠道？哪些客户不愿“触网”？波士顿咨询曾帮助西班牙一家银行通过大数据技术应用对这些问题进行了解答。项目组对16个既可以在网点也可以在网络与移动渠道上完成的关键运营活动展开分析，建立了12个月的时间回溯深度，把客户群体和运营活动按照网点使用强度以及非网点渠道使用潜力进行细分。分析结果显示，大约66%的交易活动对网点的使用强度较高，但同时对非网点渠道的使用潜力也很高，因此可以从网点迁移到网络或移动渠道。项目组在客户细分中发现，年轻客户、老年客户以及高端客户在运营活动迁移方面潜力最大，可以优先作为渠道迁徙的对象。通过这样的运营调整，大数据帮助银行在引导客户转移、减轻网点压力的同时保障了客户体验。

波士顿咨询还曾利用专有的大数据分析工具Network Max，帮助一家澳大利亚银行优化网点布局。虽然银行客户的线上活动日渐增多，但金融业的铁律在互联网时代依然适用，也就是说在客户身边设立实体网点仍然是金融机构的竞争优势。然而，网点的运营成本往往不菲，如何实现网点资源的价值最大化成为每家银行面临的问题。在该项目中，项目组结合银行的内部数据（包括现有的网点分布和业绩状况等）和外部数据（如各个地区的人口数量、人口结构、收入水平等），对350多个区域进行了评估，并按照主要产品系列为每个区域制定市场份额预测。项目组还通过对市场份额的驱动因素进行模拟，得出在现有网点数量不变的情况下该银行网点的理想布局图。该银行根据项目组的建议对网点布局进行了调整，并取得了良好的成效。这个案例可以为许多银行带来启示：首先，银行十分清楚自身的网点布局，有关网点的经营业绩和地址的信息全量存在于银行的数据库中。其次，有关一个地区的人口数量、人口结构、收入水平等数据都是可以公开获取的数据。通过应用大数据技术来把这两组数据结合在一起，就可以帮助银行实现网点布局的优化。波士顿咨询基于大数据技术而研发的 Network Max 正是用来解决类似问题的工具。

银行业应用举例 4：创新商业模式，用大数据拓展中间收入

过去，坐拥海量数据的银行考虑的是如何使用数据来服务其核心业务。而如今，很多银行已经走得更远。他们开始考虑如何把数据直接变成新产品并用来实现商业模式，进而直接创造收入。例如，澳大利亚一家大型银行通过分析支付数据来了解其零售客户的“消费路径”，即客户进行日常消费时的典型顺序，包括客户的购物地点、购买内容和购物顺序，并对其中的关联进行分析。该银行将这些分析结果销售给公司客户（比如零售业客户），帮助客户更准确地判断合适的产品广告投放地点以及适合在该地点进行推广的产品。这些公司客户过去往往需要花费大量金钱向市场调研公司购买此类数据，但如今他们可以花少得多的钱向自己的银行购买这些分析结果，而且银行所提供的此类数据也要可靠得多。银行通过这种方式获得了传统业务之外的收入。更重要的是，银行通过这样的创新为客户提供了增值服务，从而大大增强了客户黏性。

国内现状：亟待破冰

在国内，大数据的发展可谓风起云涌。这样的热潮同样波及金融行业，众多金融机构纷纷布局。以银行业为例，在大数据发展方面最为活跃的群体当属股份制银行，而大数据应用则主要集中在客户营销、产品创新、风险控制和运营优化等领域。例如，光大银行研发了“阳光理财”资产配置平台来整合数据，对客户投资需求进行细分，并设计了与之匹配的资产配置方案以支持营销。光大银行还推出基于大数据技术的风险预警平台以提升风控水平。此外，该行还基于大数据Hadoop技术构建起核心历史数据查询平台，使以往需要3~4天的查询时间缩短到当日即可完成，从而显著提升了运营效率。民生银行通过大数据分析来定义营销举措并防止客户流失。中信银行与银联商务合作开发出基于商户信息和POS流水交易数据进行风控的“POS贷”。

国内保险行业有3个经典“痛点”：与客户接触频率低，因而难以进行场景营销；数据基础差，从而限制了精算能力，进而对产品创新产生制约；运营整合难，从而影响了成本和客户体验。而大数据无疑为解决这些问题带来了契机。多家险企已经进行了布局，主要领域包括产品创新、风险控制和运营优化等。例如，淘宝的“运费险”保费低、购买频率高、理赔快。泰康人寿联手阿里小微金融服务集团推出国内首个针对电子商务创业人群的“乐业保”，并与可穿戴设备制造商咕咚合作推出互动式保险服务“活力计划”。平安保险借助金融集团的数据优势，通过分析信用卡的交易数据识别出车险的高风险人群。太平洋保险应用“大云平移”技术在其官方微信平台正式推出“大数据客户体验官（DEO）”概念，旨在提升运营与服务质量，优化客户体验。

虽然已有诸多举措，但金融行业的大数据发展往往被形容为“雷声大、雨点小”，意指金融机构虽然投入不菲，但市场可感知的效果却十分有限。究竟是什么原因导致这一局面的产生？波士顿咨询在与众多金融机构的接触过程中观察到3个阻碍数据转变为价值的现象：

- 数据虽多，但整合困难。国内金融机构虽然同样坐拥海量数据，但其数据的存在状态反映了整个组织的现状，即“部门分制”。数据在组织内部处于割裂状态——业务条线、职能部门、渠道部门、风险部门等各个分支机构往往是数据的真正拥有者，而这些拥有者之间却常常缺乏顺畅的共享机制。然而，成就大数据的是数据的“全量”，这就要求金融机构内部能够实现高度的数据共享与整合。这样的矛盾导致金融机构中的海量数据往往处于分散和“睡眠”的状态。虽然金融机构拥有的数据量“富可敌国”，但到真正利用时却“捉襟见肘”。

- 想法虽多，但动手困难。面对自己拥有的海量数据，金融机构真正敢“碰”的却很少。许多金融机构担心触犯监管或法律底线，或者担心擅自使用数据会侵犯客户的隐私权，又或是担心数据处理不当可能会给机构带来声誉风险和业务风险。因此，这些机构虽然积累了大量数据，并对应用模式进行了思考，但最终仍处于隔河观望的状态，难以付诸行动。
- 资源虽多，但协调困难。“技术部门不作为！”“业务说不清到底要什么！”——这样的相互指责在很多金融机构的业务部门与技术部门之间都曾出现。许多大数据项目就是在这种不顺畅的沟通中“夭折”的，而不成功的经验只会加深双方的矛盾，导致新的合作更加艰难。这样的恶性循环在很多机构中都在重复上演。我们发现，复合型人才的匮乏、合作机制的缺失以及工作方法的不当往往是造成这一局面的主要原因。

二、如何有效建立大数据能力

技术视角——重新审视数据的基础设施与环境

金融行业的数据强度在一定程度上决定了金融机构的技术强度。以银行业为例，在海外成熟市场，银行平均将营业收入的 8% 左右投入 IT 系统建设；而这一比例在国内稍低，但也可达到 3% 左右。如此重金打造的技术基础设施在大数据时代却面临着全面优化升级的挑战，这是因为数据的采集、存储和处理在大数据环境下发生了质的变化：日益开放的数据采集冲击着传统的结构化数据基础，常规的数据清洗在大数据面前失去了意义，海量数据的存储需要低成本的基础设施，实时性的分析要求新的数据处理技术……然而，挑战背后必有机遇。大数据同时为传统金融机构打造差异化竞争优势带来了宝贵的契机。那么，金融机构如何才能在技术层面上驾驭大数据时代？波士顿咨询认为，金融机构需要理解大数据分析的 4 个层次，关注 13 项核心技术，并做好两个决策。

大数据分析的 4 个层次及 13 项技术：数据经过层层晋级成为可以指导行动的智慧，而技术在这一过程中贯穿始终（参阅图 12.4）。

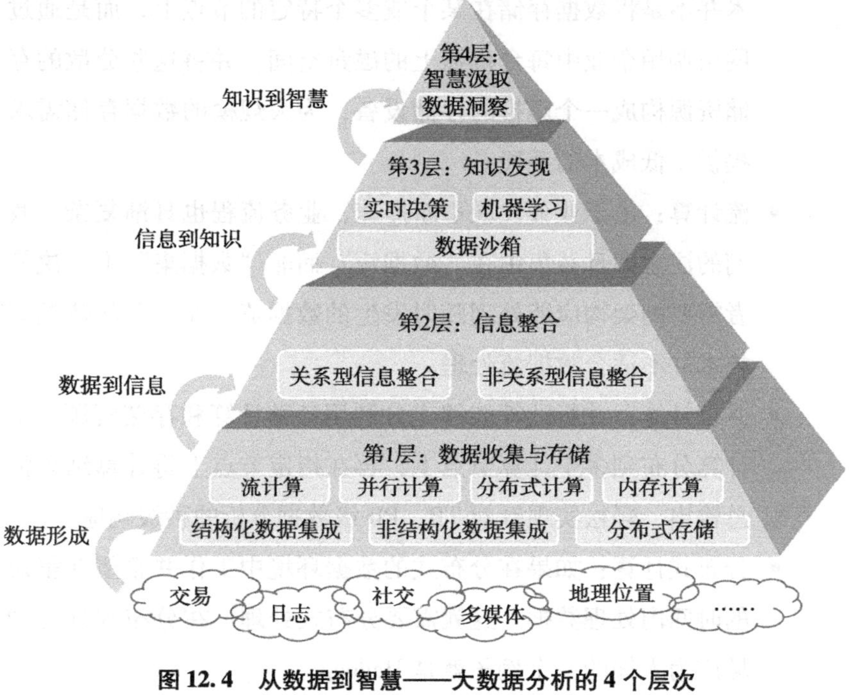

图 12.4　从数据到智慧——大数据分析的 4 个层次

资料来源：文献研究；BCG 分析

数据收集与存储层：这一层是基础所在。数据从各个渠道以各种形态涌入，其中包括结构化数据（如交易信息）、半结构化数据（如日志信息）、非结构化数据（如社交信息、多媒体、地理位置等信息）等。在这个层面上，数据被实时和非实时地清理、加工，并被归档存储为有效信息以供后续的分析处理。

- 结构化数据集成：即便是在大数据时代，结构化数据依然举足轻重。结构化数据的集成仍然是大数据技术体系中的重要组成部分，这样的技术目前已经非常成熟。
- 非结构化数据集成：为了满足不同业务场景的数据调用和分析需求，在大数据体系中需要融入能够应对数据的多样性与多时效性特点的集成技术。
- 分布式存储：与常见的集中式存储技术不同，分布式存储技术并不是将数据存储在某个或多个特定的节点上，而是通过网络调用企业中每台机器上的磁盘空间，并将这些分散的存储资源构成一个虚拟的存储设备，为大规模的数据存储需求提供了低成本的手段。
- 流计算：由于业务发展不断提速，业务流程也日渐复杂，我们的注意力日益集中在“数据流”而非“数据集”上。决策者需要的架构应能处理随时发生的数据流，而当前的数据库技术并不适合数据流处理。
- 并行计算：并行计算能够充分利用各种计算和存储资源，把计算分布到多个计算节点上，再在指定节点上将计算结果汇总输出，轻松实现针对 TB、PB 级数据分析的秒级响应。
- 分布式计算：如果在分布式的数据环境中工作并希望在很短的时间内处理数据，这就需要分布式处理。在分布式处理领域广为人知的一个例子就是 Hadoop。
- 内存计算：一般而言，内存访问速度要比磁盘访问速度快几百倍甚至上千倍。内存计算同时利用多个节点的计算能力和内存容量，中央处理器（CPU）直接从内存而非磁盘上读取数据并对数据进行计算。内存计算是对传统数据处理方式的一种加速，是实现大数据分析的关键应用技术。

信息整合层：这一层是将数据转换为信息的关键。在这个层面上需要对数据进行去噪和增强处理，完成关系型信息和非关系型信息在一定程度上的整合。

- 关系型信息整合：关系型数据库发展已经相对成熟，具有良好的可扩展能力和较强的处理能力。
- 非关系信息整合：传统关系型数据库已无法满足需求，非结构化数据库不仅可以处理结构化数据，而且更适合处理非结构化数据（如文本、多媒体等信息）。

知识发现层：人工智能和数据挖掘技术在这一层面上大显身手，对在上一个层面整合好的信息进行分解、提炼，从中找出对目标对象有价值的信息点，完成从信息到知识的转化。

- 数据沙箱：按需收集各种实验数据，建立业务实验模型，是大数据架构下用于探索业务数据的一个分析平台。
- 实时决策：在不影响用户体验的情况下，从一组备选方案中选择一个合适的业务决策。
- 机器学习：这是大数据非常重要的能力，从信息反馈中获取新的知识或技能，重新组织已有的知识结构，并使之不断改善自身性能。

智慧汲取层：作为行动指导的洞察就诞生于这一层面。借助数据可视化工具，将经验、判断与知识相融合，使数据蜕变为智慧，开始为商业价值的创造提供指导。

- 数据洞察：借助数据可视化工具可以从知识中发现智慧，借助叙事可视化工具可以以独特的方式探索数据，而借助探索性可视化描述工具可以帮助决策者和分析师挖掘不同数据之间的联系——这是一种可视化的洞察力。

为了将大数据技术融入自己现有的技术生态中，传统金融机构特别需要在基础设施和 IT 架构两大问题上进行权衡（参阅图 12. 5）。

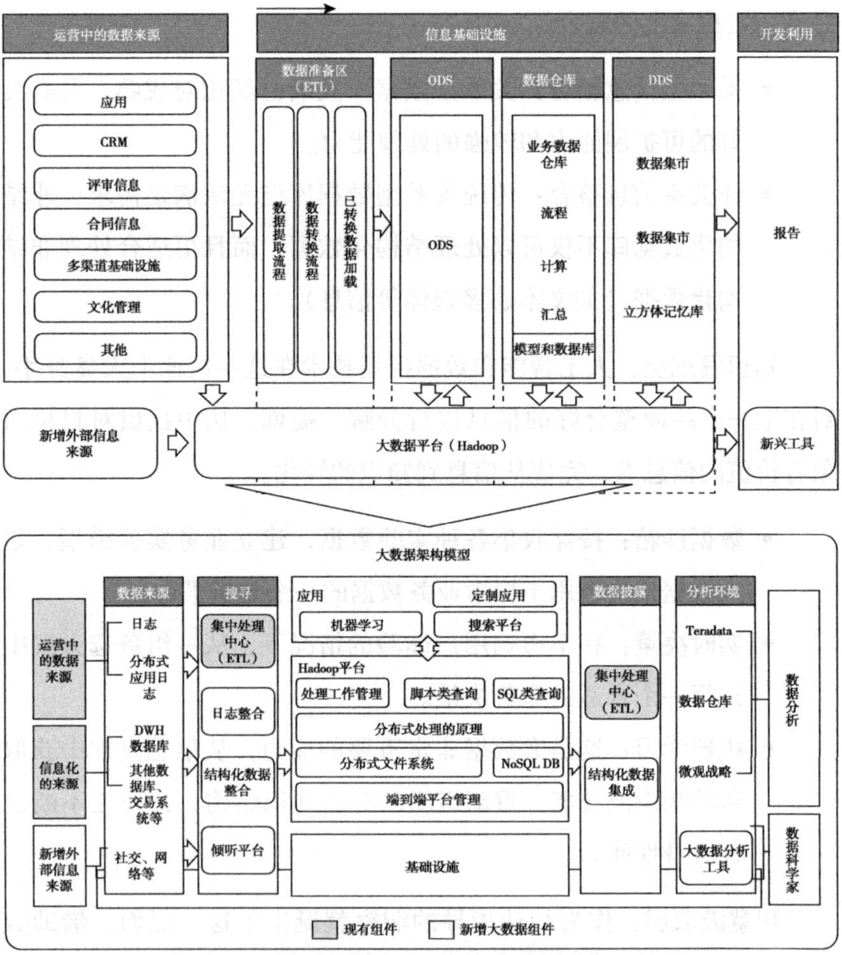

图 12. 5　传统银行信息科技架构与大数据模块的整合示例（以 Hadoop 为基础）

资料来源：BCG 项目经验；BCG 分析

基础设施：是否“在云端”以及如何实现“在云端”是众多传统金融机构在大数据时代需要做出的一个核心技术决策。从理论上来说，金融机构可以选择云端、本地或混合模式。如果选择云端，金融机构还需要在公共云和私有云之间进行选择。而在实践中，这样的决策并不容易，因为这不仅仅涉及技术问题。对数据的掌控是金融机构安身立命的根本，而如何平衡风险控制与成本效率是这个决策的关键点。

IT 架构：大数据的生命周期要求传统金融机构的 IT 架构对新的技术要求进行全链条的接纳：获取大数据源，建设大数据平台进行存储和处理，并开发基于大数据分析的创新应用。这一切对于历史演进而成的庞大复杂的存量架构无疑是一个巨大的挑战。

管理视角——驾驭大数据的 3 个关键点

金融业虽然坐拥海量数据，但目前真正得到利用的数据仅为冰山一角。波士顿咨询多年的项目经验显示，金融机构对数据的实际利用率仅为 34%，从而导致大量数据荒地的出现以及大量潜在机会处于沉睡状态。问题到底出在哪里？

为此，波士顿咨询对部分典型金融机构客户进行了调研。调查结果显示，从数据到价值的转化过程包含了七大步骤，其中“许可和信任”以及“协调”是主要瓶颈。

这样的调研结果让我们深刻认识到，掣肘大数据在金融机构发展的关键因素存在于管理层面，而非技术层面。波士顿咨询根据自身在大数据和金融行业的咨询经验，总结了金融机构驾驭大数据的 3 个关键点（“TMT”），包括：团队（Team）、机制（Mechanism）和思维（Thinking）。在这 3 个关键点上进行突破应成为传统金融机构将数据转化为价值的核心抓手。

数据人为：建设团队是核心

尽管“专家将会消亡”“大数据将取代人脑”的说法此起彼伏，但波士顿咨询认为，在大数据时代创造价值的主角仍是“人”。数据源自人并服务于人。但大数据时代无疑对身处其中的从业者提出了新的要求。善于“跨界”的复合型人才在金融机构中是稀缺资源，因此构建复合型团队就成为关键所在。然而，是否将具备业务视角或技术能力的人员组合在一起就能实现金融机构的大数据掘金梦想呢？答案是否定的。若要让团队高效运作，配套机制不可或缺。

高效行动：形成机制是保障

大数据无疑在冲击着传统金融机构惯常的工作方式与流程。大数据中蕴藏的大量“小机会”需要通过灵活、快速而又有纪律的工作机制才能最终形成“大价值”。对于传统金融机构而言，两项机制改革是关键。

引入试错机制

“错误”在传统金融机构中不是一个受欢迎的词。“不出错”甚至在很多机构中被看作是颠扑不破的生存法则。而在大数据时代，“试错”将成为必经之路。浩瀚的数据带来了无限的想象空间，同时也带来了极高的不确定性。一个关联发现究竟是真正的商机还只是噪音，只有试了才知道。成功的试错机制包括以下 7 个方面：

- 为创意的产生提供条件。在 IT 行业中，我们观察到有些公司开始给予员工“自由时间”，也就是说员工可以将 10% ~ 15% 的工作时间用于做自己感兴趣的项目。
- 增加探索和尝试的数据。在大数据中发现商机也是个概率问题，提高基数无疑非常重要。

- 降低成本，提高速度。“小步快跑”在大数据时代成为值得推崇的工作方式。这意味着严格管理每一个试点的成本，将投入产出透明化，并大幅缩短每个试点的周期。
- 降低失败的代价。这里的代价既是对机构而言，也是对个人而言。组织内部需要能够合理“容错”，降低试错者的后顾之忧。而组织自身则需要清晰的“防火墙”，让试错在可控的环境中进行。
- 增强预判能力。在一个试点项目中往往存在一系列关键条件。密切关注这些关键条件的变化，尽早判断试点的成功概率是试错机制的关键一环。
- 快速推广放大。当一次试错呈现出商业潜力时，机构就需要迅速果断地将成果商业化、规模化，以便充分汲取其中的价值。
- 鼓励探索的文化。再完善的机制也会有“盲点”，而软性的文化则是填补空白的关键。

提高人才管理与组织管控的弹性

金融业一直是精英汇聚的行业。但在传统金融机构中，不仅数据呈现出“分治”的状态，人才的流动与重组往往也相当困难。而培养大数据时代所必需的复合型人才必然要求人才能够在组织内外灵活地流转和进出。此外，针对“业务”与“技术”对话不畅的问题，联合团队往往是有效的解决手段之一。而这样的跨部门工作机制要求在人才的选调、考核和职业发展等关键方面有相应的配套举措。只有在尝试中培养“创新的种子”，并不断将这些“种子”播种到有需求的土壤中去，才能使大数据真正融入机构的日常工作当中，持续发挥其作用，并为组织创造价值。

构筑优势：转变思维是根本

《大数据时代》（*Big Data：A Revolution That Will Transform How We Live，Work，and Think*）一书的作者指出，在大数据价值链中"数据、技术与思维三足鼎立"。对于数据和技术的掌控在很大程度上取决于机构的商业模式。金融机构在这两个层面上已经拥有相当大的优势。然而，思维才是使数据中的价值持续爆发的力量。大数据的发展不仅作用于金融机构的商业模式及运营模式的方方面面，更直接对根深蒂固的传统理念构成挑战。采用关联而非因果的视角也可以帮助我们更好地理解世界。与封闭相比，开放可能是构筑商业壁垒的更有效的手段。这样的思维转变对于传统金融机构而言意味着一场异常深刻的变革，而这样的变革势必触碰到体制层面，因此也必然异常艰难。但胜者从来都是那些勇于拥抱变革并善于拥抱变革的机构。在金融行业，大数据带来的绝不仅仅是一场数据与技术的比拼。制胜因素将是机构触发、管理并固化变革的能力。

并非每个"热点"都将转瞬即逝。大数据是技术发展所带来的不可逆的大趋势，它所代表的是人类对世界的认知视角的演化，以及对世界的掌控能力的进步。对传统金融机构而言，从数据到价值的转化过程意味着新的思维在蓬勃发展，驱动商业模式与运营模式进行深刻变革。这必将是一个漫长的过程，而且无捷径可寻。及早出发，积极、理性地试水投入，让整个机构能够借力大数据来尽快实现自我提升，这是传统金融机构将数据持续转化为生产力乃至竞争优势的必由之路。

第十三章

区块链：金融业的下一个风口？

提起区块链技术，人们可能会感到陌生。但如果了解它与大名鼎鼎的比特币之间的渊源，你便会恍然大悟。笼统地说，比特币实际上是区块链技术首个成功的应用。我们知道，货币是完成交易的中介。过去几个世纪以来，随着交易频率和复杂程度不断提高，这些复杂的交易记录或者说账簿由不同的实体所掌握，相互隔绝，公众无法获取其中的交易信息。因此，为了完成交易，买家和卖家之间需要信任的第三方或中介的参与，同时人力投入和成本也大大提升。例如政府、银行、公证员和各种纸币都发挥了这样的作用。只有它们存在，我们才能信任交易的另一方。

而比特币是一种去中心化的货币，它绕开了中介，实现了价值的点对点交换。比特币的原理是通过区块链的加密技术将账簿分布给每一个交易的参与者，每一份账簿就像生物的基因一样——参与个体不同，但它们的账簿内容完全一致。网络中一旦发生任何交易，所有参与者的账簿都会生成相应的记录。一旦有人试图入侵和修改单个账簿，所有的其他账簿都会自动侦测到这种欺诈行为。

矿工像是基因的复制者和传播者，他们的作用是验证交易，保证分布式账簿的一致性。因此，比特币或者说区块链技术的出现完全解决了交易欺诈和信息不透明的问题。设想你想要买一套二手的住房，你需要几天时间才能对房屋的质量和抵押状况进行验证和公证，完成交易，期间还要涉及多个机构和个人。区块链技术能在几分钟之内就完成这些工作，大大削减了人力劳动和成本。除了交易和支付领域，区块链技术还有其他丰富的应用场景。

举一个简单的例子，一家经营有机食品的超市如何保证自己的货源都是有机生产的非转基因食品？过去超市必须花费大量的人力物力来确保货源的可靠性，而且这种说法还并非万无一失，因为你无法杜绝无良商家的欺诈行为。有了区块链技术的分布式记账，从农场到供应商，再到物流，每一笔交易的时间、数量和金额都清清楚楚。有了这些信息保障，超市在进行市场营销时就更有信心。因此波士顿咨询认为，区块链技术有潜力颠覆目前的信用体系和交易系统。

这只是区块链技术一种最基本的应用：资产和身份管理。在金融业，区块链技术可以简化并加速金融流程，在不需经过第三方认证的情况下，通过分布式记账，结算各种现实世界中的金融交易。未来我们甚至可能会看到所谓编码加密的智能合同出现，让股票成为可以在互联网上发行和交易的数字化记录，大幅降低交易成本，数字化的股票交易系统可以让中小型企业更容易募集大众的资金，且成本更低。

因此，尽管区块链技术的首个应用比特币（加密 1.0）受到了监管等问题的诸多限制。但区块链技术在其他领域，例如分布式记账、支付结算和智能合约（加密 2.0）中的应用获得了各国监管及金融机构的认可和高度重视。不管比特币的前景如何，区块链技术将成为近期金融业非常重要的创新。

一、风投助力区块链技术起飞

要了解一个行业未来的发展趋势，最好的方法莫过于关注新技术公司的融资情况。波士顿咨询分析发现，2015年金融科技领域的融资总额达到350亿美元。其中区块链技术吸引了大量风投机构的关注，其相关初创企业累计的融资总额超过了10亿美元。尽管与金融技术的其他领域相比，区块链只占投资总额的约3.5%，但值得注意的是，自2013年以来，该领域的投资额翻了3倍，发展非常迅速。

目前风投资金主要流入比特币公司和其相关的生态系统建设中。然而随着加密2.0应用的出现，专注于金融应用场景开发的企业——例如交易结算、智能合同与身份管理等，也开始获得风投的关注（见图13.1）。

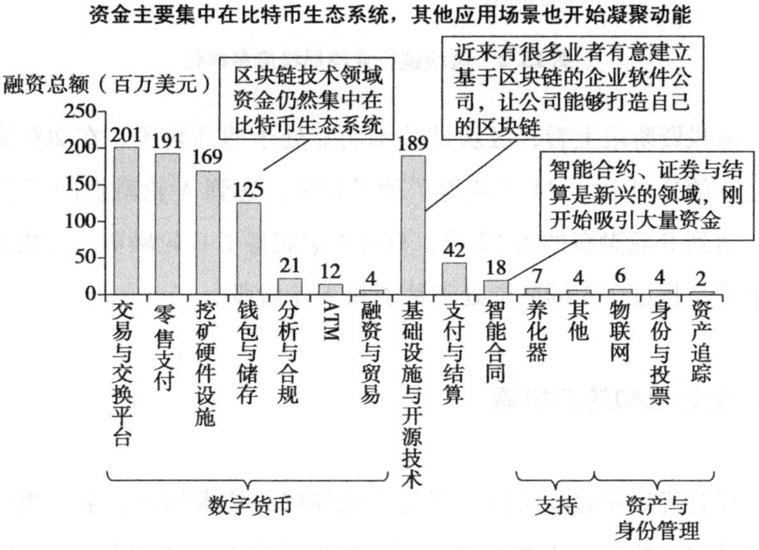

图13.1　金融科技领域融资概况

资料来源：CoinDesk；Crunchbase；Expand研究

目前全球有 750 多家与区块链技术相关的创新公司。其中约 200 家获得了风投注资，它们的业务可以分为以下 6 个主要的应用领域：数字货币、支付与结算、智能合约、资产与身份管理、基础设施和开源开发以及风险投资、媒体和咨询（见图 13.2）。

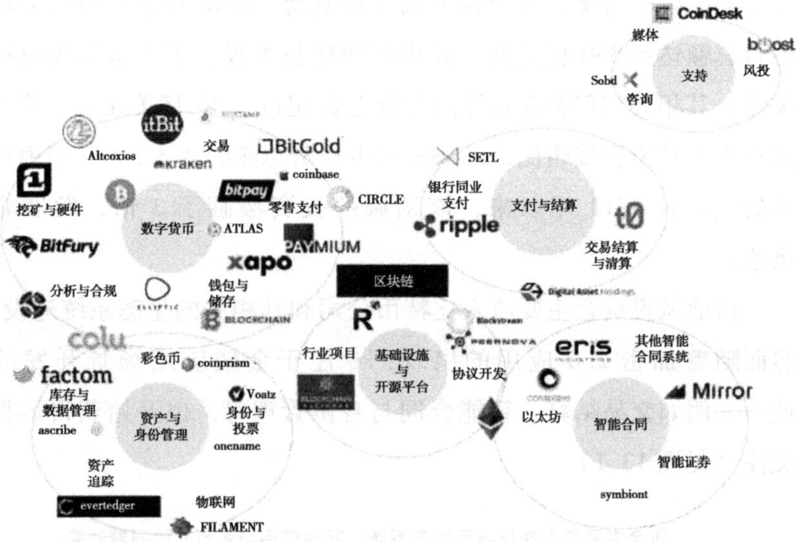

图 13.2 区块链行业格局极度多样化

从投资阶段上看，区块链技术明显处于萌芽阶段。在 200 家获得注资的公司中，124 家获得了种子投资，达到 A 轮融资的只有 49 家，达到 B 轮融资的为 12 家，只有 4 家获得了 C 轮融资。从投资金额上看，超过 2/3 的融资处于种子和 A 轮阶段。

二、金融机构的新机遇

尽管仍处在起步阶段，但与其他领域的技术相比，金融机构对区块链技术的反应更加积极。例如纳斯达克就与初创公司 Chain 进行合作，探索全新的股票发行方式。传统的证券发行方式费用昂贵，需要大量劳动力，涉及众多机构和利益相关方，存在着很大的改良空间。纳斯达克宣布将 Chain 提供的区块链技术应用到尚未上市的公司的股权交易平台“纳斯达克私有市场”（NASDAQ Private Market）中，成为首个通过区块链技术发行和转移私有公司股票份额的金融机构。纳斯达克首席执行官（CEO）鲍勃·格雷菲尔德（Bob Greifeld）对此说道：“随着区块链持续重塑全球经济，纳斯达克希望处在事件的中心。”

成立于 2012 年的旧金山数字支付公司（Ripple Lab）则专注于支付协议的开发。目前它已经成为继比特币和以太坊之后主要的加密货币体系。通过开源的互联网加密协议和分布式记账机制，金融机构可以通过 Ripple 进行快速安全的支付。多家主要银行已经购买了 Ripple 协议的授权，在换汇和汇款方面发挥了巨大的作用。

2015 年 9 月 30 日，分布式账本初创公司 R3CEV 宣布，该公司已增加了 13 家新的银行合作伙伴，这使得参与其区块链项目的银行总数达到了 22 家。其中以美国银行、花旗银行、德意志银行、汇丰银行、三菱 UFJ 金融集团和摩根士丹利等为首的主要银行已签署了该公司的区块链项目。公司宣称将与合作伙伴共同探索分布式记账技术在金融机构的应用场景和战略。公司 CEO 大卫·拉特（David Rutter）在声明中表示，这家创业公司能够与各大银行进行协作，降低了新区块链计划的成本是一大因素。

三、结语

桑坦德创新风投（Santander InnoVentures）发布的研究报告称，到 2020 年，区块链技术每年将为银行业节省 200 亿美元。从各大金融机构的热烈态度中不难看到，区块链技术将成为金融创新的重大机遇。然而任何新技术都需要时间的验证，在安全性和监管等方面，区块链技术的应用还存在着不少未知的挑战。对于中国金融机构应用该技术的前景，波士顿咨询的观点是，区块链技术及其理念可以为中国金融行业的转型和发展带来新的思考视角和机会。尽管它的场景应用还处在探索阶段，但波士顿咨询建议各家金融机构对这种新技术保持密切关注，积极进行学习和实验，切莫错过削减成本和提升竞争力的良机。

能力重塑

银行转型过程中的思维与组织之变

第十四章

转型过程中的思维之变

面对日渐加速的行业变迁以及全新的竞争对手，传统金融机构难免会感到困惑和吃力，因为他们赖以生存和竞争的规模优势、价格优势、渠道优势以及经典的战略规划方法似乎已远远不够。

波士顿咨询的研究显示，每年有将近1/10的公开上市公司会消失——企业的死亡率比1965年提升了4倍，企业的平均寿命比1970年缩短了50%。面对如此严峻的环境，传统金融机构需要采用更灵活、更动态、更前瞻的方法来制定战略，以便更好地参与竞争。

对于任何时候的企业来说，战略是必不可少的，但制定与企业所处环境相匹配的、正确的战略也并非易事。在波士顿咨询所研究的企业中，有半数企业选择了不适合所处环境的战略；而将战略与环境进行正确匹配的企业获得了更加丰厚的回报，其股东回报比其他企业高出4%~8%。

一、三大维度构建战略调色板：环境的不可预测性、可塑性、严苛性

为了帮助金融机构因地制宜，制定出符合商业环境的战略，通

过对全球诸多领先企业首席执行官的访谈和交流，同时结合波士顿咨询公司 50 年以来的商业咨询经验，波士顿咨询建立了战略调色板这一反映环境不可预测性、可塑性和环境严苛性的战略矩阵，旨在帮助更多的企业和机构设计出符合自身环境的商业战略，提升企业的竞争力，延长企业的寿命。

企业所处的环境可以按照 3 个简单的维度进行分类：不可预测性（企业是否能预见环境未来的变化与发展）、可塑性（企业是否能独立或以合作的方式重新塑造环境）以及环境的严苛性（企业能否在环境中存活）。在这 3 个维度的基础上可以将企业环境分为 5 类，每一类环境都要求企业采取独特的战略和实施方法。波士顿咨询将这 5 种类型的战略统称为“战略调色板”（参阅图 14.1）。

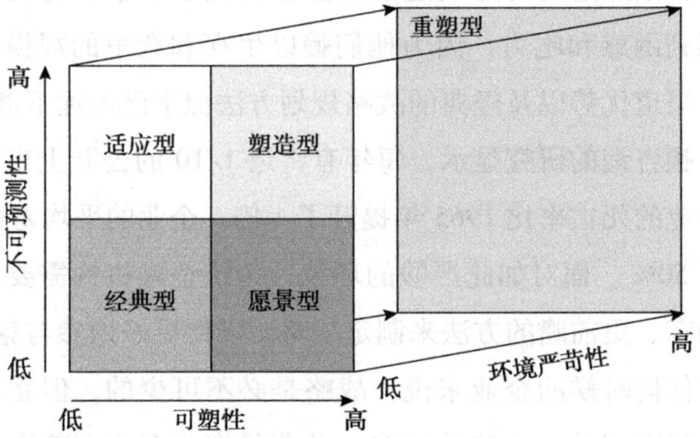

图 14.1　战略调色板：5 种商业环境以及战略方案

- 经典型：能够预测，但无法改变。
- 适应型：无法预测，也无法改变。
- 愿景型：能够预测，也能够改变。
- 塑造型：不能预测，但能够改变。
- 重塑型：企业资源严重受限。

为什么将环境的不可预测性、可塑性、严苛性作为定义商业环境与进行战略选择的3个维度？经典型战略是最为人所熟知且经过历史检验的一种战略。通过分析经典型战略背后的基本假设，同时参考商业环境的变化，我们能够证明这3个维度是进行战略选择的最佳支柱。

采用经典型战略的领导者认为世界从根本上来说是可预测的。因此，制订长期规划以及对预测和分析进行投资都是有意义的。此外，由于经典型领导者相信环境是既定的，因此他们并不认为自己能够显著改变游戏规则。同时，他们相信环境是稳定的，因此并不具备可塑性。基于这些假设，经典型领导者主要通过对企业进行最佳定位来最大限度地利用现有条件。

然而，在日新月异的世界中，这些假设在3个最根本的方面受到了挑战。首先，由于当今商业环境的不可预测性日益增强，长期规划往往不再奏效。其次，在技术变革、全球化以及其他因素的推动下，现有的行业结构常常被颠覆，行业结构和竞争基础越来越具备可塑性，而企业拥有了更多机会来塑造市场发展的轨迹。最后，由于战略偏移的时间过长或受到突然爆发的危机影响，战略与环境不匹配的现象变得日益严重，而且越来越普遍。因此，我们需要把环境的严苛性纳入考量，这就需要企业节约开支，并将重心放在短期内的企业生存问题上。

以中国银行业所处的环境为例，经济转型、金融改革、科技创新、跨界混业等诸多因素一方面增加了银行业发展的不确定性，另一方面也在不断地挑战现状，为提升可塑性带来机会。但与此同时，经济增速趋缓、价格市场化改革、竞争加剧也使得银行业生存环境的严苛性不断上升。在这样的环境中，银行并不是不需要战略，而是不能简单地将经典型战略和战略本身画上等号，应该结合环境的不可预测性、可塑性、严苛性这三大维度，更加立体和动态地看待战略，找到更适合的战略方向。

二、调色板原色——五大战略原型

每一类环境都与独特的战略方法相对应，就像在调色板中有与之相对应的色彩。在可预测的经典型环境下，企业需要采取能够明确企业定位的战略。为了制定和实施这样的战略，需要考虑到企业通过规模、差异性或内在能力所取得的优势，并进行综合全面的分析和规划。在适应型环境下，计划既赶不上变化的速度，也无法应对不可预测的环境，企业因此需要不断进行尝试。在愿景型环境下，企业只有通过率先进入新市场或颠覆现有市场规则，才能取得成功。在塑造型环境下，企业可以携手合作，通过协调各利益相关方的商业活动来共同塑造行业格局，使其为自身利益服务。面对重塑型环境的严苛条件，企业首先要保存和腾出资源来确保自身的生存和发展，然后再从其他 4 种方法中选择其一，以便重新走上增长之路并实现长期繁荣。因此，在最基本的层面上，每一种战略的核心理念截然不同：

- 经典型：做大。
- 适应型：求快。
- 愿景型：抢先。
- 塑造型：协调。
- 重塑型：求存。

下面将更深入探讨企业应该如何成功运用战略调色板上的每一种“原色”，以及每种“原色”为什么能在特定的环境中发挥最大作用。

经典型战略

在那些采用经典型战略的企业领导看来，世界是可以预测的，竞争基础是稳定的，企业一旦获得优势，就可以长久地保持下去。由于他们无法改变外部环境，这类企业会在所处的环境中寻找自己的最佳定位。这类企业庞大的规模、差异性优势或内在能力是其找到最佳定位的基础。

在经典型环境中，企业的市场地位优势可以长时间保持：环境是可以预测的，发展是循序渐进的，不会有巨大的颠覆性变化。

为了获取有利地位，采用经典型战略的企业领导会遵循以下思维模式：首先，他们会分析企业竞争优势的基础以及企业能力与市场需求的结合点，预测这一切会随着时间的推移如何发展；其次，制定规划，以建立并维持企业的优势地位；最后，严格有效地执行规划（参阅图 14.2）。大部分银行，尤其是在公司银行和零售银行等较为传统的支柱业务上，多采用经典型战略。

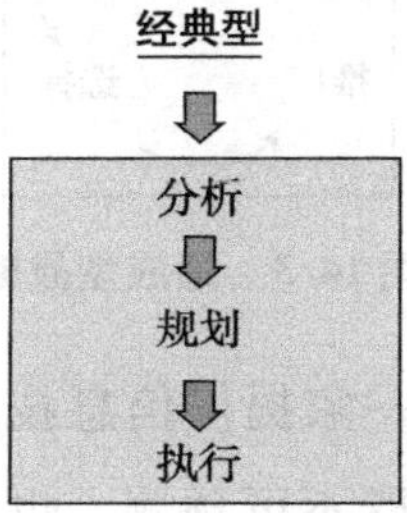

图 14.2　经典型战略

适应型战略

在商业环境无法预测且不易改变的情况下，企业应该采用适应型战略。在形势难以预测，优势转瞬即逝的情况下，应对持续不断变化的唯一方法是严阵以待，并构建不断改变自己的能力。

在适应型环境中，不断调整，先人一步，更为经济地找到新的解决方案是企业的制胜法宝。在经典型战略中，保持竞争优势是真理，但在适应型战略中，竞争优势变成了一系列的短期优势，不断根据环境改变、打造新的竞争优势的能力成了真正核心的优势所在。

要想通过尝试来实现战略上的成功，适应型企业需要掌握 3 个核心步骤：首先，它们需要不断地改变方法，提出大量的战略选择方案，并对其进行检验；其次，它们需要仔细挑选其中最成功的战略，并进行推广和探索（参阅图 14.3）。一旦商业环境发生改变，企业还需迅速重复这一渐进过程，以确保自身优势得以存续。适应型战略不像经典型战略那样强调理性——企业的优势源于不断尝试新事物，而非依靠分析、预测、优化。

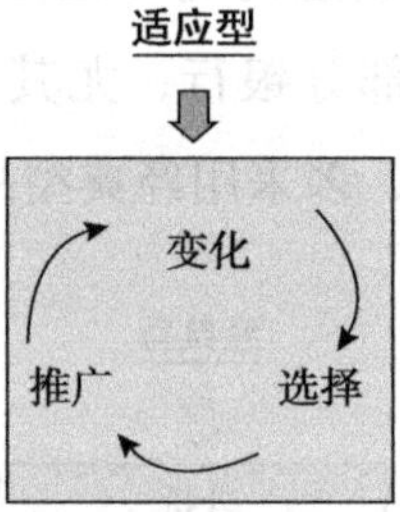

图 14.3　适应型战略

塔塔咨询服务公司是一家提供信息技术服务和解决方案的印度公司，其所处的商业环境既不可预测，也无法改变。这家公司必须不断适应从客户服务器到云计算领域的技术重心转移，以及这些变革对客户服务和竞争基础的冲击。通过采取适应型战略，塔塔咨询服务公司专注于监控商业环境变化，进行战略试验，保证组织的灵活性。该公司的年收入在 1996 年为 1.55 亿美元，到 2003 年增长到了 10 亿美元，截至 2013 年已经突破了 130 亿美元，成为世界第二大信息技术信息服务公司。

愿景型战略

采用愿景型战略的企业领导认为，企业能够凭自身的力量创造或再造商业环境。愿景型企业的成功之道在于率先引进革命性的新产品或商业模式。尽管商业环境对其他企业来说充满了不确定性，但愿景型企业领导深信自己有机会来创造新的细分市场或颠覆现有的市场格局，他们会采取行动将这个想法变为现实。

只有当愿景型企业独立建立起一个具有吸引力的全新市场格局时，这一战略才真正奏效。企业可以率先运用新技术，或者首先发现并解决令客户不满的主要因素和潜在需求。企业也可以通过创新来改进陈腐的商业模式，或是赶在其他竞争者之前发现重大的趋势和潮流。

采用愿景型战略的企业同时具有一套独特的思维模式。首先，由愿景型企业领导提出一个有价值而且可以实现的设想；然后，他们凭借自己的能力率先对该设想进行全面构建；最后，他们不断努力实施并推广该设想，将自身全部潜力挖掘出来（参阅图 14.4）。与经典型战略的分析和规划以及适应型战略的反复尝试相比，愿景型战略更加注重设想和实现设想。从本质上说，愿景型战略是一种极具创造力的战略。

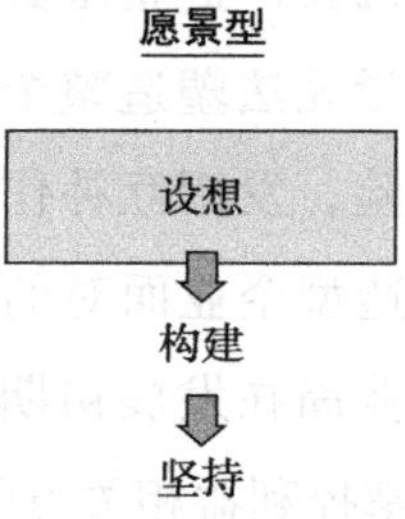

图 14.4　愿景型战略

昆泰医药是临床研究机构的先锋，也是外包医药研发服务的先行者。该企业是采用愿景型战略的典范。尽管在其他人眼中，医药行业模式是稳定的，但昆泰医药的创始人兼董事会主席丹尼斯·吉林斯却认为有机会通过打造全新的商业模式来提高药品研发的效率。

吉林斯于 1982 年率先采取行动，结果不仅把握住了他所发现的机遇，而且从中充分获益。迅速果敢的行动力帮助昆泰医药在行业中保持了领先的地位，而且还使它大幅超越了潜在的竞争对手。如今，昆泰医药是其创造的临床研究机构领域中规模最大的企业，并且密切参与了目前市场上 50 种最畅销药品的开发或商业化工作。

在中国银行业中，招商银行是愿景型战略的典范。过去 30 年，招行一直坚持将零售业务定位为全行战略愿景，并持之以恒地打造零售优势。招行发力零售始于 20 世纪 90 年代末期，以一卡通为标志。当时国内各家大中型银行普遍对零售业务重视不足，业务模式同质化严重，零售银行业务的发展潜力和可塑性仍很强。招商银行看到了这一机遇，并以零售业务的领先为愿景，通过两次零售战略转型和四大战略举措，成为国内最领先的零售银行之一。

塑造型战略

当环境不可预测但具备可塑性时，企业有机会在行业发展的早期阶段对其进行塑造或重塑，并对行业规则进行定义或重新定义。

面对这样一个绝佳的机会，企业需要与其他各方携手合作，这是因为仅靠一家企业的力量无法塑造整个行业格局，而且企业还需要与其他各方共同分担风险，发挥互补作用，在竞争对手采取行动之前迅速构建新市场。塑造型企业面对的环境具有巨大的不可预测性，这是因为它所处的行业尚在发展初期，企业需要对利益相关方产生影响，但又无法完全掌控利益相关方的行为。

采用塑造型战略的企业首先要吸引其他利益相关方的参与，在恰当的时间点共同打造未来愿景。它们需要建立起一个平台，在这个平台上进行协调合作；然后通过扩大平台规模以及保持平台的灵活性和多样性，对平台进行拓展，同时积极发展与利益相关方之间的生态系统（参阅图 14.5）。塑造型战略与经典型、适应型、愿景型战略的差异颇大——塑造型战略更多地着眼于生态系统，而不是企业个体。此外，塑造型战略同时致力于在竞争中求合作以及在合作中展开竞争。

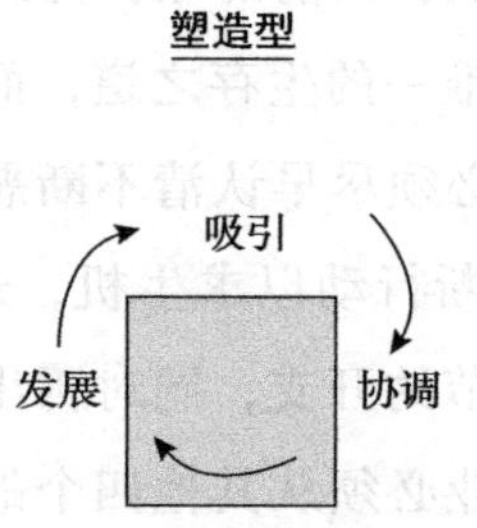

图 14.5 塑造型战略

诺和诺德公司从 20 世纪 90 年代开始采用塑造型战略，以此来赢得中国糖尿病治疗市场。当时，糖尿病问题在中国才初现苗头，诺和诺德公司无法准确预测市场走向，但是通过与患者、监管机构以及医生展开合作，诺和诺德公司对市场格局产生了重要影响。如今，该公司已经成为中国糖尿病医疗市场上公认的领军企业，拥有 60% 以上的胰岛素市场份额。

在中国金融行业中，蚂蚁金服是塑造型战略的典范。2013 年 6 月，余额宝面世时，中国市场对互联网金融或金融科技并无清晰的认知。蚂蚁金服围绕核心电商平台，将其贸易平台、物流平台、生活平台、技术平台、金融平台打造成为一个有机整体，创造了市场领先的基于生态系统的金融体系，同时在互联网理财、消费信贷、个人征信等多个领域推出了开创性的创新产品。目前，蚂蚁金服既是中国金融科技领域的塑造者，也是领导者，同时也成为全球金融科技领域估值最高的超级独角兽。

重塑型战略

重塑型战略旨在帮助那些在严酷环境下求生存的企业重新恢复

活力并再度获得竞争力。企业之所以会陷入这种艰难的境地，有可能是因为企业的战略方法与环境长期不匹配，也可能是由企业外部或内部的动荡所造成的。

当外部环境充满挑战，当前的经营方式已无法持续下去时，果断进行变革不仅是企业唯一的生存之道，而且还能帮助企业抓住复兴的机会。首先，企业必须尽早认清不断恶化的环境并采取应对之策。其次，企业需要果断行动以求生机，通过重新调整业务重心、缩减成本、保存资金来节约开支，同时腾出资源来支持企业接下来的复兴之路。最后，企业必须从其他四个战略原型中选出一个供未来发展之需，以确保企业能够再次踏上增长繁荣之路（参阅图 14. 6）。重塑型战略与其他四种战略截然不同：重塑型战略起先以防御为主，包含两个独特的阶段，然后支持企业从其他四种战略原型中选择其一。由于与环境脱节的企业日渐增多，重塑型战略的应用变得愈发普遍。

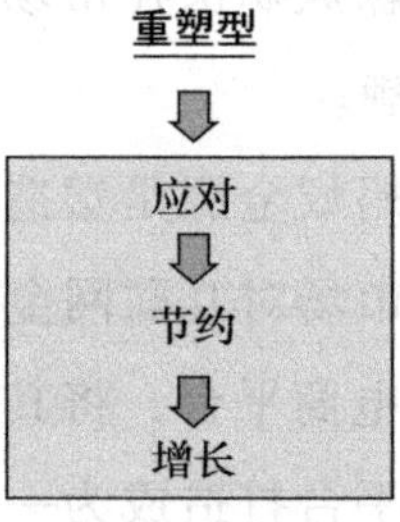

图 14. 6　重塑型战略

美国运通公司正是采用了重塑型战略来应对金融危机。2008 年信贷危机爆发时，美国运通公司面临违约率上升、客户需求下滑、资本供应减少三重打击。为了让企业生存下去，该公司解雇了约 10% 的员工，剥离了非核心业务，并且停止了副线投资。到 2009 年，美国运通公司共节约了近 20 亿美元的成本，并通过吸纳新合作伙伴、投资会员项目、开展存款业务以及运用数字技术，为增长和创新奠定了基础。截至2014年，该公司的股票较衰退时期的低点飙升了800%。

面对价格市场化改革、经济供给侧改革的不断深化以及竞争的加剧，中国银行业未来几年将面临生存环境的不断恶化，如何在严峻的环境中维持生存，并在危机之后重塑竞争优势，将成为许多银行必须面对的课题。

三、战略调色板的3层应用：领导、结合、选择和匹配

战略调色板的应用可分为3个层次：为企业的特定部门或业务领域正确匹配、实施某种战略；有效管理企业不同部门、不同业务在不同发展时期采取的多种战略；帮助企业领导推进战略方法的组合使用（参阅图14.7）。

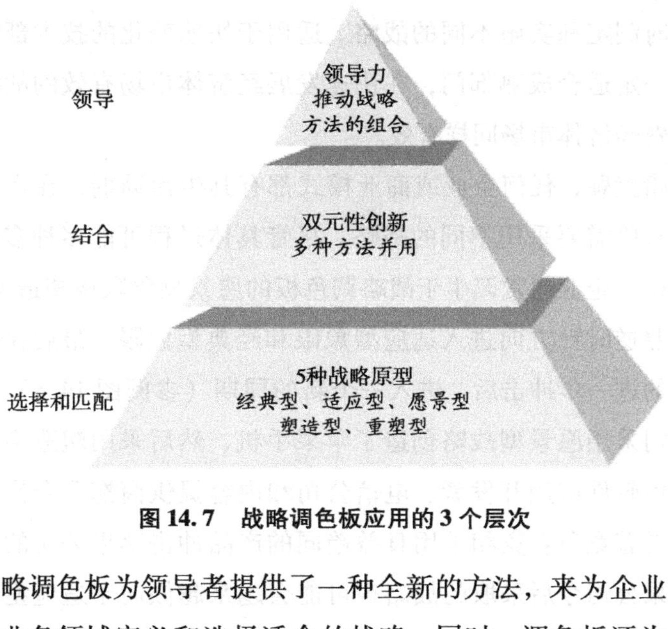

图14.7　战略调色板应用的3个层次

战略调色板为领导者提供了一种全新的方法，来为企业的特定部门或业务领域定义和选择适合的战略。同时，调色板还为企业提

供了一条逻辑线索，帮助企业将每一种战略的制定和执行联系在一起。在许多企业中，战略制定和执行常常被人为分开，有些是在组织架构上，有些是在时间上。对于每一种战略而言，不仅构思的方式不同，而且实施的方法也各不相同，这对信息管理、创新、组织架构、领导和文化也提出了不同的要求。因此，战略调色板不仅能为企业的战略方向提供指导，还能帮助企业设计运营方案。表 14.1 总结了战略调色板的关键要素，以及企业运用 5 种战略方法的具体案例。

调色板还可以帮助企业领导对其业务进行“去平均化”处理，也就是将企业分成不同的组成部分，针对每一部分采取特定的战略。在战略调色板的指导下，企业领导可以在不同的业务单元和地区，以及在企业生命周期的不同阶段对多种战略进行有效组合与使用。如今，大型企业面对的商业环境日益多元化，商业环境的变化速度也日益加快。几乎所有大企业都涉足了多个业务领域，足迹遍布众多国家和地区，每个业务领域和地区市场都有其独特性，因此需要企业同时制定和实施不同的战略。适用于快速变化的技术部门的战略并不一定适合成熟部门，在快速发展经济体市场有效的战略不见得在成熟经济体市场同样有效。

毋庸置疑，任何企业或商业模式都有其生命周期，在生命周期的不同阶段需要采用不同的战略。尽管具体过程可能多种多样，但总体来说，企业通常诞生于战略调色板的愿景型象限或塑造型象限，然后按照逆时针方向进入适应型象限和经典型象限，最后在受到创新浪潮的进一步冲击后，进入一个新的周期（参阅图 14.8）。比如，苹果公司采用愿景型战略创造了苹果手机，然后采用塑造型战略建立起了由软件应用开发者、电信公司和内容提供商携手合作的生态系统。随着竞争者竞相采用日益趋同的产品冲击苹果公司的市场地位，苹果公司今后采取的战略很可能会越来越倾向于适应型和经典型。昆泰医药在发展过程中同样采取了这种战略更替的方式。

表 14.1 战略调色板中的 5 种战略原型

	方法				
关键元素	经典型	适应型	愿景型	塑造型	重塑型
核心理念或必要条件	• 做大	• 求快	• 抢先	• 协调	• 求存
环境类型	• 可预测，不具备可塑性	• 不可预测，不具备可塑性	• 可预测，具备可塑性	• 不可预测，具备可塑性	• 环境严苛
适用行业	• 公共事业 • 汽车 • 石油、天然气	• 半导体 • 纺织、零售业	• 不针对特定行业（打破旧格局，创造新产业）	• 部分软件领域 • 智能手机软件	• 2008 ~ 2009 年金融危机期间的金融机构
特征	• 低增长 • 高度集中 • 成熟行业 • 监管法规稳定	• 增长不稳定 • 集中度有限 • 新兴行业 • 高科技变革	• 高增长潜力 • 空白区，无直接竞争者 • 监管法规有限	• 碎片化 • 无主导企业，平台化 • 监管法规有塑造空间	• 低增长，衰退，危机 • 融资能力有限 • 负现金流
做法	• 分析，规划，执行	• 变化，选择，推广	• 设想，构建，坚持	• 吸引，协调，发展	• 应对，节约，增长

（续表）

	方法				
关键元素	经典型	适应型	愿景型	塑造型	重塑型
成功标准	• 规模 • 市场份额	• 周期 • 新产品活力	• 率先进入市场 • 新用户的客户满意度	• 外部生态环境发展和利润率 • 新产品活力指数	• 节约成本 • 现金流
相关方法	• 经验曲线 • 波士顿矩阵 • 波特五力模型 • 能力	• 时基竞争 • 暂时优势 • 适应性优势	• 蓝海战略 • 创新者困境	• 网络 • 外部生态环境 • 平台	• 转型 • 变革
重要案例	• 雷富礼领导下的宝洁公司 • 麦克尔斯执掌的玛氏	• 钱德拉·塞卡让领导下的塔塔咨询服务公司 • 麦克奈特领导下的明尼苏达矿务及制造业公司	• 贝索斯领导下的亚马逊 • 吉林斯领导下的昆泰医药	• 乔布斯领导下的苹果公司 • 索伦森领导下的诺和诺德公司	• 钱纳特领导的美国运通公司 • 本默切领导下的美国国际集团
主要陷阱	• 过度运用	• 盲目地为无法被规划的事制订规划	• 愿景错误	• 过度管理企业的生态环境	• 没有第二阶段

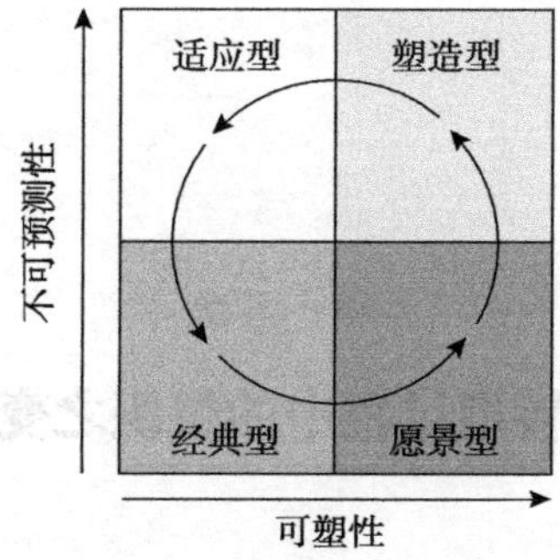

图 14.8　不同阶段的不同战略

企业领导通过建立和调整战略环境，对战略调色板的运用起到了极其重要的作用。领导者通过对环境进行分析来决定在哪些业务领域和地区采取何种战略，并指派合适的人选去执行战略。此外，企业领导还能在企业内部和外部宣传，推动整体战略。他们不断推进战略组合，通过提出正确的问题来保持战略的活力与实时更新，通过不断挑战现有假设来防止主导逻辑蒙蔽企业的视角，并且运用自身力量来支持重要的变革举措。

对中国银行业来说，过去，在粗放式增长阶段，金融机构普遍采取经典型、追随型策略，以产品和业务为核心进行组织管理，以规模和结果为导向进行业绩管理，而对客户、服务、定价都缺乏精细化定位。未来，结构性改革的深入和金融市场化程度的加深，将给行业带来更多不确定性和可塑性，金融机构除做大做强的经典型战略外，还将面临多种战略选择，包括以适变应变为核心的适应型战略、具有超前理念的愿景型战略、以搭建平台和生态为核心的塑造型战略、勇于颠覆自身的重塑/转型型战略。并且，针对一个机构内部的不同业务，往往需要不同的战略选择，这要求金融机构在处理存量与增量、总部与分支等多种关系时，具备多元管理的能力。

第十五章

转型过程中的组织之变

在协助客户开展转型项目的过程中，波士顿咨询发现，企业经常被一个预料之外的关键性问题拦住去路：他们缺少适当的领导团队、组织架构、人才结构、企业文化以及工作方式，进而无法成功有效地贯彻和落实其转型计划。而在所有的转型中，数字化转型是几乎所有银行当前最为紧迫而又最为苦恼的难题，新兴技术对银行业务所带来的冲击已经远远超出银行行长们传统的知识结构，对银行领导者们自身，更对银行组织管理的方方面面提出了严峻的挑战。

在与领先金融机构紧密合作的过程中，波士顿咨询分析总结了当代领导者必须在组织内部采纳和贯彻的五大关键成功因素，分别是：领导力、组织转型、人才战略、企业文化和敏捷工作法，这是金融机构在转型之路上取得成功的必要前提（参阅图15.1）。采用这些最佳实践原则的企业往往能在增加收入的同时降低成本，进而实现核心业务净利润提高5%～15%的卓越成效。除此之外，它们还有机会在金融科技企业竞相争夺的丰厚收入池中分一杯羹。

1	领导力	对企业领导层开展大规模数字化培训，并对新任数字化领导人进行全面的业务培训
2	组织转型	构建既能支持数字化策略的关键要素，又能不断发展和完善的组织架构
3	人才战略	改变构建、购买和借用数字化人才资源的方式
4	企业文化	积极构建数字文化，赶在数字化“快攻手”之前实现突破
5	敏捷工作法	将敏捷性原则延伸至IT以外的其他领域

图 15. 1　银行组织转型中的五大关键因素

一、领导力：4 种关键品质、两种培养方式

成功的转型领袖一般具有 4 种关键品质：一是前瞻性，能够预见关键的客户趋势、技术趋势，积极地自我超越，为适应未来需求预先建立能力；二是灵活性，能够不断适变应变，进行反思并调整银行策略；三是平衡性，既通晓业务，又理解技术，还能兼顾风险，确保银行业务在创新、盈利、安全之间的平衡；四是协作性，能够让董事会、管理层、执行层对转型的优先次序和时间表达成一致，建立共同的愿景并进行合作。

企业领导层应当如何建立这样的领导力？以数字化转型为例，通常有两种培养方法：一是“内部发展”，从业务向技术端发展。先挑选具备多年管理核心业务经验的业务部门领导人，任命他们成为数字化部门负责人，领导部分业务的小规模数字化进程，边做边试验，在业务试点中发展数字化能力，之后可提拔他们成为企业中高管，在各个业务领域全面推广数字化转型。二是“外部获取”，从技术向业务端发展。企业从外部聘用有多年技术或数字化经验的管理

者，成为数字化部门负责人，在领导数字化转型的同时学习业务知识，之后晋升为企业领导者，并推出一系列拓展业务的举措，以引领未来的增长。企业可以根据自身情况考虑发展速度、技术难度和人才的可得性等要素，去选择适合的路径。

值得一提的是，选择内部发展的企业，需要从 3 个维度来培养数字化领导力，包括数字化的意识、数字化的能力以及对数字化文化的理解。而选择外部获取路径的企业，也有相应的 3 个维度来打造数字化领导者的业务能力，包括全面融入业务战略、和业务部门协同、在绩效评估上建立一致的标准等。例如，西班牙对外银行在 2015 年积极招募和聘用外部资深领导人。该行新任电子商务、市场及品牌管理总监哈维尔·埃斯科韦多（Javier Escobedo）在加入西班牙对外银行前曾为艾派迪公司（Expedia）效力，积累了丰富的数字化经验。

部分领先机构已通过量身定制的数字化领导力和沉浸式项目来鼓励边做边学的文化，从而有效深化了现任高管对数字化技术的认知和理解。高效的数字化领导力培养项目通常囊括了体验式以及其他新颖的学习方式，包括通过参加数字化路演来了解最新数字化技术发展动态，参与沉浸式数字化体验（如参观硅谷等数字化技术聚集地），通过快速成型、测试和开发——又称“冲刺项目”（sprints）——来打造真实的商业应用，以及参加商业模拟和情景互动等（参阅图 15.2）。接受过培训的领导人可担任培训者的角色，将自己所学的知识传授给企业内部的其他领导人，让数字化培训在组织中逐层渗透。

领先机构还会通过全面的入职培训来帮助新人更好地了解核心业务，企业高管会为新任数字化领导人提供全面详细的入职介绍，帮助其了解企业战略与未来发展重心。他们还会确保新领导人与各业务单元的领导人保持紧密互动和定期交流，如合作开展试点计划

数字化路演	供应商展示最新数字化技术以及此类技术如何帮助企业突破现有业务模式
数字化技术沉浸式体验	组织企业参观数字化技术聚集地，如位于美国硅谷的谷歌园区等
数字化冲刺项目	企业通过快速成型、测试和开发来打造真实的商业应用
专家研讨会	企业高管在资深专家的带领下，进行深入的案例分析、讨论和练习
商业模拟	企业领导人在数字化培训项目中通过商业模拟练习和情景互动获得亲手实践的机会
同行相互学习	企业领导人利用有组织的讨论区和博客来进行学习
逆向辅导	数字化经验较为丰富的年轻员工为数字化经验较少的年长领导人提供辅导

图 15.2　体验式学习是数字化领导力培养项目的常见形式

并共同对结果负责等。

可以说，数字化领导力的培养是数字化人才管理的先行实践和行动基础。只有领导层自上而下对数字化愿景的推行，才能转变整个企业聘用、培养稀缺数字化人才的方式。无论采取哪种路径，作为最高统帅的 CEO 需要全权负责，清晰地沟通整体数字化愿景，将其作为组织的首要任务并推动实施。而业务单元的负责人则需要遵从 CEO 的愿景，并在相关举措中投入足够的时间和精力。同时，执行委员会应大力推动数字化议程的实施。

二、组织转型：数字化组织架构的 3 个阶段

商业历史学家艾尔弗雷德·钱德勒（Alfred Chandler）为我们留下了一句与组织设计相关的著名箴言："战略决定架构。"也就是说，组织设计取决于企业的战略愿景，不能反其道而行之。数字化转型就是这句箴言的最佳证明。数字化转型会带来一些特定的组织架构调整，企业需按既定策略逐步构建起数字化组织架构，才能有效推

动转型。

尽管企业在数字化成熟曲线上的起始点不同，但是企业对数字化最终状态的看法高度一致。成熟的数字化组织需要在以下四大关键领域内调整组织架构，并采用相应的治理模式来确保转型。

- 提升客户体验。在提升客户体验方面，数字化客户体验要求各业务部门充分协调以确保形成无缝客户体验。
- 流程精益。在流程精益方面，数字化组织通过协调业务部门的实施来持续改进端到端流程。在这方面领先的金融机构大多运用精益流程方法论，通常专注于无纸化及流程提速。同时，重新审视行政、职能、后台流程，简化产品组合，缩短前中后台距离。
- 打造大数据能力。随着大数据技术的不断提升，越来越多的金融企业成立专门的大数据部门，并设立首席数据官（Chief Data Officer）的职位，以协调和赋能各个业务部门。在大数据部门方面，应制定统一、严格的管理和协调要求，以便发挥大数据平台的规模化效应，所有本地业务团队均可使用。
- 创新中心建设。在创新中心建设方面，管理层需要为创新中心分配专门的业务资源，进而通过该中心创造、孵化新的业务模式。创新中心对项目的投资采用“风险投资”的理念，允许快速试错、反复迭代。安联保险（Allianz）成立了全球创新实验室，将专项资金投资于创新项目，创新中心从其他数字化领军企业那里招募了100名员工，已经形成了吸引数字化人才的雇主品牌。

不过，传统银行往往体量巨大，想要完成数字化组织变革，需要做好打持久战的准备。例如西班牙对外银行，伴随其十多年的数字化转型，组织结构和运营模型也经历了多次调整。与西班牙对外银行类似，大多数银行在数字化组织变革中都需经历以下 3 个阶段：

- 数字化机会主义。在这一阶段，企业应遵循“百花齐放”的原则，给予业务线充分的创新空间。同时，选取痛点大、影响力高的业务重点部署，通过快赢举措建立改革信心，为转型推进打好基础。
- 数字化集中主义。当数字化举措在组织内部迅速普及并升温时，应通过一个强大的牵头部门（或称卓越中心）来对各项举措统筹管理，并通过规模化效应提升数字化工具和流程的经济性。该部门应负责明确总体执行方向，确定重点举措，确保各方之间的高效合作，避免过度占用公司资源。
- 数字化行动主义。当数字化转型在各业务单元内生根发芽，成为企业的核心战略后，卓越中心将随之转向更加精益的行动主义模式，负责监管相关的政策、工具和流程，为数字化转型的执行提供支持，具体的项目执行则由各业务单元自行协调和管理（参阅图 15.3）。

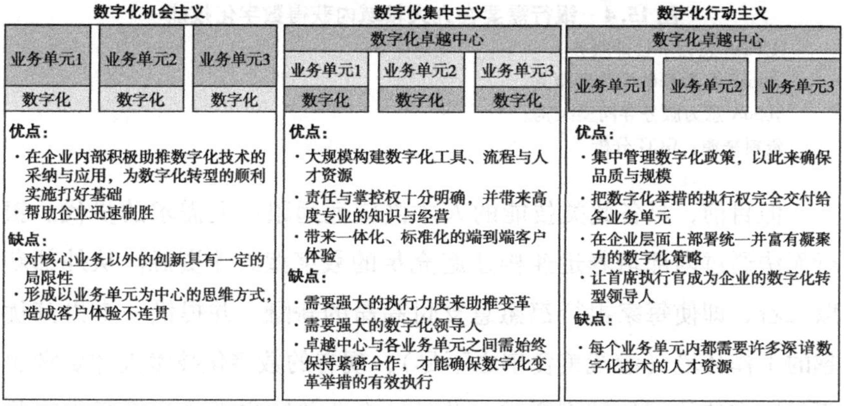

图 15.3　金融机构在数字化转型过程中所经历的三大阶段

三、人才战略：9类数字化人才及获得方式

对企业而言，战略人力资源规划早已不是新话题。然而，创建数字化机构所需要的特定技能，却与企业早先所熟悉的那些技能大相径庭。数字化转型所需的主要技能包括：大数据和高级分析、敏捷式开发流程、数字化内容、基础设施管理、移动界面、数字化客户体验、风险与安全性管理、数字支付，以及数字化品牌和市场营销（参阅图15.4）。

领域	技能
大数据和高级分析	·数据科学 ·网站分析 ·数据质量及维护 ·商业情报 ·数据架构
敏捷式开发流程（agile processes）	·Scrum主管技能 ·产品负责人技能 ·敏捷工程（agile engineering） ·敏捷辅导（agile coaching） ·质保开发
数字化内容	·数字内容营销 ·网站及应用软文
基础设施管理	·云基础设施（PaaS①和IaaS②） ·云运营 ·大数据平台与工具 ·原有基础设施维护与转型 ·企业架构 ·SoA开发③
移动界面	·移动应用及网站开发 ·移动端用户体验 ·移动数据及定位 ·移动端品质保障
数字化客户体验	·用户体验设计 ·网站开发 ·数字前端开发 ·全渠道 ·数字化创新与数字化新产品构思
风险及安全性管理	·信息科技风险 ·技术安全 ·新兴威胁
数字支付	·数字支付 ·电子商务
数字化品牌与市场营销	·社交媒体营销、社区管理、网上声誉、口碑营销 ·流量获取 ·展示及视频营销

图15.4　银行需要在九大领域内获得数字化技能

①PaaS意为平台即服务。
②IaaS意为基础设施即服务。
③SoA意为服务导向型架构。
资料来源：BCG分析

但目前，具备此类技能的人才供应远远跟不上需求的步伐。银行无法通过内部培养迅速构建起充足的数字型人才资源。从外部获取来看，即使每家银行都愿意支付高昂的薪酬，并提供一个极其优越的工作环境（游戏美食享之不尽），现有的数字化技术人才资源也不足以支持他们的转型需求。此外，企业并购也无法为银行带来足够的人才资源。因此，面对人才的缺口，企业需要清晰地评估数字

化人才的需求，如数据科学家、客户体验设计师、敏捷开发流程管理员等，并制定设有明确阶段性目标的人才能力发展路线图。

国内银行在数字化转型中的困扰之一，就是如何识别数字化转型的关键能力，并以此盘点现有人才库存、评价并招募人才。因此对于银行的人力资源系统来说，需要明确候选人的关键职能和能力要求，识别内部和外部人才库，其中内部人才库通过培养形成，外部则通过聘用或借调获得，并且结合时间节点和人才供给方面的限制，决定何时聘用、借调或培养人才，强化支持新的人才模式的能力。数字化人才竞争要求企业考虑自身在公司影响力、工作内容、发展机遇、激励和人员情况等方面对人才的吸引力，并与新兴技术企业对标，同时打造与数字化人才相适应的企业文化和工作方式，进而从根本上提升雇主品牌形象。

在构建人才资源的过程中，金融机构有时需要为那些对管理职位兴趣不大，但仍想在组织内有所发展的贡献者开辟全新的专家型职业路径。科技型企业早已设立了此类职位，如研究专家等。这种做法往往能赢得广泛的外部认可，并有机会通过发表论文和获取专利，在企业内外起到理想的宣传效果。企业在考虑这些新路径的时候，还需为之设计相应的职业发展框架，让专家型人才在企业管理、辅导培训以及职能部门运营等工作岗位上有所发展。

企业还需重新审视和调整现有的评估体系。一些经常与银行争夺人才的数字化企业已彻底摒弃了绩效评估，使用非正式的360度评估或自我管理取而代之。以奥多比公司（Adobe Systems）为例，该公司自2012年起放弃了传统的绩效管理评估，以频繁的非正式检查和交谈取代了每年一度的绩效考核。在此过程中，管理者将与员工展开公平而严格的绩效讨论，并为之提供相应的指导和建议。自该项目启动伊始，员工的主动离职率和被动离职率分别降低了30%和50%。

从公司外部“购买”人才来填补技能空缺时，领导人则必须构建起全新的人才搜索引擎，确保公司的薪酬福利富有竞争力，为员工提供清晰明确的职业规划，同时通过高效的入职培训和支持，让新员工尽快融入组织。公司通常需要重新设计内部流程，提升相关能力，调整企业文化。为吸引人才，银行必须对薪酬福利结构进行调整，使之更接近与其竞争的科技企业。例如，奈飞公司（Netflix）的管理者会通过以下 3 个问题来评估每位员工的市场价值：

- 员工在其他地方能得到怎样的薪酬待遇？
- 我们要付多少钱才能替换现有员工？
- 我们要付多少钱才能留住现有员工？

奈飞公司的薪酬水平始终处于市场顶端，员工还有权决定其报酬中的股票和现金比例。金融机构也愿意效法互联网和新兴技术企业利用股权激励作为吸引人才的激励手段。但核心问题是：给谁，给多少以及如何给。目前来看，采用股权激励的企业，一般给予对象是董事、高管、中层管理骨干和核心技术人员。对于有成熟股东资源的企业来说，这部分股权占总股本的比例一般低于 10%，这其中 60% ~ 70% 会给在任员工，剩下的 30% ~ 40% 用于吸引未来员工。从级别分布上看，40% ~ 50% 会给到高管，其他的会给到骨干员工。授予方式包括：限制性股票、股票期权和员工持股计划。

四、企业文化：数字化文化的 5 个要素

银行业的传统文化通常较为刻板，各部门之间围墙高筑，并对风险避而远之。任何失败都有可能让企业蒙受巨大的价值损失，并为企业带来严重的后果。

数字化企业的文化则截然不同。波士顿咨询在研究中发现，领先的数字化企业在文化方面具备以下 5 个重要特点：

客户至上。始终把客户放在首位，并以客户洞察而非产品或技术为出发点来进行创新。亚马逊首席执行官杰夫·贝索斯总会带着一把空椅子来参加会议，旨在提醒公司的高层领导，客户才是会议室里最重要的人物。每年，数以千计的亚马逊管理者都需要参加为期两天的客服热线培训，并定期前往第一线接听客户电话。许多互联网公司在雇用员工时甚至会考虑在年龄和生活方式上与客户相似的人才，由此确保产品开发更好地融合客户的需求。

容忍失败。鼓励员工尝试新事物、新方法，接受失败，认可失败，并从失败中汲取经验教训。科技界大名鼎鼎的人物蒂姆·奥莱利（Tim O'Reilly）曾说过："全力追逐重要目标，即使你没能成功，世界也会因此而变得更加美好。"此外，调拨专项预算用于创新，针对不确定性较高的创新项目采用不同于传统业务的考核机制，也都是建立容错机制、支持创新的有力手段。

灵活敏捷。将灵活、敏捷的原则贯彻至工作的方方面面，包括：通过"冲刺"项目来迅速采取行动；缩小产品团队、创新团队单元，降低沟通成本，提升灵活性；赋权于员工，缩短决策流程；推行迭代的工作方式，快速推出产品原型，随后根据市场反馈不断完善；有的企业甚至不鼓励员工大量开会，以免占用创意开发的时间，即使开会也鼓励员工站立进行，提升会议效率。

携手并进。善于打破各部门之间的壁垒，大力提倡横向合作与开放原则。例如，奈飞公司希望员工拥有九大品格与技能，"无私"就是其中之一，而不懂如何与他人合作的"不羁天才"将被公司淘汰出局。有的企业还会通过不同业务单元管理层的定期轮岗来促进部门之间的合作，也就是说今天你可能还是帮助别人的人，明天你就将成为需要帮助的人。

不懈创新。在企业内部构建起有助创新的氛围，以便紧随日新月异的数字化发展步伐。例如，领英（LinkedIn）、苹果和微软（Microsoft）等知名企业均为员工提供了一定的时间和资源，助力其开展自己主业外的创新项目，企业内部也会定期举办创意大赛等活动使员工的创意成为可见的成果。

波士顿咨询发现，成功企业十分清楚其领导者应拥有什么样的表现，并且将这样的表现与具体行动挂钩。此类企业在每一天的日常工作中都在积极构建这样的文化，而不只是在所谓的“关键时刻”（如招聘、举办欢庆会、人员提拔、解雇员工等时刻）才将其提上议事日程。企业文化虽无形，但对企业的影响力却是巨大的，而企业文化的建立或改变也必须来自日常的点滴细节。

五、敏捷工作法：打造敏捷组织

对于银行来说，数字化转型后的新型工作方式需要满足三大目标：更快地响应客户需求；提高效率，减少划地自限的思维模式，拒绝官僚拖沓的作风；吸引新人才并提高员工主动性和敬业度。

为此，很多全球领先的数字化金融机构都在推进一种名为“敏捷工作法”的工作方式。“敏捷工作法”原是一种软件开发方法，该方法通过不断迭代与持续反馈来优化和开发产品，并促进开发人员在多学科的团队中合作。该方法要求各类团队快速做决策，更靠近实际工作。

为了将敏捷原则延伸至整个组织，“敏捷”方法要求银行采取一系列举措：创设新的角色，如产品负责人、流程管理员等；大幅调整现有岗位，如技术经理的职责发生巨大变化，从日常管理者的角色向职业顾问过渡；改变业务互动模式，例如增加横向协作，以及业务部门和 IT 部门之间经常互动等。

以互联网公司声破天（Spotify）为例。声破天打破了传统机构“部门”的概念，在组织内设立了“小队”、“部落”和“工会”等创新组织形式，互相关联与协作。“小队”是整个组织的基本构成单位，是敏捷模式的核心。它是高度自治的复合型团队，就像一个迷你创业公司，肩负长期使命。每个小队将不同技能的人放在一起，既有 IT 人才也有业务人才，能够对创新项目或创意进行快速试验、开发和实施。一个“小队”一般不超过 10 人，以确保具有快速行动能力。声破天整个组织就是由这些不断增加的“小队”组成的网络架构。目标和任务有较高相关性的若干小队会联合组成“部落”，以促进在小队间协同调配资源。最后，在组织里面创立多个“公会”，任何人都可以加入，就像一个个自发形成的“兴趣小组”，促进大家的沟通交流和学习（参阅图 15.5）。

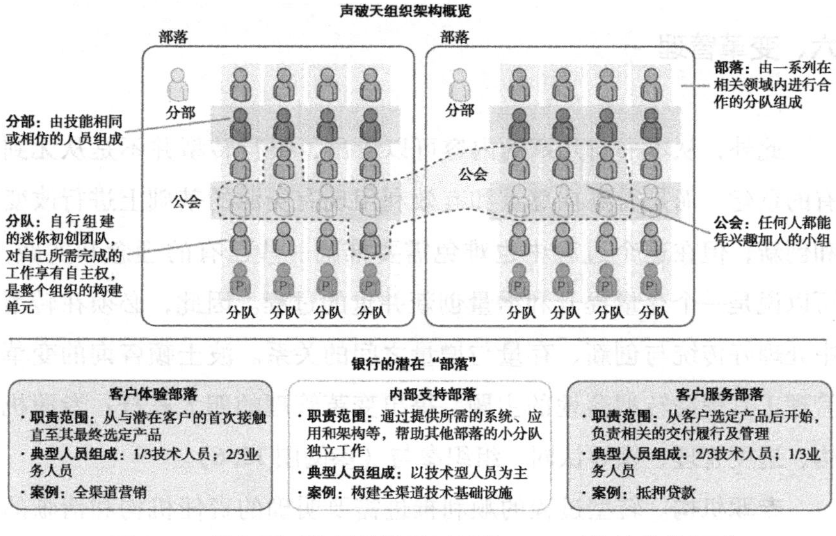

图 15.5　银行可以将敏捷性原则延伸至 IT 以外的其他领域

荷兰国际集团的领导者看到了席卷银行业的数字风暴所产生的影响，下令旗下的荷兰本地银行 ING Netherlands 踏上了敏捷式转型之路，设立了三大目标：一是让银行能对日新月异的客户需求更快做出响应；二是打破组织壁垒，杜绝官僚作风，以此来提升银行的工作效率和成效；三是提高员工参与度，让银行对数字化人才更具吸引力。这家银行从声破天公司身上获得启发，对其组织结构进行重组，建立起小队、分部、部落和工会，让来自市场营销、产品开发、数字渠道以及 IT 等职能部门的员工以小型跨职能并行团队的形式进行合作。银行同时授权这些团队根据各自的特定目标，进行客户流程及产品服务的端到端开发、测试、部署、维护和调整。银行原本的工作方式是“需求、开发、测试”这样分阶段和大规模的工业化开发方式，而“敏捷工作法”是小规模的开发方式，可以从整个组织内的各个环节开始，包括 IT 部门、市场营销部门、服务改善部门等，通过敏捷方式使得整个小组开发效率更高，对市场的反应速度更快。

六、变革管理

此外，从本书前几章的内容可以看出，银行转型并不是从无到有的重建，而是需要在尊重和有效利用现有资源的基础上进行改变和创新，但在这个过程中也难免需要推翻一些已有的理念和实践，可以说是一个存量提升和增量创新并重的过程。因此，必须在转型中处理好传统与创新、存量与增量之间的关系。波士顿咨询的变革管理工具围绕转型落地的主题，提出变革管理的四大杠杆：专职机构、进度管理、领导认同、组织参与（参阅图 15.6）。

专职机构。转型过程的顺利推进需要明确的责任机构和清晰的管控架构。可以建立专职的项目推进办公室，全权负责项目的管理。同时明确组织内部各相关方在转型过程中的责权利、参与时间、参与方式、争议解决机制等。

进度管理。首先需要明确转型的目标，以及如何评判转型成功与否；其次需要对转型过程中的不同行动和举措进行适当的优先排序；最后还需通过一系列管理工具的使用，确保转型过程的可控性，

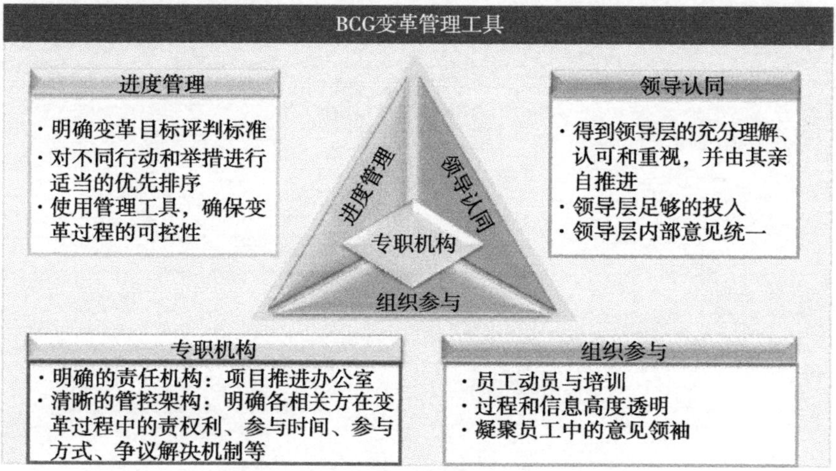

图 15.6　波士顿咨询变革管理工具

如设置阶段性目标、定期汇报和进度检查机制。

领导认同。领导层是转型的最终责任人，因此不管是转型的目标还是方式，都需要得到领导层的充分理解、认可和重视，并由其亲自推进。在这个过程中，需要确保领导层投入足够的时间和精力到转型进程中，还需要确保领导层内部意见统一。

组织参与。转型的过程常常事关整个组织中的每一个人，因此需要通过大量的动员和培训确保员工对转型背景、目标、方式的理解，让每一个人能够预期转型对自身的影响，并通过过程和信息的高度透明来安抚员工的不安全感。此外，凝聚员工中的意见领袖，加深其对转型过程的参与度，常常能对更广泛范围内的员工带来正面的影响。